CHIMIE APPLIQUÉE

A LA PHYSIOLOGIE ANIMALE

A·LA PATHOLOGIE

ET AU DIAGNOSTIC MÉDICAL

C.

Corbeil, typ. et stér. de Crété.

CHIMIE APPLIQUÉE

A LA PHYSIOLOGIE ANIMALE

A LA PATHOLOGIE

ET AU DIAGNOSTIC MÉDICAL

PAR

P. SCHÜTZENBERGER

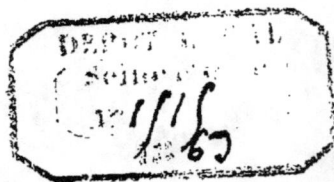

DOCTEUR ÈS SCIENCES, DOCTEUR EN MÉDECINE
AGRÉGÉ DE LA FACULTÉ DE MÉDECINE DE STRASBOURG
PROFESSEUR DE CHIMIE A L'ÉCOLE SUPÉRIEURE DES SCIENCES
ET A L'ÉCOLE PROFESSIONNELLE DE MULHOUSE.

PARIS

VICTOR MASSON ET FILS

PLACE DE L'ÉCOLE DE MÉDECINE

—

1864
1863

PRÉFACE

Des traités de chimie physiologique du plus grand mérite ont été publiés par des savants distingués ; ce n'est donc pas dans le but de combler une lacune bibliographique que j'ai entrepris ce travail ; mais il y a bien des manières d'envisager une question aussi vaste, et l'utilité d'un ouvrage de science ne réside pas seulement dans la nouveauté des faits, mais aussi dans la manière dont ils sont groupés et interprétés. Le livre que j'ai l'honneur de soumettre à l'appréciation du public n'est pas un traité complet de chimie médicale, comme ceux que Lehmann a publiés en Allemagne, comme celui dont MM. Robin et Verdeil ont enrichi notre littérature scientifique ; il est destiné à servir de complément nécessaire aux études scientifiques et surtout médicales, et non à guider le savant dans ses recherches.

Sans réunir tout ce que la chimie a pu dire de certain ou d'hypothétique sur le grand problème de la vie animale, j'ai voulu rendre un compte exact mais abrégé, du rôle de cette science dans l'étude des fonctions de l'organisme, de l'appui prêté par elle à la physiologie, et des lacunes malheureusement encore trop nombreuses qu'elle aura à combler, lorsque, par ses propres progrès, elle sera devenue apte à le faire.

Essayant de démêler les faits les mieux acquis à la science et d'une valeur réelle, laissant autant que possible dans l'ombre les détails accessoires et d'un intérêt secondaire, j'ai cherché à tracer un tableau général des phénomènes chimiques de l'organisme.

Aussi n'ai-je donné qu'une place restreinte à l'histoire chimique des principes immédiats si variés de l'économie animale : me bornant à des généralités sur les grandes divisions des corps qui font partie constitutive des tissus et des liquides, je renvoie pour les détails aux ouvrages de chimie pure. Sans omettre aucun point essentiel, j'insiste beaucoup moins qu'on ne le fait généralement sur l'étude de la composition immédiate de l'organisme.

J'ai beaucoup emprunté à ceux qui ont écrit avant moi sur cette matière, n'hésitant pas à m'emparer de toute vue et de toute idée saine et fondée sur des bases vraiment scientifiques; j'espère que, loin de m'en accuser, on voudra bien considérer cette manière d'agir comme un hommage rendu au talent des maîtres qui ont si bien mérité de la science par leurs travaux et l'expression élevée de leurs idées.

Cette branche de la science m'a toujours semblé devoir prêter à la chimie sa plus haute significa-tion : je serais heureux si je pouvais faire partager au lecteur l'intérêt puissant qui m'a guidé dans ces études.

P. Schützenberger.

Strasbourg, 20 août 1863.

CHIMIE

APPLIQUÉE A LA

PHYSIOLOGIE ANIMALE

INTRODUCTION

La Chimie physiologique a nécessairement dû suivre les progrès et les phases de développement de la chimie pure. Au début, elle s'est appliquée à isoler et à doser les corps bien définis par leur composition et leurs propriétés que l'organisme nous présente en mélange souvent très-complexe.

A mesure que les méthodes d'analyse se sont perfectionnées on a vu de nouveaux produits surgir des muscles, du foie, de la bile, de l'urine. C'est ainsi que Liebig retirait de l'extrait sirupeux de viande deux principes cristallisables nouveaux, la créatine et la créatinine ; Strecker isolait les acides si remarquables de la bile ; C. Bernard démontrait dans les cellules hépatiques l'existence de la matière glycogène. Chaque année apporte encore son contingent soit de corps nouveaux, soit de produits déjà connus, mais dont on prouve l'existence dans des organes où jusqu'alors ils n'avaient pas encore été vus.

On peut cependant prévoir que cette mine, à force

1

d'être creusée par d'habiles mains, devient de moins en moins riche et finira par s'épuiser ; aussi l'attention des chimistes s'est depuis longtemps détournée de la recherche exclusive des principes immédiats, d'autres points de vue d'un intérêt plus grand ont fixé leur sollicitude.

Les composés organiques extraits des plantes ou des organes d'un animal soumis aux agents physiques et chimiques les plus variés, se modifient de bien des manières, se transforment, généralement en se simplifiant, et l'on arrive à créer de nouveaux corps, véritables enfants du laboratoire. Au premier abord, cette génération qui semble ne pas avoir de limite paraît compliquer de plus en plus une science déjà si vaste ; mais de cette complication même jaillit une vive lumière. L'étude de toutes ces réactions conduit à la notion de l'arrangement moléculaire des composés et permet de rapprocher les substances en apparence les plus disparates. Les produits naturels et artificiels ne sont déjà plus classés d'après des analogies vagues dans leurs qualités physiques ; on peut établir un ordre de filiation continu depuis les plus complexes jusqu'aux plus simples ; on forme ainsi des séries dont les éléments peuvent différer par tous les caractères chimiques et physiques, mais sont reliés par leur mode de production et leur constitution intime. La comparaison des séries entre elles est également féconde en résultats importants.

A l'alcool de vin et à ses nombreux dérivés, éthers simples, éthers composés, gaz oléfiant, acide acétique, etc., etc., correspondent les alcools méthylique ou esprit de bois, amylique ou huile de pommes de terre, avec leurs éthers simples et composés, leurs hydrogènes carbonés (amylène, méthylène), les acides formique et valérique. Ces produits de transformation sont avec la substance mère dans les mêmes rapports de composition que ceux de l'alcool de vin avec cet alcool, ils sont formés d'après les mêmes lois et par des réactions analogues (1). Quelques exemples suffiront pour montrer tout le parti que la physiologie a tiré de cette voie nouvelle où est entrée la chimie et comment les progrès de la science pure nous permettent immédiatement d'en réaliser un dans l'application.

L'expérience démontre que les acides formique, acétique, butyrique, benzoïque peuvent se former par l'oxydation ménagée des matières azotées de l'économie animale. Tous ces corps se retrouvent comme excrétions dans la sueur et l'urine; on sait de plus que l'oxydation a une large part dans les réactions intra-organiques; il est donc certain que nous avons acquis une vue sinon complète, du moins très-approchée du mode de production de ces produits dans l'organisme. L'acide hippurique se dédoublant facilement en sucre de gélatine et acide benzoïque, ne reste plus pour nous un être isolé et inutile, nous voyons d'où il vient et par quelle sorte de phénomène il prend naissance. Ainsi nous pouvons nous rendre compte des réactions qui se passent au sein des tissus

(1) Lorsque les divers termes d'une série ne diffèrent des termes correspondants d'une série parallèle que par un multiple entier de C^2H^2, on dit que les deux séries sont homologues. Si, sans être homologues, elles sont parallèles, on les nomme séries isologues.

vivants, suivre les principes immédiats depuis leur entrée jusqu'à leur sortie, à travers leurs nombreuses mutations, et, bien que tout dans ce labyrinthe compliqué ne soit pas encore exploré, le fil d'Ariane est solidement attaché ; on fera encore des écarts, mais on est sûr d'arriver au but.

Ce qu'il nous importe surtout de faire ressortir, c'est la certitude acquise que les nombreux produits de l'organisme sont formés aux dépens d'un petit nombre de corps plus complexes, fournis par les aliments. Nous savons encore, et c'est là un point essentiel, qu'ils peuvent en dériver par l'action seule des affinités chimiques.

Sans aucun doute les circonstances dans lesquelles ces transformations s'opèrent dans l'être vivant ne sont pas celles que nous réalisons dans nos matras. L'organisme est admirablement disposé pour que chaque substance, au moment où elle doit se modifier pour concourir à un but, soit placée dans les conditions les plus favorables et les plus simples, et comme il ne nous est pas donné de créer un organisme vivant, il nous est également impossible de réaliser les réactions intra-organiques avec la même simplicité, la même netteté et la même rapidité que la nature, mais il n'en est pas moins vrai que le fait même est la conséquence des affinités de la matière, sans le concours de la force vitale.

Dans tout ce qui précède, nous n'avons eu en vue que l'œuvre de destruction, l'œuvre par laquelle les produits sont dédoublés et simplifiés. Il nous reste à toucher à une dernière question importante et délicate à la fois.

Les matériaux si complexes qui sont la base de l'économie animale et végétale, n'ont jamais été reproduits dans le laboratoire avec le seul concours des forces dont dispose le chimiste, forces qui résident dans la matière morte et dont les effets multiples ne se manifestent que sous l'influence des conditions variées dans lesquelles on se place. Devons-nous conclure à l'impuissance radicale de la chimie pour atteindre un semblable résultat? Faut-il admettre ici l'intervention nécessaire d'une action émanée de l'être vivant? ou bien pouvons-nous attendre avec confiance le succès de nouvelles méthodes d'investigation?

Nous sommes loin déjà par les progrès accomplis de l'époque où Gerhardt pouvait dire :

« La force vitale seule opère par synthèse et reconstruit l'édifice abattu par les forces chimiques. » La synthèse des composés organiques, grâce surtout aux efforts persévérants d'un habile et éminent chimiste (BERTHELOT), a cessé d'être un désidérata éloigné, un jardin des Hespérides.

On a mis les pieds sur cette terre promise, mais on n'a pu encore l'explorer dans toute son étendue. Laissons donc aux nouvelles méthodes le temps de se développer et de dire leur dernier mot avant de nous prononcer d'une manière définitive. En prenant les corps simples comme point de départ, on a pu reproduire les carbures d'hydrogène, l'acide formique ; des carbures on a pu remonter aux alcools et à tous leurs dérivés. Il semble qu'il ne reste plus qu'un pas à faire pour transformer

l'alcool en sucre et le sucre en substances protéiques ;
mais ce pas pourra-t-il être franchi ? Cette question doit
être posée et sérieusement posée, car il semble exister
une ligne de démarcation entre les produits naturels et
les composés artificiels ou de synthèse chimique.

Dans une remarquable leçon sur la dyssymétrie moléculaire, M. Pasteur s'exprime ainsi :

« Tous les produits artificiels des laboratoires sont à
« image superposable. Au contraire, la plupart des pro-
« duits organiques naturels, je pourrais dire tous si je
« n'avais à nommer que ceux qui jouent un rôle essen-
« tiel dans les phénomènes de la vie végétale et animale,
« tous les produits essentiels à la vie sont dyssymétriques
« et de cette dyssymétrie qui fait que leur image ne peut
« leur être superposée. »

Puis ailleurs il dit :

« On n'a pas encore réalisé la production d'un corps
« dyssymétrique à l'aide de composés qui ne le sont
« pas (1). »

Presqu'en même temps que M. Pasteur prononçait ces
paroles à la Société chimique, deux savants anglais
(Perkin et Von Dupa) parvenaient à transformer l'acide
succinique en acide paratartrique. On sait que ce der-

---

(1) M. Pasteur a prouvé, par des travaux devenus classiques, que toutes
les fois qu'un corps possède le pouvoir rotatoire moléculaire, sa molécule
présente une forme telle, qu'elle ne peut se superposer avec son image
dans une glace plane. Ainsi, la dyssymétrie est la cause du pouvoir rotatoire moléculaire, et peut se révéler par les propriétés optiques.

Pour l'étude sommaire de la polarisation rotatoire, voir la *Chimie
élémentaire* de Regnault, note annexée à l'*Histoire des substances albuminoïdes*.

nier se dédouble facilement en deux acides dyssymétriques inverses isomères, les acides tartriques droit et gauche; or, ni l'acide succinique ni aucun de ses sels ne possèdent le pouvoir rotatoire moléculaire, et à moins qu'on ne démontre qu'il est lui-même une combinaison de deux acides actifs inverses, ce qui le placerait à côté de l'acide paratartrique, ce seul fait suffit pour renverser la proposition que nous venons de transcrire. Tout récemment on a préparé l'acide succinique par synthèse au moyen des éléments en partant du cyanure d'éthylène; on a donc réalisé aussi la synthèse des acides tartriques, c'est-à-dire d'un corps actif. Ainsi tombe la barrière que M. Pasteur posait avec raison, au moment où il écrivait, entre les produits naturels et artificiels. Cet exemple nous montre combien il faut être réservé dans les distinctions absolues qu'on peut établir entre les corps, quelque fondées qu'elles paraissent; celle dont nous nous occupons reposant sur la forme même des dernières particules matérielles, l'était autant qu'on peut le désirer.

Sans rien enlever au juste tribu d'éloges que méritent les belles recherches de l'éminent chimiste, nous pouvons plus qu'espérer maintenant, que la synthèse saura trouver des voies pour atteindre la dyssymétrie moléculaire, sans laquelle rien ne serait fait, eût-on produit un corps qui sous tous les rapports serait comparable à l'albumine, excepté sous celui des propriétés optiques. Un seul exemple tiré des résultats féconds de M. Pasteur, va nous le prouver et donnera une idée du rôle que la dyssymétrie moléculaire est appelée à jouer dans les phénomènes physiologiques.

Si l'on abandonne dans un endroit chaud une dissolution de tartrate droit d'ammoniaque, additionnée d'un peu de matière albuminoïde et d'un ferment spécial, le ferment qui est un être organisé vivant va se développer et se multiplier dans le milieu approprié et comme conséquence entraînera la destruction du tartrate; remplaçons le tartrate droit par du paratartrate qui renferme une combinaison d'acides tartriques droit et gauche, nous observerons des phénomènes analogues, mais chose remarquable, l'acide droit disparaîtra seul, l'autre restera intact.

Cette expérience nous montre donc la dyssymétrie moléculaire intervenant à titre de modificateur des affinités chimiques. Voilà pourquoi nous disions que rien ne serait fait si à la place d'albumine active, le chimiste nous préparait de l'albumine inactive symétrique, car ce corps ne subirait certainement pas le même ordre d'altérations dans les conditions de l'organisme.

Quoi qu'il en soit, il y a une limite que le chimiste semble ne jamais devoir franchir, c'est la forme de la matière organisée. Si l'on parvient à faire de la cellulose, de la matière amylacée, de la fibrine, on n'aura pas pour cela une cellule végétale, un grain d'amidon, une fibre musculaire.

Dans la *Revue des sciences et de l'industrie*, MM. Grandeau et Laugel font ressortir avec raison la distinction établie par Longet entre les propriétés d'une même sub_ stance, soit qu'on la considère dans l'organisme vivant ou qu'on l'examine lorsqu'elle en est extraite. Cependant cette différence bien réelle et toute fondée au point de vue physiologique, n'a rien de décourageant pour le chimiste, car elle ne peut tenir qu'aux conditions dans lesquelles cette substance est placée dans l'organisme, conditions qui, nous l'avons déjà dit, ne pourront jamais être réalisées artificiellement.

En résumé, sans renier les doctrines vitalistes, nous ne voulons pas faire la part trop belle à cette force occulte des êtres vivants. Il nous semble qu'entre les deux opinions opposées dont l'une veut exclure complétement la force vitale des phénomènes de l'organisme, dont l'autre veut opposer une barrière infranchissable aux progrès de la synthèse chimique, il y a place pour une manière de voir moins exclusive. Nous ne croyons pas que la force vitale a puissance sur la matière pour changer, contre-balancer, annuler ses affinités naturelles ; nous nous rappelons que l'affinité n'est pas une force absolue, qu'elle se modifie d'une foule de manières dès que les circonstances qui enveloppent les corps varient, et nous cherchons les différences entre les réactions de l'organisme et celles du laboratoire, dans les conditions spéciales qu'il sait seul réaliser.

Dans tous les cas, le chimiste peut, sans crainte de chercher l'impossible, tenter des efforts pour expliquer par quelle voie la nature, en partant des éléments, produit les substances les plus compliquées, comment ces dernières se détruisent progressivement en accomplissant un but, une fonction à chaque station ; il peut chercher à bien définir ces fonctions et ces buts. Un semblable résultat sera déjà assez beau pour mériter à la chimie une des premières places parmi les instruments dont se sert le physiologiste.

CHAPITRE PREMIER

ÉTUDE GÉNÉRALE DES PRINCIPES IMMÉDIATS DE L'ÉCONOMIE
ANIMALE.

Classification. — Substances neutres hydrocarbonées. — Matières grasses.
— Substances albuminoïdes et azotées. — Actions de présence et fermentations. — Matières minérales.

Les matériaux de l'organisme se divisent très-naturel-
lement, tant au point de vue de leur composition que sous
le rapport de l'ensemble de leurs propriétés, en quatre
grandes classes dont nous allons successivement passer
en revue les caractères généraux.

Principes immédiats neutres hydrocarbonés.

Les composés neutres hydrocarbonés, tout en différant
entre eux par leurs qualités physiques et des propriétés
chimiques d'une certaine valeur, sont cependant très-voisins par leur constitution et leurs réactions les plus importantes ; aussi, tous les chimistes s'accordent à les
réunir dans une même famille.

Ils nous intéressent particulièrement parce que quelques-uns font partie constitutive de l'organisme animal,
et qu'ils doivent être considérés comme des aliments

nécessaires, destinés à remplir un but capital dans l'économie.

Ils renferment tous douze équivalents de carbone ou un multiple de douze, l'hydrogène et l'oxygène sont en proportions exactes pour faire de l'eau, et le nombre d'équivalents d'hydrogène est lui-même très-voisin de celui du carbone. Si nous n'envisageons que la composition centésimale, nous pouvons les répartir en trois groupes caractérisés par ces trois formules :

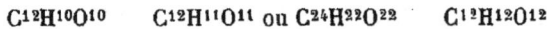

$$C^{12}H^{10}O^{10} \qquad C^{12}H^{11}O^{11} \text{ ou } C^{24}H^{22}O^{22} \qquad C^{12}H^{12}O^{12}$$

La première se rapporte à la cellulose, base de l'économie végétale et qu'on retrouve dans les animaux d'un ordre inférieur ; à la matière amylacée si répandue dans les plantes, et à ses congénères, l'inuline extraite des tubercules de Dahlia, la lichénine dont le nom indique l'origine ; à la matière glycogène du foie ; aux diverses espèces de gommes, et enfin à la dextrine produite par la transformation moléculaire de l'amidon et de la cellulose.

Les deux autres formules appartiennent exclusivement à des matières de saveur sucrée et servent à établir une distinction tranchée entre ces corps assez nombreux.

Le second groupe comprend le sucre de canne ou de betterave (saccharose), la mélitose contenue dans la manne d'Australie, exsudation de diverses espèces d'Eucalyptus ; la tréhalose découverte dans une manne particulière nommée Tréhala et produite par une variété d'Échinops ; la mélézitose retirée de la manne de

Briançon, exsudation du Mélèze ; la lactose ou sucre de lait séché à 150°.

La formule $C^{12}H^{12}O^{12}$ est celle d'un certain nombre de sucres fermentescibles et confondus longtemps avec la glucose ou sucre de raisin. Ce sont : 1° la glucose ordinaire ou sucre de raisin contenue dans un grand nombre de fruits, dans le miel, le foie, le sang, l'urine des diabétiques, produite aussi par la transformation de l'amidon ; de la cellulose, du sucre de canne et de ses congénères sous diverses influences ; 2° la lévulose ou glucose de fruits acides. Elle se forme en même temps que la glucose par l'interversion du sucre de canne ; 3° la maltose, produit de l'action de la diastase sur l'amidon ; 4° la galactose dérivée du sucre de lait bouilli avec des acides minéraux. La sorbine extraite des baies de sorbier, l'inosine ou matière sucrée du tissu musculaire, l'eucalyne, résidu de la fermentation de la mélitose, contiennent également 12 équivalents d'hydrogène, mais se distinguent des glucoses par leur résistance à l'action des ferments.

L'isomérie multiple de ces produits révèle évidemment une assez grande complication dans leur constitution moléculaire. et fait prévoir les difficultés qu'ils opposeront à leur préparation synthétique. Tous ces corps sont décomposables par la chaleur et très-altérables. Excepté l'inosine, ils sont optiquement actifs et dévient le plan de polarisation, tantôt à droite, c'est le plus grand nombre, tantôt à gauche. Le pouvoir rotatoire ne peut être directement démontré pour la cellulose, mais comme elle se change en dextrine active par l'action de l'acide sulfurique, il est

très-probable qu'elle aussi possède la dyssymétrie moléculaire. L'importance qui doit être attachée à ce caractère, d'après ce que nous avons vu dans l'introduction,
m'engage à donner sous forme de tableau le pouvoir
rotatoire spécifique de tous ces corps déterminé pour le
rayon jaune.

Premier groupe.	Deuxième groupe.	Troisième groupe.
Cellulose ?	Saccharose +73,8	Glucose. . + 56
Matière amylacée (dé-	Mélitose... + 102	Lévulose . — 106 à 150
vie à droite à l'état	Tréhalose. + 220	Maltose.. + 168
d'empois).	Mélézitose. + 94,1	Galactose. + 83,3
Dextrine (dévie à	Lactose... + 59,3	Eucalyne. + 65
droite) 138°,68.		Sorbine.. — 46,9
Gomme arabique (dé-		
vie à gauche).		
Inuline — 26°,16.		
Lichénine [3].		

Les pouvoirs rotatoires spécifiques de la glucose, de la
lactose et de la galactose, sont plus grands au moment de
leur dissolution que quelque temps après ; celui de la
lévulose diminue rapidement lorsque la température
s'élève.

Dans la réaction de l'acide nitrique chaud sur les
matières hydrocarbonées, il y a oxydation plus ou moins
énergique, selon le degré de concentration de l'acide, et
comme dérivés, les unes donnent de l'acide mucique, les
autres de l'acide oxalique. Ce résultat ne peut être
attribué qu'à une différence assez profonde dans la
constitution intime, et par conséquent se présente à
nous avec un caractère de généralité digne de fixer
notre attention. Le tableau suivant, que nous empruntons

au *Traité de chimie organique* de M. Berthelot, permet
d'établir une nouvelle méthode de classification qui n'est
plus fondée, comme la première, sur la composition
centésimale, mais sur l'arrangement spécial des molécules, révélé par une réaction capitale.

Cette méthode est donc plus philosophique que la
première.

Principes qui fournissent de l'acide mucique.	Principes qui ne fournissent pas d'acide mucique.
Gommes insolubles. Gommes solubles. Mélitose. Lactose. Glucose lactique.	Ligneux. — Amidon. Dextrine. Sucre de canne. Tréhalose.— Mélézitose. Glucose ordin.— Lévulose. — Maltose.

L'amidon, la cellulose, le sucre de canne, et en général
tous les produits qui répondent aux deux premières formules, sont susceptibles de fixer de l'eau et de se changer
en corps de formule $C^{12}H^{12}O^{12}$. Cette réaction est toujours
le résultat d'une action de présence ; elle s'opère sous
l'influence des acides, et notamment de l'acide sulfurique
ou de matières azotées solubles, mais elle n'est pas également facile d'un produit à l'autre.

La mélitose et le sucre de canne sont remarquables,
parce qu'en s'hydratant ils donnent chacun deux glucoses
distinctes; la glucose ordinaire et l'eucalyne pour la première, la glucose ordinaire et la lévulose pour le second.
Comme on pouvait le prévoir, les corps de chaque groupe
offrent entre eux plus d'analogie qu'avec ceux des
groupes voisins.

Ainsi, l'amidon et ses isomères n'ont pas de saveur sucrée, ne fermentent pas sous l'influence de la levûre, ne fonctionnent pas comme alcools polyatomiques, et enfin sont amorphes.

Le sucre de canne et ses congénères se distinguent des glucoses par quelques caractères bien tranchés.

Ils se modifient peu par les alcalis ou les terres alcalines avec lesquels ils peuvent se combiner; les acides, au contraire, les hydratent facilement.

Ils ne réduisent pas la solution potassique de tartrate de cuivre, excepté pourtant la lactose qui se place entre les sucres du premier et ceux du second genre; enfin la levûre alcoolique, avant de les dédoubler en alcool et acide carbonique, les métamorphose en glucoses.

Les glucoses brunissent rapidement en présence des alcalis, surtout à chaud; elles peuvent cependant s'unir aux bases lorsqu'on opère avec certaines précautions. Les acides étendus ne les modifient pas; sauf l'inosine, elles réduisent la solution alcaline de cuivre; la levûre les fait fermenter immédiatement ou n'a aucune prise sur elles (Sorbine, Eucalyne, Inosine).

Les principales propriétés différentielles pour les corps d'un même groupe sont le sens et la valeur du pouvoir rotatoire spécifique, la résistance plus ou moins grande à l'action de la chaleur, des alcalis et des ferments : ainsi, dans un mélange de parties égales de glucose et de lévulose, tel qu'on l'obtient par l'interversion du sucre de canne, les alcalis et la levûre ont plus de prise sur la glucose et la détruisent d'abord, tandis que la chaleur et les acides modifient de préférence la lévulose. On peut encore distinguer les matières hydrocarbonées du même groupe par les caractères de solubilité et la forme cristalline.

La cellulose est insoluble dans tous les liquides neutres; une dissolution d'oxyde de cuivre ammoniacal (réactif de Schweizer) la liquéfie, les acides la reprécipitent de cette solution; elle est amorphe, incristallisable, et se rencontre ordinairement avec des formes organisées.

L'amidon ne peut se dissoudre qu'en se modifiant, il affecte également une texture organisée bien connue.

La lichénine est soluble et se prend en gelée par le refroidissement.

L'inuline est soluble à chaud et se dépose sous forme d'une poudre amorphe.

Le glycogène hépatique est peu soluble et donne des liqueurs troubles, laiteuses.

Parmi les gommes, les unes se dissolvent en toutes proportions (gomme arabique), les autres se gonflent seulement, mais finissent par se liquéfier après une ébullition prolongée.

La dextrine se comporte comme la gomme arabique.

Les sucres de formule $C^{12}H^{11}O^{11}$ sont très-solubles dans l'eau et cristallisent presque tous:

La saccharose, en gros prismes rhomboïdaux obliques, hémiédriques et anhydres; la mélitose, en fines aiguilles à trois équivalents d'eau de cristallisation, elle ne donne pas de solutions sirupeuses; la tréhalose, en beaux octaèdres rectangulaires à deux équivalents d'eau de cristallisation. La mélézitose donne de très-petits cristaux courts qui paraissent être des prismes rhomboïdaux obliques ; la lactose, des prismes rhomboïdaux, droits, hémiédriques, opaques, à un équivalent d'eau éliminable à 150°. La glucose ordinaire, la maltose et la galactose se présentent sous forme de cristaux assemblés en mamelons ou en choux-fleurs, mal définis, avec deux équivalents d'eau. La lévulose est sirupeuse, incristallisable, déliquescente, ainsi que l'eucalyne. La sorbine cristallise en beaux octaèdres rectangulaires ; l'inosine, en prismes rhomboïdaux.

A côté des principes hydrocarbonés proprement dits, on peut placer d'autres matières sucrées dans lesquelles le carbone est 6 ou 12, mais l'hydrogène est en excès par rapport à l'oxygène ; leur nombre est assez grand : nous ne citerons que la mannite $C^6H^7O^6$ ou $C^{12}H^{14}O^{12}$ extraite de la manne du frêne, et la mannitane $C^6H^6O^5$ ou $C^{12}H^{12}O^{10}$ dérivée par déshydratation de la mannite.

La mannite peut se former aux dépens des sucres, dans la fermentation visqueuse, elle-même se change en sucre sous l'influence du tissu du testicule ; enfin, elle se rattache aux composés précédents, parce que, comme eux, elle fait fonction d'alcool polyatomique.

Rappelons, à cette occasion, en quelques mots seulement, la théorie des alcools ; elle nous servira encore dans l'histoire générale des corps gras.

Le nom d'alcool est donné depuis longtemps au produit principal de la fermentation du sucre sous l'influence de la levûre de bière. Ce corps jouit de la propriété remarquable de réagir sur la plupart des acides pour donner, avec élimination d'eau, des composés le plus souvent neutres, volatils, à odeur éthérée, renfermant la molécule de l'alcool unie à celle de l'acide moins de l'eau, qu'on appelle éthers composés. Ce qui se passe entre l'alcool et l'acide acétique peut nous servir de type de réaction.

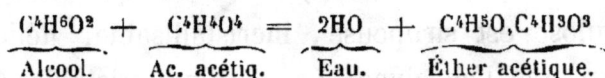

$$C^4H^6O^2 \; + \; C^4H^4O^4 \; = \; 2HO \; + \; C^4H^5O, C^4H^3O^3$$

Alcool.   Ac. acétiq.   Eau.   Éther acétique.

On ne tarda pas à découvrir d'autres corps, tels que l'esprit de bois, l'huile de pommes de terre, qui donnent avec les acides des réactions analogues ; par extension, on les nomma aussi alcools en les distinguant par des adjectifs (méthylique, amylique). Si, comme dans les exemples précédents, une molécule d'alcool réagit toujours sur une seule molécule d'acide monobasique en éliminant deux équivalents d'eau, si le même acide monobasique ne peut donner qu'un seul éther composé, on considère l'alcool comme monoatomique.

M. Berthelot fut conduit, par ses beaux travaux sur la synthèse des corps gras, à envisager la glycérine, ou principe doux des huiles, comme un alcool, avec cette différence capitale, que, suivant les conditions de l'expérience, on peut combiner successivement une, deux ou trois molécules d'acide avec une molécule de glycérine, en éliminant deux, quatre ou six équivalents d'eau. Il se produit ainsi trois éthers avec le même acide, comme le montrent les équations suivantes.

$$1° \quad \underbrace{C^6H^8O^6}_{\text{Glycérine.}} + \underbrace{C^4H^4O^4}_{\text{Ac. acétiq.}} = \underbrace{2HO}_{\text{Eau.}} + \underbrace{C^6H^7O^5,C^4H^3O^3}_{\text{Monoacétine.}}$$

$$2° \quad \underbrace{C^6H^8O^6}_{\text{Glycérine.}} + \underbrace{2C^4H^4O^4}_{\text{Ac. acétiq.}} = \underbrace{4HO}_{\text{Eau.}} + \underbrace{C^6H^6O^4,2C^4H^3O^3}_{\text{Diacétine.}}$$

$$3° \quad \underbrace{C^6H^8O^6}_{\text{Glycérine.}} + \underbrace{3C^4H^4O^4}_{\text{Ac. acétiq.}} = \underbrace{6HO}_{\text{Eau.}} + \underbrace{C^6H^5O^3,3C^4H^3O^3}_{\text{Triacétine.}}$$

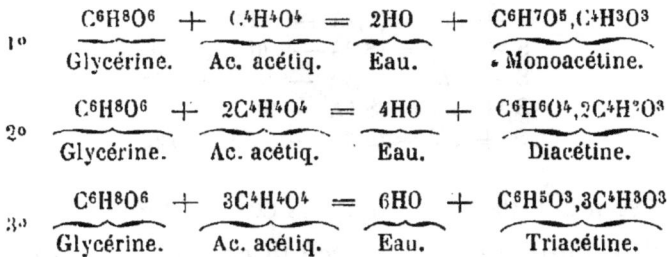

Pour distinguer sous ce rapport la glycérine des autres alcools monoatomiques, on dit qu'elle est polyatomique, ou plutôt triatomique. Cette théorie a reçu une extension inattendue par la belle découverte des glycols de M. Würtz. Les glycols ou alcools diatomiques, formés uniquement par synthèse, viennent se placer entre l'alcool ordinaire et la glycérine. Une molécule de glycol réagit sur une ou deux molécules d'acide monobasique, avec séparation de deux ou quatre équivalents d'eau.

Nous regrettons de ne pouvoir donner plus d'étendue à cette question théorique, et nous prions les lecteurs qui désireraient l'approfondir, de se reporter à la page 17 du tome II de la *Chimie organique* de M. Berthelot, et à la leçon sur les glycols professée par M. Würtz à la Société chimique (1860).

Les sucres peuvent, comme la glycérine, s'unir aux acides en éliminant de l'eau, et les composés ainsi formés sont susceptibles, comme les éthers, de régénérer l'acide et le sucre en fixant les éléments de l'eau.

Si nous représentons le sucre par S, l'acide par A et l'eau par E, les réactions observées seront résumées par les six équations suivantes :

$$S + A = (S,A - 2E) + 2E$$
$$S + 2A = (S,2A - 4E) + 4E$$
$$S + 3A = (S,3A - 6E) + 6E$$
$$S + 4A = (S,4A - 8E) + 8E$$
$$S + 5A = (S,5A - 10E) + 10E$$
$$S + 6A = (S,6A - 12E) + 12E$$

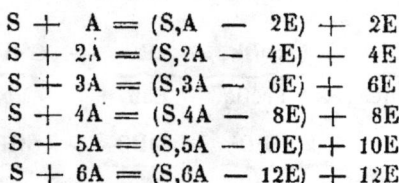

Il est facile de voir, d'après cela, que le sucre est un alcool hexatomique. On a produit par synthèse un certain nombre de saccharides, appartenant à ces séries ; le règne végétal nous en offre de tout préparés ; telles sont la salicine se dédoublant par un ferment en glucose et saligénine, l'amygdaline, qui, dans les mêmes circonstances, donne de la glucose, de l'essence d'amandes amères et de l'acide prussique.

Corps gras.

Les corps gras neutres, élaborés par les plantes et répandus dans tout l'organisme animal, ont une constitution chimique bien définie ; ce sont des éthers composés d'un alcool triatomique, la glycérine. Ils résultent de l'union de ce corps avec des acides remarquables par un certain ensemble de propriétés physiques, propriétés qu'ils transportent dans leurs combinaisons. Cette constitution implique deux caractères essentiels :

1° Tout corps gras doit se dédoubler sous l'influence d'une base et de l'eau, en fixant les éléments de l'eau en acide gras qui se combine à la base pour former un sel (savon), et en glycérine. Le poids de l'acide gras ajouté à celui de la glycérine donne une somme supérieure au poids du corps gras neutre, l'excès provient de l'eau fixée.

2° Réciproquement, tout corps gras doit pouvoir se reproduire par l'action de l'acide correspondant sur la glycérine ; la combinaison doit se faire avec élimination
d'eau ; le poids du corps gras neutre est moindre que la
somme des principes qui réagissent ; la différence représente l'eau formée.

De ces deux phénomènes inverses, le premier est connu
depuis longtemps sous le nom de saponification ; il a été
particulièrement étudié par M. Chevreul. Le second fut
réalisé pour la première fois par M. Berthelot, qui, dans
ses belles synthèses, est arrivé à préciser le rôle de la glycérine comme alcool triatomique. Pour rester dans le
vrai, nous devons ajouter que tous les corps gras neutres
ne sont pas des glycérides ; le blanc de baleine et les cires
ont une constitution plus simple ; ce sont les éthers complexes, à acides gras, d'alcools monoatomiques tels que
l'éthal ($C^{32}H^{34}O^2 = C^{32}H^{33}O,HO$). Pour ne pas compliquer les généralités auxquelles nous nous bornons, nous
laisserons ces exceptions de côté.

Les glycérides naturelles diffèrent, soit par la nature de
l'acide combiné, soit par la proportion qui entre dans le
composé. Nous savons déjà qu'une molécule de glycérine
peut se combiner à une, deux ou trois molécules d'acide
en éliminant deux, quatre, six équivalents d'eau ; enfin
nous devons signaler l'existence des glycérides mixtes dans
lesquelles les trois molécules d'acide combinées à la glycérine sont représentées par trois corps différents. Tels qu'on
les retire de l'organisme, les corps gras sont des mélanges
de plusieurs glycérides souvent très-difficiles à séparer.

Les corps gras neutres ou les acides qui en dérivent
sont ou fluides ou facilement fusibles, onctueux au toucher, plus légers que l'eau (densité moyenne = 0,93),
insolubles dans l'eau qui ne les mouille pas. Leurs meilleurs dissolvants sont l'alcool, l'éther, la benzine et les
huiles légères de houille, l'essence de térébenthine, et
les corps gras liquides. Généralement ils se décomposent
par la chaleur en donnant des produits variés, dont les
uns dérivent de l'acide, les autres de la glycérine. La saponification peut être effectuée sous l'influence des bases
et de l'eau, des acides énergiques, de certains ferments ou
matières azotées qui agissent par contact; enfin, par les
carbonates alcalins anhydres à une température élevée;
dans ce cas, une partie du corps gras se décompose plus
profondément pour fournir les éléments de l'eau nécessaire.
Par l'agitation avec une liqueur alcaline, ils forment des
émulsions ou liquides laiteux dans lesquels la matière insoluble se maintient en suspension à l'état de très-petits globules sphériques. Les huiles sont assez sensibles à l'action
des corps oxydants; exposées à l'air, elles absorbent l'oxygène plus ou moins rapidement, les unes se dessèchent et
deviennent résineuses (huiles siccatives), les autres ac-
quièrent seulement une odeur rance (huiles non siccatives).

La synthèse des corps gras neutres a été réalisée en
chauffant la glycérine avec des proportions variables d'a-
cide, à des températures plus ou moins élevées. Le temps
est un élément essentiel de ce genre de réactions; suivant
les conditions de l'expérience, on obtient des mono, des
bi ou des triglycérides.

Beaucoup d'acides gras appartiennent à la série des composés homologues commençant à l'acide formique, $C^2H^2O^2$ (formule générale) etc. $C^{2n}H^{2n}O^4$, n = 1, 2, 3; ils en représentent les termes les plus élevés. Tels sont, parmi les plus importants, les acides :

Palmitique. . . . . $C^{32}H^{32}O^4$
Margarique. . . . . $C^{34}H^{34}O^4$ (1)
Stéarique. . . . . $C^{36}H^{36}O^4$

Les principales différences qu'on observe entre eux résident dans le point de fusion, la forme cristalline et la solubilité dans l'alcool ou l'éther.

L'acide oléique ($C^{36}H^{34}O^4$) ne se rattache pas à la série précédente ; il est liquide à la température ordinaire, absorbe facilement l'oxygène de l'air ; l'acide nitreux le change en une modification solide, l'acide élaïdique ; l'hydrate de potasse fondu le dédouble en acides palmitique et acétique. Ce sont là les caractères de l'acide extrait de l'huile d'olive ou des graisses animales ; mais beaucoup d'huiles végétales donnent à la saponification des acides liquides distincts du véritable acide oléique.

La glycérine ($C^6H^8O^6$) se rapproche de la mannite ; elle est liquide, sirupeuse, de saveur sucrée, soluble en toutes proportions dans l'eau et l'alcool, insoluble ou à peu près dans l'éther. En se déshydratant par la chaleur, elle donne un produit volatil à odeur extrêmement irritante, l'acroléine. La levûre de bière la transforme en acide propio-

(1) Quelques chimistes considèrent l'acide margarique comme un mélange en proportions équivalentes d'acides palmitique et stéarique.

nique ($C^6H^6O^4$); elle-même peut dériver de la fermentation alcoolique des sucres. M. Würtz est parvenu à la former par voie de synthèse.

Matières azotées plastiques.

A côté de ses principes hydrocarbonés et de ses graisses, l'organisme végétal renferme des corps d'une composition plus complexe, car au carbone, à l'hydrogène et à l'oxygène viennent s'ajouter l'azote et le soufre. L'importance de ces corps dans la plante est secondaire, comparée à celle de la cellulose, si l'on n'en juge que par la masse ; ils sont cependant nécessaires, car toutes les fois que la plante est privée de ses aliments azotés, elle cesse de se développer. Dans l'économie animale les composés azotés se rencontrent avec les mêmes caractères que ceux qu'ils présentent dans les végétaux, mais ils y jouent un rôle prédominant ; ce sont les éléments plastiques de tous nos tissus, les substances hydrocarbonées n'interviennent plus comme organisatrices, si ce n'est dans les animaux d'un ordre inférieur. Tant par leur composition que par leurs propriétés générales, les substances azotées forment une classe à part, bien définie.

Leur instabilité remarquable, la faculté de se transformer moléculairement dans une foule de circonstances, surtout de passer facilement de l'état soluble à l'état insoluble ou inversement, suffiraient déjà à les caractériser et à les éloigner de tout autre groupe de corps organiques azotés.

Cette instabilité répond d'une manière évidente à la condition la plus essentielle de la vie animale, le mouvement
ou plutôt l'équilibre mobile. Toutes les fois que ces corps
sont exposés à l'influence simultanée de l'air, de l'eau
et d'une température modérée, ils se décomposent et
se putréfient. La théorie de ce phénomène qui a de tout
temps fixé l'attention des savants se relie à l'histoire générale des fermentations ; cette histoire formera un chapitre à part. Les productions épidermiques se distinguent
cependant par leur résistance à ce genre d'altération. Tous
ces principes, un seul excepté, sont amorphes. Nous avons
déjà pu observer que les matières plastiques de l'organisme végétal ne cristallisent pas non plus ; il semble en
effet que les molécules privées de la structure régulière et
n'étant pas soumises à des attractions spéciales, tendant
à les disposer en polyèdres géométriques, doivent se prêter
davantage aux arrangements variés que leur imprime la
force vitale ; de là résultent des formes irrégulières en
apparence, mais admirablement disposées pour le but que
veut atteindre la nature.

La dyssymétrie moléculaire, qui semble appartenir à
tous les composés essentiels à la vie, est accusée par le
pouvoir rotatoire, au moins pour les corps solubles, pour les
autres on peut la démontrer indirectement en la recher-
chant et en la trouvant dans leurs dérivés les plus voisins.

Bien qu'on ait pu déterminer d'une manière assez approchée la composition centésimale de ces produits, il
n'est pas possible de leur donner des formules chimiques.
Si l'on tient compte du soufre qu'elles renferment toutes

en proportions faibles, on arrive à des expressions excessivement complexes, telles que celle de Lieberkuhn.

$$C^{144}H^{112}Az^{18}S^2O^{44}$$

Les produits de leurs transformations par les agents physiques et chimiques, sont si nombreux et si variés, qu'on peut difficilement se faire une idée approchée de leur constitution chimique. Toute théorie à ce sujet serait prématurée. La notion qui semble avoir le plus de valeur réelle et de chances d'avenir est celle de Hunt. Ce chimiste considère les matières azotées plastiques comme constituées par de la cellulose ou un congénère unie à l'ammoniaque, moins les éléments de l'eau. L'expérience prête à cette vue un appui réel, car d'un côté on a pu dédoubler certaines d'entre elles en ammoniaque et sucre fermentescible, d'autre part des essais de synthèse, entrepris par quelques chimistes, ont montré que les sucres chauffés longtemps à 140° avec de l'ammoniaque aqueuse pouvaient former des amides incristallisables se rapprochant par quelques caractères des matières azotées dont nous nous occupons. Ajoutons enfin que beaucoup de leurs dérivés se préparent aussi avec les sucres, la cellulose, l'amidon ; ainsi les agents oxydants, tels que l'acide chromique, donnent avec l'albumine et la fibrine les hydrures des acides homologues inférieurs de la série des acides gras, les acides correspondants et de l'acide benzoïque avec son hydrure, l'essence d'amandes amères. Or, par la fermentation des sucres, on obtient précisément les alcools, qui par leur oxydation fournissent ces hydrures et ces acides.

La leucine et le sucre de gélatine prennent naissance, soit aux dépens de l'albumine et de la gélatine, soit par des réactions de corps dérivés des sucres. Les réactions énergiques qui détruisent complétement la molécule (action des alcalis caustiques concentrés, de l'acide sulfurique, des oxydants) donnent, entre autres produits, des composés azotés beaucoup plus simples, cristallisables et bien définis, dont quelques-uns ont été formés par synthèse, nous nous contenterons de les nommer.

Ce sont :

La tyrosine ($C^{18}H^{11}AzO^6$), la leucine ($C^{12}H^{13}AzO^4$), la glycocolle ($C^4H^5AzO^4$), l'acide hippurique ($C^{18}H^9AzO^6$). A côté de ces corps viennent s'en placer d'autres, de composition analogue et dont l'origine dans l'organisme est certainement la même, bien qu'on n'ait pas pu encore les dériver directement et par expérience des matières azotées plastiques. Ce sont : la créatine ($C^8H^9Az^3O^4$), la créatinine ($C^8H^7Az^3O^2$), la xanthine ($C^{10}H^4Az^4O^4$), l'hypoxanthine ($C^{10}H^2Az^4O^2$), l'urée ($C^4H^2Az^2O^2$), l'allantoïne ($C^8H^6Az^4O^6$), la guanine ($C^{10}H^5Az^5O^2$), la cystine ($C^6H^6AzS^2O^4$)^2, la taurine ($C^4H^7AzS^2O^6$), l'acide urique ($C^{10}H^4Az^4O^6$), l'acide inosique ($C^{10}H^6Az^2O^{10}$) et les acides glycocholique ($C^{52}H^{43}AzO^{12}$), hyocholique ($C^{54}H^{43}AzO^{10}$), taurocholique ($C^{52}H^{45}AzS^2O^{14}$), chénocholique ($C^{58}H^{49}AzS^2O^{12}$), pneumique....

Aux propriétés générales des substances azotées plastiques, nous joindrons quelques réactions d'un moindre intérêt, mais pouvant servir à les faire reconnaître au milieu d'autres produits.

Les alcalis caustiques les dissolvent avec plus ou moins de facilité, la solution dégage de l'hydrogène sulfuré par les acides ; il s'est donc formé dans cette circonstance un sulfure alcalin, aux dépens du soufre de la matière azotée. L'acide chlorhydrique bouillant donne, sous l'influence de l'air, une liqueur violette. L'acide nitrique les colore en jaune, le nitrate acide de mercure en rouge. La chaleur les décompose en produits ammoniacaux et sulfurés (carbonate, sulfhydrate, cyanhydrate d'ammoniaque, ammoniaques composées, eau, acide carbonique), et il reste un abondant charbon azoté.

Les nombreuses analyses élémentaires faites avec ces corps, analyses qui concordent assez bien malgré la difficulté de leur purification, conduisent à en former deux groupes d'isomères, en négligeant le soufre qui varie beaucoup (0,4 — 5 %). Le premier est représenté par les nombres centésimaux suivants :

Carbone.....	53.5
Hydrogène.....................	6,9
Azote...,..................	15,6
Oxygène...........................	24,0

Ses principaux termes sont, l'albumine, la globuline, les cristaux du sang, quelques principes particuliers aux jaunes d'œufs (Ichthine, Ichthidine, Ichthuline, Vitelline, Emydine), les diverses espèces de fibrine, la caséine, la glutine, les nombreuses variétés de ferments solubles et insolubles, l'albuminose ou peptone, noms sous lesquels on confond les produits formés par la digestion des matières azotées. Nous affecterons aux termes de ce groupe le nom de substances albuminoïdes ou protéiques.

Les isomères du second groupe renferment en centièmes :

Carbone............................	50
Hydrogène..........................	6,6
Azote.....	16,8
Oxygène.	26,6

Ce sont :

1° Tous les produits épidermiques (cornes, ongles, poils, etc.);

2° Les tissus osseux, cartilagineux, dermique, tendineux, etc.

Les composés albuminoïdes protéiques fournissent en se dissolvant dans les alcalis, des liqueurs que les acides précipitent en flocons blancs moins sulfurés que la substance primitive. Mülder avait cru reconnaître dans ce précipité (Protéine) la base, le radical de tous ces corps. Sa théorie admise quelque temps n'est pas restée dans la science. Les matières albuminoïdes les plus importantes se rattachent à trois types :

1° L'albumine soluble ;

2° La fibrine ;

3° La caséine.

Albumine soluble. — Caractère spécifique; elle est coagulable par la chaleur.

Les substances protéiques qui possèdent la propriété de se coaguler par la chaleur, c'est-à-dire de se précipiter en devenant insolubles, sont-elles identiques ou doit-on les partager en plusieurs espèces? Les données manquent encore pour résoudre complétement cette question, car des expériences directes ont prouvé que la présence des sels minéraux qui l'accompagnent presque toujours, pouvait modifier sensiblement les caractères de l'albumine. Nous continuerons donc provisoirement à en faire une seule espèce, sans tenir compte des différences du reste très-légères.

M. Würtz a isolé l'albumine du blanc d'œuf dans un grand état de pureté. Sous cette forme, elle se coagule à 63° en dégageant un peu d'hydrogène sulfuré, la présence des alcalis retarde le phénomène et peut même l'entraver complétement; les sels neutres alcalins abaissent, au contraire, le degré où la transformation a lieu. L'albumine coagulée a la même composition que l'albumine soluble.

La plupart des sels métalliques, le tannin, la créosote, les acides minéraux, précipitent les solutions d'albumine et provoquent la transformation moléculaire.

L'acide phosphorique trihydraté et les acides organiques sont sans action. Les dissolutions albumineuses dévient à gauche le plan de polarisation.

L'albumine a une réaction acide, elle se combine aux bases; dans l'économie animale, elle est toujours unie à une certaine proportion de soude (1,58 % environ).

Globuline.

La globuline est une matière azotée soluble contenue dans le cristallin de l'œil; elle se coagule comme l'albumine, mais à 93° seulement. Ses solutions aqueuses sont complétement précipitées par un courant d'acide carbonique ; le précipité se redissout quand on expulse l'acide carbonique par un autre gaz ; cette réaction la distingue de l'albumine.

Des expériences récentes ont prouvé que la globuline n'est pas un principe distinct de l'albumine.

Berzelius considérait le composé albumineux des globules sanguins comme identique avec la globuline du cristallin. Cette confusion n'est plus possible depuis qu'on a reconnu (Lehmann) que le corps azoté, coàgulable par la chaleur et contenu dans les globules du sang, peut cristalliser, dans des circonstances spéciales assez singulières et faciles à réaliser. Pour obtenir ces cristaux en abondance, il suffit de laver avec de l'eau sur un linge le caillot sanguin après l'avoir exprimé. Le liquide rouge qui passe soumis successivement à un courant d'acide carbonique et d'oxygène, surtout sous l'influence de la lumière solaire, ne tarde pas à déposer une multitude de petits cristaux. M. Pasteur a aussi remarqué une abondante cristallisation dans les ballons où il conservait du sang exposé à l'action de l'air privé de ses germes, et préservé par là de la putréfaction. Ce qu'il y a de plus intéressant à remarquer au sujet de ces cristaux, c'est la diversité de leurs formes, selon l'espèce d'animal qui fournit le sang.

Le sang du cheval et du chien donne des cristaux prismatiques, celui du cochon d'Inde des tétraèdres réguliers, celui de l'écureuil des tables hexagonales. L'hé-

mato-cristalline ne précipite ni par les acides chlorhydrique et sulfurique, ni par les sels métalliques.

La vitelline est la matière azotée du jaune d'œuf des
oiseaux : ce n'est probablement qu'un mélange d'albumine et de caséine.

L'ichthine retirée du jaune d'œuf des poissons cartilagineux se présente sous forme de grains blancs, transparents, insolubles, exempts de soufre.

MM. Frémy et Valenciennes distinguent encore l'ichthidine et l'ichthuline contenues dans le jaune d'œuf des
poissons cyprinoïdes; ces principes sont solubles dans
les acides acétique et phosphorique normal.

L'émydine du jaune d'œuf des tortues se rapproche
beaucoup de l'ichthine.

Dans le chapitre des fermentations, nous donnerons
les propriétés générales d'une foule de matières azotées
solubles produites par l'altération des substances albuminoïdes et dont le caractère spécifique est de déterminer des réactions chimiques par action de présence.

Fibrine.

On peut admettre plusieurs espèces de fibrines. Elles
se distinguent les unes des autres par quelques caractères
qui n'accusent néanmoins pas de différences profondes
dans la constitution chimique.

Ce sont :

1° La fibrine du sang veineux après sa séparation spontanée.

2° La fibrine musculaire et le gluten.

3° L'albumine coagulée, la fibrine du sang artériel, du sang inflammatoire, celle du sang veineux et des muscles après la cuisson.

Toutes ces variétés sont complétement insolubles dans l'eau. Par la surchauffe en présence de l'eau, elles se changent en produits solubles non coagulables qui ne se prennent pas en gelée. Le suc gastrique les attaque peu à peu et les transforme en albuminose soluble, non coagulable. Sous l'influence des acides minéraux concentrés et de l'acide acétique, elles se gonflent, deviennent transparentes et gélatineuses. La potasse caustique même étendue les dissout, la liqueur précipite par les acides. La fibrine du sang veineux décompose le bioxyde d'hydrogène, elle est soluble dans l'eau en présence de certains sels (salpêtre, sulfates, phosphates, carbonates, acétates et chlorures alcalins), ces solutions se coagulent par la chaleur et l'acide acétique; elle n'est pas modifiée par l'acide chlorhydrique très-dilué (1/1000). Sous quelle forme cette fibrine se trouve-t-elle dans le sang qui circule? Est-elle dissoute réellement, ou seulement dans un grand état de division? Quelle est la cause déterminante de sa séparation quelque temps après l'extraction du sang? Ce sont autant de questions controversées ou qui manquent de réponses.

Disons seulement que l'addition au sang de certains sels alcalins (sulfate de soude) retarde ou empêche sa coagulation; l'éther au contraire la provoque instantanément.

La fibrine des muscles et le gluten frais se caractérisent surtout par leur solubilité dans l'acide chlorhydrique

dilué ($\frac{1}{1000}$ d'acide); ils sont insolubles dans l'eau sal-
pêtrée. Toutes ces espèces après la cuisson ont perdu les
qualités distinctives que nous venons de mentionner.

Les solutions fraîches de fibrine dans l'acide chlorhydrique ou le nitrate de potasse dévient à gauche le plan de
polarisation comme l'albumine.

Caséine ou matière protéique du lait.

La caséine est par elle-même peu ou point soluble dans
l'eau, mais elle se dissout avec la plus grande facilité dans
les lessives alcalines faibles qu'elle neutralise complètement et dans l'eau chargée de carbonates, phosphates, chlorures alcalins ; les liqueurs ainsi préparées ne se troublent
pas par la chaleur, mais par les acides, même les acides
acétique et phosphorique normal, le précipité se redissout
dans un excès d'acide ; après l'addition de sulfate de magnésie, elles se coagulent par la chaleur.

Quelques chimistes admettent l'existence de deux modifications de la caséine ; l'une d'elles serait soluble et pourrait se coaguler en se transformant en caséine insoluble
dont nous venons de donner les caractères. Ce changement, s'il est réel, se produit par l'action de la membrane
interne de l'estomac ou caillette de veau. Mais, d'un côté,
la caséine soluble n'a jamais été préparée complétement
exempte d'alcali et de sels, et toutes les fois qu'on cherche à
la purifier par des moyens chimiques, on lui fait en grande
partie perdre sa solubilité ; d'un autre côté, la coagulation par la présure peut recevoir une autre interprétation

D'après Liebig, elle serait précédée de la formation d'acide lactique aux dépens du sucre de lait; je dois ajouter cependant qu'on a observé la précipitation par la présure sans que pour cela le lait ait perdu son alcalinité. L'existence de ces deux modifications ne peut pas être tout à fait niée; ce sujet réclame de nouvelles expériences. Les propriétés de la caséine se rapprochent tellement de celles de l'albuminate de potasse que beaucoup de chimistes sont portés à identifier les deux corps.

La légumine des semences de légumineuses se rapproche beaucoup de la caséine soluble, sans être complétement semblable.

On donne le nom de glutine à la partie du gluten soluble dans l'alcool bouillant.

Productions épidermiques.

Toutes les productions épidermiques semblent constituées par une seule et même substance à différents états d'agrégation. Elles sont insolubles dans l'eau, l'alcool, l'acide acétique concentré; les alcalis à froid les gonflent sans les liquéfier, par l'ébullition ils les dissolvent, mais en les décomposant et en dégageant de l'ammoniaque; leur molécule renferme une assez forte proportion de soufre (3 %). Dans le digesteur de Papin la matière cornée se dissout avec une grande difficulté, la solution ne gélatinise pas. Ce dernier résultat la distingue du tissu organique des os et des cartilages qui dans les mêmes circonstances donne de la gélatine; de plus l'osséine et ses congénères ne contiennent que très-peu de soufre. La gélatine des cartilages se distingue de celle des os par quelques réactions (précipitation par les acides et l'alun), on la désigne par le nom de chondrine ; toutes deux ont la même composition centésimale que les tissus d'où elles dérivent. Les cartilages traités par un acide avant l'ébullition ne donnent plus de chondrine, mais de la gélatine.

Le tissu élastique résiste plus énergiquement à l'eau surchauffée que les autres produits de l'organisme, la matière cornée exceptée ; les solutions offrent des réactions très-voisines de celles de la chondrine, mais le précipité par l'alun n'est pas soluble dans un excès.

Dans ce rapide aperçu des propriétés les plus importantes des matières protéiques, j'ai laissé dans l'ombre une foule de caractères qu'on trouve dans les traités de chimie physiologique. Ces réactions ne prêtent en effet aucun intérêt à l'histoire de ces corps ; elles ont été accumulées afin d'établir une distinction plus nette entre des produits très-voisins. En choisissant celles qui atteignent le mieux ce but, j'ai débarrassé l'étude des matières protéiques d'une foule de faits accessoires obscurcissant un point de chimie assez embrouillé. Je ne parle ici qu'au point de vue de l'enseignement, car pour le chimiste dont l'intention serait d'entreprendre des recherches elles ont une évidente utilité.

Je dois l'avouer, l'étude approfondie des nombreux travaux publiés sur ces corps a été loin de satisfaire mon esprit, et il m'est resté comme impression générale, l'idée que leur histoire est encore en grande partie à faire. Il faudrait avant tout s'assurer si les espèces variées établies

par les chimistes doivent être maintenues ou si elles sont
de nature à être réduites, lorsqu'on aura fait la part des
matières minérales qui les accompagnent d'une manière
si persistante. Un travail entrepris dans cette voie et pour-
suivi avec persévérance jusqu'à ses dernières limites serait d'un immense intérêt pour la chimie physiologique,
soit en simplifiant beaucoup les termes, soit en fixant les
idées sur ceux qu'on doit admettre et sur les différences
qui les séparent. On marcherait alors d'un pas plus sûr
dans la recherche des transformations variées éprouvées
par ces corps et on expliquerait certainement un grand
nombre de faits qui restent encore obscurs.

Fermentations et actions de présence.

Les réactions chimiques des composés minéraux, par
conséquent celles où l'on doit invoquer seulement l'influence des forces émanées de la matière morte, peuvent
être ramenées à un petit nombre de types. Dans leur étude
il y a toujours à envisager les substances mises en expérience, les corps qui en dérivent, et enfin la cause du
changement survenu dans l'état d'équilibre de la matière.

La détermination des produits d'une réaction est du domaine de l'analyse et n'offre rien que les ressources de la
chimie ne puissent résoudre ; il n'en est pas tout à fait de
même dans l'appréciation des causes. Qu'il y ait dissociation complète ou partielle des éléments d'un composé sous
l'influence des agents physiques et mécaniques ; que deux
corps se modifient l'un par l'autre par combinaison, par

déplacement ou échange d'éléments, on invoquera la force d'affinité et on est habitué à la voir changer dans ses effets suivant les conditions de température, d'électricité, de lumière; car c'est là un de ses caractères. De même, si un corps simple ou composé subit une modification moléculaire permanente sous l'influence des fluides dits impondérables, il y a rupture d'équilibre provoquée par ces agents que l'on sait avoir prise sur la matière. Il est un autre ordre de phénomènes beaucoup plus restreint où l'on voit aussi dissociation, combinaison et changement moléculaire, mais ce n'est plus ni la chaleur ni l'électricité qui peuvent être invoquées comme cause déterminante; la force active réside dans un corps matériel restant entier en quantité et en qualité ou se modifiant de telle façon que son altération doit être considérée comme indépendante du phénomène principal. Rappelons comme exemples la décomposition de l'eau oxygénée par le noir de platine ou le peroxyde de manganèse, la combustion de l'hydrogène sous l'influence de l'éponge de platine, la transformation de l'oxygène en ozone par le phosphore, la décomposition de l'eau oxygénée par l'oxyde d'argent, ce dernier se dédoublant en même temps qu'il provoque la destruction du bioxyde d'hydrogène. Ces faits réunis sous le nom d'actions de présence ou de contact, faits que Berzelius a cru expliquer en attribuant aux corps actifs une force spéciale (force catalytique), peuvent, comme le dit avec raison M. Berthelot, trouver leur interprétation dans l'intervention des forces moléculaires générales auxquelles on attribue les mutations chimiques. Il est tout aussi difficile de comprendre comment les deux gaz de l'eau deviennent aptes à s'unir quand ils sont simultanément en présence du platine spongieux que lorsqu'ils sont portés à une température élevée. Pour que deux atomes d'hydrogène puissent s'unir à un atome d'oxygène, il faut que les particules constituantes soient amenées à un état différent de celui où ils se trouvent dans les gaz à la température ordinaire. La nature de cet état spécial des atomes et l'essence de la cause qui le produit nous échappent dans l'un et l'autre cas.

Les composés organiques sont soumis dans leurs décompositions, leurs synthèses, leurs réactions mutuelles, aux mêmes genres de réactions que les matières minérales ; nous voyons encore ces phénomènes être provoqués par les agents physiques ou par des influences de contact ; mais il s'ajoute ici un genre d'altérations où l'élément vital n'a pas encore pu être éliminé et semble jouer un rôle important. Je veux parler des transformations déterminées par les ferments organisés et vivants. Comme on n'a pas jusqu'à présent isolé de ces ferments une substance non organisée, soustraite à la vie et capable d'opérer les changements dont il est question, on ne peut décider si leur vertu réside dans un produit spécial, insoluble, élaboré dans leur sein, et que tous les moyens de séparation altèrent assez pour lui ôter son pouvoir spécifique ; ou si elle dépend des conditions multiples que le développement de ces organismes sait seul réaliser. Cette dernière opinion nous paraît la plus conforme aux faits observés. Les phénomènes de contact, surtout ceux qui s'exercent sur les matières organiques et les fermentations proprement dites,

sont plus que tout autre type de réaction d'un grand intérêt pour la chimie physiologique. En effet, par leur marche
et les conditions physiques où ils se produisent, ils se rapprochent le plus des mutations de la matière au sein de
l'organisme.

M. Biot, par ses longues et belles recherches sur les
pouvoirs rotatoires moléculaires, a été amené à observer
un genre de réaction qui avait jusqu'à présent échappé
aux chimistes. La chimie, abandonnée à ses propres ressources, n'a guère pu constater dans la série continue des
phénomènes que l'existence de combinaisons intermittentes
qui, soit par une stabilité plus grande, soit par l'intervention d'un changement d'état, s'isolent plus facilement,
mais il n'est pas prouvé que ces composés en proportions
multiples soient les seuls qui se forment ; il n'est pas démontré que deux corps mis en présence ne peuvent pas
s'unir peu à peu en proportions croissant progressivement avec la dose de l'un d'eux. Le fait suivant, observé
par l'illustre physicien, tend à montrer le contraire.
Lorsqu'on étudie optiquement des solutions de plus en
plus étendues d'acide tartrique dans l'eau, on voit que le
pouvoir rotatoire spécifique de l'acide croît proportionnellement à la quantité pondérable du corps inactif. On ne
peut expliquer ce résultat que par une altération progressive de l'élément actif, et cette altération elle-même est sans
aucun doute la conséquence d'une combinaison progressive de ce dernier avec le dissolvant. La plupart des substances actives présentent des phénomènes semblables,
bien que d'une manière moins nette. Il est presque inu-

tile d'ajouter que ce mode de combinaison doit jouer un certain rôle dans les réactions de l'organisme.

Entrons maintenant avec plus de détails dans l'examen des actions de contact et des fermentations.

Nous étudierons à part sous le nom d'actions de contact les mutations provoquées par des agents non organisés, non vivants, et sous celui de fermentations celles où l'influence d'un organisme vivant est prépondérante.

Actions de contact.

Dans les phénomènes de contact, on observe une certaine indépendance entre le corps qui se modifie et la substance active. En effet, la même substance active peut donner lieu à des altérations variées selon la nature des composés qu'elle soumet à son influence (la diastase transforme la matière amylacée en dextrine et la dextrine en sucre ; l'émulsine dédouble l'amygdaline en sucre et essence d'amandes amères, et la salicine en sucre et saligénine) ; de plus, le même composé peut subir la même transformation par le contact de plusieurs matières distinctes : ainsi, l'amidon se change en dextrine et la dextrine en sucre par l'acide sulfurique et par la diastase. La saponification des glycérides, des éthers composés en général, peut s'effectuer soit par l'intervention des acides soit par celle de matières azotées spéciales.

Les corps capables de provoquer des actions de présence se divisent en deux classes : 1° les matières minérales (métaux en poudre, oxydes, peroxydes, acides, etc.) ;

2° les composés organiques. Ils sont tous azotés, très-voisins, par leur composition et leurs propriétés, des principes albuminoïdes dont ils dérivent par des altérations, subies le plus souvent au sein d'un organisme vivant; ils sont solubles dans l'eau, précipitables par l'alcool en flocons blancs amorphes que l'eau redissout; dans cette série d'opérations, la propriété spécifique n'a subie aucune atteinte; la chaleur les coagule souvent et leur enlève toute activité; ils se putréfient facilement. Un seul caractère permet de les distinguer, c'est l'action spéciale, le genre de réaction qu'ils sont aptes à produire. Cette action est progressive et lente; le rapport entre la substance active et la substance modifiée est généralement très-petit. Nous pouvons établir les espèces suivantes :

Diastase. Propriété spécifique, transformation de l'amidon en dextrine, de la dextrine et du glycogène en glucose. L'acide sulfurique étendu peut, à 100°, remplacer la diastase dans ses réactions. La diastase se forme pendant la germination de l'orge aux dépens du gluten, par l'altération spontanée (?) d'un grand nombre de substances protéiques. On trouve un principe analogue par son pouvoir spécifique dans la salive, le suc intestinal, le suc pancréatique, et en général dans tout l'organisme. La pancréatine possède en outre le pouvoir de saponifier les graisses. La matière azotée du suc intestinal détermine la digestion des composés protéiques; ce double rôle tient-il à la présence dans les sécrétions de deux principes distincts? Il est impossible de répondre à cette question dans l'état actuel de la science.

Pepsine. Propriété spécifique, digestion des principes

protéiques, leur transformation en albuminose. La pepsine se trouve dans le suc gastrique.

Émulsine. Elle dédouble l'amygdaline et la salicine en sucre et en essence d'amandes amères ou en saligénine; elle se retire des amandes.

Myrosine extraite de la moutarde; elle agit sur le myronate de potasse et forme l'essence de moutarde à ses dépens

Matière soluble de la levûre. Elle intervertit le sucre de canne et lui permet de subir la fermentation alcoolique.

Le mode d'action de tous ces produits ne diffère pas au fond de celui des substances minérales capables de réaliser les mêmes effets. Il est vrai que pendant leur influence ils se modifient eux-mêmes et perdent peu à peu leur puissance; mais doit-on voir pour cela, dans cette altération et le mouvement moléculaire qui en est la conséquence, mouvement qui peut se communiquer au corps modifié, la cause même de la réaction? n'est-ce pas plutôt un phénomène concomitant, indépendant, nécessaire, puisqu'il tient à l'instabilité des corps de cette classe?

Fermentations et putréfactions.

Dans les vraies fermentations on ne doit plus, comme dans les actions de contact, séparer la matière qui fermente du ferment; ces deux éléments et la nature de la réaction sont liés d'une manière indissoluble. Par fermentations vraies, nous désignons avec M. Pasteur toutes les réactions chimiques, déterminées par la présence, les évolutions, le développement d'un être vivant, végétal ou animal. Dans notre pensée, nous l'avons déjà dit ailleurs, les mutations de la matière, dans ces circonstances spéciales, sont le résultat des conditions multiples que l'organisme vivant peut seul réaliser et non de l'action directe de la force vitale sur les corps. Cette manière de voir n'exclut pas la possibilité de produire les mêmes phénomènes par voie purement chimique, pas plus qu'on ne peut dénier à la synthèse d'une manière absolue le pouvoir de former les combinaisons les plus complexes élaborées par les plantes. Nous admettons sans répugnance, abstraction faite de la confiance qu'inspirent les travaux de M. Berthelot, les résultats en apparence opposés à ceux de M. Pasteur, obtenus par ce chimiste. Si le sucre se dédouble en alcool et acide carbonique dans un milieu composé d'une matière azotée et de craie, sans production d'êtres organisés, nous ne voyons là qu'un phénomène de l'ordre de ceux que nous venons de passer en revue, tandis que les fermentations vraies ont un caractère spécial *sui generis*.

Nous les divisons, d'après la nature du ferment, en fermentations produites par des organismes végétaux et en fermentations à organismes animaux ou putréfactions. Le programme de cet ouvrage ne comporte pas de développements historiques ; disons néanmoins que le rôle des êtres organisés dans la fermentation avait été admis par beaucoup de savants avant M. Pasteur, mais c'est à lui que revient l'honneur de l'avoir si bien défini et circonscrit que le doute n'est plus possible.

Fermentation alcoolique. — Ce phénomène connu depuis longtemps se définit nettement par le principe fermentescible, le sucre ou glucose, par les produits qui en dérivent (acide carbonique, alcool, glycérine, acide succinique, acide acétique (?), cellulose), enfin et surtout par le ferment qui agit, la levûre alcoolique.

Les glucoses seules sont aptes à subir la vraie fermentation alcoolique ; le sucre de canne et ses congénères doivent préalablement se changer en glucose par une action de contact provoquée par la matière azotée soluble de la levûre.

L'alcool et l'acide carbonique ne sont pas, comme on le pensait il n'y a pas longtemps, les seuls dérivés de la glucose dans ces conditions ; on trouve d'une manière constante en moyenne pour 100^p de sucre, $0^p,673$ d'acide succinique, $3^p,640$ de glycérine.   (PASTEUR.)

Les éléments de la levûre ne prennent aucune part à la production de ces corps ; ceci ressort de la comparaison des poids de levûre employés et de ceux de la glycérine et de l'acide succinique ; dans des expériences convenablement disposées, le poids de la levûre était de beaucoup inférieur à celui de la glycérine ou de l'acide succinique. Ces deux produits accessoires par leur masse pourraient dériver de fermentations secondaires ; mais d'un côté leur apparition est constante malgré les conditions variées de l'expérience, d'un autre on n'a jamais pu constater l'existence d'une levûre spéciale agissant à côté de la levûre alcoolique.

Les $4^{gr},313\,^0/_0$ de glycérine et d'acide succinique ne représentent pas la totalité du sucre qui échappe à l'ancienne équation de Gay-Lussac.

$$\underbrace{C^{12}H^{12}O^{12}}_{\text{Glucose.}} = \underbrace{2C^4H^6O^2}_{\text{Alcool.}} + \underbrace{4CO^2}_{\text{Ac. carb.}}$$

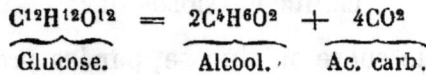

En effet, dans une fermentation faite dans un milieu composé de sucre, de levûre et d'eau, le poids de levûre (supposée sèche) employée étant de $1^{gr},198$ pour 100 de sucre, le poids de levûre déposée était de $1^{gr},700$ plus $1^{gr},131$ de matières extractives autres que la glycérine et l'acide succinique ; par conséquent le sucre a cédé à la levûre plus de $1^{gr},5$. D'après les expériences de M. Pasteur, cette matière cédée représente en partie la cellulose et la graisse des nouveaux globules. En ne tenant compte que des résultats qualitatifs, on pourrait embrasser la fermentation glycéro succinique dans une équation assez simple en remarquant que :

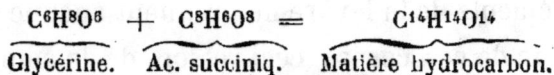

$$\underbrace{C^6H^8O^6}_{\text{Glycérine.}} + \underbrace{C^8H^6O^8}_{\text{Ac. succiniq.}} = \underbrace{C^{14}H^{14}O^{14}}_{\text{Matière hydrocarbon.}}$$

Malheureusement, les rapports assez constants observés entre l'acide succinique et la glycérine ne s'accordent pas avec cette manière de représenter le phénomène.

L'expérience conduit à l'équation très-complexe :

$$\underbrace{49C^{12}H^{11}O^{11}}_{\text{Sucre.}} + \underbrace{109HO}_{\text{Eau.}} = \underbrace{12C^8H^6O^8}_{\text{Ac. succiniq.}} + \underbrace{72C^6H^8O^6}_{\text{Glycérine.}} + \underbrace{60CO^2}_{\text{Ac. carbon.}}$$

On retrouve aussi d'une manière constante, parmi les produits de la fermentation alcoolique, une très-petite quantité d'acides volatils de la série des acides gras (acides acétique, butyrique, etc.), mais rien ne prouve encore que ces acides dérivent directement du sucre et ne sont

pas le résultat d'une altération de la levûre elle-même.
Occupons-nous maintenant du ferment.

Cette décomposition remarquable du sucre est provoquée
par une substance insoluble qui se dépose dans le moût de
bière fermenté. Comme le remarqua déjà Leuwenhoeck,
en 1680, cette levûre se compose de très-petits globules
sphériques ou ovoïdes. Les globules sont susceptibles de
se reproduire par bourgeonnement, ils sont formés d'une
enveloppe et d'un contenu liquide. (CAGNARD DE LATOUR,
1837.) Tous les jus sucrés naturels se mettent rapidement
en fermentation spontanée (?), donnent un dépôt qui a
l'aspect de la levûre de bière, qui possède comme elle
le pouvoir de faire fermenter l'eau sucrée pure (THE-
NARD), mais il faut auparavant que ces liquides aient été
exposés, ne fût-ce qu'un instant, au contact de l'air.
                                            (GAY-LUSSAC.)

Le ferment est azoté, de nature animale. Beaucoup de
substances animales azotées, mises en digestion avec de
l'eau sucrée pure, peuvent développer la fermentation,
mais il faut le contact de l'air et un temps assez long pour
qu'elle commence ; une fois commencée, elle donne également un dépôt qui a tous les caractères de la levûre. Malgré
ces observations toutes antérieures aux travaux de M. Pasteur, observations qui devaient attirer l'attention sur la
nature organisée du ferment, beaucoup de chimistes, et
des plus éminents, n'ont voulu voir, dans cette production
évidente d'un être vivant, qu'un phénomène secondaire,
indépendant de la réaction ; ils ont cherché à expliquer le
dédoublement du sucre, soit par une simple action de con-

tact (Berzelius), soit par une théorie mécanique assez séduisante.

D'après Liebig, le ferment est une substance azotée, éminemment altérable et en voie continuelle de transformation et de mouvement moléculaire; ce mouvement se transmet au sucre et détermine sa décomposition. Ces interprétations, comme le fait judicieusement observer M. Pasteur, étaient nées surtout de l'étude d'autres fermentations (lactique, butyrique), où l'on n'avait pu démêler de ferment organisé. Toutes les fois qu'on ajoute de la levûre de bière lavée, dans un milieu convenable, tel qu'une décoction d'orge germée contenant du sucre, des sels et des matières azotées solubles, on voit cette levûre augmenter en quantité, il y a multiplication des globules, et cette multiplication se fait par une espèce de bourgeonnement. Le globule mère présente d'abord une simple proéminence qui augmente progressivement jusqu'à ce qu'elle ait acquis la grosseur du globule primitif, pendant tout ce temps elle reste soudée et ne se détache qu'à ce moment. Les globules sont tantôt translucides, sans granulations internes, ce sont les plus propres au bourgeonnement; tantôt leur contenu est granuleux, ces granulations apparaissent dans les anciennes cellules. D'après M. Payen, la levûre est formée de :

Matière azotée....................	62,73
Cellulose........................	29,37
Substances grasses................	2,10
Matière minérale..................	5,80

M. Schlossberger a séparé chimiquement la matière

azotée de la cellulose, il lui a reconnu la composition élémentaire des matières protéiques. Les cendres se composent principalement de phosphates de soude et de magnésie avec un peu de chaux. Nous parlerons avec quelques détails de l'expérience capitale par laquelle M. Pasteur démontre que la décomposition du sucre est bien la conséquence du développement organique des cellules végétales. Guidé par des idées bien arrêtées sur la nature végétale du ferment, il a cherché à se placer dans des conditions telles, que la fermentation et le développement des globules dont elle est une conséquence ne puissent pas être attribués à une matière organique en voie de décomposition. Il prend une liqueur composée de

10gr,00	Sucre candi pur.
100gr,00	Eau.
	Cendres de 1 gramme de levûre.
0gr,100	Tartrate droit d'ammoniaque.
	Traces de levûre de la grosseur d'une tête d'épingle, à l'état humide.

Le vase étant rempli jusque dans le goulot et muni d'un tube de dégagement plongeant dans l'eau, la fermentation ne tarde pas à se déclarer ; après vingt-quatre heures, la liqueur commence à donner des signes sensibles d'un dégagement d'acide carbonique, en même temps elle se trouble. Le trouble augmente les jours suivants, et un dépôt couvre peu à peu le fond du flacon. Ce dépôt examiné au microscope offre une belle levûre très-ramifiée, extrêmement jeune d'aspect; on y distingue les anciens globules par leur enveloppe épaisse et leur contenu granuleux. Au bout d'un mois il avait disparu $4^{gr},5$ de sucre — $0^{gr},0062$ d'ammoniaque, et il s'était formé $0,043$ de levûre (supposée sèche).

La signification de ces résultats est bien nette :

La très-petite quantité de levûre ajoutée s'est comportée comme une semence qu'on met dans un milieu propre à son développement; elle a bourgeonné en empruntant à l'ammoniaque l'azote dont elle a besoin pour la synthèse de ses composés protéiques, le carbone au sucre et ses sels minéraux à la cendre de levûre, et pendant ces évolutions elle a déterminé la décomposition du sucre en alcool et acide carbonique.

Le sel ammoniacal de cette expérience peut avec avantage être remplacé par une matière albuminoïde appropriée, telle qu'on la trouve dans les sucs végétaux, l'infusion d'orge germée et les parties solubles de la levûre elle-même. Avec l'albumine du blanc d'œuf les cellules ensemencées ne commencent à se multiplier et le sucre à fermenter qu'au bout d'un temps assez long; cette matière azotée à l'état frais ne présente pas les conditions nécessaires à la nutrition des globules, et doit subir une altération préalable au contact de l'air. Dans toutes les expériences, on voit la décomposition du sucre commencer avec les manifestations de la vie dans les globules, s'arrêter, se ralentir avec elles; il y a donc corrélation évidente entre ces deux phénomènes.

Nous savons déjà que les sucs végétaux sucrés peuvent fermenter spontanément avec production de levûre, pourvu qu'ils reçoivent le contact de l'air, ne fût-ce que

quelques instants, tandis que d'autres milieux fermentescibles, celui de l'expérience précédente par exemple,
exigent impérieusement l'addition de traces de levûre.
D'où vient cette différence, et comment le ferment naît-il
dans les sucs des plantes?

M. Pasteur admet que les germes du ferment se trouvent dans l'air, et sont apportés par lui aux liquides; si le
milieu est très-favorable à la multiplication de ces germes
toujours peu nombreux, il y aura fermentation : c'est le
cas du suc de raisin; si, au contraire, les conditions sont
moins bonnes, ces germes resteront inutiles. Cette manière
de voir n'est pas généralement admise; quelques observateurs rejettent la préexistence nécessaire des germes et
donnent au liquide fermentescible la vertu d'engendrer
spontanément des êtres organisés. Nous touchons ici à une
question qui a préoccupé bien des intelligences et donné
lieu à des luttes mémorables. Il nous est impossible de
suivre M. Pasteur et son adversaire M. Pouchet, dans
leurs nombreuses et belles expériences, nous serions conduit par là bien loin du but que nous voulons atteindre (1).

La levûre semée dans une liqueur sucrée et azotée,
mais complétement privée d'oxygène, se multiplie, augmente de poids et détermine la fermentation alcoolique;
en présence de l'air, elle se développe également, mieux
même que dans le premier cas; mais alors elle n'a qu'une

_____

(1) Le lecteur qui désire étudier cette importante question peut consulter les *Mémoires originaux* de M. Pasteur (Comptes rendus.— Annales.
— Leçons de la Société chimique), ainsi que l'ouvrage de M. Pouchet sur
les *Générations spontanées*.

activité relativement faible comme ferment, bien qu'elle agisse énergiquement sur le sucre si on la met ultérieurement en contact avec de l'eau sucrée à l'abri de l'oxygène. Il paraît donc y avoir corrélation entre le caractère ferment et le fait de la vie sans gaz oxygène libre. D'après M. Pasteur, le mode de nutrition de la plante reste le même au fond en présence ou en l'absence de l'oxygène ; mais dans le second cas elle respire avec l'oxygène emprunté à la matière fermentescible, et provoque ainsi la rupture d'équilibre de la molécule sucrée. Ce serait, par conséquent, dans cet acte physiologique qu'il faudrait placer l'origine du caractère ferment.

Des expériences récentes tendent à établir que les levûres spontanées ne sont pas identiques par leur forme, leur nature et l'énergie de leur action ; il y aurait aussi à établir une différence de même ordre entre la levûre de bière et celle du suc de raisin.

Ces observations ne changent rien aux conclusions générales, car deux espèces végétales peuvent avoir le même mode de développement physiologique et produire le même effet.

On peut déterminer la fermentation alcoolique en ajoutant de la levûre à un liquide sucré pur ; dans ce cas, elle ne produit que la décomposition d'une quantité limitée de sucre, et quand cette limite est atteinte, elle a perdu toute son activité ; son développement se fait comme dans le cas de la présence de matières azotées, mais les globules se nourrissent en usant leur propre substance, c'est-à-dire leurs principes azotés solubles ; ils les transforment en composés insolubles ; après cela, l'évolution s'arrête et la fermentation aussi. M. Thenard avait montré que la levûre devient moins riche en azote dans ces conditions, et Dœbereiner supposait que l'azote éliminé se change en ammoniaque. Cette manière de voir est erronée ; non-seulement il ne se forme pas d'ammoniaque pendant la fermentation, mais celle qu'on ajoute peut disparaître. Que devient donc l'azote ? D'une part, le poids absolu de la levûre augmente par l'addition d'une matière hydrocarbonée (cellulose) formée par le sucre, et de l'autre une partie des principes azotés de la levûre se dissout dans le liquide et se retrouve dans l'extrait filtré.

Les fermentations avec grand excès de levûre présentent une particularité intéressante : la production d'alcool et d'acide carbonique continue quelque temps avec assez d'activité lorsque tout le sucre est déjà transformé ; en fin de compte, on recueille une proportion de ces deux corps de beaucoup supérieure à celle que peut donner la glucose seule. Nous voyons d'après cela l'activité du ferment s'exercer sur ses propres tissus avec une énergie et une rapidité extraordinaires.

Les conditions physiques dans lesquelles la fermentation alcoolique se fait le mieux sont aussi les plus favorables au développement des végétaux inférieurs. Les agents chimiques capables de s'opposer à la vie végétale (créosote, sels mercuriels, excès d'alcool) entravent et arrêtent la fermentation. Un milieu neutre est, en somme, plus convenable qu'un milieu acide ; mais, comme il s'oppose aussi beaucoup moins à l'apparition d'autres levûres (lactique), la pratique a montré que les liqueurs légèrement acides étaient préférables.

Ce genre de phénomènes nous intéressait surtout comme exemple authentique d'une réaction chimique définie, se produisant par l'intervention d'un acte de physiologie. Les détails que nous avons donnés nous permettront d'être beaucoup plus courts dans l'exposé de faits analogues.

Fermentation lactique ou transformation du sucre en acide lactique sous l'influence de la levûre lactique. La fermentation lactique s'observe dans beaucoup de circonstances, et notamment quand le lait abandonné à lui-même se caille et devient acide. La production de l'acide se fait aux dépens du sucre de lait, elle s'arrête dès que la réaction de la liqueur s'est développée et que le caséum est précipité, mais il suffit de saturer avec un carbonate pour la voir recommencer.

En se plaçant dans ces conditions, c'est-à-dire en réunissant dans une même liqueur, du sucre, une matière azotée convenable et de la craie, la réaction est complète au bout d'un certain temps, le sucre a disparu et se trouve remplacé par du lactate de chaux.

Toutes les glucoses, même celles qui ne peuvent donner de l'alcool, fermentent lactiquement; les sucres de formule $C^{12}H^{11}O^{11}$ se changent préalablement en glucose. L'acide lactique est le seul produit jusqu'à présent reconnu de cette fermentation; sa composition centésimale est la même que celle de la glucose, nous n'avons donc affaire qu'à une transposition moléculaire. M. Pasteur a cherché et trouvé avec sa perspicacité ordinaire le ferment ou la levûre lactique méconnue jusqu'à lui. Cette substance est formée de très-petits globules ou d'articles très-courts, isolés ou en amas ; ensemencée dans un milieu convenable (eau, sucre, matière azotée, sels et craie), elle se multiplie, augmente de volume et dé‑termine la transformation du sucre. Dans toutes les fermentations lactiques, on peut par un examen attentif reconnaître sa présence. Si la fermentation alcoolique se complique, ce qui arrive souvent, de la production d'acide lactique, on voit toujours la levûre lactique apparaître à côté du ferment principal. Lorsqu'on n'en‑semence pas la levûre, sa présence est due à des germes apportés par l'air.

Fermentation visqueuse des sucres.

Sous l'influence d'un ferment organisé spécial, com‑posé de petites cellules en chapelets, les sucres se dé‑doublent en mannite, en une matière gommeuse filante, en acide carbonique et en eau d'après l'équation

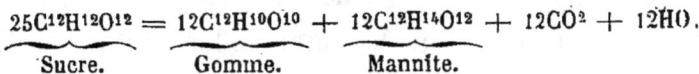

$$25C^{12}H^{12}O^{12} = 12C^{12}H^{10}O^{10} + 12C^{12}H^{14}O^{12} + 12CO^2 + 12HO.$$

$$\underbrace{\qquad}_{\text{Sucre.}} \qquad \underbrace{\qquad}_{\text{Gomme.}} \quad \underbrace{\qquad}_{\text{Mannite.}}$$

Les conditions générales de ce phénomène sont les mêmes que dans la fermentation alcoolique, la levûre seule est différente par sa nature et ses effets.

L'hydratation de l'urée et sa conversion en carbonate d'ammoniaque dont elle est l'amide, sont déterminées par un ferment en chapelets de globules très-semblables à ceux de la levûre de bière, mais doués d'une action spécifique que cette dernière ne peut montrer.

Fermentation acétique.

La fermentation acétique est l'oxydation de l'alcool sous l'influence d'un organisme végétal. Les vapeurs d'alcool exposées à l'action simultanée de l'air et du noir de platine, se changent en aldéhyde et en acide acétique, comme le montrent les équations :

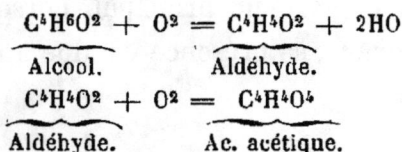

$$C^4H^6O^2 + O^2 = C^4H^4O^2 + 2HO$$

Alcool.   Aldéhyde.

$$C^4H^4O^2 + O^2 = C^4H^4O^4$$

Aldéhyde.   Ac. acétique.

Cette oxydation due à une action de contact se reproduit exactement dans certains liquides alcooliques, le vin par exemple, sans l'intervention du platine. Le métal poreux est remplacé dans ce cas par des végétaux particuliers (mycodermes), dont les germes apportés par l'air se développent sous forme de pellicules lisses ou ridées, à la surface de tous les liquides fermentés ; on les nomme fleurs.

La fleur de vinaigre est particulièrement apte à déterminer l'acétification de l'alcool, tant qu'elle reste à la surface et en contact avec l'air ; une fois immergée, elle ne produit plus d'effet. La fleur de vin détruit l'alcool, mais sans former d'acide ; il y a plus, celui qu'on ajoute dis-

paraît au bout de quelque temps ; ce résultat est encore
le fait d'une combustion, mais plus active que la première et poussée jusqu'à ses dernières limites. Quant à
l'explication du phénomène, elle ne peut être cherchée
que dans un état physique propre de la plante, analogue
à celui du platine divisé, lui permettant de transporter
comme lui l'oxygène à l'alcool. Cet état physique est
étroitement lié à la vie de la plante.

La *fermentation butyrique* et les *putréfactions* dont il
nous reste à parler se distinguent par la nature du ferment qui cesse d'être végétal.

Les globules ou cellules sont remplacés par des infusoires du genre vibrion dont le caractère commun le
plus tranché et le plus remarquable est de pouvoir vivre
dans des milieux privés d'oxygène et de périr sous l'influence de ce gaz.

Dans les fermentations lactiques ordinaires, l'acide
lactique n'est pas le seul produit, il se forme encore des
gommes, de la mannite, de l'alcool, et enfin de l'acide butyrique, soit simultanément, soit progressivement. Ces
phénomènes complexes résultent de la présence de ferments spéciaux qui agissent avec indépendance les uns
à côté des autres.

Nous avons étudié l'influence de chacun d'eux en particulier, mais l'acide butyrique ne peut être produit par
aucun des végétaux microscopiques connus. La transformation du sucre, de l'acide lactique et de la mannite en
acide butyrique est due exclusivement à des infusoires.
Ils ont la forme de petites baguettes arrondies à leurs

extrémités, droites, isolées ou réunies en chaînes de deux ou plusieurs articles, ils s'avancent en glissant, pirouettent, se balancent ou font trembler vivement leurs extrémités.

On peut les semer dans un milieu convenable qui ne renferme que du sucre, un sel ammoniacal et des phosphates; on les verra alors se multiplier et convertir la substance hydrocarbonée en acide butyrique. L'oxygène les tue; aussi ne prennent-ils naissance que lorsque ce gaz est éliminé du liquide par des végétations antérieures.

La décomposition du sucre se formule ainsi

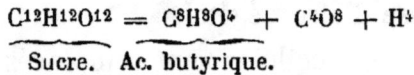

$$\underbrace{C^{12}H^{12}O^{12}}_{\text{Sucre.}} = \underbrace{C^8H^8O^4}_{\text{Ac. butyrique.}} + C^4O^8 + H^4$$

Ces premières observations d'infusoires ferments, vivant sans gaz oxygène libre, ont trouvé une confirmation importante dans les circonstances de transformation du tartrate de chaux, en acide propionique homologue de l'acide butyrique.

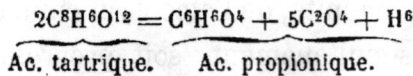

$$2\underbrace{C^8H^6O^{12}}_{\text{Ac. tartrique.}} = \underbrace{C^6H^6O^4}_{\text{Ac. propionique.}} + 5C^2O^4 + H^6$$

Cette réaction est due à la même cause. Les vibrions tartriques diffèrent, en apparence du moins, des vibrions butyriques. Il en est probablement ainsi pour la fermentation succinique et acétique de l'acide malique

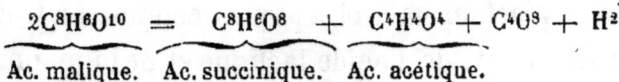

$$2\underbrace{C^8H^6O^{10}}_{\text{Ac. malique.}} = \underbrace{C^8H^6O^8}_{\text{Ac. succinique.}} + \underbrace{C^4H^4O^4 + C^4O^3}_{\text{Ac. acétique.}} + H^2$$

Les phénomènes de putréfaction et de combustion lente,

par lesquels les matières azotées animales soustraites à la vie se résolvent peu à peu en composés de plus en plus simples, ont été longtemps attribués à une sorte d'aptitude propre aux corps de cette classe. On les croyait doués du pouvoir de fixer l'oxygène et de se brûler spontanément; il suffisait même, pensait-on, d'une très-petite quantité de ce gaz pour commencer l'altération et communiquer à toute la masse un ébranlement capable de détruire tout l'édifice.

Ces hypothèses vagues, créées pour l'explication de phénomènes mal étudiés (putréfactions, combustions lentes), tombent devant les expériences si nettes que M. Pasteur vient de publier. Nous pouvons les résumer en peu de mots.

Une matière animale choisie parmi les plus altérables, du sang par exemple, ou de l'urine, se conserve indéfiniment en présence de l'air calciné ou privé de ses germes; dans ces conditions, l'absorption d'oxygène est peu sensible et la putréfaction est nulle, en même temps il ne se produit pas d'infusoires. Si, au contraire, cette même substance reste exposée à l'air ordinaire, elle s'oxyde, se putréfie et il se développe des infusoires. C'est donc bien à ces infusoires qui naissent par milliers qu'il faut attribuer la décomposition spontanée. M. Pasteur a successivement étudié les putréfactions à l'abri de l'air et celles qui se font au contact de l'oxygène. Nous citerons sans changements les passages de son mémoire (*Comptes rendus*, juin 1863), qui se rapportent à ces deux phénomènes observés sur des liquides.

« Il est de connaissance vulgaire que la putréfaction
« met un certain temps à se déclarer, temps variable sui-
« vant les circonstances de température, de neutralité,
« d'acidité ou d'alcalinité du liquide. Dans les circon-
« stances les plus favorables, il faut, au minimum, envi-
« ron vingt-quatre heures pour que le phénomène com-
« mence à être accusé par des signes extérieurs. Pendant
« cette première période, un mouvement intestin s'effectue
« dans le liquide, mouvement dont l'effet est de soustraire
« entièrement l'oxygène de l'air qui est en dissolution et de
« le remplacer par du gaz acide carbonique. La disparition
« totale du gaz oxygène, lorsque le milieu est neutre ou
« légèrement alcalin, est due en général au développement
« des plus petits infusoires, notamment le *monas crepus-*
« *culum* et le *bacterium termo*. Un très-léger trouble se
« manifeste, parce que ces petits êtres voyagent dans
« toutes les directions. Lorsque ce premier effet de sou-
« straction de l'oxygène en dissolution est accompli, ils
« périssent et tombent à la longue au fond du vase, comme
« ferait un précipité; et si, par hasard, le liquide ne ren-
« ferme pas de germes féconds des ferments dont je vais
« parler, il reste indéfiniment dans cet état sans se putré-
« fier, sans fermenter d'aucune façon. Le plus souvent,
« lorsque l'oxygène qui était en dissolution dans le liquide
« a disparu, les vibrions ferments, qui n'ont pas besoin de
« ce gaz pour vivre, commencent à se montrer, et la pu-
« tréfaction se déclare aussitôt. Elle s'accélère peu à peu,
« en suivant la marche progressive du développement des
« vibrions. Quant à la putridité, elle devient si intense,

« que l'examen au microscope d'une seule goutte du li-
« quide est chose très-pénible.

« Il résulte de ce qui précède que le contact de l'air
« n'est aucunement nécessaire au développement de la
« putréfaction. Bien au contraire, si l'oxygène dissous dans
« un liquide putrescible n'était pas tout d'abord soustrait
« par l'action d'êtres spéciaux, la putréfaction n'aurait pas
« lieu. L'oxygène ferait périr les vibrions qui tenteraient
« de se développer à l'origine.

« Je vais examiner maintenant le cas de la putréfac-
« tion au contact de l'air. Ce que je viens de dire pourrait
« faire croire qu'elle ne saurait s'y établir, puisque les
« vibrions qui la provoquent périssent dans l'oxygène.
« Il n'en est rien, et je vais même démontrer, ce qui est
« d'accord avec les faits, que la putréfaction au contact
« de l'air est un phénomène toujours plus complet, plus
« achevé qu'à l'abri de l'air.

« Reprenons notre liquide aéré, cette fois exposé au con-
« tact de l'air, par exemple, dans un vase largement ouvert.
« L'effet dont j'ai parlé tout à l'heure, à savoir : la sous-
« traction du gaz oxygène dissous, se produit comme dans
« le premier cas. La seule différence consiste en ce que
« les bactériums, etc., ne périssent, après la soustraction
« de l'oxygène, que dans la masse du liquide, en conti-
« nuant de se propager, au contraire, à l'infini, à la sur-
« face, parce que celle-ci est en contact avec l'air. Ils y
« provoquent la formation d'une mince pellicule qui va
« en s'épaississant peu à peu, puis tombe au fond du vase,
« pour se reformer, tomber encore, et ainsi de suite. Cette

« pellicule à laquelle s'associent divers mucors et des mu-
« cédinées, empêche la dissolution du gaz oxygène dans
« le liquide et permet par conséquent le développement
« des vibrions ferments. Pour ces derniers, le vase est
« comme fermé à l'introduction de l'air.

« Le liquide putrescible devient alors le siége de deux
« genres d'actions chimiques fort distinctes qui sont en
« rapport avec les fonctions physiologiques des deux sortes
« d'êtres qui s'y nourrissent. Les vibrions, d'une part, vi-
« vant sans la coopération du gaz oxygène de l'air, dé-
« terminent dans l'intérieur du liquide des actes de fer-
« mentation, c'est-à-dire qu'ils transforment les matières
« azotées en produits plus simples, mais encore complexes.
« Les bactériums (ou les mucors), d'autre part, comburent
« ces mêmes produits et les ramènent à l'état des plus
« simples combinaisons binaires, l'eau, l'ammoniaque et
« l'acide carbonique. »

D'après ces résultats inattendus, la putréfaction des matières azotées est un phénomène du même ordre que la
fermentation butyrique du sucre, et il ne convient plus
d'attacher une si grande importance, dans les questions
d'équilibre moléculaire, à l'instabilité apparente de ces
corps et à leur prétendue décomposition spontanée. Cette
illusion est due à ce que le ferment trouve toujours en
eux l'aliment nécessaire à son existence, tandis que pour
les sucres il faut un élément de plus, l'intervention de la
matière azotée.

Dans toute cette étude des fermentations, nous n'avons
pour ainsi dire que résumé les *Mémoires originaux* de

M. Pasteur. On a pu juger de l'importance de ses belles découvertes. Il était réservé à l'homme qui avait ouvert aux chimistes le champ fécond et précieux de la dyssymétrie moléculaire, de jeter une vive lumière sur des phénomènes d'un haut intérêt, mais obscurs, mal compris, enveloppés d'hypothèses et d'observations fautives. L'Académie des sciences, en décernant à l'auteur de tous ces travaux difficiles et élevés, le grand prix de physiologie expérimentale, et en l'appelant plus tard dans son sein, a donné une juste récompense à une vie si noblement consacrée au progrès.

Substances minérales.

L'importance de certaines matières minérales au point de vue physiologique, est démontrée *à priori* par leur présence constante en proportions notables dans tout l'organisme. Nous discuterons leur rôle dans la suite ; pour le moment, nous devons nous contenter de les nommer, en insistant particulièrement sur quelques-unes de leurs propriétés les plus intéressantes pour la spécialité chimique que nous avons en vue.

On peut diviser les matières minérales en trois groupes :

1° Substances solides (sels, alcalis et silice) ;

2° Eau ;

3° Gaz.

Parmi les sels, les uns sont solubles et se trouvent dissous dans l'eau dont se composent près des quatre cinquièmes de l'organisme, les autres insolubles par eux-

mêmes sont tantôt à l'état de dépôts solides, tantôt en
dissolutions provoquées par d'autres corps (sels solubles,
acide carbonique, substances organiques).

Sels solubles. En les rangeant par ordre d'importance
nous avons :

Le sel marin ou chlorure de sodium (ClNa) qui se
rencontre dans toutes les parties de l'économie.

Les phosphates de potasse et de soude également très-
répandus. On sait que l'acide phosphorique tribasique
donne trois classes de sels ($PhO^5_3MO, PhO^5_2MO, HO,$
PhO^5MO_2HO) pouvant, au moins les deux derniers, se
modifier par la chaleur et se changer avec perte d'eau en
pyrophosphates (PhO^5_2MO) et en métaphosphates (PhO^5MO);
de plus, certains tissus et liquides animaux contiennent
du phosphore combiné à la matière organique ; ce phosphore doit rester dans les cendres à l'état d'acide oxy-
géné.

On voit facilement d'après ces observations, avec quelle
réserve on peut conclure des phosphates des cendres à
ceux qui existent réellement avant la destruction ignée; il
est probable que le plus souvent ils répondent aux formules PhO^5_3MO et PhO^5_2MO, HO ; quant aux pyro et métaphosphates, leur présence dans l'économie est plus que
douteuse...

Le carbonate de soude des cendres dérive ordinairement de la décomposition sèche de matières organiques
combinées à la soude; on peut cependant démontrer sa
préexistence dans quelques cas (SANG).

Les sulfates alcalins, de chaux et de magnésie, sont en

général très-peu abondants et dans beaucoup de cas manquent tout à fait.

Sels insolubles. — Le plus répandu et le plus important est le phosphate tribasique de chaux ($PhO^5{}_3CaO$).

On le rencontre en dépôts et en solutions. Quoique insoluble par lui-même, il peut être attaqué par l'eau en présence de l'acide carbonique libre, du sel marin, des sels ammoniacaux et de certaines matières protéiques. Le carbonate de chaux n'est souvent qu'un produit de l'incinération, mais pas toujours. Nous rappellerons que l'eau chargée d'acide carbonique le dissout assez facilement.

Le phosphate de magnésie ($PhO^5{}_3MgO$) ne se trouve qu'en très-petites quantités, il accompagne d'une manière assez constante le phosphate de chaux.

Le phosphate ammoniaco-magnésien ($PhO^5{}_2MgO, AzH^4O$) est tout à fait accessoire.

M. Nicklès a trouvé le fluorure de calcium dans tout l'organisme, on connaissait déjà avant lui son existence dans les os et les dents. Ce sel est un peu soluble dans l'eau, surtout dans l'eau salée :

Les alcalis et la chaux sont généralement combinés à des matières protéiques ou à des acides organiques. Enfin la silice qu'on trouve en petites quantités dans les cendres est probablement dissoute à la faveur de la soude.

La nécessité absolue de détruire les matières organiques avant l'analyse complique singulièrement les recherches des principes minéraux, et rend les résultats incertains par suite des réactions que la chaleur peut provoquer entre ces corps. Nous verrons au chapitre des analyses toutes les précautions nécessaires pour arriver au meilleur degré d'approximation.

L'eau est un des produits les plus importants de l'organisme : en tenant compte de la composition de ses tissus et liquides les plus essentiels, on peut évaluer qu'elle forme à peu près les 75 centièmes du corps d'un animal. Il est de plus facile de voir qu'elle n'a pas seulement une grande valeur en raison de sa masse, mais encore par les nombreuses et capitales fonctions dont elle est chargée. Qui n'a été à même de comparer la souplesse, le volume et l'élasticité d'une membrane fraîche, à la rigidité et à la ténuité de ce même tissu desséché; qui n'a une idée plus ou moins exacte du grand mouvement de circulation, charriant constamment à travers des canaux appropriés, les matériaux destinés à la nutrition des tissus et emportant les produits de leur altération ? Les principes alimentaires ne doivent-ils pas être amenés à l'état soluble, pour être absorbés et passer du tube digestif dans la circulation; et les matières organisées de nos tissus ne se résolvent-elles pas, pour être éliminées, en produits solubles ?

Le dissolvant qui intervient est toujours et partout l'eau.

Nous voyons ainsi que ce liquide remplit trois fonctions. 1° Il donne aux éléments de nos organes leur forme et les propriétés physiques nécessaires à l'accomplissement de leur rôle. 2° Il agit comme fluide mobile et propre au transport des matériaux qui composent l'organisme, en même temps il répartit uniformément le calorique dé-veloppé par les combustions. 3° Il sert de dissolvant nécessaire pour les solides et les gaz.

Si nous appliquons les connaissances acquises en chimie, nous pouvons dès à présent et sans entrer dans les détails, prévoir un quatrième mode d'agir. On sait que l'eau intervient par ses éléments dans une foule de réactions chimiques. Tantôt la molécule d'un corps fixe de l'eau et se convertit en une autre molécule. C'est ainsi que la cellulose, la dextrine, l'amidon, le sucre de canne se changent en glucose

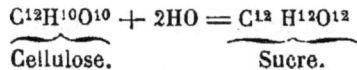

$$C^{12}H^{10}O^{10} + 2HO = C^{12}H^{12}O^{12}$$
$$\underbrace{\qquad}_{\text{Cellulose.}} \qquad \underbrace{\qquad}_{\text{Sucre.}}$$

Tantôt c'est un composé complexe qui se dédouble en deux nouveaux corps plus simples, en fixant un ou plusieurs équivalents d'eau. Je rappellerai comme exemples la transformation d'un éther composé, d'un corps gras, d'un glucoside en acide et en alcool, glycérine ou sucre.

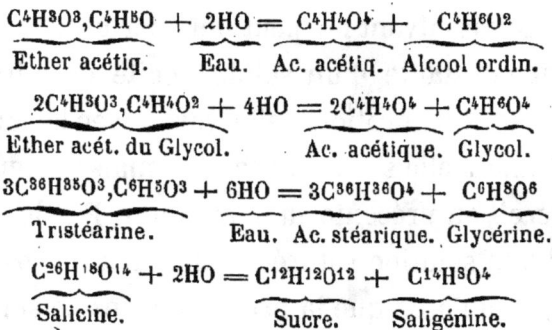

$$C^4H^3O^3,C^4H^5O + 2HO = C^4H^4O^4 + C^4H^6O^2$$
Éther acétiq.   Eau.   Ac. acétiq.   Alcool ordin.

$$2C^4H^3O^3,C^4H^4O^2 + 4HO = 2C^4H^4O^4 + C^4H^6O^4$$
Éther acét. du Glycol.   Ac. acétique.   Glycol.

$$3C^{36}H^{35}O^3,C^6H^5O^3 + 6HO = 3C^{36}H^{36}O^4 + C^6H^8O^6$$
Tristéarine.   Eau.   Ac. stéarique.   Glycérine.

$$C^{26}H^{18}O^{14} + 2HO = C^{12}H^{12}O^{12} + C^{14}H^8O^4$$
Salicine.   Sucre.   Saligénine.

Dans la synthèse des éthers composés et des corps gras,

dans les combustions, les décompositions sèches, il se sépare de l'eau. Parmi les phénomènes chimiques de l'organisme, nous en trouverons beaucoup où l'eau intervient ainsi par ses éléments constitutifs.

Action de l'eau comme dissolvant.

Lorsqu'un corps solide est mis en présence d'un liquide, les molécules hétérogènes exercent les unes sur les autres une attraction dont le résultat peut être une dissolution des particules solides, une véritable liquéfaction.

La force de dissolution qui provoque ce phénomène est donc une force moléculaire s'exerçant à de très-petites distances et capable de vaincre, de contre-balancer la cohésion.

Les lois générales de la dissolution des solides dans les divers liquides sont encore peu ou point connues.

Tout ce qu'on a pu faire jusqu'à présent, c'est de recueillir des observations particulières : elles nous apprennent que, pour une température donnée, une quantité limitée de dissolvant ne peut liquéfier qu'une quantité limitée et constante d'un solide ; cette dose limite détermine l'état de saturation ; elle varie avec la température, généralement elle s'élève avec elle, mais quelquefois aussi elle décroît ou présente un maximum. Par le refroidissement d'une solution saturée à chaud le corps dissous se sépare, jusqu'à ce que la proportion restée soit égale à la limite pour la température atteinte ; cependant il peut se présenter des cas où la liqueur saturée à chaud ne dépose rien par le refroidissement et reste comme on dit sursaturée (sulfate·de soude).

Pour chaque corps on observe une loi spéciale de variation dans la solubilité. Ces lois peuvent se représenter par des courbes tracées expérimentalement, courbes dont la traduction mathématique conduirait le plus souvent à des équations d'un degré élevé.

On n'a encore reconnu aucune liaison entre les lois de variation dans la solubilité des divers corps, ni entre ces lois et les propriétés physiques ou chimiques des substances auxquelles elles se rapportent.

A côté des lois générales de la solubilité que nous n'avons fait que toucher en passant, nous devons rappeler en quelques lignes les mouvements moléculaires produits au contact de deux liquides hétérogènes, séparés ou non par une cloison membraneuse, c'est-à-dire les phénomènes de diffusion et d'endosmose. Cette question physico-chimique est d'une grande importance pour la physiologie ; complétement résolue, elle prêterait un appui solide à de nouvelles recherches dans le domaine de l'organisme vivant.

Diffusion des liquides.

Jusqu'à présent, on n'a bien étudié que le cas où les liquides en contact sont des solutions du même sel à divers états de concentration. Il s'établit dans ces circonstances un mouvement de diffusion. La solution la plus concentrée cède du sel à l'autre, et celle-ci à son tour fournit du dissolvant à la première. Ce mouvement ne cesse que lorsque l'équilibre est établi, à savoir lorsque les deux liquides sont identiques par leur composition. La loi fondamentale de cette diffusion rappelle celle de Fourrier pour la propagation du calorique, et celle d'Ohm relative aux courants électriques ; en voici l'énoncé :

La quantité de sel cédée dans le temps T par une couche de concentration E à une autre située à la distance D et de concentration E', en supposant $C > C'$, est proportionnelle à $C - C'$, à T et à un coefficient Q dépendant de la nature du sel, de l'espèce du dissolvant et de la température ; elle est, de plus, en raison inverse de la distance D des deux couches. Cette quantité de sel X est donc représentée par l'expression :

$$X = Q \times \frac{C - C'}{D} \times T.$$

Connaissant X, $C - C'$, T et D, on peut calculer Q.

En même temps la couche la plus étendue cède à l'autre un volume d'eau égal au volume du sel X.

Cette loi n'est vraie en pratique que tant qu'aucune cause mécanique ne vient modifier la marche de la diffusion. Pour l'eau et le sel marin à 15°, le coefficient Q est égal à 10.

Deux courants de diffusion faibles peuvent se croiser sans se gêner. Dans un mélange de deux sels, le sel le plus actif altère la diffusion de l'autre. La force de diffusion peut quelquefois opérer de véritables décompositions chimiques ; c'est ainsi que le bisulfate de potasse se dédouble en acide sulfurique libre et en sulfate de potasse, en rai-

son des pouvoirs de diffusion très-différents de ces deux
produits.

Endosmose.

Le mélange de deux liquides hétérogènes peut aussi
s'effectuer à travers une cloison poreuse de nature convenable. Les forces qui agissent entre les molécules des
deux liquides sont les mêmes qu'auparavant, mais elles
sont modifiées dans leurs résultats par la présence de nouvelles attractions issues des parois de la membrane. Avant
tout, il faut rechercher comment les liquides pénètrent
dans les corps qui permettent l'endosmose.

Il paraît assez naturel d'admettre que tout corps susceptible de s'imbiber présente un tissu spongieux, et qu'outre les espaces intermoléculaires, il offre des vides plus
grands qui se remplissent de liquides et se gonflent lors de
la pénétration. Une des questions les plus importantes est
celle de l'imbibition par les solutions salines. Un corps
solide capable de s'imbiber absorbe toujours plus d'eau
pure que de solution saline; il prend d'autant moins de
cette dernière qu'elle est plus concentrée, et la partie du
liquide imbibé est plus étendue que le liquide primitif.
D'après Cloetta, le rapport d'affaiblissement d'une solution par une membrane est indépendant de la concentration; pour le sel marin, ce rapport est égal à 0,84. Lorsque
deux sels sont dissous dans le même liquide, la présence
de l'un modifie toujours le pouvoir d'imbibition de l'autre.

Si deux solutions du même sel, mais de concentrations
différentes, sont en contact immédiat, il résulte des lois

de la diffusion que deux couches consécutives échangent dans le même temps des volumes égaux de leurs parties constituantes (eau et sel); il y a donc deux courants égaux et de sens contraires. Il n'en est plus ainsi dans le phéno-mène de l'endosmose. En effet, les courants de diffusion ont alors lieu dans des canaux capillaires, dont les parois exercent sur l'eau une plus grande attraction que sur les sels; par conséquent, le liquide renfermé dans un sem-blable canal doit présenter une concentration variable depuis les parois où elle est nulle jusqu'au centre.

Pour fixer les idées, supposons l'un des côtés de la membrane baigné par de l'eau pure et l'autre par une so-lution saturée de sel; si dans l'intérieur d'un tube mem-braneux, nous considérons une couche de liquide concen-trique aux parois et de situation moyenne, il est clair que la densité de cette couche sera moindre que celle de la solution saturée, et il se produira de cette couche à la so-lution saturée un courant de diffusion intense; mais, comme le sel ne peut y pénétrer, il se déversera latérale-ment, et l'eau seule passera dans le liquide saturé. Ce n'est que dans les parties centrales les plus éloignées des parois qu'il pourra se faire entre les deux liquides un échange réciproque d'eau et de sel, et on voit facilement que, comme résultat final, il passera à travers la membrane beaucoup plus d'eau que de sel.

Cette théorie de l'endosmose rend inadmissible la con-stance du rapport entre l'eau et le sel échangés, quel que soit l'état de concentration des liquides, toutes choses égales d'ailleurs. M. Jolly avait observé cette constance,

et avait donné à ce rapport le nom d'équivalent endosmotique. La vitesse d'un courant endosmotique est représentée d'un côté par la quantité de sel qui passe dans l'u-
nité de temps à travers l'unité de section, de l'autre par
le volume d'eau transportée dans les mêmes conditions.
L'équivalent de diffusion de deux sels mélangés est le
même que si chacun se diffusait seul dans l'état de concentration qui lui est propre.

D'après M. Graham, il existe des corps volatils et des
corps fixes sous le rapport de la diffusibilité, et cette distinction paraît répondre à des différences fondamentales
dans la constitution moléculaire.

Les corps diffusibles se font remarquer par leur aptitude à cristalliser ; leur solution ne montre pas en général
de viscosité : elle est sapide. On peut les appeler cristalloïdes.

La gélatine ordinaire doit être considérée comme le type
des corps non diffusibles. M. Graham leur donne le nom de
colloïdes.

Ils n'offrent point ou presque pas d'aptitude à cristalliser ;
la force qui les retient en dissolution est faible, l'addition
des cristalloïdes les précipite ; leur dissolution est toujours
plus ou moins visqueuse à l'état de concentration et insipide.

Par rapport aux réactions chimiques, l'état cristalloïde
paraît la forme énergique de la matière, et l'état colloïde
la forme inerte. L'équivalent d'un colloïde est toujours
élevé et sa molécule lourde. On peut ranger parmi les colloïdes l'acide silicique hydraté, et plusieurs peroxydes
métalliques hydratés, l'amidon, les gommes végétales,

la dextrine, le caramel, le tannin, l'albumine et les matières extractives végétales et animales. La structure particulière et l'inactivité chimique des colloïdes paraissent les rendre propres à l'organisation animale et végétale dont ils deviennent les éléments plastiques.

M. Graham a fondé sur les différences de diffusibilité un procédé très-simple et très-élégant de séparation de plusieurs corps mélangés, séparation qu'il serait difficile d'opérer autrement, et il a donné à ce procédé le nom de dialyse.

Dissolution des gaz dans l'eau.

Les lois d'absorption des gaz dans l'eau et les liquides sont plus générales et mieux connues que celles de la dissolution des solides. Cet ordre de phénomènes si importants dans l'histoire des fonctions respiratoires, a été étudié avec soin par M. R. Bunsen. On trouvera tous les détails à ce sujet dans l'excellent traité des méthodes gazométriques publié par cet éminent chimiste et traduit par M. Th. Schneider.

Je dois me borner ici aux résultats généraux.

Lorsqu'un gaz n'exerce pas d'action chimique sur un liquide, il est absorbé en proportions variables avec la nature du liquide, avec celle du gaz, avec la température et enfin avec la pression ou force élastique de ce gaz.

Admettons d'abord que toutes ces conditions restent constantes sauf la force élastique; l'expérience apprend que le volume du gaz absorbé par l'unité de volume de liquide ne change pas avec la pression, pourvu qu'on calcule ce volume à la pression de l'essai. Ce nombre constant, toutes choses égales d'ailleurs, est appelé coefficient d'absorption.

On peut encore dire que la quantité de gaz absorbée par l'unité de volume de liquide est proportionnelle à la pression, mais alors le volume du gaz est toujours mesuré à la même pression, la normale par exemple ($0^m,760$).

Ce coefficient varie avec la température ; généralement il diminue quand elle s'élève. La loi de cette variation ne peut être déterminée qu'empiriquement et exprimée par des formules d'interpolation ; elle change avec la nature du gaz et celle du dissolvant.

Soient P la pression, V le volume du liquide, α le coefficient de solubilité du gaz à la température de l'expérience, g la quantité de gaz qui se dissout ramenée à $0^m,760$ de pression ; on aura :

$$g = \frac{\alpha V P}{0,760} \qquad (1)$$

Lorsque plusieurs gaz sont mélangés, leur absorption s'effectue proportionnellement à la pression que chacun d'eux supporte ou exerce dans le mélange.

Ainsi s'agit-il de déterminer les volumes respectifs de plusieurs gaz mélangés, absorbés par le volume V d'eau, en sachant que la pression du mélange est P, que les volumes des gaz composants sont à la pression P, $V_1, V_2 \ldots V_n$, que leurs coefficients de solubilité sont $\alpha_1, \alpha_2 \ldots \alpha_n$.

On commencera par calculer les pressions partielles, propres à chaque gaz; elles sont évidemment :

$$\frac{V_1}{V_1 + V_2 \ldots + V_n} P = K_1$$

$$\frac{V_2}{V_1 + V_2 + \ldots + V_n} P = K_2$$

$$\vdots$$

$$\frac{V_n}{V_1 + V_2 + \ldots + V_n} P = K_n$$

Les inconnues du problème sont données d'après la formule 1, par les relations :

$$g_1 = \frac{\alpha_1 K_1 V}{0,760} = \alpha_1 V_1 \times \frac{PV}{0,760 (V_1 + V_2 + \ldots + V_n)}$$

$$g_2 = \frac{\alpha_2 K_2 V}{0,760} = \alpha_2 V_2 \times \frac{PV}{0,760 (V_1 + V_2 + \ldots + V_n)}$$

$$\vdots$$

$$g_n = \frac{\sigma_n K_n V}{0,760} = \alpha_n V_n \times \frac{PV}{0,760 (V_1 + V_2 + \ldots + V_n)}$$

Le volume total absorbé sera :

$$\frac{PV}{0,760 (V_1 + V_2 \ldots + V_n)} (\alpha_1 V_1 + \alpha_2 V_2 + \ldots + \alpha_n V_n)$$

et l'unité de volume du gaz absorbé contiendra une quantité :

$$u_1 = \frac{\alpha_1 V_1}{\alpha_1 V_1 + \alpha_2 V_2 + \ldots + \alpha_n V_n} \text{ du premier gaz}$$

$$u_2 = \frac{\alpha_2 V_2}{\alpha_1 V_1 + \ldots + \alpha_n V_n} \text{ du deuxième}$$

$$\vdots$$

$$u_n = \frac{\alpha_n V_n}{\alpha_1 V_1 + \alpha_2 V_2 + \ldots + \alpha_n V_n} \text{ du } n^{me}$$

Il est évident que ces formules ne peuvent être appliquées si l'absorption fait subir au gaz un changement appréciable dans sa composition. Elles restent mathématiquement exactes dans le cas où un liquide est en présence de l'air atmosphérique.

100 volumes d'air à la pression normale contiennent $20^{vol},8$ d'oxygène et $79^{vol},2$ d'azote mesurés à cette même pression.

La pression partielle K_1 pour l'oxygène est donc :

$$\frac{20,8}{100} \times 0,760$$

Celle de l'azote K_2 est :

$$\frac{79,2}{100} \times 0,760$$

A 15°, le coefficient d'absorption de l'oxygène par rapport à l'eau est 0,02989, celui de l'azote est 0,01478. Par conséquent, un volume V d'eau à la pression de $0^m,760$ absorbera :

$$0,02989 \times 20,8 \frac{0,760\ V}{0,760\ 100} \quad \text{d'oxygène}$$

$$0,01478 \times 79,2 \times \frac{0,760\ V}{0,760\ 100} \quad \text{d'azote}$$

et l'unité de volume d'air absorbé contiendra :

$$\text{Oxygène} \quad \frac{0,02989 \times 20,8}{0,02989 \times 20,8 + 0,01478 \times 79,2}$$

$$\text{Azote...} \quad \frac{0,01478 \times 79,2}{0,02989 \times 20,8 + 0,01478 \times 79,2}$$

Lorsque le volume du liquide est comparable à celui

du gaz mis en sa présence, il faut tenir compte des changements que l'absorption fait subir à la composition de ce mélange. Supposons un mélange de deux gaz, et admettons que tous les volumes sont ramenés à 0°. Soient V le volume total à la pression P, V_1 et V_2 les volumes des deux gaz contenus dans l'unité de volume du mélange, α et β leurs coefficients d'absorption, h le volume du liquide, V_1 le volume du gaz à la pression P_1 qui reste après l'absorption, u_1 et u_2 les volumes des deux gaz contenus dans l'unité de volume du résidu, x_1 et x_2 les volumes des deux gaz qui restent ramenés à 0,760, on aura :

$$x_1 = \frac{v_1 VP}{0,760 \left(1 + \dfrac{\alpha h}{V_1}\right)}$$

$$x_2 = \frac{v_2 VP}{0,760 \left(1 + \dfrac{\beta h}{V_1}\right)}$$

$$u_1 = \frac{AB_1}{AB_1 + A_1B}$$

$$u_2 = \frac{A_1B}{AB_1 + A_1B}$$

$$A = v_1 VP \qquad A_1 = v_1 VP.$$

$$B = 1 + \frac{\alpha h}{V_1} \qquad B_1 = 1 + \frac{\beta h}{V_1}$$

Nous extrayons du tableau des coefficients d'absorption, publié par M. Bunsen (ouvrage cité), les données qui peuvent avoir quelque intérêt pour la physiologie.

Températures	OXYGÈNE.	AZOTE.	AIR.	ACIDE carbonique.
0°	0.04114	0,02035	0,02471	1,7967
1°	0,04007	0,01981	0,02406	1,7207
2°	0,03907	0,01932	0,02345	1,6481
3°	0,03810	0,01884	0,02287	1,5787
4°	0,03717	0,01838	0,02237	1,5126
5°	0,03628	0,01794	0,02179	1,4497
6°	0,03544	0,01752	0,02128	1,3901
7°	0,03465	0,01713	0,02080	1,3339
8°	0,03389	0,01675	0,02034	1,2809
9°	0,03317	0,01640	0,01994	1,2311
10°	0,03250	0,01607	0,01953	1,1847
11°	0,03189	0,01577	0,01916	1,1416
12°	0,03133	0,01549	0,01882	1,1018
13°	0,03082	0,01523	0,01851	1,0653
14°	0,03034	0,01500	0,01822	1,0321
15°	0,02989	0,01478	0,01795	1,0020
16°	0,02949	0,01458	0,01771	0,9753
17°	0,02914	0,01441	0,01750	0,9519
18°	0,02884	0,01426	0,01732	0,9318
19°	0,02858	0,01413	0,01717	0,9150
20°	0,02838	0,01403	0,01704	0,9014

Dans le cas où une solution de gaz dans l'eau est mise en présence d'une atmosphère qui ne renferme pas les gaz dissous, ou qui les renferme à une pression moindre que celle qui convient à la proportion dissoute, il s'établit des phénomènes de diffusion assez complexes, mais les lois précédentes suffisent pour en faire l'analyse.

Les gaz dissous s'échappent dans le milieu ambiant jusqu'au moment où l'équilibre est établi, conformément aux coefficients d'absorption : en même temps, les gaz de l'atmosphère ambiante se dissolvent d'après les lois énoncées plus haut et par un phénomène tout à fait indépendant du premier.

Gaz.

Les gaz de l'organisme, rangés par ordre d'utilité, sont
l'oxygène, l'acide carbonique, l'azote, l'hydrogène et l'hydrogène sulfuré. Les deux derniers se rencontrent seulement dans le tube digestif ; ce sont des produits de fermentations putrides des aliments.

Nous n'avons rien à dire de particulier de l'azote et de
l'acide carbonique, mais nous insisterons sur quelques
points de l'histoire de l'oxygène.

Oxygène.

Bien que l'oxygène ait perdu de l'importance capitale
que lui attribuait Lavoisier dans les réactions chimiques,
il conserve toujours la première place parmi les éléments,
et c'est surtout par l'étude de la chimie physiologique que
se révèle sa plus haute signification. Il peut affecter deux
états moléculaires ou allotropiques, se distinguant par
l'énergie diverse de leurs affinités chimiques. La première
forme connue depuis longtemps constitue l'oxygène ordinaire, c'est l'oxygène de l'air atmosphérique, et tel qu'on
l'obtient par l'action de la chaleur sur certains oxydes
ou certains sels. Ses propriétés sont trop connues, il est
inutile de les rappeler.

Dans certaines circonstances, ce corps se modifie dans
ses propriétés physiques et chimiques et ces modifications
persistent même au delà de l'action de la cause déterminante ; elles trouvent forcément leur raison d'être dans

l'hypothèse d'un changement dans la disposition des molécules, autrement dit une transformation allotropique, si
toutefois on admet l'impossibilité de décomposer l'oxygène. On a donné à cet état particulier le nom d'ozone
ou d'oxygène actif. Malgré de nombreux et importants
travaux, la nature de l'ozone est encore indéterminée et,
si certaines expériences sont susceptibles de recevoir une
explication satisfaisante, par l'hypothèse d'un changement
moléculaire, il est des faits qui laissent des doutes sur la
valeur de cette manière de voir. Ainsi MM. Andrews et
Tait, après avoir considéré l'ozone comme de l'oxygène
condensé dont la densité est au moins quatre fois aussi
grande que celle de l'oxygène ordinaire, sont arrivés récemment par de nouvelles recherches à une tout autre
solution en ce qui touche la vraie valeur de cette condensation. D'après leurs expériences dont nous laissons de
côté les détails, il se produirait au moment de la transformation de l'oxygène une condensation tellement considérable que la densité de l'ozone serait au moins égale à
cinquante fois celle du premier gaz, c'est-à-dire de beaucoup supérieure à celle d'aucun gaz ou d'aucune vapeur.
D'un autre côté, on ne peut admettre que l'ozone se trouve
en suspension sous forme de particules solides ou liquides, car il n'est pas arrêté par son passage à travers un
tube rempli de pierre ponce imbibée d'acide sulfurique ;
M. de la Rive ayant obtenu la transformation en oxygène
actif avec de l'oxygène tout à fait pur et sec, on est conduit
soit à admettre l'hypothèse d'un état allotropique gazeux
qui ne cadre pas avec les résultats précédents, soit à sup-

poser que l'oxygène n'est pas un corps simple et qu'il éprouve en se modifiant une altération plus profonde, une véritable décomposition. Cette idée, soulevée par MM. Andrews et Tait, n'est évidemment pas à rejeter complétement ; quoi qu'il en soit, l'ozone diffère de l'oxygène ordinaire par une odeur particulière rappelant celle du phosphore, par une densité beaucoup plus grande, et au point de vue chimique par beaucoup plus d'activité. Ainsi il oxyde à froid, en les amenant à l'état de suroxydes, la plupart des métaux ; il transforme le sulfure de plomb en sulfate, l'acide sulfureux en acide sulfurique, le cyanure jaune en cyanure rouge. Il décolore les matières colorantes végétales ; à son contact, l'indigo en solution sulfurique se change en isatine ; l'iodure de potassium est oxydé et transformé en iode qui devient libre, et en potasse ; comme la présence de très-petites quantités d'iode libre se reconnaît par l'amidon, un papier imbibé d'une solution d'iodure de potassium et d'empois d'amidon constitue un réactif très-sensible. La teinture de gaïac peut également servir à déceler sa présence ; elle bleuit, en effet, très-fortement, quand on l'agite au contact d'un gaz renfermant de l'oxygène modifié. Au moyen du papier ioduré, on a constaté la présence de l'ozone dans l'air en proportions variables avec l'état météorologique de l'atmosphère. Ce fait ne doit pas étonner, car, comme nous le verrons, l'ozone se produit sous l'influence de l'électricité.

Les circonstances qui paraissent influer d'une manière positive sur sa production dans l'atmosphère, sont : une basse température, la force du vent, la précipitation de vapeurs d'eau, les orages, la neige, la pluie ; mais, en général, tous les phénomènes météorologiques, qui sont accompagnés d'un fort dégagement d'électricité, amènent aussi une forte réaction sur l'ozonomètre (Boeckel).

Les expériences intéressantes de mon collègue et ami M. Boeckel ont prouvé que l'ozone à forte dose ($\frac{1}{2000}$) provoque rapidement un engouement pulmonaire mortel. A dose plus faible, mais longtemps continuée, il donne lieu à des bronchites intenses et à des pneumonies. Le sang des animaux tués par l'ozone est très-riche en fibrine et sa couleur noire indique qu'il s'y passe une oxydation active. On a beaucoup parlé pour et contre de l'influence de l'ozone dans les maladies de poitrine (épidémies de grippes, bronchites, etc.) ; les tableaux statistiques très-étendus de M. Boeckel permettent de conclure avec d'autres auteurs que, parmi les causes externes produisant des affections pulmonaires, l'ozone joue le rôle principal dans notre climat.

Le choléra débute ordinairement vers l'époque du minimum d'ozone et du maximum de température, mais la marche de cette maladie ne paraît pas être influencée par l'ozone (1).

L'oxygène ozoné perd toutes ses qualités spéciales à 250° centigrades.

Passons maintenant à l'étude des circonstances dans

_____

(1) Nous devons remarquer cependant que toutes les observations faites avec le papier ozonométrique, peuvent être considérées comme entachées d'une cause d'erreur commune. Elle résulte de ce que l'acide hypoazotique, dont l'existence dans l'air est plus fréquente qu'on ne le croyait autrefois, donne les mêmes réactions à l'ozonomètre.

lesquelles l'ozone prend naissance. On remarqua en premier lieu que l'oxygène provenant de l'électrolyse de
l'eau, quand l'électrode positive est en or ou en platine,
possède une odeur spéciale. Cet effet fut attribué à la formation d'un suroxyde d'hydrogène ; mais, lorsque M. de
la Rive eut démontré qu'en faisant passer une série d'étincelles électriques à travers de l'oxygène pur et sec, on
arrivait au même résultat, on abandonna cette explication, et on admit une modification allotropique de l'oxygène. La lumière seule n'a pas d'influence sur la production d'ozone, pas plus que la chaleur, mais elle peut la
faciliter en présence de certains corps. Il existe, en effet,
des éléments et des composés qui jouissent de la singulière propriété d'ozonifier l'oxygène. D'après M. Schoenbein, on peut les diviser en trois classes.

La première comprend les corps qui agissent à froid
sans le concours de la lumière et restent indifférents à
l'ozone formé. Les métaux nobles, tels que le platine,
l'or, l'argent, le mercure, doivent se placer dans cette
catégorie ; le platine en éponge est surtout très-actif ; il
condense l'oxygène dans ses pores en lui communiquant
toutes les propriétés de l'oxygène électrisé.

La seconde classe se rapporte aux corps agissant sans
le concours de la lumière et se combinant à l'ozone, aussitôt qu'il est formé ; enfin, dans la troisième, la matière
ne produit d'effet qu'avec le concours d'un agent physique, la lumière. M. Schoenbein admet que le pouvoir
ozonisant appartient à tous les métaux, mais ne se révèle
pas au moyen des réactifs pour ceux qui sont oxydables,

car ils se combinent immédiatement à l'ozone formé. De tous les corps simples, le phosphore a l'action la plus énergique, c'est à lui qu'on a le plus souvent recours quand il s'agit de faire de l'ozone chimiquement ; dans l'oxygène pur et à la pression normale, il ne produit d'effet qu'au-dessus de 24° centigrades ; dans l'air ou l'oxygène raréfié, il opère la transformation moléculaire déjà à la température ordinaire.

D'après le chimiste de Bâle bien connu par ses nombreux et importants travaux sur l'oxygène, ce gaz peut se trouver sous ses deux formes même en combinaison ; en d'autres termes, certains composés oxygénés renferment tout ou partie de leur oxygène dans un état où ses affinités pour les autres corps sont notablement exaltées.

Ainsi le bioxyde d'azote absorbe à froid deux équivalents d'oxygène, et cet oxygène peut, sans le concours de la lumière, se transporter sur un grand nombre de corps pour lesquels il ne présentait pas d'affinité à l'état libre. Ajoutons que l'hypoazotide a toutes les réactions de l'ozone. D'après cela, le bioxyde d'azote doit être considéré non-seulement comme ozonisant, mais encore comme un véritable réservoir d'ozone (*Ozonträger*).

Des considérations analogues s'appliquent à un grand nombre de corps oxydés, tels que l'eau oxygénée, le bioxyde de baryum, le sesquioxyde de fer, le protoxyde de mercure (HgO), l'acide azoteux ; tout ou partie de leur oxygène est exaltée au point de vue des affinités. Cependant, quelle que soit l'analogie entre l'ozone libre et l'ozone combiné, on remarque aussi des différences se révé-

lant surtout par les faits suivants : l'eau oxygénée seule
ne bleuit pas la teinture de gaïac, mais en présence du
noir de platine, des globules du sang, du gluten, de la
créatinine, la réaction caractéristique se développe.

Quelques expériences très-curieuses et très-intéressan-
tes pour nous se rapportent aux globules du sang et à leur
contenu. Pour expliquer les phénomènes d'oxydation
énergique de l'économie et la faculté du sang, surtout des
globules, de dissoudre et de fixer chimiquement beaucoup
plus d'oxygène que ne le veulent les lois d'absorption physique de ce gaz, on a recherché si les globules du sang et
leur contenu n'avaient pas de pouvoir ozonisant ; on est
arrivé à des résultats négatifs. Les globules n'ozonisent
pas l'oxygène ordinaire, mais si l'on ajoute des globules
à un mélange de teinture de gaïac et d'un de ces composés qu'on peut considérer comme des réservoirs d'ozone,
mélange resté incolore, la coloration bleue apparaît au
bout de quelques secondes.

Une solution d'hématine a une action plus marquée
dans ce sens que toute autre substance minérale ou organique. La solution alcoolique de gaïac bleuie par l'ozone
se décolore immédiatement en donnant un coagulum brun
sous l'influence d'un excès de sang ; on peut admettre que
dans ce cas l'ozone, d'abord faiblement combiné à un
principe de la résine, est provoqué à s'unir plus profondément avec lui par l'action du sang ; en effet, cette teinture a perdu alors son pouvoir colorable. Il résulte de
ces faits, indépendamment de toute théorie, que les
cellules du sang ne sont pas sans action pour modifier les

affinités de l'oxygène : dans les idées de M. Schoenbein, toute substance capable de s'oxyder lentement au contact de l'air commence d'abord par modifier le gaz qu'il doit fixer; quelques-unes forment avec l'ozone une combinaison peu intime, qui lui permet encore de se transporter sur les réducteurs plus énergiques; tels sont : l'essence de térébenthine, les solutions d'albumine, l'essence d'amandes amères, et un produit encore inconnu, formé pendant la combustion lente de l'éther ; au bout de quelque temps, l'oxygène actif et faiblement combiné réagit plus énergiquement et se combine d'une manière définitive, le produit obtenu ne présente en effet plus alors les propriétés caractéristiques de l'ozone.

A propos de ces considérations qui attribuent à l'oxygène même combiné l'activité de l'ozone, nous ne devons pas oublier de mentionner une théorie ingénieuse, imaginée par M. Schoenbein pour expliquer certains faits dont la raison échappe encore. L'eau oxygénée possède la singulière propriété de séparer en totalité ou en partie l'oxygène d'un grand nombre d'oxydes, de peroxydes et d'acides métalliques ; en même temps, elle perd elle-même la moitié de son oxygène ; le gaz qui se dégage offre tous les caractères de la modification ordinaire. M. Schoenbein rend compte de ce résultat en admettant deux variétés d'oxygène actif, l'une positive, l'autre négative (ozone et antozone); la première se trouverait dans les peroxydes de plomb et de manganèse, la seconde dans l'eau oxygénée, le bioxyde de baryum, etc.; par leur union, elles forment l'oxygène normal, et c'est leur affinité mutuelle qui détermine la décomposition simultanée de l'eau oxygénée et du peroxyde de plomb ou de l'acide manganique (hypothétique).

M. Houzeau est arrivé le premier à dégager l'ozone d'une combinaison en lui conservant ses caractères distinctifs ; on réussit en décomposant à froid le bioxyde de baryum par l'acide sulfurique concentré. M. Schoenbein prescrit de projeter du bioxyde de baryum dans une solution d'hypermanganate de potasse dans l'acide sulfurique. L'importance probable du rôle de l'ozone dans l'organisme nous a engagé à donner avec quelques détails les propriétés de cette curieuse modification de l'oxygène, d'autant plus que beaucoup de faits sont encore de dates récentes et, par suite, peu répandus dans les traités généraux de chimie.

Nous aurons beaucoup à parler dans la suite d'oxydations et de réductions, nous devons ici préciser ce que nous entendons par là.

On appelle généralement oxydation toute réaction dans laquelle il se fixe de l'oxygène sur un élément ou un composé minéral ou organique ; telle est la transformation de l'hydrogène et des métaux en eau et oxydes, celle de l'acide sulfureux en acide sulfurique, de l'hydrure de benzoïle ou essence d'amandes amères en acide benzoïque. Lorsque l'aldéhyde absorbe l'oxygène et se change en acide acétique, il y a encore oxydation dans l'acception la plus stricte du mot ; mais le sens de cette expression, surtout quand il s'agit des composés organiques, doit être étendu plus loin : ainsi nous appellerons encore oxydation tout phénomène dans lequel l'oxygène intervient pour enlever un élément ou un groupe d'éléments qui entre dans la constitution du composé.

Exemples. — Transformation de l'indigo blanc en indigotine bleue, $2C^{16}H^6AzO^2 + O^2 = 2C^{16}H^5AzO^2 + 2HO$; de l'acide dialurique en alloxane,

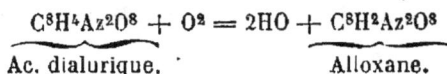

$$\underbrace{C^8H^4Az^2O^8}_{\text{Ac. dialurique.}} + O^2 = 2HO + \underbrace{C^8H^2Az^2O^8}_{\text{Alloxane.}}$$

Souvent l'hydrogène enlevé par voie d'oxydation à une molécule organique, est remplacé par une quantité équivalente d'oxygène. Ainsi, lorsque les alcools de formule, $C^{2n}H^{2n+2}O^2$, se changent en acides correspondants, la réaction est exprimée par l'équation :

$$C^{2n}H^{2n+2}O^2 + O^4 = 2HO + C^{2n}H^{2n}O^4.$$

Dans un grand nombre de phénomènes par voie d'oxydation, une partie du carbone est enlevée, soit à l'état d'acide carbonique, soit à l'état d'acide oxalique ou de tout autre composé riche en oxygène : le résidu peut, en outre, fixer une plus ou moins grande quantité de ce gaz.

Ainsi la naphtaline se change en acide oxalique et en acide phtalique d'après l'équation

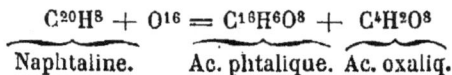

$$\underbrace{C^{20}H^8}_{\text{Naphtaline.}} + O^{16} = \underbrace{C^{16}H^6O^8}_{\text{Ac. phtalique.}} + \underbrace{C^4H^2O^8}_{\text{Ac. oxaliq.}}$$

Si l'oxydation se fait par l'oxygène libre et sous sa modification ordinaire, elle exige le plus souvent une température élevée ou au moins supérieure à celle que supporte l'organisme vivant. De nombreuses exceptions semblent contredire cette règle ; nous n'avons qu'à rappeler les oxydations lentes du phosphore, des acides phosphoreux, sulfureux, celle de l'essence d'amandes amères, de l'essence de térébenthine, la combustion progressive des matériaux organisés en voie de putréfaction, la transformation de l'alcool en aldéhyde et acide acétique ; enfin et surtout, les phénomènes si remarquables de combustion dont tout l'organisme animal est le siége durant la vie. Toutes ces réactions ont lieu à des températures peu élevées et semblent produites par la modification normale.

Les progrès de la science permettent de faire tourner ces apparentes exceptions au profit de la règle posée plus haut. Nous avons déjà vu, en effet, que la plupart des corps susceptibles de fixer l'oxygène à basse température jouissent de la propriété d'ozonifier.

Ainsi, lorsque l'essence de térébenthine est exposée à l'air et à la lumière solaire directe ou diffuse, elle en absorbe l'élément principal, mais ce dernier ne se combine pas immédiatement pour donner les produits résineux, c'est-à-dire le résultat final ; l'oxygène absorbé reste quelque temps à l'état actif en présence de l'essence : en effet, l'essence aérée et insolée bleuit énergiquement la teinture de gaïac ; bientôt cette réaction fait défaut, si l'on soustrait le liquide au contact de l'air, car alors l'ozone formé se sera définitivement combiné à la substance organique. Ce que nous venons de dire pour l'essence s'applique au phosphore ; lui aussi, nous le savons, jouit à un haut degré du pouvoir d'exalter l'oxygène. Parmi les ex-

ceptions apparentes citées plus haut, il en est quelques-
unes dont l'interprétation ne peut être la même.

L'alcool n'ozonise pas l'oxygène ; et cependant il s'oxyde ; nous devons nous rappeler en même temps que l'alcool pur se conserve indéfiniment au contact de l'air,
l'acétification exige le concours des corps poreux ou des
mycodermes de la mère de vinaigre. Or, quelle autre interprétation pouvons-nous donner du rôle du platine ou
des mycodermes, si ce n'est qu'ils rendent le gaz oxygène
apte à se combiner aux éléments de l'alcool, c'est-à-dire
qu'ils le convertissent en une modification active ? Dans
toutes les oxydations déterminées par des ferments, nous
pouvons dire la même chose. Quant à celles qui se passent au sein de l'organisme, sous l'influence de l'oxygène
dissous dans le sang, nous les discuterons plus tard.

En résumé, nous voyons mieux que jamais que l'oxygène ordinaire n'est pas apte à produire des oxydations
lentes. Ce gaz, au moment où il se sépare de ses combinaisons, avant qu'il n'ait pris l'état de fluide élastique, se
trouvant nécessairement dans un grand état de condensation, doit posséder et possède en effet des affinités très-
énergiques ; aussi, peut-on provoquer un grand nombre
d'oxydations par l'intermédiaire des composés dits oxydants. Ces derniers phénomènes rentrent dans ce qui a
été dit de l'ozone combiné.

Par réduction, on peut entendre l'élimination de l'oxygène d'un composé ; on réduit les oxydes métalliques
par l'hydrogène et le carbone, quelquefois par la chaleur,
l'électricité. L'hydrogène et surtout l'hydrogène naissant

joue un grand rôle dans les phénomènes de réduction. On
est arrivé par son intermédiaire à réaliser sur les matières organiques une foule de transformations curieuses.
Nous rappellerons la réduction des produits nitrés obtenue pour la première fois par M. Zinin ; on sait quels
heureux débouchés elle a fournis à la chimie. Par l'action
d'un amalgame de sodium sur l'aldéhyde et l'oxyde d'é-
thylène en présence de l'eau, on a obtenu l'alcool ordinaire (WURTZ).

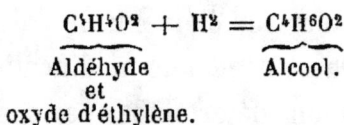

$$C^4H^4O^2 + H^2 = C^4H^6O^2$$

Aldéhyde   Alcool.
et
oxyde d'éthylène.

Dans les mêmes circonstances, l'acétone se change en
alcool propylique (FRIEDEL).

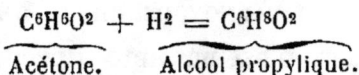

$$C^6H^6O^2 + H^2 = C^6H^8O^2$$

Acétone.   Alcool propylique.

On voit, par ces exemples, le mot réduction prendre
une extension plus grande que ne le comporte la première
définition. Car il y a fixation pure et simple d'hydrogène,
mais, par cela même, la molécule nouvelle est moins
riche en oxygène que l'ancienne. La transformation de
l'indigo bleu en indigo blanc, de l'alloxane en alloxantine
et acide dialurique sont des phénomènes du même ordre.
Nous pouvons encore considérer comme des réductions
les réactions où, par suite d'un dédoublement, il se produit une molécule moins oxygénée ; mais comme, en
même temps, on en voit apparaître une autre plus riche

en oxygène, nous avons là un phénomène complexe, une réduction et une oxydation simultanées.

Tel est le dédoublement de l'amygdaline en sucre, en essence d'amandes amères et en acide cyanhydrique.

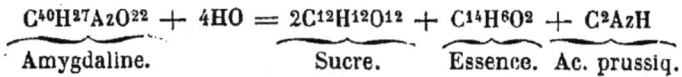

$$C^{40}H^{27}Az^2O^{22} + 4HO = 2C^{12}H^{12}O^{12} + C^{14}H^6O^2 + C^2AzH$$

Amygdaline.   Sucre.   Essence.   Ac. prussiq.

CHAPITRE II

TISSUS ET LIQUIDES ORGANISÉS DE L'ORGANISME ANIMAL.

1° Tissus.

L'étude au point de vue chimique d'un tissu organisé ne se borne pas à l'énumération pure et simple des principes immédiats isolés par une analyse plus ou moins habile et parfaite. En effet, s'il importe de connaître les espèces chimiques composant le tout hétérogène qu'on appelle organe, il est encore bien plus utile de savoir comment elles sont réparties dans les éléments morphologiques ; c'est-à-dire que, dans cette branche de chimie appliquée, il est impossible de faire un pas sans le secours du microscope. Si, dans certaines questions, les études de micrographie ont de beaucoup dépassé par leurs résultats ceux du laboratoire, on ne doit en accuser que les difficultés bien plus nombreuses rencontrées par le chimiste. Les instruments de physique une fois convenablement perfectionnés, il était facile à des hommes de talent et de persévérance de leur faire dire tout ce qu'ils étaient capables de révéler ; tandis que le chimiste doit de mille manières modifier ses expériences pour faire parler la nature et lui arracher ses secrets. A chaque instant, en chimie physiologique, se présentent des difficultés presque insurmontables; et encore, quand, à grand'peine, on est arrivé à isoler un principe, ne se pose-t-il pas immédiatement une question souvent répétée? Ce principe existe-t-il réellement dans l'organe, ou n'est-ce qu'un produit de transformation?

Bien souvent, les moyens employés sont de nature à altérer ces composés organiques qui, en véritables Protées, se changent si vite et sous les moindres influences.

Je n'ai qu'à rappeler la matière cristallisable du sang; pour l'isoler, on emploie certainement des actions peu énergiques dans les conditions où on se place, l'acide carbonique et l'oxygène; cependant on peut déjà supposer une altération chimique et il n'est pas permis d'affirmer avec certitude que l'hémato cristalline représente le véritable principe protéique des globules du sang. Même pour les substances minérales nous trouvons ce genre de difficultés, et cependant la perfection des procédés d'analyse minérale semble présenter tant d'éléments de succès. L'incinération, nous l'avons déjà dit, est un moyen trop énergique, et la chaleur doit forcément déterminer des réactions entre les éléments inorganiques.

Tout en reconnaissant la nécessité des études histologiques, nous ne pourrons entrer dans de grands détails sur cette question et nous prions le lecteur de se reporter aux traités spéciaux de micrographie.

Lorsqu'on poursuit anatomiquement et jusqu'à ses dernières limites l'examen d'un organe, on arrive à le décomposer en un certain nombre d'éléments morphologiques qui, par leur réunion en proportions variables et en couches successives, ou par leur enchevêtrement, forment cet organe tout entier. En faisant intervenir dans cette recherche l'emploi de certains réactifs chimiques, on reconnaît que les tissus élémentaires, malgré une assez grande variété, peuvent se diviser en un nombre limité d'espèces, caractérisées surtout par la composition et les propriétés chimiques. La chimie est donc aussi indispensable au micrographe que l'histologie au chimiste.

Dans l'économie animale les tissus élémentaires sont toujours gonflés par de l'eau, dont la proportion peut atteindre 80 %; cette eau tient en dissolution plusieurs principes d'un grand intérêt en physiologie, l'étude de ces matériaux solubles échappe complétement à l'anatomie.

Nous parlerons d'abord des tissus élémentaires, de leur composition et des liquides qui les baignent, après cela l'histoire chimique d'un organe se réduira à une simple question de dissection. L'avantage de cette manière de procéder est trop évident pour qu'il soit nécessaire de mieux le faire ressortir.

Parmi les éléments morphologiques, il en est qui, par leur structure et leur composition chimique, se présentent avec un véritable caractère de simplicité ; ces tissus ne sont formés que d'une seule substance, abstraction faite des graisses, de l'eau et des sels minéraux qu'on trouve partout ; d'autres tissus, au contraire, offrent une

7

enveloppe et un contenu différant chimiquement, le contenu lui-même peut être simple ou complexe.

Les tissus cellulaire, fibreux, élastique, appartiennent au premier genre ; les tissus nerveux et musculaire, au second. C'est cette division que nous adopterons en allant du simple au composé.

Tissus simples.

Tissu cellulaire. (Tendons, aponévroses, cartilages, membranes fibreuses, périoste, dure-mère, névrilemme, séreuses, membranes synoviales, derme, couche fibreuse des veines, des vaisseaux lymphatiques, endocarde, membranes vasculaires, pie-mère, choroïde, etc.) Le tissu cellulaire présente l'apparence de fibres très-déliées, blanches, homogènes, groupées et réunies de manières variées pour constituer les membranes que nous venons d'énumérer. Par sa composition chimique et ses propriétés, il appartient à la deuxième classe de substances azotées plastiques, et dans cette classe à la première subdivision, c'est-à-dire à la catégorie des corps susceptibles de se transformer en gélatine par l'ébullition avec de l'eau. L'acide acétique gonfle le tissu cellulaire, le rend transparent et soluble dans l'eau, la solution ne précipite pas par le cyanure jaune. L'acide acétique étendu gonfle les fibres, mais ne les rend pas solubles. Les alcalis les gonflent et les rendent transparentes, le produit de cette désagrégation se dissout entièrement dans l'eau.

Tissu élastique. (Ligaments des vertèbres, membrane

moyenne des artères et des veines, trachée, bronches, muqueuses ; il est du reste répandu dans tous les tissus complexes.)

Le tissu élastique a pour éléments morphologiques des fibres cylindriques ou aplaties, très-fines, élastiques. L'élasticité ne se perd ni par l'addition d'alcool ni par l'action de l'eau bouillante. Sa composition le rapproche du tissu cellulaire, mais par la coction même très-prolongée avec de l'eau il ne se dissout pas ; l'acide acétique concentré et froid est sans action, c'est à peine s'il l'attaque après une ébullition prolongée.

Les alcalis concentrés le laissent intact à la température ordinaire ; à chaud ils le liquéfient, mais très-lentement.

Ces caractères appartiennent aussi à la membrane enveloppante de toutes les variétés de cellules de l'organisme animal.

Tissu épidermique. Les productions épidermiques semblent formées par des amas de cellules avec ou sans noyaux, desséchées, arrêtées dans leur évolution ultérieure et réunies par une substance interstitielle mal définie. Nous avons déjà donné plus haut les particularités chimiques de ces corps. Ils se rapprochent du tissu élastique par les caractères et s'en éloignent par la présence d'une assez forte proportion de soufre. Les productions de ce genre contiennent toujours un peu de graisse (0,023 à 4,43 °/$_0$, margarine, oléine, acide margarique) et 1 °/$_0$ en moyenne de sels minéraux, principalement formés de sulfate de chaux et de magnésie avec très-peu de phosphates et de silice, des traces de fer, de chlorures et de carbonates.

Tissu musculaire.

Le tissu musculaire se partage en deux genres, le tissu à fibres lisses ou de la vie végétative et le tissu à fibres striées ou de la vie animale.

Cette division, fondée sur la forme, a surtout de l'importance au point de vue des fonctions physiologiques. Les éléments de l'un sont des cellules très-allongées, fusiformes, étroites, sans membrane enveloppante; au centre de ces cellules se voit un noyau homogène allongé; il devient apparent lorsqu'on a gonflé la fibre avec de l'acide acétique. Les muscles de la vie animale sont formés de fibrilles élémentaires présentant des renflements et des contractions alternatives. Quant à la composition chimique, elle est la même pour les deux genres. Leur substance propre est la fibrine musculaire ou syntonine soluble dans une liqueur qui contient $\frac{1}{1000}$ d'acide chlorhydrique. Le noyau des fibres plates présente les mêmes caractères, il se distingue cependant par sa plus grande résistance à l'action de l'acide acétique et des acides minéraux étendus. L'enveloppe qui réunit en faisceaux les fibres striées élémentaires se rapproche du tissu élastique par ses réactions.

La proportion de graisse (oléine, margarine, stéarine, acide oléophosphorique) du tissu musculaire bien purgé de tissu graisseux proprement dit, peut varier beaucoup 2,2 à 21 % du poids de la fibre sèche).

Les muscles, comme tous les tissus, doivent en partie

leurs caractères physiques à l'eau dont ils sont imprégnés. On a trouvé en moyenne 73,5 % d'eau dans les muscles de l'homme. Cette proportion oscille entre certaines limites selon l'espèce animale (70-80 %) ; elle représente assez exactement la quantité d'eau propre à la fibre élémentaire, vu la grande prédominance de cette dernière sur les autres tissus entrant dans la composition d'un muscle. On peut dire la même chose des sels et des principes organiques solubles extraits de la viande débarrassée autant que possible de sang par une injection d'eau pure dans les vaisseaux qui s'y rendent.

Les muscles de l'homme ont donné en moyenne après dessiccation 4,2 % de cendres. Chez les animaux la proportion de matières minérales peut varier de 3,85‑7,71 %. Par le spectroscope Folwarczny y a trouvé de la lithine.

COMPOSITION DE LA CENDRE DE VIANDE DE BŒUF COMPARÉE
A CELLE DU SANG D'APRÈS STOELZEL.

	Viande.	Sang.
Potasse.......................	35,94	7,62
Soude........................	»	12,41
Magnésie.	3,31	1,02
Chaux.	1,73	1,56
Oxyde de fer.................	0,98	10,58
Chlorure de potassium..........	10,22	»
Chlorure de sodium............	»	51,19
Acide phosphorique............	34,36	5,66
Acide sulfurique...............	3,37	5,16
Acide silicique............	2,07	2,81
Charbon non brûlé............	8,02	1,99
	100,00	100,00

Ces résultats sont remarquables.

Nous y voyons la prédominance presque exclusive de

la potasse sur la soude qui manque tout à fait dans cette analyse et n'est représentée que par des nombres très-faibles dans d'autres ; d'un autre côté, les chlorures disparaissent presque entièrement derrière les phosphates. Nous ne discuterons pas ici toute la valeur de cette observation.

Dans les muscles lisses la soude n'est pas en proportions aussi faibles, elle est à la potasse dans le rapport de 38 : 62 ou de 42 : 58. Les phosphates alcalins sont aux phosphates alcalino-terreux dans le rapport de 82 : 18 ou de 79 : 21.

Les composés organiques solubles sont d'une grande importance pour notre sujet; ils appartiennent pour la plupart à cette classe de corps que leur composition assez simple et leur origine font avec raison considérer comme des résidus ou des substances excrémentitielles; leur examen est de nature à jeter un grand jour sur les réactions chimiques d'organes doués d'une aussi grande vitalité que les muscles.

Le poids total des matériaux solubles du muscle s'élève à environ 6 %, si nous en retranchons 1,1 de sels minéraux correspondant à 100^p de muscle frais, il reste 4,9 de substances organiques. Vient-on à chauffer le liquide exprimé des muscles hachés et digérés avec de l'eau, il se dépose de nombreux flocons d'albumine, cette albumine dont la proportion s'élève à 2,96 % du poids du muscle peut provenir de deux sources, le sang et le muscle lui-même : mais si l'on a pris soin de chasser par injection le liquide sanguin, cette confusion n'est plus possible, et on doit reconnaître que l'albumine fait partie constituante du tissu musculaire. M. Lehmann a de plus démontré la présence de caséine soluble précipitable par l'acide acétique et la caillette de veau.

Le liquide séparé par filtration de l'albumine coagulée, et débarrassé d'acide phosphorique par addition de baryte, donne à l'évaporation au bain-marie un sirop épais (extrait de viande, osmazôme). Pendant longtemps on n'avait pu tirer de ce sirop aucun principe défini ; son analyse immédiate a été faite par Liebig, le premier il en sépara trois corps nouveaux.

Le jus de viande traité comme auparavant et évaporé à consistance convenable donne au bout de quelque temps des cristaux en aiguilles, faciles à purifier par recristallisation dans l'eau. Le nouveau corps ainsi isolé a été nommé créatine, il avait déjà été retiré en 1832 par M. Chevreul des tablettes de bouillon de la compagnie hollandaise.

Les eaux mères de la créatine, additionnées de chlorure de zinc, donnent bientôt un dépôt cristallin peu soluble d'une combinaison de ce sel avec une base organique cristallisable, la créatinine. Ce dernier produit et la créatine sont en rapport de composition intime ; on a en effet :

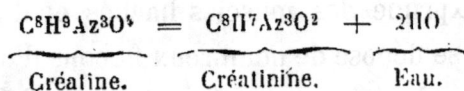

$$C^8H^9Az^3O^4 = C^8H^7Az^3O^2 + 2HO$$

Créatine.   Créatinine.   Eau.

Cette réaction se produit réellement, par l'ébullition de la créatine avec l'acide chlorhydrique. On a recherché avec succès ces deux principes dans tous les tissus musculaires et chez tous les animaux. Les nombres suivants

donnent une idée de la quantité de créatine que renferment les muscles de diverses espèces.

	Créatine %.
Cheval maigre....................	0,072
Bœuf...........................	0,070
Poules.........................	0,032

La créatine cristallise en petits prismes transparents,
elle est peu soluble dans l'eau froide (1ᵖ pour 74,4
d'eau), plus soluble à chaud, très-peu dans l'alcool, insoluble dans l'éther, neutre et de saveur faible, un peu
amère.

La créatinine se présente sous forme de cristaux incolores, brillants, assez solubles dans l'eau froide (1ᵖ créatinine pour 11,5 parties d'eau), solubles dans l'alcool
surtout à chaud. Sa saveur est très-alcaline.

Le nitrate d'argent, le chlorure de mercure et le chlorure de zinc forment avec elle des combinaisons peu solubles susceptibles de cristalliser.

Liebig a encore retiré de l'extrait de viande :

1° Un acide sirupeux azoté ($C^{10}H^6Az^2O^{10}$), l'acide inosique, soluble dans l'eau et insoluble dans l'alcool et
l'éther. On l'obtient en ajoutant de l'alcool à l'eau mère
de la créatine ; au bout de quelques jours on voit se déposer des cristaux d'inosinates de baryte et de potasse.

2° Un isomère de l'acide lactique ordinaire dont il se
distingue seulement par la solubilité de ses sels et la
quantité de leur eau de cristallisation.

Ce dernier acide auquel on attribue généralement la
réaction acide des muscles n'existe pas libre dans l'organe

vivant, il ne se forme que par une putréfaction commençante. Lorsque la mort suit un violent exercice, le muscle encore contractile possède une réaction acide ; dans les cas ordinaires, il est légèrement alcalin ou neutre tant qu'il garde sa vitalité. Vient-on en effet à remplacer le sang des muscles d'une grenouille par de l'eau sucrée, le liquide exprimé sera neutre.

Les muscles d'un lapin mort dans les contractions tétaniques qui accompagnent l'empoisonnement par la strychnine sont à réaction acide ; si l'on empêche les contractions par la section des nerfs, ils sont neutres, tant que persiste leur contractilité.

On doit aux récents travaux de M. Scherer la connaissance de deux nouveaux produits comme parties constituantes de l'extrait de viande, ce sont l'hypoxanthine ($C^{10}H^4Az^4O^2$) (sarcine de Strecker) et la xanthine ($C^{10}H^4Az^4O^4$).

L'hypoxanthine a l'apparence d'une poudre blanche, éclatante, très-peu soluble dans l'eau froide, plus soluble à chaud, très-soluble dans les acides avec lesquels elle donne des combinaisons cristallisables. La xanthine est blanche, presque insoluble à froid et à chaud, difficilement soluble dans l'acide chlorhydrique à la température ordinaire, formant cependant avec cet acide une combinaison définie. Ces corps se déposent à l'état de masses amorphes, pulvérulentes dans l'eau mère de la créatine et se purifient par un procédé spécial qu'il serait trop long de relater ici.

La recherche de principes aussi difficiles à découvrir

n'a pu être exécutée sur le tissu des muscles plats de la
vie organique. On y a cependant trouvé la créatine, la
créatinine et l'acide lactique.

Nous avons déjà donné plus haut (substances hydrocarbonées) les principaux caractères de l'inosine, matière
sucrée que Scherer a découverte dans les muscles du cœur.
Mentionnons encore la présence de très-faibles proportions d'acides urique, butyrique, acétique, formique, d'une
matière colorante propre, très-voisine par ses propriétés
de la matière colorante du sang et l'absence constante de
l'urée, et nous aurons indiqué tous les principes immédiats du tissu musculaire, en ne tenant pas compte dè ce
qui est apporté par les éléments morphologiques autres
que la fibre (parois de vaisseaux, nerfs, tissu cellulaire
interstitiel).

Tissu nerveux.

Ce tissu en apparence homogène se dédouble sous le
microscope en deux sortes d'éléments, des fibres et des
cellules. Les fibres des nerfs de la vie organique sont plus
déliées que celles qui émanent de l'axe cérébro-spinal.
Les cellules se trouvent plus spécialement dans la substance grise du cerveau, de la moelle et des ganglions.

Examinées à l'état frais, les fibres présentent la forme
de cylindres transparents bien limités ; au bout de
quelque temps, surtout sous l'influence de l'eau, leur
aspect change, elles offrent alors un double contour avec
une bande longitudinale, centrale et hyaline ; leur en-

veloppe ne devient visible que par l'emploi de certains réactifs; elle est homogène, élastique et transparente, ses caractères la rapprochent du tissu élastique dont elle s'éloigne cependant par une plus grande solubilité dans l'acide acétique et les alcalis.

Le contenu des fibres nerveuses se partage spontanément, comme nous l'avons vu, en deux parties : la première périphérique et granuleuse est composée d'acides gras libres et d'une matière albumineuse ; l'apparence granuleuse tient surtout à des corpuscules graisseux ; la seconde axiale, transparente, semble exclusivement formée d'un corps très-voisin par ses caractères chimiques de la fibrine musculaire. Dans les nerfs, les fibres réunies en paquets sont entourées de tissu cellulaire fibreux entremêlé de tissu élastique.

Les cellules ont une enveloppe de nature protéique mais indéterminée, un contenu moins riche en graisse que les fibres et des noyaux solubles dans les alcalis et devenant plus apparents avec le concours des acides.

Ici, comme dans le tissu musculaire, nous pouvons sans erreur sensible transporter aux éléments morphologiques les résultats de l'analyse immédiate faite sur les nerfs ou les centres nerveux.

Le cerveau humain contient en moyenne $75,6\ \%$ d'eau; la substance grise est plus aqueuse que la blanche.

On a trouvé à l'incinération de la matière cérébrale $0,027\ \%$ de matière minérale, soit $21,52\ \%$ pour le cerveau sec.

(Selon Breed) 100 parties de cendres renferment :

Phosphate de potasse 55,24
— de soude........................ 22,93
— de fer............................ 1,23
— de chaux......................... 1,62
— de magnésie..................... 3,40
Sel marin. 4,74
Sulfate de potasse.......................... 1,64
Acide phosphorique libre, provenant des acides
  phosphorés organiques.................... 9,15

Nous observons, comme dans les muscles, la prédominance des phosphates alcalins sur les autres sels et de la potasse sur la soude.

La substance grise est moins riche en graisses que la substance blanche, on a trouvé :

Graisse.

4,7 p. 100 pour la substance grise.
14,8 p. 100 pour la substance blanche.

On a pu extraire des centres nerveux, l'oléine, les acides margarique, oléique, en partie combinés aux alcalis et à la chaux, de la cholestérine, de l'acide oléophosphorique, un acide spécial (acide cérébrique), de la créatine, de la xanthine, de l'hypoxanthine, de l'inosine, enfin les acides urique, lactique, formique, butyrique.

M. Frémy traite le cerveau réduit en petits fragments par l'alcool, il dissout ainsi les acides gras ; le résidu repris par l'éther bouillant cède à ce liquide la cholestérine et les acides oléophosphorique et cérébrique. L'extrait éthéré évaporé à sec est repris par l'éther froid qui n'enlève que la cholestérine et l'acide oléophosphorique ; l'acide cérébrique reste combiné à de la soude ; on le dissout dans l'alcool absolu, on sature la soude par de l'acide sulfurique, on filtre, l'acide cérébrique se précipite par le refroidissement; enfin avec de l'éther froid on le débarrasse des dernières traces d'acide oléophosphorique. C'est une poudre d'une blancheur éclatante, insoluble à froid, dans l'alcool et l'éther, soluble à chaud; il forme avec la plupart des bases des sels solubles; l'acide sulfurique concentré le colore en pourpre. La composition de ce corps est très-complexe; il renferme du carbone, de l'hydrogène, de l'azote, du phosphore et de l'oxygène.

Müller signale encore dans la matière cérébrale un composé neutre et non phosphoré dont les principales propriétés seraient semblables à celles de l'acide cérébrique.

L'acide oléophosphorique, retiré au moyen de l'éther froid de l'extrait éthéré fait à chaud, est liquide, visqueux, jaunâtre, insoluble dans l'eau et l'alcool froid, soluble dans l'alcool bouillant et l'éther froid. Son principal caractère est de se dédoubler par l'ébullition avec les acides ou les alcalis ou par l'action des ferments putrides, en acides oléique et phosphorique.

Tissu osseux.

Ce tissu est remarquable entre tous les autres par la prédominance de l'élément inorganique, prédominance qui répond à la principale fonction des os.

Nous ne considérons ici que les parties dures des os; quant aux parties molles, elles résultent du mélange des tissus que nous avons déjà étudiés.

Les os présentent deux formes tranchées, la forme compacte et la forme fibreuse : en réalité, elles ne diffèrent ni histologiquement ni chimiquement.

On se fera une idée juste de la structure intime du tissu osseux, telle que nous la donnent les travaux consciencieux des micrographes français et allemands, en le considérant comme une matière solide, remplie de canaux et de cavités variables dans leur forme et leur grandeur.

En classant les canaux par ordre de grandeur, nous trouvons d'abord : les canaux médullaires ou de Hawers. On s'accorde à les considérer comme les conduits où se logent les vaisseaux sanguins et les nerfs.

Outre ces canaux, nous voyons dans le tissu compacte des points osseux d'une forme irrégulière, allongée, que l'on prenait, il n'y a pas longtemps encore, pour des corpuscules solides , des dépôts de sels terreux, et qu'on nommait pour cela corpuscules osseux. Il est bien prouvé aujourd'hui que ce sont des espaces vides ne renfermant aucun dépôt solide. Toutes ces cavités communiquent entre elles par des canaux ou canalicules très-déliés , partant de leurs bords et se dirigeant dans tous les sens comme des rayons. Les corpuscules osseux, par leur forme spéciale et la constance de leur apparition, sont les éléments qui caractérisent le mieux le tissu osseux. Il est prouvé que ces innombrables vacuoles (1 millimètre carré en contient 910 en moyenne) sont remplies dans l'os vivant par un liquide ; on y observe aussi un noyau, ce qui permet de les considérer comme de véritables cellules et de leur attribuer une enveloppe propre.

Il reste à déterminer si la substance que nous trouvons ainsi criblée de vides et de canaux est homogène ; les apparences microscopiques prouvent le contraire. La substance compacte paraît formée de couches concentriques, parallèles à la surface externe de l'os, et à sa surface interne, s'il y a un canal médullaire. Ces couches concentriques elles-mêmes ne sont pas encore homogènes et offrent des granulations très-fines. Souvent, la couche semble formée de deux feuillets distincts : un feuillet granulé, un autre qui ne l'est pas. Si nous portons notre attention sur cette apparence singulière de granulations, et si nous nous rappelons une expérience faite par Tomes, qui retrouve des granulations à peu près de même diamètre dans des os incinérés ou privés de matière organique par un moyen quelconque ; si, de plus, nous ajoutons que l'on voit toujours disparaître l'apparence granuleuse quand on traite les plaques osseuses par un agent capable de dissoudre la matière inorganique, tandis que l'eau et une solution de sucre la laissent intacte, ne sera-t-on pas porté à penser que le microscope nous révèle là l'arrangement intime des deux matériaux du tissu osseux ?

Ne peut-on pas admettre que les matières terreuses se trouvent fixées au feuillet de substance organique sous forme d'une couche finement granulée ? Nous sommes très-tentés de voir dans ce fait la démonstration d'un point encore obscur, à savoir : l'arrangement intime des deux éléments constitutifs d'un os, de la matière minérale d'un côté, de la substance organique de l'autre. Avant d'entrer dans plus de détails, nous avons à discuter une question longtemps débattue et qui semble résolue à l'heure qu'il est.

La matière organique est-elle combinée à la matière minérale ? Le microscope semble déjà nous répondre que non. De plus, la matière inorganique n'est pas simple, mais formée par l'assemblage de quatre sels, dont trois à base de chaux et le dernier à base de magnésie ; s'il y avait combinaison, elle serait bien complexe ; en outre, le rapport entre les deux classes de principes, sans varier dans des limites très-étendues, n'est cependant pas fixe ; enfin, on parvient à enlever les sels terreux au moyen d'agents chimiques tellement faibles, qu'il est impossible de ne pas conclure à un simple mélange (acide carbonique).

MM. Robin et Verdeil, dans leur *Traité de chimie physiologique*, proposent le nom d'osséine pour la substance organique des os. Ce nom est bien imaginé et a été admis par tous les chimistes.

Les propriétés chimiques de l'osséine sont celles des corps azotés plastiques du second groupe qui se transforment en gélatine par la cuisson.

Les substances salines des os sont :

Le phosphate de chaux ;

Le carbonate de chaux ;

Le phosphate de magnésie ;

Le fluorure de calcium, et, d'après M. Frémy, le phosphate ammoniaco-magnésien.

Le phosphate de chaux occupe le premier rang parmi les sels des os en raison de sa masse. Il est aux autres dans le rapport approximatif de 6 : 1.

Sa composition répond à la formule $PhO^5,3CaO$. D'après les nombreuses analyses faites jusqu'à ce moment, on doit conclure que les rapports numériques des sels terreux entre eux et avec la substance organique peuvent varier dans certaines limites, selon les conditions d'âges, de localités et d'individualités; M. Frémy a été conduit à attribuer à l'âge une moindre influence qu'on ne l'admettait autrefois.

Dans un travail très-étendu sur la composition du tissu osseux, il conclut :

1° Que les couches d'âges différents ont à peu près la même composition ;

2° Les os de fœtus renferment autant de calcaire que ceux des vieillards ;

3° Les points osseux de nouvelle formation ont, dès leur apparition, la même composition que le tissu osseux ancien ;

4° La partie dense des os, c'est-à-dire la substance compacte, renferme plus de sels calcaires que la partie spongieuse. Le sexe paraît sans influence sur la composition des os.

Le rapport entre les sels et l'osséine varie d'une manière plus notable d'une espèce animale à l'autre. Le système osseux des herbivores offre une prédominance de calcaires, celui des oiseaux est également plus riche en sels. Les os des poissons osseux ont à peu près la composition de ceux des mammifères; dans les poissons cartilagineux, on trouve beaucoup moins de sels calcaires.

8

En moyenne, on peut admettre pour 100$^{pp.}$ d'os sec:

Osséine...............................	24
Phosphate de chaux........	64
Carbonate de chaux..................	10
Phosphate de magnésie..............	2
Fluorure de calcium et phosphate ammoniaco-magnésien...............	traces.

Le carbonate est au phosphate de chaux dans le rapport de 1 à 3.

Lehmann donne d'autres rapports moyens, savoir :

Osséine..........................	30
Phosphate de chaux.................	57
Carbonate de chaux	8
Fluorure de calcium...............	1
Phosphate de magnésie.............	1

Il paraît que dans les os anciens la quantité de fluorure de calcium est plus forte que dans ceux des générations actuelles. La quantité d'eau dans l'os frais peut varier de 22 à 46 %.

Tissu cartilagineux.

Les cartilages sont divisés, en raison de leur structure, en deux classes bien distinctes, les cartilages fibreux (fibrocartilages) et les vrais cartilages.

Les premiers résultent de la combinaison du tissu fibreux et du tissu cartilagineux. Les vrais cartilages, qui tantôt sont transitoires, tantôt persistants et destinés à relier des os entre eux ou à faciliter le jeu des articulations, ont une composition bien simple. Nous n'y trouvons qu'une substance finement granulée renfermant des cellules à noyaux avec un contenu liquide. Ces cellules sont plus ou moins serrées et rapprochées les unes des autres ; elles ont une enveloppe propre et présentent dans leur multiplication le caractère remarquable de la génération endogène. Les cartilages sont d'un blanc mat, opaques, mous, facilement pénétrables à l'ongle et élastiques ; un couteau plongé dans la masse fraîche en est immédiatement chassé en raison de l'élasticité du corps pénétré.

Il est facile de s'assurer que la substance amorphe, finement granuleuse, servant, pour ainsi dire, de gangue aux cellules, est la source de la chondrine ou gélatine cartilagineuse qu'on retire de ces organes. Les cellules et leurs noyaux résistent énergiquement à l'action des agents chimiques qui dissolvent la gangue, et se rattachent plutôt au tissu élastique. Les fibro-cartilages renferment du tissu cellulaire fibreux et du tissu élastique mélangé au tissu cartilagineux.

Le cartilage sec contient 2 à 5 °/₀ de graisse, surtout dans l'intérieur des cellules. La proportion d'eau s'élève à 54 et 70 °/₀. Celle des sels est de 3 à 6 °/₀. Les cendres sont composées de phosphates de chaux et de magnésie, de sel marin, de carbonate de soude et de sulfates alcalins.

Dents. — La dent est un organe dur, composé de trois parties distinctes et séparées : 1° la partie centrale osseuse ; 2° l'émail ; 3° la substance ostoïde.

La partie osseuse est sans structure, percée d'une multitude de petits canaux et offrant en outre des vides sphériques. Lorsqu'on lui enlève ses sels par l'acide chlorhydrique faible, il reste une matière azotée présentant la forme de l'organe, qui se dissout en partie dans l'eau bouillante et donne de la gélatine ; le résidu est formé de parois des canaux et des vides sphériques à noyaux ; ces parois se rapprochent par leur manière d'être du tissu élastique. La composition chimique de la partie osseuse est celle de l'os avec d'autres rapports.

Matière organique................	28 %
Phosphate de chaux...............	65 à 67
Carbonate de chaux...........,......	3 à 8
Fluorure de calcium..............	2,1
Phosphate de magnésie............	traces.

L'émail constitue une masse dure, cassante, compacte, formée de prismes fibreux à quatre ou six pans, implantés perpendiculairement à la surface de la masse osseuse et recouvrant la couronne de la dent. On n'a pu en extraire de la gélatine.

Il est formé de :

Matière organique................	2 à 6 %
Phosphate de chaux..............	81 à 88
Carbonate de chaux..............	7 à 8
Fluorure de calcium.............	3,2

La substance ostoïde qui recouvre les racines se rapproche beaucoup du tissu osseux, elle est plus compacte et plus dure.

Liquides à cellules (sang, lymphe, chyle).

La présence de cellules organisées en nombre considérable, dans un liquide de l'économie, lui assigne immédia-

tement un rôle très-important dans l'ensemble des phénomènes de la vie. Tous les liquides destinés à la nutrition
des organes se distinguent par là, il est à remarquer qu'ils
sont en outre animés d'un mouvement de circulation plus
ou moins rapide. C'est à ces cellules ou globules caractéristiques qu'il faut attribuer les fonctions capitales de ces
organes fluides, de ces chairs coulantes, comme on les a
appelées.

De tout temps le sang a fixé l'attention des physiologistes, il faudrait des volumes pour rapporter ce qui a été
dit de vrai ou d'erroné sur son histoire, et cependant il
reste encore bien des choses à faire. Nous n'envisagerons
ici que sa composition et les variations qu'elle éprouve
dans les conditions physiologiques ; quant aux conclusions
qu'on peut en tirer au point de vue de l'organisme, nous
les réservons pour plus tard.

Au sortir de la veine, le sang se partage spontanément :

1° En fibrine coagulée ;

2° En globules emprisonnés ou non dans le caillot, selon les conditions de la coagulation.

3° En un liquide ordinairement transparent, le sérum ;
dans le sang vivant, la fibrine se trouve en solution dans
le sérum.

Avant sa coagulation, il est opaque, d'un rouge plus ou
moins foncé, d'une densité moyenne de 1,056 ; son odeur
est fade et caractéristique, sa consistance un peu épaisse.
Au microscope on y remarque des globules, colorés pour
le plus grand nombre, nageant dans un liquide clair. Le
mode de coagulation varie suivant qu'on agite ou non le

liquide au sortir de la veine ; dans le premier cas, la fibrine vient s'attacher à la baguette sous forme de filaments
élastiques plus ou moins volumineux, peu colorés et retenant peu de cellules ; dans le second, lorsque le liquide est
abandonné au repos, il prend d'abord l'aspect d'une gelée
tremblottante, cette gelée se contracte progressivement en
exprimant le sérum ; une partie du sérum et les globules
restent emprisonnés dans le tissu fibreux artificiel qui
vient de prendre naissance.

Le caillot est rouge, dense, élastique, pénétrable au
doigt auquel il fait éprouver une sensation de craquement
particulier. Les globules ne sont pas uniformément répandus dans le coagulum. En effet, avant que le phénomène
de séparation de la fibrine ne se soit déclaré, ils ont com-
mencé à se déposer en raison de leur plus grande densité ;
on en trouve donc toujours davantage à la partie inférieure,
souvent même, surtout après une inflammation, la partie
supérieure du caillot est blanche et privée de cellules. Cet
effet peut être attribué à quatre causes agissant simultanément ou séparément. Ce sont :

1° Une moindre densité du liquide intercellulaire ;

2° Une plus grande densité des globules ;

3° Un ralentissement dans la coagulation ;

4° Une plus forte proportion de fibrine.

On ne sait encore rien de bien positif sur la cause de la
séparation de la fibrine dissoute ; elle est hâtée par une
élévation de température, l'agitation, l'accès de l'air, la
présence de certains virus (venin de la vipère) ; le froid,
l'addition de certains sels alcalins la ralentissent ou peu-

vent même l'empêcher complétement. Le sang des personnes frappées de la foudre ou tuées par l'acide sulfhydrique, l'acide prussique, les narcotiques et par asphyxie, ne se coagule pas.

M. Alex. Schmidt a fait faire un pas de plus à cette question en démontrant que l'addition du sang, et notamment des cellules et de leur contenu, à des liquides organiques tels que le chyle et les transsudations pouvait singulièrement hâter leur coagulation ou la provoquer pour ceux qui ne sont pas coagulables par eux-mêmes. Des morceaux de cornée bien lavée donnent le même résultat. Il semble donc que dans les tissus organisés réside une force particulière capable de coaguler; cette force dérive très-probablement d'un principe spécial, doué d'une action de présence. D'un autre côté, on peut isoler du sang, d'après M. Denis, un composé soluble capable de se changer spontanément en fibrine. On ajoute à cet effet au liquide frais une quantité suffisante de sulfate de soude pour empêcher la coagulation, on filtre les globules et on précipite le plasma clair par du sel marin : la plasmine, c'est le nom que M. Denis donne à la fibrine soluble, se sépare en flocons; sous cette forme elle est encore soluble dans l'eau pure, mais sa solution se coagule spontanément au bout de quelque temps et donne de la fibrine. Si tout cela est vrai, ce phénomène longtemps si obscur trouverait une explication bien simple; un principe soluble, protéique jouirait de la propriété de devenir insoluble par une action de contact provoquée par un corps assez répandu dans tout l'organisme.

Le sang contient en moyenne 0,25 °/₀ de fibrine, dont

nous connaissons déjà les principales propriétés; les différences qu'elle offre dans le sang veineux et dans le sang artériel ont aussi été étudiées.

La proportion de fibrine varie dans des limites peu étendues d'une espèce animale à l'autre.

Le sexe paraît sans influence marquée sous ce rapport; cependant la fibrine augmente pendant la gestation. Les nouveaux nés en contiennent moins que les adultes surtout à l'époque de la puberté.

Une nourriture animale est favorable à sa production. Elle augmente encore par l'abstinence et les saignées répétées.

En général le sang artériel est plus riche en fibrine que le sang veineux; dans son passage à travers le foie il est à peu près complétement défibriné.

Gaz.—Les travaux de Magnus ont depuis longtemps fixé l'opinion des savants sur la réalité de l'existence de gaz libres (acide carbonique, oxygène, azote) dans le sang. Ce résultat est très-important pour la théorie des fonctions respiratoires. Ces gaz appartiennent à la fois aux globules et au sérum, mais il serait difficile de les répartir exactement, aussi devons-nous aborder cette question pour le sang en général, en faisant remarquer toutefois que les globules ont une influence prédominante sur la solubilité de ces gaz.

Magnus extrait les fluides élastiques au moyen de la machine pneumatique, le produit obtenu peut servir à déterminer les rapports entre les trois gaz, mais non leur quantité absolue; ce dernier résultat est atteint en chassant les gaz dissous par de l'acide carbonique et en mesurant directement le volume de l'oxygène et de l'azote éliminés.

100 volumes de gaz contiennent :

	Sang artériel.	Sang veineux.
Acide carbonique	62,3	71,6
Oxygène	23,2	15,3
Azote	14,5	13,1

100 volumes de sang contiennent :

10 à 12 volumes	Oxygène.
2 à 3 —	Azote.

M. Lot. Meyer fait bouillir le sang dans le vide à une douce température et arrive en ce qui touche l'acide carbonique à d'autres résultats.

100 volumes de sang artériel (carotide) de cheval ont donné

Gaz libres	25,50

formés de

Oxygène	14,29
Azote	5,04
Acide carbonique	6,17

Ce même sang épuré par l'ébullition, additionné d'acide tartrique et bouilli de nouveau, donne encore :

Acide carbonique	28,58

évidemment à l'état de carbonate de soude.

Ces dernières expériences sont de nature à inspirer une

grande confiance, car elles ont été faites sous les yeux de
M. R. Bunsen.

A 20° le coefficient de solubilité de l'acide carbonique
dans l'eau est 0,904, de sorte qu'en admettant même les
données les plus élevées, la présence de l'acide carbonique libre s'explique par une simple dissolution physique.

Le sang frais agité avec de l'acide carbonique pur peut
encore en absorber à 11°, 178,3 °/₀ de son volume; si
nous retranchons le volume correspondant à la solubilité
physique, il en reste 48,1 °/₀ qui ont dû se combiner chimiquement et s'ajouter au gaz normal du sang. La présence
du carbonate de soude dans le sérum explique en partie
ce résultat, nous savons de plus qu'une solution de phosphate de soude dissout des proportions d'acide carbonique beaucoup plus grandes que l'eau pure et nous retrou-
verons ce sel parmi les éléments minéraux.

L'absoption de l'acide carbonique croît avec la pression
sans lui être proportionnelle, par conséquent ni les affinités chimiques ni les affinités physiques du sang pour ce
gaz ne sont saturées, à l'état physiologique.

Le sang renferme de 10 ou 12 à 18 °/₀ d'oxygène expul-
sable par le vide ou un autre gaz, et cependant le coefficient d'absorption de l'oxygène à 20° est 0,02838; il faut
nécessairement que la plus grande partie de cet élément
soit dans un état de condensation particulière ou de combinaison peu stable.

Le rôle actif dans ce phénomène appartient aux cellules, car tandis que le sérum seul ne dissout pas plus d'oxy-

gène que l'eau, le sang simplement défibriné en absorbe encore 9,3 °/₀ : le sang qui circule est donc aussi loin d'être saturé d'oxygène.

Un fait intéressant résulte des expériences de Meyer. Si l'on ajoute de l'acide tartrique avant la première ébullition, on ne retire guère que 3 °/₀ d'oxygène, comme si le gaz avait été employé à brûler rapidement l'acide organique. On pourrait y voir la preuve directe que l'oxygène est non-seulement combiné mais encore dans un état de plus grande activité. Quant à l'azote, son coefficient d'absorption est 0,01403 à 20°, dans l'eau et 0,02 dans le sang; il faut donc aussi admettre une condensation spéciale mais bien moins forte.

L'élément morphologique du sang qui nous intéresse le plus, c'est la cellule ou le *globule coloré.*

Le nombre des globules sanguins s'élève à environ quatre millions cinq cent mille par millimètre cube ; leur poids à l'état frais représente en moyenne les 52 centièmes du liquide total, chez l'homme.

L'espèce, l'âge, le sexe et le lieu où l'on puise le sang, influent sur leur nombre. Chez les femmes, les enfants et les vieillards il est moindre que chez l'homme adulte, l'état de gestation tend encore à le diminuer.

Les oiseaux contiennent plus de globules que les mammifères. Le sang artériel est moins riche que le sang veineux. C'est surtout par son passage à travers le foie que le sang se charge d'une nouvelle proportion de globules dans le rapport de 6 : 8.

Les globules sanguins présentent des formes variables,

elliptiques chez les oiseaux, les poissons et les reptiles, ils sont à peu d'exceptions près circulaires chez les mammifères et ont l'apparence de disques avec une dépression centrale, leur diamètre varie de $0^{mm},00208$ à $0^{mm},0556$ suivant l'espèce ; pour l'homme il est de $0^{mm},00752$. Ils sont composés d'une enveloppe transparente, incolore, de nature protéique et d'un contenu transparent aussi, mais de couleur jaune ou rouge. Ces cellules n'ont pas de noyaux.

On a considéré la membrane-enveloppe comme formée de fibrine, mais les expériences de Lehmann ne sont pas d'accord avec cette manière de voir. Quant au contenu, il est caractérisé par deux produits spéciaux et remarquables :

L'hémato cristalline, matière cristallisable du sang, et l'hématine ou matière colorante propre. Pour observer les cristaux au microscope, on ajoute à une goutte de sang, de l'eau, de l'éther ou du chloroforme, et on laisse un peu évaporer sur le porte-objet.

Les moyens qui servent à isoler les cristaux pour la première fois ne réussissent plus quand on veut les précipiter de leur solution aqueuse. Il est probable, d'après cela, que ces moyens, innocents en apparence, ont cependant modifié un principe particulier aux globules, en le rendant apte à cristalliser. Les cristaux du sang sont toujours colorés par de l'hématine, on peut enlever cette dernière et les obtenir sous forme de prismes aplatis, en traitant les premiers par de l'acide oxalique avec un mélange d'alcool et d'éther et en abandonnant la solution au-dessus du chlorure de calcium. (Lehmann.)

L'hématine amorphe se prépare facilement en filtrant les globules après l'addition d'une quantité suffisante de sulfate de soude, on enlève la matière colorante par l'alcool chargé d'acide sulfurique. La solution brune devient rouge après neutralisation avec de l'ammoniaque et laisse déposer toute l'hématine. Par ces traitements, la matière colorante a très-probablement subi des modifications, elle n'est plus ce qu'elle était dans le globule, tout au moins, elle a passé de l'état soluble à l'état insoluble.

L'hématine est insoluble dans les liquides neutres, soluble dans l'alcool additionné d'acide sulfurique ou chlorhydrique, ainsi que dans les alcalis et les carbonates alcalins.

Lorsqu'on neutralise par la potasse une solution alcoolique et acide d'hématine, et qu'on étend peu à peu avec l'eau alcaline, il arrive un moment où le liquide est rouge en couches épaisses, et vert en couches minces. La matière colorante du sang, loin de se décolorer comme les autres, sous l'influence de l'acide hypochloreux, prend une teinte plus foncée, au moins au début.

L'hématine est remarquable par la présence d'une assez forte proportion de fer qu'on peut lui enlever par digestion dans de l'acide sulfurique concentré, sans altérer sensiblement ses propriétés.

Mulder représente la composition de l'hématine par la formule $C^{14}H^8FeAzO^2$. Dans les extravasations sanguines, l'hématine se modifie peu à peu et se change en hématoïdine, tantôt amorphe, tantôt cristallisée en beaux prismes rhomboïdaux rouges. Dans l'hématoïdine la présence du fer n'est pas constante. Elle se distingue de l'hématine par son peu de solubilité dans la potasse, la soude et les acides minéraux étendus. D'après les analyses de M. Robin, on peut lui assigner la formule :

$$C^{14}H^9AzO^3\ ?$$

Tandis que le sérum renferme la plus grande partie des matières extractives, les globules sont plus riches en graisses et surtout en graisses phosphorées (acides oléophosphorique et phosphoglycérique).

On a encore signalé (Lehmann) la présence d'un acide azoté incristallisable, on le retrouve dans les solutions d'hématocristalline coagulées par la chaleur. Par une méthode due à C. Schmidt, et dont nous parlerons au chapitre analytique on peut assez exactement faire la répartition des principaux éléments du sang (eau, graisses, extractif, sels), entre les globules et le sérum.

Pour fixer les idées, nous donnons le tableau suivant extrait de l'ouvrage de M. Lehmann.

1000 parties de sang { 513,02 de cellules fraîches.
contiennent...... { 486,98 de liquide intercellulaire.

100 parties de cellules contiennent :

Densité = 1,088

Eau... 68,800
Parties solides.............................. 31,200

composées de

Hématine ferrugineuse...................... 1,675
Globuline et membranes des cellules..... 28,222

Graisse............................. 0,231
Extractif....................... 0,260
Matières minérales, sans le fer.......... 0,812

Les substances minérales se répartissent de la manière suivante :

Sulfate de potasse..................... 0,0132
Chlorure de potassium.................. 0,3679
Phosphate de potasse.................... 0,2343
    —   de soude.................... 0,0623
Soude............................... 0,0341
Phosphate de chaux................... 0,0094
    —   de magnésie................ 0,0060

Les globules sont susceptibles d'imbibition ; ainsi par l'addition d'eau au sang, on les voit se gonfler, prendre une forme sphérique, puis finir par éclater, le contenu se répand dans le sérum et s'y dissout. Les changements de forme qu'ils éprouvent sous l'influence de divers agents chimiques (gaz, sels etc.) sont une des principales causes des modifications de teintes que peut éprouver le sang dans ces conditions. En général, toutes les fois qu'il y a gonflement des globules, la couleur du liquide devient plus foncée.

A côté des globules proprement dits, on trouve des cellules à contenu incolore et à un ou plusieurs noyaux. Leur forme est sphérique, leur diamètre chez l'homme de 0mm,01128 ; elles sont plus riches en graisse et plus légères.

Sérum. — Dans quelques cas spéciaux, le sérum est troublé par des globules de graisse ou de la fibrine dans un grand état de division, le plus souvent il est clair, transparent jaunâtre et ne contient que de l'eau et des matériaux solubles. Si nous le prenons avant la coagulation de la fibrine, sa composition centésimale est la suivante en moyenne (LEHMANN) :

Densité = 1,028

Eau...	90,290
Parties solides...............................	9,710

composées de

Fibrine.................................	0,405
Albumine...............................	7,884
Graisse.................................	0,172
Extractif...............................	0,394
Sels....................................	0,855

Les sels se répartissent comme il suit :

Sulfate de potasse......................	0,0281
Chlorure de potassium..................	0,0359
Sel marin...............................	0,0546
Phosphate de potasse....................	"
— de soude...................	0,0271
Potasse.................................	"
Soude..................................	0,1532
Phosphate de chaux.....................	0,0298
— de magnésie................	0,0218

Un coup d'œil jeté sur ce tableau, et sur celui de la page précédente, suffira pour montrer les différences de composition entre les cellules et le plasma. La proportion d'eau du sérum est en rapport inverse du nombre des globules : cette règle est cependant sujette à quelques exceptions.

L'albumine ne paraît pas avoir toujours les mêmes propriétés dans diverses circonstances physiologiques ou pathologiques, mais les différences peuvent tenir à des variations dans la quantité d'alcali combiné. Le sang artériel en contient moins que le sang veineux ; celui de la veine hépatique, toujours moins que celui de la veine porte.

Le sexe a peu d'influence sur la proportion de ce corps.

On a signalé dans le sérum la présence de la caséine, surtout chez les femmes enceintes, chez les nourrices et les enfants à la mamelle.

Les acides gras du sérum sont généralement saponifiés (ac. oléique, margarique, stéarique), la cholestérine s'y trouve toujours ; quant à la séroline extraite par l'alcool bouillant du résidu sec du sérum, elle pourrait n'être qu'un mélange.

Le sérum artériel contient moins de graisse que celui des veines.

L'extractif du sang est un mélange complexe, de sucre de raisin ou glucose, d'urée, d'acide urique, d'hypoxanthine, de créatine, de créatinine, d'acide hippurique et d'autres principes indéterminés.

Dans le sang normal on a trouvé en moyenne de 0,00072 à 0,0021 de glucose. Les artères en contiennent toujours plus que les veines. La veine porte n'en renferme pas ; la veine hépatique en contient plus que tous les autres vaisseaux. Le sang veineux avant le confluent des veines hépatiques est presque entièrement privé de sucre.

La proportion d'urée s'élève en moyenne à 0,017 chez l'homme, elle est notablement moindre dans le sang de la veine rénale, comparé à celui de l'artère correspondante (18 : 36) (PICARD).

Nous aurons à revenir dans la suite sur bien des particularités touchant l'histoire du sang, mais ces détails trouveront mieux leur place dans la discussion des phénomènes chimiques, alors qu'ils nous serviront d'arguments; ce sera par cela même donner de l'importance à des faits, qui isolés paraîtraient insignifiants et ne pourraient se graver dans la mémoire.

Lymphe.

La lymphe ou liquide des vaisseaux lymphatiques est difficile à obtenir en masses un peu notables et à l'état de pureté, aussi son étude chimique est-elle incomplète. Elle est incolore ou légèrement jaunâtre, opaline, d'une odeur spéciale.

Comme le sang, elle peut se coaguler, mais le caillot contracté est beaucoup moins volumineux que celui du sang et se forme plus lentement. Au microscope on y remarque des globules de graisse, des cellules, dites lymphatiques, semblables aux cellules incolores du sang et quelques globules sanguins.

Son sérum contient de l'albumine riche en alcali, des graisses en grande partie saponifiées, des matières extractives, du sucre entre autres. Les nombres suivants se rapportent tous à l'homme sauf avis contraire.

100 parties de lymphe contiennent :

				D'après Scherer.
Eau...................	92,5	à	96,9	96,76
Fibrine et globules.....	0,165	0,52	0,065	0,036
Albumine............	0,4	4,2	6,00	
Extractif.............	0,312	1,30	»	3,472
Graisse..............	0,264	0,5	0,38	0,9
Sel marin............	0,412 (cheval)		»	
Carbonates alcalins. ...	0,056 (cheval)		»	
Sulfate de potasse......	0,0233	»	»	0,731
Phosphates alcalins....	traces.	»	»	
Sels terreux..........	0,031	»	»	

Chyle.

Le chyle peut être considéré comme un mélange des produits de la digestion, de la lymphe et du plasma sanguin ; c'est dire que sa composition doit varier avec le moment de l'investigation, la nature de la nourriture et le lieu où on le prend.

On n'a guère pu soumettre à un examen suivi, que le liquide du canal thoracique.

Dans les ramifications des vaisseaux chylifères qui aboutissent à l'intestin, avant les ganglions, on ne remarque au microscope que des globules graisseux très-fins, entourés très-probablement d'une enveloppe albumineuse ; au delà des ganglions, apparaissent de véritables cellules à noyaux, semblables aux cellules blanches du sang, des noyaux isolés et des agglomérations de grains réunis par une substance transparente. Le chyle est tantôt laiteux, tantôt opalin et semblable à la lymphe par ses propriétés physiques ; il se coagule lentement et le coagulum reste gélatineux ; la fibrine du chyle se dissout beaucoup plus facilement que celle du sang dans divers réactifs. Le *sérum* a, à très-peu de chose près, la même composition qualitative que celui du sang.

L'albumine y est combinée à une plus forte proportion d'alcali, ce qui entrave sa coagulation. On y a trouvé beaucoup de graisse, de l'acide lactique, du sucre et des sels, principalement des chlorures avec peu de phosphates.

M. Würtz a trouvé de l'urée dans le chyle et la lymphe du taureau, de la vache, du chien, du bélier, du mouton et du cheval.

100 parties de chyle thoracique de cheval contiennent environ :

Eau..........................	90	à	96,8
Fibrine.......................	0,495		0,301
Albumine.......	3,46		»
Graisse.......................	0,118		1,00
Extractif.....................	0,526		»
Sels solubles.................	0,74		»

Nous discuterons plus loin les variations dans la composition du chyle, pendant et après la digestion.

CHAPITRE III

DIGESTION ET NUTRITION, SÉCRÉTIONS DIGESTIVES.

Aliments. — Salive. — Suc gastrique. — Sucs pancréatique et intestinal. — Absorption et assimilation.

Les connaissances que nous venons d'acquérir relativement aux tissus et aux liquides organisés de l'économie animale, nous serviront de base pour l'étude chimique du phénomène le plus important et le plus complexe de la vie, la nutrition de ces tissus et des organes qu'ils composent.

Pour obéir à la loi la plus générale, observée dans les êtres animés, les éléments morphologiques doivent rester sans interruption dans un état d'équilibre mobile. Leurs parties constituantes, sans cesse et progressivement altérées, doivent trouver dans les liquides qui les baignent les substances et les conditions nécessaires à leur régénération. L'expérience et l'observation les plus superficielles nous montrent que cet équilibre mobile ne s'entretient pas par lui-même. Les produits de destruction et d'altération prennent immédiatement une forme chimique plus simple qui les rend impropres à l'organisation ; ils deviennent des détritus, des excréments que l'organisme expulse par différentes voies ; il faut donc de toute nécessité le concours de matériaux extérieurs ou d'aliments. La nature n'offre pas les substances nutritives dans un état convenable à l'assimilation et à l'absorption, c'est-à-dire à la pénétration intime dans l'organisme ; elles doivent auparavant subir des modifications spéciales dans des cavités qui communiquent largement avec l'extérieur par deux orifices ; l'un destiné à recevoir l'aliment du dehors, l'autre à rejeter les résidus, toujours assez abondants, qui ne sont pas susceptibles d'absorption. Les genres de phénomènes qui se passent dans le tube digestif, se rapprochent beaucoup plus que toute autre réaction intra-organique des expériences de laboratoire, c'est dire aussi qu'ils sont mieux connus et plus faciles à débrouiller, d'autant plus faciles que ces cavités sont accessibles à l'expérimentation.

Nous nous occuperons d'abord de l'élaboration des substances nutritives, depuis leur entrée dans la bouche jusqu'au moment où elles pénètrent, convenablement modifiées, dans le sang et les chylifères ; en d'autres termes, nous allons traiter de la digestion, au point de vue chimique bien entendu.

Abstraction faite du mécanisme des sécrétions, de l'absorption et du mouvement progressif de propulsion des aliments, la digestion se présente à nous comme un ensemble de transformations purement chimiques susceptibles de se produire en dehors de l'organisme, et par conséquent sans l'intervention directe de la vie.

Nous avons avant tout à envisager les aliments en eux-mêmes, nous passerons ensuite en revue les réactions auxquelles ils sont soumis dans leur voyage à travers le tube digestif, et enfin les sécrétions qui provoquent ces réactions.

Nature des aliments.

On ne comprend sous le nom d'aliments que les produits organiques ou minéraux, susceptibles de remplir après une élaboration convenable, un rôle nécessaire et utile dans l'organisme ; quant aux corps qui peuvent, comme l'alcool et la caféine, être introduits dans le sang et même intervenir activement, mais que l'économie ne réclame pas, nous n'en tiendrons pas compte pour le moment.

L'étude de la composition des aliments qui servent à l'homme et aux animaux, nous apprend que les principes immédiats utiles dont ils sont formés, peuvent se classer en quatre groupes :

1° Matières minérales (eau, sels, et gaz) ;

2° Matières organiques hydrocarbonées ;

3° Corps gras ;

4° Matières azotées protéiques.

Ce sont précisément les quatre classes de corps qui entrent dans la constitution de l'organisme.

Un coup d'œil sur le tableau suivant suffira pour justifier notre assertion.

COMPOSITION IMMÉDIATE DES PRINCIPAUX ALIMENTS.

	Viande de bœuf.	Viande de poisson.
Eau......................	77,17	80,1

	Viande de bœuf.	Viande de poisson.
Fibrine...................	15,80	12,00
Tissu à gélatine............	1,90	»
Albumine...................	2,20	5,2
Substances solubles (extrait de viande et sels).........	1,05	1,7
Matières solubles dans l'alcool.	1,80	1,00
Phosphate de chaux........	0,08	traces.

LAIT.

	De femme.	De vache.
Eau....................	89,54	86,50
Caséine et albumine........	3,30	4,30
Sucre....................	3,71	5,20
Beurre....................	3,34	3,70
Sels insolubles.............	0,15	0,25
Sels solubles..............	0,06	0,15

BLÉ DUR DE VÉNÉZUÉLA.

Amidon..................................	58,62
Matières protéiques......................	22,75
Dextrine et sucre.....................	9,50
Graisse................................	2,61
Cellulose...............................	3,6
Sels....................................	3,02

	Pomm. de terre.	Féveroles.	Fèves.	Haricots.
Eau...................	74,00	12,5	8,40	9,9
Fécule................	20,00	48,3	51,50	55,7
Substances azotées.....	1,6	30,8	24,40	25,5
Graisse...............	0.1	1,9	1,50	2,8
Sucre.................	1,09	»	»	»
Cellulose.............	1,65	3,0	3,0	2,9
Sels à acides organiques et minéraux........	1,56	3,5	3,60	3,2

Dans les fruits, outre les représentants des quatre groupes principaux dont la proportion est souvent faible, on rencontre des matières acides et aromatiques, pouvant, mais accidentellement seulement, jouer certains rôles ; il en est de même des légumes. On voit par ce rapide aperçu, que les aliments diffèrent surtout entre eux par les proportions relatives des principes nutritifs ; aussi sont-ils loin de remplir, sous le même poids, le même but économique. La digestion des aliments est un problème complexe, ou plutôt comprenant plusieurs problèmes indépendants. Il est évident qu'en étudiant à part la digestion des matières minérales, celle des principes azotés, des matières grasses et hydrocarbonées, nous aurons réuni tous les éléments nécessaires à la solution de cette question, et il ne nous restera plus qu'à rechercher, si pendant l'élaboration d'une substance nutritive mixte, il y a indépendance complète des digestions partielles, ou si elles sont susceptibles de se modifier l'une l'autre. Dès que la substance alimentaire pénètre dans le tube digestif, elle se trouve exposée à l'influence de liquides sécrétés par des glandes spéciales; de sorte qu'avant d'être arrivée par l'action des mouvements péristaltiques, à l'extrémité de l'intestin, avant d'être expulsée, tout ou une partie a été transformée en produits solubles, susceptibles d'absorption.

Le but principal de la digestion est de rendre solubles les matériaux de l'aliment qui ne le sont pas ; quant aux autres, ou bien ils ne subissent aucune altération ou ils se convertissent en produits plus facilement absorbables ou plus susceptibles d'assimilation.

Le caractère général des phénomènes chimiques de la digestion est le peu d'énergie dans la réaction : le temps et les actions de contact y jouent un rôle important.

Matières minérales.

L'eau, la plupart des sels minéraux, notamment le sel
marin, ne subissent ni n'ont besoin de subir aucune modification dans le tube digestif. Ces corps sont absorbés
purement et simplement.

Il va sans dire que les alcalis et les carbonates alcalins
sont saturés par les acides du suc gastrique, le phosphate
de chaux devient soluble sous la même influence. Ces
réactions sont trop simples pour qu'il soit nécessaire d'en
parler davantage.

Matières neutres hydrocarbonées.

Les composés de ce groupe, que peuvent fournir les
aliments et surtout ceux d'origine végétale, sont la cellulose à différents états d'agrégation, l'amidon, la dextrine
les gommes, et les différentes espèces de sucres.

On a beaucoup discuté pour et contre la possibilité de
la digestion de la cellulose. Nous savons que ce principe
immédiat peut devenir soluble dans certaines circonstances, mais les conditions du phénomène sont trop
énergiques pour trouver leur application dans l'économie ;
c'est tout au plus s'il est permis d'invoquer une action de
contact. Dans tous les cas, s'il y a digestion, elle ne peut
avoir lieu que pour la cellulose la moins cohérente et la
glucose doit être le produit ultime de son élaboration.
Aucune des sécrétions digestives ne s'est montrée apte à

la provoquer. La cellulose n'est donc pas un principe important dans l'alimentation.

Il n'en est pas de même de la matière amylacée ; bien que d'une composition semblable, elle se distingue par une grande facilité de transformation en produits solubles, dans des conditions qui peuvent se réaliser et se réalisent en effet dans l'organisme. On se souvient de la diastase, matière protéique élaborée dans l'orge pendant les premières manifestations de sa vitalité, et dont le caractère le plus remarquable est de convertir rapidement l'amidon en dextrine, la dextrine en sucre.

D'un autre côté, il est facile de s'assurer directement :

1° Que les aliments féculents sont digérés, c'est-à-dire dissous ;

2° Qu'ils se changent d'abord en dextrine, puis en sucre pendant leur passage à travers le tube digestif.

Une recherche plus approfondie nous apprend ensuite que ces transformations s'opèrent par l'action directe de la salive, du suc pancréatique et du suc intestinal, tandis que la bile et le suc gastrique sont inactifs.

Rien de plus naturel et de plus logique que de comparer l'action de la salive et des sucs pancréatique et intestinal, à celle de la diastase. Les effets sont en tout semblables, se produisent dans les mêmes conditions physiques ; dans les deux cas, il y a action de contact.

On est allé plus loin, on a cherché à quoi tient la vertu saccharifiante de ces sécrétions.

Le problème a été complétement résolu pour le suc pancréatique. Par l'addition d'alcool à 85 %, on précipite des flocons blancs d'une matière azotée, soluble dans l'eau. Cette matière possède à un haut degré la propriété de dissoudre l'amidon en le convertissant en sucre ; c'est à elle que le suc doit sa vertu saccharifiante.

La pancréatine est coagulable par la chaleur, ses solutions précipitent par l'acide acétique, le précipité est soluble dans un excès. Elle laisse peu de cendres, principalement formées de carbonate de chaux.

Dans le suc intestinal, l'alcool sépare également une matière azotée, soluble, active par rapport à l'amidon. Ce principe ne précipite ni par les acides minéraux ni par le sublimé corrosif, il précipite par l'acétate de plomb et le précipité est soluble dans l'acide acétique. Nous verrons plus loin qu'il n'est pas tout à fait semblable à la pancréatine par ses propriétés physiologiques.

On doit s'attendre à des résultats analogues en ce qui touche la salive. Cette sécrétion est un mélange de divers liquides (parotidien, sous-maxillaire et muqueux). Il est remarquable qu'aucun d'eux pris séparément n'est actif et que leur mélange seul le devient, encore le produit parotidien n'y est-il pour rien. Il peut donc se faire que la diastase salivaire préparée par M. Miahle en précipitant la salive mixte par l'alcool, jouisse de la propriété spécifique de la diastase, tandis que celle que prépare Lehmann avec le liquide parotidien ou sous-maxillaire n'a aucun pouvoir. Pourquoi la nécessité de ce mélange ? c'est ce que l'on ne saurait dire aujourd'hui.

La ptyaline dans la salive est combinée à de la soude ou à de la chaux. Séparée de ses combinaisons avec ces bases, elle est peu soluble ; aussi les acides la précipitent-ils en flocons solubles dans un excès. Le tannin, le sublimé corrosif, l'acétate basique de plomb la précipitent également.

Pour la préparer on traite l'extrait de salive obtenu avec de l'alcool faible, par de l'alcool fort et de l'éther.

Les trois liquides de l'économie qui concourent avec plus ou moins d'énergie à la digestion des fécules, présentent une réaction alcaline, due aux bases combinées à la substance active. Mais cette alcalinité, qui peut être utile pour conserver à la matière protéique ses caractères spécifiques, ne représente pas une des conditions nécessaires du phénomène de contact.

On pourrait croire que les modifications de la matière amylacée s'arrêtent là, et que le sucre formé est absorbé par les capillaires et les vaisseaux chylifères, mais il n'en est pas tout à fait ainsi. Toutes les fois qu'un animal reçoit une nourriture féculente ou sucrée, on retrouve du sucre dans tout l'intestin grêle et même dans le cœcum, et de plus on observe une forte réaction acide dans le jejunum, l'iléon et le cœcum, le contenu du duodénum étant presque neutre. L'acidité ne peut évidemment, d'après cela, provenir du suc gastrique; elle dérive d'une fermentation acide assez intense (lactique?). Selon Lehmann, de toutes les sécrétions qui se déversent dans le tube digestif, le suc intestinal serait seul capable d'agir comme ferment lactique. Les notions claires et précises que M. Pasteur a développées sur les fermentations lactiques, ne nous permettent plus d'attacher une grande importance

à cette dernière observation. S'il y a fermentation lactique ou butyrique dans le tube digestif, il doit y avoir une
levûre ou des vibrions, dont les germes seraient apportés
par les aliments eux-mêmes. La transformation ultérieure
du sucre devient alors un accident, mais n'est plus une
condition essentielle de la digestion.

Le sucre de canne se change très-rapidement dans l'intestin et dans l'estomac en sucre interverti. Cette altération ne peut être attribuée en totalité à l'acide du suc gastrique; elle dérive probablement d'une action de présence, due à une matière azotée, analogue dans ses effets
à la substance protéique soluble des globules de levûre
de bière.

La lactose se comporte en tout point comme la glucose,
elle est en partie absorbée, en partie transformée par la
fermentation lactique.

Les gommes appartiennent à la classe des substances
colloïdes, non susceptibles de diffusion à travers les parois
membraneuses; pour servir à la nutrition, elles doivent
nécessairement se modifier moléculairement. Les conditions dans lesquelles ces modifications se produisent en
dehors de l'organisme, ne sont pas applicables à la digestion; il est donc probable que les gommes ne peuvent pas
jouer un grand rôle comme matériaux de nutrition. L'expérience directe vérifie pleinement ces prévisions; la
presque totalité de ces produits passe dans les excréments.

Matières grasses.

D'après nos connaissances sur les propriétés des corps gras, nous pouvons prévoir, sans crainte de nous tromper, les seules altérations qu'ils subiront par l'influence des sécrétions digestives : ce sont la saponification et l'émulsion. Le manque d'oxygène ne permet pas de songer à une oxydation, d'ailleurs l'expérience nous laisse suivre les acides gras dans le sang et les vaisseaux chylifères, après leur absorption.

Les essais directs démontrent que la salive et le suc gastrique n'ont aucune prise sur les graisses, aussi traversent-elles la bouche et l'estomac sans modification sensible. Il n'en est plus de même dans l'intestin. Le suc pancréatique, la bile et le suc intestinal émulsionnent les corps gras ; le premier surtout est très-actif sous ce rapport, de plus la pancréatine possède la propriété unique de saponifier les graisses. Claude Bernard fait jouer au suc pancréatique un grand rôle dans la digestion des graisses. Il parvint le premier à l'isoler pur et reconnut ses propriétés spéciales et son action si remarquable sur les glycérides. Le savant et habile physiologiste est peut-être allé trop loin dans ses conclusions en attribuant au liquide du pancréas l'élaboration des graisses, à l'exclusion des autres sécrétions, mais il nous paraît prouvé par ses expériences qu'il intervient pour une bonne part dans le phénomène, tant par saponification, qu'en déterminant des émulsions parfaites.

M. Bidder et Schmitt trouvent, d'un autre côté, qu'en excluant la bile de la digestion on diminue dans une proportion très-notable l'absorption de la graisse. Cette influence favorable d'un liquide incapable de dissoudre ou de saponifier les glycérides naturelles, doué de plus d'un pouvoir émulsif relativement très-faible, ne peut trouver sa raison d'être que dans une cause physique dont nous parlerons plus tard.

A partir du duodenum, à mesure qu'on avance dans l'intestin grêle, la graisse offre l'apparence d'une émulsion de plus en plus parfaite. Cette apparence se retrouve pendant le travail de la digestion dans les dernières ramifications des chylifères et des capillaires d'où naît la veine porte ; il ne nous restera donc plus qu'à chercher, comment se fait l'absorption à travers des membranes imbibées d'eau et qu'on pourrait supposer impénétrables aux graisses.

Matières protéiques.

L'observation la plus superficielle des phénomènes de digestion, nous montre les matières protéiques subissant dans l'estomac leur principale élaboration ; elles y deviennent solubles et absorbables. Des morceaux de viande renfermés dans des portions closes par ligature de l'intestin grêle se digèrent parfaitement. L'estomac n'est donc pas le seul organe chargé de la préparation de ces corps, mais bien certainement il est le plus important.

La puissance digestive de l'estomac réside dans le suc

gastrique et peut s'exercer en dehors de l'économie.

Les principaux caractères de ce suc sont : 1° son acidité bien franche, dérivant de la présence d'acide chlorhydrique libre, selon les uns, d'acide lactique, selon les autres, probablement des deux à la fois; 2° l'existence dans son sein d'un ferment azoté, soluble, de nature protéique. La pepsine fait subir aux substances plastiques azotées, *en présence d'une petite quantité d'acide libre*, une modification comparable à celle de l'amidon sous l'influence de la diastase.

Pour isoler la pepsine, on neutralise le suc gastrique par la chaux, on évapore à consistance sirupeuse, on précipite par l'alcool absolu. Le précipité redissous dans l'eau est précipité par le sublimé corrosif, le dépôt est décomposé par l'hydrogène sulfuré. Ou bien encore on fait digérer la muqueuse stomacale bien lavée, avec de l'eau à 30°. Le liquide filtré est précipité par le sublimé, puis on continue l'opération comme avant.

La pepsine ainsi obtenue et desséchée se présente sous forme d'une masse jaune, gommeuse, soluble dans l'eau, d'une réaction légèrement acide. Ses solutions précipitent par l'alcool et ne se coagulent pas par la chaleur. Un soixante-millième de cette pepsine en solution aqueuse légèrement acidulée, dissout le blanc d'œuf cuit en huit heures.

Cette propriété se perd par l'ébullition ou la neutralisation par un alcali. L'acide libre du suc gastrique est donc nécessaire à la manifestation de la force digestive de la pepsine.

Quelques chimistes ont voulu attribuer exclusivement

à l'acide, l'activité du suc gastrique ; mais si quelques variétés de fibrine peuvent se gonfler et même se dissoudre dans une eau chargée de quelques millièmes d'acide chlorhydrique, on sait aussi que la fibrine du sang, l'albumine cuite, le tissu du derme et des os résistent complétement à cette influence et se ramollissent au contraire en finissant par se liquéfier, quand on ajoute au liquide le ferment stomacal.

La digestion protéique se fait aussi bien dans des tubes en verre, avec du suc gastrique naturel ou artificiel (dissolution acidulée de pepsine), que dans l'organe, si l'on sait observer les conditions de température : seulement il est certain que les mouvements péristaltiques, en mettant constamment de nouvelles parties en contact avec du liquide frais, doivent hâter la réaction. Nous avons donc ici encore un phénomène de contact et d'ordre purement chimique.

Fixons maintenant notre attention sur les produits de transformation.

Les substances azotées insolubles deviennent solubles par simple transposition moléculaire et sans changement sensible dans la composition élémentaire. La peptone ou albuminose, c'est le nom qu'on donne au produit de cette réaction, est incoagulable, ne se prend pas en gelée et a peu de tendance à précipiter par les solutions métalliques. Faute de caractères différentiels, on ne peut savoir si les peptones des diverses matières albuminoïdes sont ou non identiques.

L'albumine soluble, et en général les matières protéiques qui peuvent arriver dans l'estomac, en solution, sont des colloïdes ; les membranes animales leur sont fermées, et pour pénétrer dans le sang elles doivent, tout aussi bien que l'albumine coagulée, se modifier par l'action de la pepsine. L'observation directe, soit dans l'estomac ou au dehors avec du suc artificiel, montre que l'albumine du blanc d'œuf frais perd peu à peu la faculté de se coaguler, et se change en peptone. La caséine est précipitée et coagulée par le liquide stomacal avant d'être digérée. Ce fait s'observe journellement ; le lait vomi par les enfants à la mamelle est en effet toujours caillé.

Jusqu'à présent nous n'avons envisagé les aliments qu'au point de vue de leur composition et des produits de leur transformation pendant la digestion ; nous avons trouvé que le sucre ou glucose était la forme ultime des matières hydrocarbonées, l'émulsion et la saponification, celle des graisses, tandis que les matières protéiques se convertissent en peptone ou albuminose.

Il nous reste à dire quelques mots des différences que peuvent présenter les diverses sortes d'aliments appartenant à la même catégorie, sous le rapport de la facilité d'élaboration.

On peut poser à ce sujet la règle générale suivante : une substance est d'autant plus difficile à digérer, qu'elle est plus compacte, plus dense, plus agrégée et qu'en dehors de l'économie elle résiste plus énergiquement à l'action des agents chimiques. Aussi l'amidon cuit est-il plus rapidement absorbé que l'amidon cru, l'amidon plus que la cellulose, les matières protéiques crues sont plus digesti-

bles que celles que la chaleur a coagulées, les tissus élastiques, cornés, fibreux, tendineux, etc., résistent énergiquement dans l'estomac.

Nous ne pourrions nous faire une idée complète des
phénomènes de digestion en n'étudiant pas d'une manière
plus approfondie les sécrétions si importantes dans ce
grand acte nutritif.

Sécrétions digestives.

La salive et le suc pancréatique sont sécrétés par des
glandes ramifiées ou en grappes. Ces glandes se composent exclusivement d'un ou de plusieurs canaux excréteurs, se ramifiant de plus en plus, et dont les dernières
divisions se terminent par plusieurs petits culs-de-sac
constituant par leur réunion un grain ou acini ; autour
de ces ramifications s'étale le réseau capillaire des vaisseaux sanguins. L'intérieur des petits cœcums est tapissé
d'un épithélium à cellules petites, rondes ou ovalaires, de
$0^{mm},006$ à $0,007$ de diamètre ; cette couche épithéliale recouvre une membrane propre transparente ; les canaux excréteurs sont au contraire tapissés d'épithélium cylindrique.

Il est très-probable que les follicules clos qui par leur
réunion constituent les plaques de Peyer ne concourent
pas à la sécrétion du suc intestinal et que ce produit doit
être attribué aux glandes de Lieberkühn répandues sur
toute la surface interne de l'intestin grêle, et aux follicules
du gros intestin.

Ces glandes se composent de petits tubes isolés, placés

perpendiculairement à la surface de la muqueuse, dans son tissu, s'ouvrant entre les papilles par des conduits excréteurs propres à chacun d'eux.

On peut comparer ces tubes ou follicules aux terminaisons cœcales des glandes salivaires, seulement ces dernières, au lieu de s'ouvrir directement dans la bouche, déversent leur contenu dans un tube excréteur commun. Comme dans les petits culs-de-sac salivaires, l'intérieur présente une couche d'épithélium arrondi.

L'appareil sécréteur du suc gastrique se compose de milliers de petits tubes pressés les uns contre les autres, parallèles entre eux et ouverts à une de leurs extrémités dans l'estomac, terminés à l'autre en doigt de gant. Les orifices ne sont pas visibles à l'œil nu. Les parois sont formées d'une membrane hyaline, et l'intérieur est rempli d'une matière visqueuse dans laquelle on distingue des noyaux de cellules et des cellules. On trouve par conséquent une grande analogie entre ces glandes et celles qui sécrètent le suc intestinal.

Nous ne parlerons pas ici de l'appareil sécréteur de la bile; en effet, la bile, d'après toutes les expériences tentées, ne joue aucun rôle actif dans la transformation des principes azotés et hydrocarbonés et dans la digestion des corps gras; elle favorise tout au plus l'absorption par un effet physique. Nous devons du reste dans un chapitre à part, intitulé : *Fonctions chimiques du foie,* étudier avec soin cette remarquable sécrétion.

Quelle que soit la structure des glandes dont nous avons parlé plus haut, le mécanisme de la sécrétion est le même ou à peu près. L'eau et les sels passent par endosmose, des capillaires sanguins, à travers la membrane propre hyaline, dans les cellules de la couche épithéliale ; là se passe un phénomène remarquable, les cellules anciennes subissent une fusion, une désagrégation, et sont remplacées par de nouvelles, l'enveloppe de ces cellules désagrégées sert à la production des substances protéiques qu'on retrouve dans tous ces liquides et qui, sous les noms de ptyaline, de pepsine, de pancréatine, jouent par contact, comme nous l'avons déjà vu, un rôle si important dans la digestion des principes azotés et hydrocarbonés.

Ainsi les sécrétions digestives ont pour caractère commun, la présence dans chacune d'elles d'une matière azotée douée d'un pouvoir spécifique particulier et capable de déterminer, par action de contact, certains phénomènes chimiques nécessaires à la digestion des aliments. Dans les unes, le principe actif n'a puissance que sur une seule classe de principes nutritifs (salive, suc gastrique) ; dans les autres, il peut opérer suivant plusieurs directions différentes, comme nous l'avons vu pour les sucs pancréatique et intestinal ; car le premier saccharifie l'amidon et dissout les graisses en les saponifiant, tandis que le second modifie à la fois les matières hydrocarbonées insolubles et les substances protéiques. Le suc gastrique seul est acide, les autres sécrétions sont alcalines, surtout pendant la digestion ; elles ne deviennent neutres ou même acides qu'exceptionnellement ou dans l'intervalle des repas (salive). L'alcalinité dérive principalement de la soude, quelquefois de la chaux ou de la potasse ; ces bases sont faiblement combinées à la matière azotée. Généralement ces liquides sont très-aqueux et renferment de 0,5 à 4°/₀ de produits solides; cette proportion est plus grande pour les liquides déversés dans l'intestin que pour la salive et le suc gastrique.

Quelques mots maintenant sur chacune de ces sécrétions en particulier; nous les prendrons dans l'ordre où elles se succèdent dans le tube digestif.

Salive.

Il est impossible de nier l'action diastasique de la ptyaline salivaire, en face des expériences nombreuses et positives qui ont été faites à ce sujet; mais on ne doit pas prêter à la salive une grande importance comme liquide digestif des principes amylacés.

En effet, les aliments séjournent trop peu de temps dans la cavité buccale, et l'influence du suc acide de l'estomac vient trop tôt détruire l'activité de la ptyaline, pour qu'une portion notable de la matière hydrocarbonée puisse subir ses transformations normales; le sucre ne se forme que plus loin en quantités sensibles.

Le rôle principal de la salive est purement mécanique. Elle favorise la division et la déglutition du bol alimentaire. Faut-il considérer les bulles d'air emprisonnées dans son écume et entraînées avec elle dans l'estomac comme utiles à la digestion? C'est ce qui nous paraît peu probable; au moins rien dans les phénomènes chimiques de la digestion observés jusqu'à présent, ne justifie une semblable hypothèse. Nous n'attacherons pas non plus une grande valeur à

l'idée émise par Wright sur le pouvoir saturant de la salive
par rapport au suc gastrique. Il est évident que l'alcali de
l'un neutralise partiellement l'acide de l'autre ; mais il
est douteux que ce phénomène ait une portée quelconque
au point de vue physiologique.

La salive mixte est opaline et filante ; elle tient en suspension des fragments de tissu épithélial et des corpuscules muqueux, aussi se putréfie-t-elle rapidement.

Sa densité varie entre les nombres 1,004 et 1,006. Le
résidu sec est de 0,348 à 0,841 % et renferme 21,3 %
de substances minérales ; le reste est formé 1° de ptyaline
insoluble dans l'alcool, et 2° d'un principe organique soluble dans l'alcool et d'un sel de potasse à acide gras (caprique ?) La ptyaline forme environ les vingt centièmes de
l'extrait sec.

Les principaux sels sont les chlorures de sodium et de
potassium (62 à 85 % de la masse minérale), des traces de
phosphates et d'alcalis libres, ainsi que de sulfocyanure
de potassium, reconnaissable à la coloration rouge qu'il
communique aux sels de fer au maximum.

Le liquide parotidien est plus clair et moins filant que le
liquide sous-maxillaire, il renferme une proportion de
chaux plus considérable et par cela même il a une réaction plus fortement alcaline.

Suc gastrique.

Nous savons déjà que le suc gastrique possède seul,
avec le suc intestinal, la propriété de dissoudre les ali-

ments protéiques. Il se distingue de ce dernier par sa réaction franchement acide, par une activité incomparablement plus grande et par son inefficacité complète dans la digestion des corps gras et des substances hydrocarbonées. Il est clair et transparent, incolore ou légèrement jaunâtre, d'une saveur acidule et salée ; il se conserve longtemps sans altération.

On a beaucoup discuté sur la nature de l'acide du suc gastrique ; les uns admettent la préexistence de l'acide chlorhydrique, les autres de l'acide lactique seulement. Il est certain que même pendant l'évaporation dans le vide et à la température ordinaire il se sépare des vapeurs d'acide chlorhydrique ; mais on sait, d'un autre côté, que dans ces conditions l'acide lactique peut décomposer certains chlorures, et comme le résidu de l'évaporation du suc gastrique contient de l'acide lactique et des lactates, la dernière opinion paraît très-probable ; l'acide chlorhydrique ne serait alors qu'un produit de réaction ultérieure.

Du reste, cette question n'a qu'un intérêt secondaire dans la théorie de la digestion, car l'expérience prouve que ces deux acides favorisent à peu près également l'action de contact de la pepsine.

La proportion des matériaux solides du suc gastrique est de 1,05 à 1,48 % (Lehmann), où 2,7 à 2,8 % (Bidder et Schmitt) ; le rapport entre les substances organiques et minérales est variable ; d'après Frerichs, il y aurait 0,98 % de matières organiques et 0,74 de sels, principalement des chlorures de sodium, de calcium, de magnésium et d'ammonium, un peu de chlorure de fer et du phosphate de chaux dissous. On n'a pas trouvé de phosphates alcalins ni de sulfates.

La substance organique est formée en grande partie de pepsine déjà étudiée et d'un corps indéterminé soluble dans l'alcool.

La puissance digestive du suc gastrique est annulée par la saturation de l'acide libre; d'après des expériences directes, on peut évaluer à 5 grammes environ la quantité d'albumine coagulée sèche que dissolvent 100 grammes de liquide frais, il est facile de voir par ce résultat, en tenant compte de la proportion de suc sécrété en vingt-quatre heures (100 grammes pour 1 kil. d'animal), qu'elle ne suffit pas aux besoins de la nutrition normale.

Suc pancréatique.

Le suc pancréatique ne peut être obtenu pur que par des vivisections, en pratiquant une fistule en communication avec le canal cholédoque. Les premières expériences ont été faites par Cl. Bernard. Les propriétés physiques sont à peu de chose près celles de la salive. Il se coagule par la chaleur, les acides et l'alcool; sa densité et la proportion de ses matériaux solubles sont variables et en raison inverse de la quantité de liquide sécrété dans le même temps.

La densité peut varier de 1,008 à 1,0306; les quantités de substances solides de 3,78 et 9,92 à 11,5 %.

C'est surtout pendant l'inflammation qui suit l'opération,

que le liquide est le plus étendu. Les auteurs ne s'accordent pas sur la proportion de pancréatine; elle serait de : 0,309 % pour les uns et de 9,04 % pour les autres. La pancréatine se colore en rouge par l'eau de chlore.

Ces données ont été évidemment obtenues avec des sucs de concentrations très-différentes, résultant d'influences pathologiques ou physiologiques.

On signale encore dans cette sécrétion 0,026 % de matière grasse analogue au beurre, une matière soluble dans l'alcool; 1,01 % de sels minéraux dont 0,89 solubles (sel marin, phosphates alcalins, traces de sulfates) et 0,12 insolubles (carbonates de chaux et de magnésie).

Le liquide préparé dans le pancréas doit être envisagé comme le principal acteur dans l'élaboration des matières amylacées; son rôle dans la digestion des corps gras ne peut se nier, après les expériences de Cl. Bernard, mais nous avons déjà vu qu'il ne présidait pas seul à cette importante fonction : loin d'être utile dans le travail de dissolution des composés azotés, il l'arrête complétement, quand on l'ajoute en quantités suffisantes au suc gastrique.

Suc intestinal.

Le suc intestinal sécrété sur une large surface par des glandes multiples, n'est pas facile à préparer en masses un peu notables, aussi son étude est-elle moins complète que celle des autres sécrétions digestives.

Il ne se coagule pas par la chaleur et l'acide acétique; sa contenance en produits solides est d'environ 3,042 à

3,467 °/₀; outre les sels minéraux, qui sont les mêmes que dans les autres sécrétions analogues, il contient le principe azoté actif.

Des essais de digestion tentés dans des portions limitées par ligature de l'intestin, ou en dehors de l'économie animale, ont prouvé de la manière la plus certaine que ce liquide est apte à liquéfier l'amidon et les matières azotées protéiques, en leur imprimant des transformations analogues à celles que ces corps subissent sous l'influence des sucs pancréatique et gastrique. Il serait chargé d'après cela de compléter la digestion de ces principes dont une partie peut échapper à l'action des deux premiers dissolvants.

Nutrition.

Toutes les réactions que nous venons d'étudier se passent dans le tube digestif, depuis l'estomac jusqu'au cœcum. Les aliments de diverses sortes se convertissent en partie en produits solubles capables de traverser des membranes animales du genre de celles qui les séparent du sang; un pas encore à franchir, et ils vont se trouver dans le torrent de la circulation, ils vont faire partie intégrante de l'organisme; car jusqu'à présent on pouvait les considérer comme étant en dehors de l'économie animale. Le résidu de la masse alimentaire mélangé à certaines portions des sécrétions, devenues insolubles, continue son chemin dans le gros intestin pour être expulsé sous forme de matières fécales. Il n'est pas douteux que la majeure partie des sels apportés dans le tube digestif par les sécrétions, est

absorbée et rentre dans l'organisme ; la matière azotée de
ces sécrétions convenablement modifiée peut aussi être
ramenée dans le sang.

Pour arriver dans les capillaires et les vaisseaux chylifères, les produits solubles de la digestion ont à traverser
des membranes minces et perméables aux liquides. Les
phénomènes physiques de la diffusion et de l'endosmose
suivent immédiatement les transformations chimiques
auxquelles nous avons assisté ; ils se poursuivent depuis
l'estomac jusque dans le gros intestin. Cette diffusion est
favorisée par un mouvement mécanique ; en effet, les
contractions des papilles intestinales produisent une différence de pression favorable, entre le contenu des chylifères et celui de l'intestin.

Quelques auteurs ont admis que le vaisseau chylifère
aboutissant à la papille est ouvert et communique directement avec le tube digestif, l'orifice serait seulement
obstrué, selon eux, par une couche de mucus perméable
même à des corps insolubles dans un grand état de division. Cette opinion ne tient pas devant les observations
microscopiques de Kölliker ; la papille est couverte bien
positivement d'un étui épithélial formé de cellules, et les
matériaux solides doivent pénétrer en solution dans ces
cellules avant d'arriver au chyle. Une semblable hypothèse est inutile pour rendre compte de l'absorption de la
peptone et du sucre, substances diffusibles et dont la résorption peut être expliquée en appliquant les lois de l'endosmose, lois que l'expérience apprendra certainement à
préciser d'une manière rigoureuse.

Ces substances du reste passent aussi bien directement dans les capillaires sanguins que dans le chyle. Quant à la partie des graisses qui n'est pas dissoute sous forme de savon, celle qui est simplement émulsionnée, divisée en globules très-petits, on éprouve plus de difficultés à comprendre son passage à travers des membranes, quelque minces qu'elles soient, car ces membranes mouillées par des liquides aqueux doivent résister à l'imbibition par les corps gras. Il faut admettre que les sécrétions intestinales, et notamment la bile, favorisent le phénomène en rendant les parois plus aptes à ce genre d'imbibition. Des expériences directes ont prouvé que la bile aide d'une manière très-marquée à la diffusion des graisses à travers les tissus organisés ; elle doit cette propriété aux sels de soude spéciaux dont elle est chargée, et on peut expliquer par là l'influence favorable exercée par ce liquide dans la digestion des glycérides naturelles, qu'elle ne peut saponifier et qu'elle émulsionne imparfaitement. Les chylifères, sans être exclusivement chargés de l'absorption des graisses, ont cependant une part beaucoup plus active dans cette importante fonction que les dernières ramifications d'où naît la veine porte.

Pendant le travail de la digestion, le sang de la veine porte est plus aqueux et plus riche en liquide intercellulaire ; cela s'explique facilement par l'absorption de l'eau après les boissons plus copieuses qui accompagnent les repas ; la proportion de graisse, d'albumine et d'extractif est notablement élevée, la fibrine est plus consistante et se rapproche davantage par ses caractères de celle des

autres vaisseaux. Le chyle est plus abondant après le repas
que dans l'intervalle, il est plus trouble, d'apparence laiteuse, surtout après une alimentation grasse.

Voulons-nous suivre maintenant les divers principes
qui viennent de pénétrer dans le sang par les capillaires
de la veine porte et le canal thoracique déversant, comme
on le sait, son contenu dans la veine sous-clavière ; voulons-nous étudier leur sort, leur élaboration ultérieure et la
manière dont ils servent à la nutrition des organes? nous
verrons de suite le problème se compliquer singulièrement et l'obscurité, le doute, les hypothèses succéder à la
lumière, à la certitude et aux lois expérimentales bien
démontrées.

Une partie de la masse alimentaire absorbée traverse
presque immédiatement avec le sang de la veine porte un
organe volumineux et important, le foie : elle y subit des
transformations remarquables que nous étudierons bientôt avec soin ; une autre portion, celle des chylifères, arrive directement dans le torrent de la circulation générale. Sans entrer encore dans les détails de la discussion,
nous pouvons poser *à priori* quelques résultats généraux.

Rien dans l'étude des réactions chimiques et dans les
conquêtes de la physiologie, n'autorise à penser que les
composés non azotés (sucre et graisse) peuvent servir à la
nutrition des tissus organisés et se changer au sein de l'é-
conomie animale en matières protéiques, capables d'entretenir l'intégrité de ses parties constitutives. Les fonctions
de ces corps sont d'un autre ordre. C'est donc la peptone ou
les diverses sortes d'albuminoses qui président exclusive-

ment à ce rôle capital. Quelles sont les modifications que subissent nécessairement dans le corps ces produits solubles et diffusibles, pour devenir albumine non diffusible, fibrine, tissu élastique, tissu cellulaire, épidermique non solubles, comment ces transformations sont-elles déterminées? Nous étudierons dans la suite le peu que l'on sait à ce sujet et nous nous contenterons ici de quelques idées générales sur la nutrition.

Nous avons déjà dit ailleurs que le caractère essentiel de la vie est l'équilibre mobile ; mais les diverses parties de l'organisme ne participent pas également et dans la même proportion aux échanges continuels entre les substances nutritives et la matière organisée. Nous trouvons, sous ce rapport, des dégradations progressives depuis les muscles et les nerfs, dont l'activité est très-grande, jusqu'aux productions épidermiques où le travail réparateur est à peine sensible. L'énergie avec laquelle un tissu se nourrit est évidemment dépendante de la rapidité de son usure, et il nous est facile de voir que ce dernier facteur est tout à fait proportionnel au travail que l'organe élémentaire doit produire. Ce résultat d'une observation même superficielle, s'accorde parfaitement avec les idées que nous pouvons nous faire, soit de la cause du travail mécanique émané de l'être vivant, travail qui se traduit par des mouvements transmis, des forces contre-balancées, soit de la cause du calorique devenu libre ou rendu latent par changement d'état de la matière.

Le principe général de la conservation des forces ne permet pas d'admettre que celles de l'organisme sont en-

gendrées par lui, et nous ne pouvons en chercher l'origine que dans les réactions chimiques dont il est le siége.
Ces réactions, usant de la matière, ont besoin pour se renouveler d'un aliment réparateur. La matière protéique que
nous avons vue pénétrer dans le sang, va servir à cette apparente génération de forces; en réalité elle les apporte
en elle, car si nous brûlions cet aliment dans un tube
avec de l'oxygène, comme il se brûle dans l'organisme,
nous produirions du calorique, et ce dernier convenablement employé pourrait donner lieu à des effets mécaniques, de même que tout travail mécanique peut se convertir en chaleur.

En résumé nous pouvons dire que plus un tissu est vivant,
produit de force apparente et s'altère rapidement, plus sa
nutrition doit être active. L'altération chimique est la cause
du déploiement de forces, symptôme de la vitalité.

Chaque molécule d'un organe, au moment où elle se
modifie et s'oxyde, doit être remplacée par une molécule
semblable, qui disparaîtra à son tour pour faire place à
d'autres. A cette occasion nous pouvons nous poser une
question importante. Le tissu trouve-t-il l'aliment nécessaire à sa régénération, déjà tout préparé dans le sang, et
n'a-t-il besoin que de le précipiter par une attraction moléculaire spéciale? Dans cette hypothèse, la matière azotée
de l'aliment, la peptone, subirait dans la circulation générale des transformations multiples et variées, qui la ren-
draient apte à l'entretien des diverses sortes d'organes élémentaires, et chacun d'eux saurait choisir par une sorte
de faculté élective la substance qui lui convient.

Cette interprétation des phénomènes de nutrition nous semble difficile à soutenir; on ne comprend pas sous quelles influences la matière protéique absorbée se partagerait, déjà dans le sang, en divers produits propres à l'entretien de chaque espèce de tissus. Il est plus probable que la base nutritive est la même pour tous et que l'impulsion modificatrice et le sens de sa direction, dérivent de l'organe élémentaire lui-même : ainsi la fibre musculaire est seule apte à changer la matière protéique du sang en syntonine. Nous comparons chaque élément organisé à un organisme complet, doué d'une existence propre et individuelle jusqu'à un certain point, sachant imprimer à la matière les altérations réclamées par sa personnalité; de même que deux branches d'arbustes différents greffées sur le même tronc donneront des fleurs et des fruits distincts, tout en se nourrissant des mêmes sucs; de même aussi avons-nous vu les levûres lactique et alcoolique se développer à la fois dans un même milieu et y provoquer les réactions caractéristiques de chacune d'elles. Nous cherchons donc la cause des altérations spéciales de la base alimentaire intraorganique, dans les conditions réalisées par ces organismes simples dont la réunion compose l'être vivant tout entier, et dont la dépendance les uns vis-à-vis des autres est telle que la disparition de l'un entraîne la mort de l'autre, mais qui n'en jouissent pas moins d'une certaine individualité, d'une certaine indépendance.

Les différences entre les matières protéiques au point de vue de la composition et des propriétés sont, comme nous l'avons vu, peu profondes ; l'albuminose elle-même n'est qu'une modification moléculaire de ces corps, et par conséquent les réactions de nutrition qui se passent dans l'économie animale et qui changent les produits déjà absorbés en tissus organisés, ont un caractère peu énergique ; elles intéressent la molécule, non pour la dédoubler ou la simplifier, mais pour lui communiquer une autre disposition, un autre groupement. Nous devons cependant remarquer que tous les tissus n'ont pas absolument la même composition. (La matière organique des os renferme moins de carbone et plus d'azote que celle des muscles.) Ils peuvent se partager, à ce point de vue, en deux classes distinctes. Peut-être conviendrait-il de ne pas pousser trop loin l'idée d'unité de la base nutritive ; peut-être pourrait-on admettre deux principes concourant à l'entretien de ces deux catégories d'organes? Dans l'état actuel de la science, il est impossible de rien décider à cet égard.

Les sels minéraux, et surtout les phosphates, semblent jouer un rôle important dans l'organisation de la matière ; leur présence constante dans les fibres et les cellules végétales et animales est une preuve directe de la nécessité de leur intervention, mais elle ne donne pas la clef de leur mode d'agir. Doit-on les considérer comme des centres d'attraction moléculaire ; interviennent-ils chimiquement dans les réactions qui se passent dans l'organe élémentaire, pour leur imprimer une marche déterminée? On peut poser ces questions dans toute leur généralité, mais on ne peut pas formuler de réponses précises.

La matière grasse n'est pas susceptible d'organisation, mais elle se trouve en mélange intime avec la matière protéique dans tous les éléments morphologiques qu'elle imprégne ; quelquefois elle forme des dépôts plus volumineux remplissant les lacunes du tissu cellulaire ; elle est enlevée aux sucs nutritifs par les tissus sous l'influence d'une attraction moléculaire spéciale. Par ses propriétés physiques elle doit certainement favoriser le jeu mécanique des organes; nous verrons dans la suite qu'elle s'altère et s'oxyde dans tout l'organisme. Quant à son rôle dans la formation et l'entretien des éléments organisés, il est encore indéterminé.

Nous terminerons ce chapitre relatif à la digestion et à la nutrition des tissus en donnant quelques résultats d'expériences directes, tentées dans le but de déterminer approximativement la quantité de matières alimentaires nécessaires à l'organisme pour son entretien normal; nous observerons toutefois que ces données n'ont qu'une valeur secondaire pour la solution du problème physiologique qui nous préoccupe, car elles ne concernent pas les matériaux réellement absorbés, mais ceux qui sont ingérés dans le canal alimentaire et dont une partie est nécessairement éliminée de suite sous forme de matières fécales.

	CONSOMMATION par SEMAINE.	MATIÈRE AZOTÉE.	MATIÈRE non AZOTÉE.	SELS.
	k.	k.	k.	gr.
Soldat anglais............	11,702	1,119	3,937	132
— hollandais.........	11,857	0,759	3,306	128
— français...........	10,742	1,029	3,955	143
— hessois............	13,096	0,712	4,210	»
Journaliers de Glocestershire.................	5,065	0,824	3,299	34

Ces nombres varient du reste avec l'âge, le sexe et une foule de conditions physiologiques et pathologiques.

CHAPITRE IV

FONCTIONS CHIMIQUES DU FOIE ET DES GLANDES SANGUINES.

Liquides qui servent au jeu mécanique des organes. — Génération.

Fonctions du foie.

La connaissance des fonctions du foie enveloppée pendant longtemps d'un nuage d'hypothèses plus ou moins spécieuses, a été éclairée depuis quelques années d'une vive lumière par les remarquables travaux de M. Cl. Bernard. Elle est devenue entre ses mains une des plus belles conquêtes de la physiologie moderne.

Le foie est une glande et cette glande sécrète la bile ; cette fonction évidente par elle-même est connue d'ancienne date. Cl. Bernard a démontré que cet organe remplit un autre but tout aussi important, il forme du sucre. Les globules sanguins au sortir du foie offrent d'autres caractères que ceux qui y pénètrent ; selon les uns le foie est un organe destructeur des globules, selon d'autres il est destiné à les régénérer.

Voilà donc trois modes d'agir bien établis et bien différents. Sont-ils aussi indépendants les uns des autres qu'on pourrait le croire au premier abord ? Cette question importante sera discutée quand nous en aurons réuni les éléments nécessaires.

D'après ce rapide aperçu, nous avons à traiter :

1° De la sécrétion biliaire et du rôle chimique de la bile ;

2° De la génération du sucre hépatique ;

3° Des modifications des globules.

Ce plan est tout général et n'exclut pas les questions incidentes qui pourront se présenter.

Mais avant de connaître le jeu d'un instrument, il faut en étudier minutieusement les détails ; il convient donc de donner un aperçu rapide mais complet de la structure intime du foie.

Histologie. L'ensemble de cet organe est formé chez les animaux supérieurs de petites granulations (lobules ou acini), de forme irrégulièrement polyédrique, bien limitées et distinctes chez le porc, plus confuses chez l'homme. Cette différence est du reste de peu de valeur, puisque la délimitation plus nette dans l'un des cas ne tient qu'à une couronne vasculaire mieux tranchée entourant chaque lobule.

Ces acini se composent de cellules polyédriques de 1/40 de millimètre de diamètre. Dans leur intérieur on remarque un noyau infiltré de graisse, des globules graisseux et une multitude de granulations très-fines.

Ces cellules accolées les unes aux autres, forment un réseau dont les mailles sont remplies par les plus fines ramifications de la veine porte et par le tronc très-fin, ordinairement central, de la veine hépatique qui en naît.

Les lobules sont de plus pénétrés, à une faible profondeur, par les extrémités terminales les plus déliées des canaux biliaires, extrémités qui ne sont formées que par la tunique épithéliale; encore l'épithélium cylindrique a-t-il fait place à des cellules régulières de 1/100 de millimètre de diamètre, à fines granulations internes et dépourvues de graisse.

Voyons maintenant ce qui se trouve en dehors des lobules. Par la scissure du foie arrivent dans cet organe : 1° la veine porte née des veines des organes chylopoiétiques ; 2° l'artère hépatique ou branche droite du tronc cœliaque ; 3° des nerfs issus du sympathique et du pneumogastrique. Il en sort : 1° les veines hépatiques (deux grosses et plusieurs petites), se rendant à la veine cave inférieure ; 2° le canal hépatique qui se divise plus loin en deux embranchements, l'un (canal cystique) se rend à la vésicule biliaire, l'autre va directement au duodenum ; 3° des lymphatiques en nombre assez considérable.

Les canaux destinés à l'entrée des liquides dans le foie et à leur sortie, se ramifient à mesure qu'ils pénètrent plus profondément.

La veine porte se divise comme une artère ; ses petites branches viennent former autour de chaque lobule une couronne vasculaire, de la concavité de laquelle naissent les petits rameaux, souvent anastomosés entre eux, que nous avons indiqués comme formant le réseau intralobulaire de la veine porte. Cette couronne manque chez l'homme, comme nous l'avons déjà dit.

Nous n'avons rien de particulier à dire relativement aux branches des veines sus-hépatiques nées des rameaux intralobulaires de la veine porte ; rien non plus en ce qui touche l'artère hépatique qui accompagne les canaux biliaires et leur fournit des branches, comme dans toute autre glande en tube ; composée, les capillaires de l'artère hépatique se jettent dans les rameaux de seconde grandeur de la veine porte, au lieu de se réunir en une veine spéciale.

Les canaux biliaires s'anastomosent par leurs grosses branches, se divisent de plus en plus en cessant de s'anastomoser, perdent successivement leur tunique musculaire, excepté la tunique épithéliale, forment un lacis autour des lobules, analogue à celui de la veine porte, et enfin fournissent de très-petits canaux terminés en cul-de-sac qui pénètrent dans les lobules jusqu'à une certaine profondeur.

La terminaison des dernières ramifications des canaux biliaires forme un des points les plus obscurs de l'anatomie microscopique du foie. Y a-t-il ou non communication directe entre les cellules et les canaux ? On ne saurait répondre à cette question d'une manière positive dans l'état actuel de la science. Jusqu'à présent on n'a rien observé qui permette de conclure à une communication immédiate ; nous admettrons provisoirement qu'elle n'existe pas.

La vésicule biliaire est un sac membraneux dans lequel la bile s'accumule à certaines époques, après sa sécrétion, pour être déversée plus tard dans le duodenum. Sa composition anatomique est celle des gros canaux excréteurs. (Tunique celluleuse, fibres musculaires, membrane muqueuse avec épithélium cylindrique.)

Dans les animaux des classes inférieures le foie prend des formes de plus en plus simples et élémentaires ; mais ce qui le caractérise partout et toujours, ce qui permet de le trouver, alors même qu'il a cessé de former un organe bien limité, ce sont les cellules polyédriques spéciales que nous avons vues constituer la partie la plus importante des acini ou lobules.

Composition du parenchyme hépatique.

Outre les substances qui font partie constitutive de tous les organes, outre les principes spéciaux à la bile, on peut extraire facilement du foie :

1° Du sucre (glucose) ;

2° Une matière hydrocarbonée de nature amylacée (glycogène) ;

3° Un ferment spécial agissant comme la diastase ;

4° Des quantités plus ou moins notables de leucine, de tyrosine, de xanthine et d'hypoxanthine ;

5° Des graisses accumulées dans les cellules, en proportion faible à l'état normal, en quantité très-considérable dans les foies gras et chez les nouveaux nés.

Le parenchyme hépatique possède à un haut degré le pouvoir de s'assimiler les sels métalliques introduits dans le sang ; aussi est-ce toujours là qu'on va les chercher d'abord, dans les cas de médecine légale. Ce fait explique pourquoi on a trouvé un si grand nombre de métaux dans cette glande, même à l'état normal. Ce qui nous frappe le plus dans la constitution intime du foie, ce sont ces cellules toutes spéciales, et nous songeons de suite aux cellules végétales où s'élaborent les produits organiques les plus complexes ; ce sont encore ces deux circulations parallèles, c'est de voir une veine issue de capillaires se ramifier une seconde fois à la manière des artères.

Le raisonnement fait admettre, et l'expérience prouve, qu'une pareille disposition doit produire dans la circulation hépatique un ralentissement notable. Le sang, qui joue un rôle si important dans l'accomplissement des fonctions chimiques du foie, lui vient de deux sources : la veine porte et l'artère hépatique. La première est de beaucoup la plus importante et fournit un sang veineux, mais un sang veineux tout spécial qui vient de se charger dans les organes chylopoiétiques de toutes les parties absorbées par les capillaires du tube digestif. Le sang de la veine hépatique, par suite des phénomènes importants qui se passent dans l'organe, présente une composition bien différente de celle du sang de la veine porte, différente aussi de celle du sang veineux en général.

Le sang de l'artère hépatique, sorti directement par le tronc cœliaque, de l'aorte abdominale, est semblable par sa constitution à celui de toutes les artères. Nous lui attribuerons donc, sans entrer dans plus de détails, la composition moyenne de ce liquide telle que la donne Lehmann et telle que nous l'avons reproduite plus haut. Nous rap-

pellerons que d'après le même savant le sang artériel ne
contient en général pas de sucre même après une alimentation végétale. La glucose ne se trouve dans les artères
que lorsque sa proportion dans le sang veineux au delà
du confluent des veines sus-hépatiques, dépasse 0,28 %;
ce fait se trouve réalisé après la piqûre de la moelle allongée ou une nourriture sucrée très-abondante; dans tous
les cas la quantité de sucre est moindre que dans le sang
veineux après le confluent des veines sus-hépatiques.

Comparé à celui de la jugulaire le liquide de la veine
porte offre des différences notables. En général, il est plus
pauvre en cellules et parties solides. Les globules présentent quelquefois une forme irrégulière, sont inégalement
pigmentés, mais le plus souvent leur apparence est normale. Ils renferment plus d'hématine, moins de globuline
et deux fois plus de graisse.

On observe une proportion plus grande de globules
blancs. Le sérum est plus riche en graisse, extractif et sels,
mais l'albumine est à la même dose; ce sang ne contient
pas les principes spéciaux de la bile et le sucre n'y apparaît qu'autant que les aliments ont pu en fournir à la digestion.

La comparaison des sangs des veines sus-hépatiques et
de la veine porte est d'un grand intérêt pour nous, car
elle doit nous éclairer sur les phénomènes chimiques du
foie autant que la connaissance des principes qu'élabore
cet organe.

Pendant la digestion le rapport des parties solides de
ces deux liquides est de $\frac{1}{3}$, après la digestion il s'élève à $\frac{12}{5}$.

Le cruor du sang sus-hépatique est volumineux, mais il se divise facilement ; en effet il ne renferme que peu ou point de fibrine et se compose presque uniquement de cellules rouges et incolores. Le nombre des cellules est considérablement augmenté. Dans la veine porte à 100 parties de liquide intercellulaire correspondent 141 parties de globules frais ; dans le sang qui sort du foie ce rapport est de $\frac{100}{317}$. Les globules sont plus pauvres en graisse, en sels et en matières colorantes, plus riches, au contraire, en principes extractifs ; leur densité est plus grande.

Un fait capital établi par Lehmann dans son beau travail sur la composition des diverses espèces de sang, c'est l'absence de fibrine, dans celui qui sort du foie.

D'après Schiff, la fibrine serait bien réellement amoindrie, mais ne manquerait pas tout à fait.

Le sérum est plus dense, contient moins d'albumine, de graisse et de sels, mais renferme une proportion beaucoup plus grande de substances extractives, parmi lesquelles le sucre mérite surtout de fixer notre attention.

100 parties d'extrait alcoolique sec de ce sérum contenaient dans trois expériences faites sur des chiens nourris avec de la viande 0,814 — 0,799 — 0,946 de sucre ; dans trois autres essais après deux jours d'abstinence, on a trouvé en sucre 0,754 — 0,638 — 0,814 % de l'extrait alcoolique. Dans la veine porte la quantité de sucre n'a jamais dépassé 0,052 — 0,051 % de cet extrait, même avec une nourriture végétale.

Nous donnons ici, pour compléter ces résultats, une des analyses publiées par M. Lehmann.

100 parties de sang contiennent :

	Veine porte.	Veine sus-hépatique.
Sérum....................	27,6	12,8
Caillot.	72,4	87,2
Fibrine...................	0,431	0,0

100 parties de sérum contiennent :

Eau......................	89,659	87,329
Parties solides............	10,341	12,671
	100,000	100,000

contenant

Albumine	8,314	8,883
Sels.....................	0,986	0,867
Extractif et graisses........	1,041	2,921
	10,341	12,671

100 parties de globules humides contiennent :

Eau......................	75,419	69,933
Parties solides............	24,581	30,067
	100,000	100,000

Les parties solides contiennent :

Parties coagulables........	22,553	25,848
Fer métallique............	0,087	0,069
Sels.....................	0,904	1,448
Extractif.	1,037	2,702
	24,581	30,067

Bile.

Qu'est-ce que la bile? quelles sont ses propriétés, sa composition à l'état normal et pathologique ? Quel est le mécanisme de sa sécrétion? à quoi sert-elle? Telles sont les questions qui vont nous occuper, maintenant que les préliminaires sont posés ; questions toutes chimiques , toutes du domaine de notre sujet.

Il est impossible, à moins de cas spéciaux et rares, de se procurer de la bile humaine fraîche ; aussi est-on obligé, dans la plupart des cas, de conclure des expériences faites sur les animaux à ce qui se passe chez l'homme ; on a pu cependant vérifier quelquefois l'exactitude de cette interprétation. On obtient la bile des divers animaux soit en vidant la vésicule immédiatement après la mort, soit en déterminant la formation de fistules vésicales après la ligature et la section du canal cholédoque.

La bile est mucilagineuse, filante et se putréfie rapidement à l'air ; mais elle doit ces caractères au mucus de la vésicule et des canaux excréteurs ; ils disparaissent lorsqu'on enlève le mucus, en versant le liquide dans de l'alcool fort qui le précipite.

Elle est verte, brune ou jaune, de saveur fade, un peu amère, d'odeur spéciale musquée.

Sa réaction ordinairement alcaline peut devenir neutre, plus rarement acide ; elle se dissout complétement dans l'eau.

La composition de cette sécrétion, quoiqu'étudiée un grand nombre de fois par les chimistes les plus éminents, tels que Thenard, Berzelius, Tiedemann et Gmelin, etc., est restée obscure jusqu'aux recherches de Demarcay et surtout celles beaucoup plus complètes et plus élégantes de Strecker.

La bile contient, en combinaison avec la soude, la potasse et quelquefois l'ammoniaque, des acides spéciaux caractéristiques, formant la presque totalité de ses matériaux organiques.

Les plus importants, ceux qu'on retrouve dans le plus grand nombre d'espèces animales, sont les acides taurocholique et glycocholique. Leur caractère le plus tranché, celui qui révèle leur constitution moléculaire, est la propriété de se dédoubler dans certaines circonstances (ébullition avec les alcalis, action de présence de certains composés protéiques) l'un en taurine et acide cholalique, l'autre en sucre de gélatine et acide cholalique ; il se fixe en même temps de l'eau. Ces deux réactions se formulent par les équations :

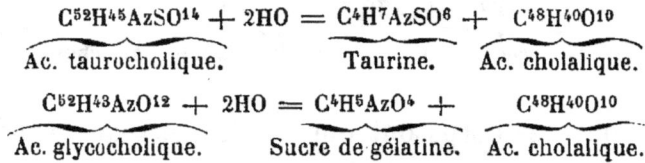

$$C^{52}H^{45}AzSO^{14} + 2HO = C^4H^7AzSO^6 + C^{48}H^{40}O^{10}$$

Ac. taurocholique.   Taurine.   Ac. cholalique.

$$C^{52}H^{43}AzO^{12} + 2HO = C^4H^5AzO^4 + C^{48}H^{40}O^{10}$$

Ac. glycocholique.   Sucre de gélatine.   Ac. cholalique.

La bile de porc renferme des acides spéciaux, se dédoublant aussi en sucre de gélatine et taurine et en un produit non azoté, mais la composition de ce dernier diffère de celle de l'acide cholalique par C^2H^2 en plus et H^2O^2 en moins. On a en effet :

$$C^{54}H^{45}AzSO^{12} + 2HO = C^4H^7AzSO^6 + C^{50}H^{40}O^8$$

Ac. hyotaurocholique.   Taurine.   Ac. hyocholalique.

et $$C^{54}H^{48}AzO^{10} + 2HO = C^4H^5AzO^4 + C^{50}H^{40}O^8$$

Ac. hyoglycocholique.   Sucre de gélatine.   Ac. hyocholalique.

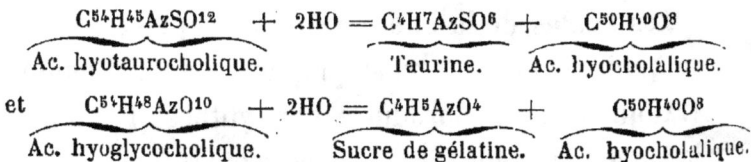

Un fait analogue se présente pour la sécrétion des oies.

Les acides caractéristiques de leur bile se dédoublent, l'un en taurine et en acide chénocholalique, l'autre en sucre de gélatine et acide chénocholalique ; ce dernier corps est homologue de l'acide hyocholalique, il a pour formule :

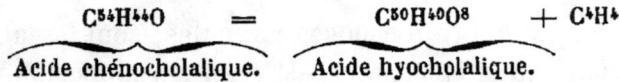

$$C^{54}H^{44}O \quad = \quad C^{50}H^{40}O^8 \quad + \quad C^4H^4$$

Acide chénocholalique.   Acide hyocholalique.

Il en résulte que les acides chénotauro et chénoglyco-cholique, homologues des acides hyotauro et hyoglyco-cholique, se dédoublent d'après des équations tout à fait parallèles :

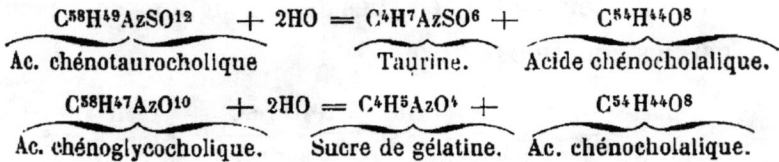

$$C^{58}H^{49}AzSO^{12} \quad + \quad 2HO = C^4H^7AzSO^6 + \quad C^{54}H^{44}O^8$$

Ac. chénotaurocholique   Taurine.   Acide chénocholalique.

$$C^{58}H^{47}AzO^{10} \quad + \quad 2HO = C^4H^5AzO^4 + \quad C^{54}H^{44}O^8$$

Ac. chénoglycocholique.   Sucre de gélatine.   Ac. chénocholalique.

Tous ces corps ont donc entre eux de grandes analogies de composition et, malgré la diversité apparente de formules, les relations qui les lient sont très-faciles à saisir.

Sans entrer dans des détails trop circonstanciés, nous devons indiquer ici les principaux points de leur histoire chimique.

Les acides de la bile n'ont été jusqu'ici trouvés nulle part ailleurs et n'ont pu se préparer artificiellement. Il est vrai qu'on a pu reproduire par synthèse le sucre de gélatine et la taurine ; il sera encore assez facile de combiner l'acide choalique avec ces deux produits, par une réaction inverse de celles que nous avons formulées; mais l'élément spécial, l'acide cholalique ou les acides hyo et chénocholalique, ne sont pas encore sériés, on ne sait à quelle famille ils appartiennent; on ne sait pas même au juste de quels composés organiques ils dérivent.

Les acides tauro et glycocholique ont une saveur sucrée avec arrière-goût amer. Ils sont solubles dans l'eau et l'alcool; le second seul cristallise. Leurs sels sont généralement solubles dans l'alcool, insolubles dans l'éther; ceux à base alcaline sont solubles dans l'eau. En mélange avec du sucre et de l'acide sulfurique, ils donnent une coloration pourpre ou violette (réaction de Pettenkoffer) : Ce caractère se rapporte aux différentes variétés d'acides et à leurs dérivés. Les dédoublements formulés plus haut ont lieu par l'ébullition avec les alcalis ou pendant l'altération spontanée de la bile.

L'acide glycocholique bouilli avec de l'acide chlorhydrique concentré perd une molécule d'eau et se transforme en acide cholonique $C^{52}H^{43}AzO^{12} = 2HO + C^{52}H^{41}AzO^{10}$.

L'acide cholalique cristallise en prismes, il est presque insoluble dans l'eau, soluble dans l'alcool et dans l'éther. A 200°, il perd une molécule d'eau et se change en acide choloïdique $C^{48}H^{40}O^{10} = C^{48}H^{38}O^8 + 2HO$, insoluble dans l'eau et l'éther, soluble dans l'alcool.

A 290°, l'acide choloïdique perd une nouvelle molécule d'eau et devient insoluble dans l'alcool et l'eau; la dyslisine ainsi formée est encore un peu soluble dans l'éther; elle prend naissance par l'ébullition de l'acide cholalique avec l'acide chlorhydrique. L'acide hyocholique est insoluble dans l'eau et l'éther, soluble dans l'alcool et subit des transformations parallèles à celles de l'acide glycocholique en donnant les corps suivants : acides hyocholalique, hyocholoïdique, hyodyslysine, dont il est facile de construire les formules. Les acides hyotaurocholique et chénoglycocholique sont encore peu connus, l'existence du dernier est même hypothétique, il n'en a été question que par analogie. Dans la plupart des animaux les taurocholates prédominent beaucoup. La détermination de ce corps est facile ; vu l'absence des sulfates, il suffit de doser le soufre et de calculer, d'après cela, la proportion du sel organique, sachant qu'il contient 6 % de soufre.

Les biles d'homme, de chien, d'oie, de poisson, de reptiles, de grenouilles, ne fournissent que la combinaison taurique. Généralement, la soude prédomine beaucoup ou existe seule. Chose assez remarquable, dans les poissons et les reptiles de mer, la potasse l'emporte sur la soude : c'est l'inverse pour les poissons d'eau douce. Ce fait annoncé par Strecker a été récemment le point de départ d'un travail de M. Wetheril sur la bile des émydes. Il résulte de ses expériences que les tortues d'eau douce renferment un peu plus de potasse que de soude, tandis que celles d'eau salée contiennent proportions égales de ces deux bases.

La bile de porc ne fournit que très-peu d'acide sulfuré ; celle de bœuf, à peu près proportions égales des deux acides.

Les composés biliaires ont une action marquée sur la

lumière polarisée. Le tableau suivant donne leur pouvoir
rotatoire spécifique pour le rayon rouge :

Acide taurocholique		$+ 24°,9$
— glycocholique		$+ 27°,2$
— cholalique		$+ 24°,6$
— choloïdique		$+ 31°,3$
— hyoglycocholique		?
— hyocholoïdique		?

Strecker a récemment découvert dans la bile une base
énergique, la choline, dont la composition serait [repré-
sentée par $C^{10}H^{13}AzO^2$; il signale également la présence
de la lécithine, substance qui se dédouble par l'eau de
baryte en acide phosphoglycérique et acides gras, ainsi que
celle de l'acide sarcolactique.

La cholestérine se rencontre toujours dans la bile, elle
ne constitue pas précisément un produit particulier,
car nous l'avons déjà trouvée dans le cerveau et dans le
sang, mais elle est plus abondante là que partout ailleurs
et se dépose très-souvent dans la vésicule et les conduits
biliaires sous forme de calculs. Quoiqu'insoluble dans l'eau,
elle se trouve en dissolution à la faveur des taurocholates.
On reconnaît ses cristaux à leur forme de tables rhomboïdales et à la coloration rouge qu'ils prennent sous l'influence d'un mélange de cinq parties d'acide sulfurique et
d'une partie d'eau. Sa composition est exprimée par la
formule $C^{52}H^{44}O^2$. Par ses propriétés physiques elle se
rapproche des corps gras; elle est soluble dans l'alcool et
l'éther, fond à 135° et distille à 360° sans décomposition.
Elle dévie à gauche le plan de polarisation (pouvoir spécifique pour le rayon rouge : 27°,5). Sa proportion dans la

bile normale n'est pas encore exactement déterminée, à cause de la difficulté qu'on éprouve à la séparer de la matière grasse.

La couleur foncée de la bile dérive de diverses matières colorantes qui, toutes, n'ont pas été isolées à l'état de pureté. Deux principes, l'un brun et l'autre vert, ont plus particulièrement fixé l'attention. Le principe vert se trouve dans la bile des oiseaux, des poissons et des amphibies, et paraît être un produit d'oxydation du premier, tant en dehors de l'économie, que dans la vésicule pendant un séjour prolongé de la bile.

La bilifulvine (principe brun) a été observée à l'état cristallisé par Virchow dans certaines biles pathologiques. Valentiner l'a préparée pure et en cristaux au moyen de la bile normale, en employant le chloroforme comme dissolvant. On a pu constater ainsi, par la comparaison des caractères cristallographiques et chimiques, que la bilifulvine et l'hématoïdine formée, comme nous l'avons vu, dans toutes les extravasations sanguines au sein des tissus de l'organisme, par une altération de l'hématine, sont identifiables. C'est là le fait saillant de l'histoire des pigments biliaires. On reconnaît facilement la présence de l'hématoïdine par l'acide nitrique chargé de vapeurs nitreuses; cet agent fait passer la matière colorante successivement par les nuances verte, bleue, violette, rouge et jaune. La proportion de ces principes colorés dans la sécrétion biliaire est inconnue.

En fait de matériaux organiques, la bile contient encore des graisses (oléine, stéarine, margarine), des savons al-

calins et de l'urée. Le sucre fait défaut et n'apparaît que
s'il a pu pénétrer par endosmose.

Les principaux sels et composés minéraux sont : le chlorure de sodium, le phosphaté de soude, celui de potasse,
les phosphates de chaux et de magnésie, l'oxyde de fer et
la silice.

100 parties de bile contiennent :

```
10,00    14    17,7 de résidu solide chez l'homme
10,00    —     13,0      —         chez le bœuf
10,60    —     11,8      —         chez le porc
```

Les sels spéciaux (tauro et glycocholates) forment de 55
à 61 $^0/_0$ du résidu solide chez l'homme.

Les graisses et la cholestérine y entrent pour 26,7 —
30, 4 $^0/_0$; les matières minérales pour 6,14 $^0/_0$ chez l'homme
et 12,7 $^0/_0$ chez le bœuf.

100 parties de cendres de bile de bœuf contiennent
(WEIDENBUSCH) :

```
Sel marin.................................  27,70
Phosphate de soude. ......................  16,00
    —      de potasse.......................   7,50
    —      de chaux........................   3,02
    —      de magnésie....................   1,52
Oxyde de fer............................   1,52
Silice....................................   0,36
```

Le reste comprend les alcalis des cholates.

Dans les conditions physiologiques, la bile ne présente
pas d'autres modifications dans sa composition, que celles
dérivant de sa concentration; encore le rapport plus ou
moins grand entre l'eau et les parties solides, tient-il plu-

tôt à la durée du séjour dans la vésicule qu'à une variation dans les fonctions sécrétoires. La quantité absolue de bile sécrétée en vingt-quatre heures et par kilogramme d'organisme n'intéresse que très-secondairement dans notre sujet. Ce qui doit surtout ici fixer notre attention, c'est l'influence exercée par la nutrition sur cette sécrétion. Ces deux questions ont été examinées avec soin par Bidder et Schmidt d'un côté, Kœlliker et H. Müller de l'autre. En expérimentant sur différents animaux munis de fistules biliaires, on est arrivé pour la première à des résultats qui varient dans des limites assez étendues ; et, comme les divers opérateurs ne sont pas même d'accord entre eux, il est difficile de donner à ces nombres une grande valeur.

On a trouvé pour le chien, par kilogramme et en vingt-quatre heures, un minimum de $21^{gr},95$ contenant $0^{gr},728$ de résidu, et un maximum de $53^{gr},66$ avec $1^{gr},683$ de résidu. La sécrétion biliaire est constante, mais elle augmente en quantité trois heures après le repas, pour atteindre un maximum treize à quinze heures après la dernière prise de nourriture ; à partir de ce moment, en cas d'abstinence prolongée, elle diminue de plus en plus.

La quantité d'aliments absorbés influe d'une manière positive sur la richesse de la sécrétion. Une nourriture animale produit plus de bile ou au moins plus de parties solides qu'une alimentation végétale. La graisse seule donne un résultat tout aussi négatif que l'abstinence complète ; mélangée avec d'autres principes nutritifs, elle a une influence favorable. Une boisson abondante détermine non-seulement l'élimination de plus de liquide, mais encore d'une quantité absolue plus grande de matériaux solides.

Il est intéressant de savoir quelle espèce de sang préside aux phénomènes chimiques qui produisent la bile. Est-ce le sang de la veine porte ou celui de l'artère hépatique? Aucune de ces deux variétés ne contient les matériaux de la bile et les différences qu'elles offrent entre elles, plutôt quantitatives que qualitatives, ne sont pas de nature à nous éclairer sur cette question. On n'arrête pas la sécrétion biliaire par la ligature de l'artère hépatique ni par celle de la veine porte; il est donc probable que les deux ordres de vaisseaux concourent à l'élaboration de la bile.

Où se prépare la bile? Avant la découverte de la fonction glycogénique, avant qu'on sût positivement que les cellules hépatiques, servent à la préparation et à la mise en réserve d'un principe générateur du sucre, rien ne semblait plus simple et plus physiologiquement fondé que de placer la production des éléments de la bile dans ces cellules, et de supposer leur passage ultérieur dans les canalicules soit directement par des conduits trop petits pour être vus, soit par voie d'imbibition. Je dirai même plus : quelques physiologistes admettent encore qu'il en est ainsi et font jouer aux cellules un double rôle. Plusieurs faits sont opposés à cette manière de voir : la bile normale ne contient pas de sucre, et si ces deux produits se formaient dans les mêmes cellules, il en résulterait que les parois perméables à la bile pour son passage dans les canaux biliaires ne le seraient plus pour son introduction dans le sang; de plus, la bile ne peut être mise en contact avec les parois des cellules hépatiques sans les dissoudre ; enfin, à quoi servirait, s'il en était ainsi, le véritable épithélium sécrétoire que nous avons vu tapisser les dernières ramifications des canaux biliaires ?

L'analyse anatomique ne permet pas de s'arrêter à l'hypothèse de deux ordres de cellules ; et du reste à quoi bon ? N'avons-nous pas ce second ordre dans l'épithélium des canaux ?

En partant de ces considérations, beaucoup de physiologistes modernes considèrent le foie comme un organe glanduleux double, comme formé de deux glandes distinctes enchevêtrées l'une dans l'autre. Cette idée fondée sur des faits anatomo-physiologiques assez puissants, est pleine de séduction ; mais pour être admise sans restriction et passer définitivement dans la science, elle demande de nouvelles vérifications. Ainsi, comme le fait observer Cl. Bernard, il importerait de prouver directement la nécessité des canalicules dans la sécrétion biliaire en y injectant des substances corrosives.

Jusqu'ici nous nous sommes servi pour la bile du mot sécrétion sans justifier ce terme. La bile est-elle une sécrétion ou une excrétion ? Sachons d'abord quel est le sens propre qu'il convient d'attacher à ces deux expressions. Deux caractères peuvent servir à définir la sécrétion : 1° Le produit doit être préparé aux dépens des éléments du sang, mais ces éléments doivent subir dans la glande même une élaboration spéciale, plus ou moins profonde ; 2° le produit, au lieu d'être rejeté comme inutile, doit remplir certaines fonctions. La première condition est offerte par la bile. En effet, outre le fait que les acides choliques n'existent pas dans le sang, on a démontré que l'extirpation du foie n'entraîne nullement l'accumulation dans l'organisme des éléments de la bile. D'accord avec ces observations, les faits pathologiques nous montrent que partout où le parenchyme hépatique est altéré et rendu impropre à l'accomplissement de ses fonctions, les phénomènes ictériques n'apparaissent pas.

Les expériences tentées dans le but de s'assurer d'une manière générale de l'utilité de la bile dans l'acte digestif, n'ont pas donné de résultats bien certains. Nous avons déjà vu plus haut (digestion) qu'elle ne peut intéresser que l'élaboration des matières grasses, qu'elle est sans action sur les substances protéiques et hydrocarbonées. D'après Bidder et Schmidt, un kilogramme de chien normal absorbe par heure $0^{gr},465$ de graisse, tandis qu'avec une fistule biliaire il n'en assimile plus que $0^{gr},093$; nous savons déjà aussi quelle est son mode d'agir pour favoriser l'absorption des corps gras. D'un autre côté, il est probable qu'une partie au moins de ses matériaux solides déversés dans le tube digestif est résorbée dans le sang, et peut encore fournir des éléments à la combustion dans l'organisme.

La bile sature le suc gastrique. Cette proposition est évidente par elle-même, mais par le mélange des deux liquides, quelque forte que soit la proportion de bile, on n'arrive jamais à un produit neutre; car la plus petite quantité d'acide lactique met en liberté les acides glyco et tauro cholique dont la réaction sur le tournesol est sen-

sible. Cette nouvelle fonction n'est pas sans importance.
On a encore attribué à ce liquide un rôle antiseptique,
que l'expérience justifie jusqu'à un certain point ; ainsi les
fèces décolorées des ictériques par rétention biliaire ont
une odeur putride beaucoup plus prononcée que les selles
normales.

Il résulte de tout cela que la bile est une sécrétion
utile, cependant une partie de ses matériaux peut être
destinée à être rejetée hors de l'économie après avoir
rempli un certain but dans la digestion.

Comment se forment les principes immédiats de la
bile ? Ici nous entrons dans le domaine de l'hypothèse. Je
ne dirai rien des corps qui se rencontrent aussi dans le
sang, tels que les graisses, les sels et même la cholestérine ; ils sont éliminés par la glande, d'après le mécanisme
général des sécrétions. Il est possible cependant que dans
le foie il y ait génération de cholestérine, et que cet organe
soit la source de toute celle qu'on trouve dans l'organisme.

L'analogie si frappante entre les matières colorantes
de la bile et l'hématoïdine, permet de donner un aperçu
très-probable de leur mode de production ; c'est aux dépens de l'hématine qu'elles doivent se former ; elles apparaissent comme résidu des globules détruits et régénérés
dans le foie.

Reste à expliquer la génération des cholates de soude
et de potasse qui constituent les 75,100 du résidu sec.
Avant de faire aucune supposition, rappelons-nous les
différences observées entre le sang qui sort du foie et
celui qui y entre. Le premier renferme moins d'albumine,

de graisses et de sels que le second, de plus il ne contient pas de fibrine. Ces différences bien tranchées dépendent certainement autant de la production du sucre que de celle de la bile. Pouvons-nous démêler ce qui appartient à l'un et à l'autre phénomène? Dans une semblable recherche, c'est aux travaux de chimie pure qu'il faut recourir d'abord. Tâchons, comme le dit Gerhardt, de sérier nos principes immédiats, sachons à quelle famille ils appartiennent, à quels corps ils se rattachent, quel est leur mode de dédoublement; nous pourrons remonter peut-être alors aux circonstances de leur formation, les préparer artificiellement par voie de synthèse, et, nous appuyant sur ces bases solides, nous arriverons à en faire découler logiquement la solution du problème physiologique. Malheureusement pour ce qui nous préoccupe ici, nous manquons presque complétement de ces matériaux tout préparés. Le radical de l'acide cholalique qui, dans les acides de la bile, remplace l'hydrogène du sucre de gélatine et de la taurine, forme avec quelques dérivés un groupe isolé au milieu de la multitude des composés organiques. C'est tout au plus s'il se rattache à la cholestérine par l'identité de ses produits d'oxydation; encore n'est-ce qu'un pont jeté d'une île à une autre.

Néanmoins un fait important à noter, c'est le dédoublement de l'acide cholalique sous l'influence de l'hydrate de potasse; on obtient dans cette circonstance du palmitate, du formiate, de l'acétate et du propionate de potasse. Cette réaction rattache l'acide cholalique aux acides gras de la série $C^{2n}H^{2n}O^4$; elle le rapproche de l'acide oléique qui se dédouble en palmitate et acétate de potasse dans les mêmes circonstances.

En partant de là, Lehmann suppose que les corps gras ne sont pas étrangers à la formation des acides de la bile. C'est surtout de l'oléine que l'éminent chimiste fait dériver l'acide cholalique, d'autant plus facilement que ce corps gras donne également avec le sucre et l'acide sulfurique la réaction de Pettenkoffer. Cette manière de voir s'appuie encore sur la diminution en graisse, éprouvée par le sang lors de son passage dans le foie et sur l'influence favorable qu'exerce une alimentation mixte riche en matières grasses sur la sécrétion. Dans les cas pathologiques, la graisse du corps augmente ou diminue selon que la quantité de bile émise diminue ou augmente ; enfin les animaux munis de fistules biliaires maigrissent beaucoup, malgré une alimentation protéique très-énergique, ce qui semble indiquer que les composés azotés ne suffisent pas à la production de la bile. Tous ces arguments ont une grande valeur scientifique, et nous sommes très-porté à accepter l'hypothèse du physiologiste allemand.

Quant au sucre de gélatine et à la taurine, leur origine protéique est démontrée par le fait de leur composition azotée ; leur génération est peut-être liée à la formation du sucre qui dérive très-certainement des matières albumineuses, et notamment de la fibrine. La cholestérine, si toutefois elle prend naissance dans le foie, doit avoir une source analogue à celle des cholates.

Le soufre de la taurine peut venir de deux côtés : d'une part, nous avons le soufre des composés protéiques qui disparaissent dans le foie, de l'autre celui des sulfates dont on ne trouve pas trace dans la bile ; il faudrait alors supposer que le foie fonctionne comme organe réducteur assez énergique. Son analogie avec les plantes au point de vue de la structure rend cette hypothèse au moins probable.

En résumé, nous voyons que la glande biliaire est le siége de réactions chimiques multiples et importantes, dont nous découvrons au moins le sens, si nous ne pouvons pas encore le préciser d'une manière complète.

Quelques fonctions obscures du foie.

Dans l'énoncé rapide des principales fonctions chimiques du foie, j'ai négligé le rôle encore très-obscur qui lui est attribué par Cl. Bernard, dans l'élaboration ultérieure des substances nutritives absorbées par la veine porte. C'est qu'en effet, cette fonction nouvelle n'est appuyée que sur un petit nombre d'expériences ; les voici :

Lorsqu'on injecte du sucre de canne dans le système veineux général, ce sucre se retrouve tel dans les urines au bout de très-peu de temps. Si, au contraire, on l'injecte dans la veine porte, il subit, en traversant les capillaires du foie, une modification telle qu'il reste dans le sang, s'y assimile, comme s'exprime Cl. Bernard, et n'est plus éliminé par les urines. Peut-être est-il brûlé dans l'organe même ; on le comprendrait facilement, vu la lenteur de la circulation hépatique. Le sucre ingéré dans l'intestin est absorbé par les capillaires sanguins, et non par les chylifères. Ce dernier fait, également relaté par Cl. Bernard, tend aussi à prouver que le sucre venant du dehors a besoin d'une préparation dans le foie pour devenir utile à l'organisme.

L'albumine du blanc d'œuf se comporte dans les mêmes circonstances absolument comme le sucre de canne ; injectée dans les veines, elle se retrouve dans les urines ; introduite dans la veine porte, elle passe dans la circulation générale, modifiée et impropre à s'échapper dans l'urine.

Quant au sens de cette altération, il est indéterminé ; mais dans tous les cas cette expérience ferait croire que l'albumine du sérum n'est pas en tout point comparable à celle du blanc d'œuf.

Les graisses sont aussi bien absorbées par le sang que par les chylifères et ne passent pas dans les urines, soit qu'on en injecte les veines en général ou la veine porte.

Ces expériences mériteraient d'être reprises avec plus de détails ; en effet, elles montrent que le foie est apte à transformer les sucres : Cl. Bernard suppose que c'est en graisse (1) ; elles présentent, de plus, un grand intérêt au point de vue de la digestion.

Par ses recherches sur les scorpions (arachnides), M. Blanchard a prouvé qu'en colorant artificiellement leur sang avec de l'indigo ou autres principes colorants,

(1) L'apparence laiteuse du liquide exprimé du foie après une alimentation sucrée, sur laquelle se fonde Cl. Bernard pour cette interprétation, est due à de la matière glycogène formée alors en plus grande abondance, et non à de la graisse.

le foie élimine peu à peu ces corps. Cette propriété éli-
minatrice est analogue à celle qu'il exerce sur les sels
métalliques.

Le foie sécrète du sucre.

L'histoire de la découverte de cette nouvelle fonction se
partage en deux périodes distinctes, signalées toutes les
deux par des résultats d'une grande portée scientifique.

La première est uniquement consacrée à prouver que
la fonction glycogénique existe. Le fait saillant de la seconde, c'est la démonstration du mécanisme chimique de
cette glycogénie.

L'ordre historique est, comme on voit, l'ordre logique,
celui que nous avons suivi dans la première partie et que
nous adopterons encore ici.

Première période. Sécrétion du sucre. — Si nous établissons, comme l'a fait Cl. Bernard, la présence normale
d'une proportion notable de sucre dans le foie, même
après une alimentation exclusivement animale, son absence dans tout autre organe et surtout dans le tube
digestif, le sang de la veine porte et de l'artère hépatique,
il est évident que la question résolue ainsi le sera définitivement et le doute devient impossible.

D'après Cl. Bernard (conclusions de son mémoire), la
présence du sucre dans l'organisme est un fait constant,
indispensable, non lié à une alimentation déterminée; le
sucre est produit dans le foie par une fonction spéciale.
Pendant la digestion, le sang qui sort du foie par les veines

sus-hépatiques est invariablement sucré chez l'homme et les animaux, quelle que soit la nature de leur nourriture. Le sucre est amené dans le torrent circulatoire par les veines, et, en cet instant, le foie est chargé de sucre.

La présence du sucre a été constatée chez l'homme à plusieurs reprises dans des cas spéciaux (morts subites, suppliciés), chez les carnivores, les rongeurs, les ruminants, les pachydermes, les oiseaux, les reptiles, les poissons osseux et cartilagineux, les mollusques gastéropodes, acéphales et lamellibranches, et enfin chez les crustacés décapodes.

Les expériences de Lehmann, déjà citées plus haut, démontrent l'absence du sucre dans la veine porte et l'artère hépatique, à moins qu'il ne soit introduit par les aliments; mais, dans toute cette question, les expérimentateurs se sont mis à l'abri de cette complication en nourrissant leurs animaux avec de la viande cuite ou crue qui, d'après les analyses les plus exactes de Liebig, ne renferme presque pas de sucre. L'existence de l'inosine, en si faibles proportions dans la chair musculaire, ne peut jeter aucun élément d'incertitude dans les résultats. La présence du sucre dans le foie et le sang qui en sort, son absence dans le sang artériel et veineux avant le confluent des veines sus-hépatiques, ont été confirmées par un grand nombre de savants (Dumas, Pelouze et Rayer [commission de l'Académie des sciences], Poggiale, Leconte, Poisseuille et Lefort, Ch. Schmidt, Moreau, etc.).

Je **rapporte** ici quelques-unes des analyses publiées,

choisies parmi celles qui me paraissent présenter le plus de garanties.

1° D'après Poisseuille et Lefort :

Un chien à jeun depuis soixante heures, nourri une heure et demie avant l'opération avec de la viande de cheval, a fourni :

	Sucre pour 100 parties.
Dans le foie.	1,487
— la lymphe thoracique............	0,141
— le sang sus-hépatique...........	0,821
Partout ailleurs.	0,0

Un cheval en pleine digestion de 10 litres d'avoine a donné :

	Sucre pour 100 parties.
Dans le foie................,...........	2,292
— le sang sus-hépatique...........	1,128
— le chyle.......................	0,222
— la lymphe.....................	0,442
— la veine porte et autres vaisseaux.	0,065

Chez un taureau on a trouvé :

	Dans la lymphe.	Dans le chyle.
Sucre pour 100 parties........	0,266	0,123

Chez la vache :

Sucre pour 100 parties........	0,098	0,088

Les mêmes expérimentateurs ont déterminé la quantité de sucre dans le foie de divers animaux :

	Sucre pour 100 parties de foie.	
Poissons......................	0,484	1,500
Grenouilles. ....,..........	0,315	0,632

	Sucre pour 100 parties de foie.	
Oiseaux....................	2,164	0,632
Chèvre...................	»	1,092
Lapin.....................	1,000	1,163
Chat.....................	0,807	2,305

D'après Claude Bernard :

	Sucre pour 100 parties de foie.	
Chien nourri à la viande......	1,90	»
— avec viande et pain	1,30	»
— avec fruits et sucre.	1,88	»
Chez l'homme (expériences sur des suppliciés).............	1,79	2,142

2° Analyses de Ch. Schmidt :

	SUCRE pour 100 parties de résidu sec.	
	Veine porte.	Veine hépatique.
Chien nourri de viande........	0,0	0,93
— —	0,0	0,99
Chien à jeun depuis deux jours.	0,0	0,51

3° Expériences de Leconte (par la méthode de fermentation) :

	SUCRE pour 100 parties.	
	Veine porte.	Veine hépatique.
Chiens nourris dix jours de viande cuite, sacrifiés deux heures après le repas.	0,0	1,771
Id. deux heures et demie après le repas........................	0,0	1,344
Idem.........................	0,0	4,452

4° D'après Poggiale :

Un chien adulte nourri avec de la viande renferme :

	Sucre pour 100 parties.
Artère crurale....................	0,055
Veine cave.	0,148
Veine hépatique.................	0,553

Si ces nombres ne présentent pas un accord parfait pour la quantité absolue, ils démontrent cependant complétement le point essentiel.

Sucre chez le fœtus.

L'existence du sucre dans le foie pendant la période intra-utérine est un fait parfaitement démontré par de nombreuses expériences. La formation ne s'observe pas dès les premiers temps de la gestation. A ce moment c'est le placenta qui est chargé de l'élaboration de la matière sucrée nécessaire au fœtus.

En effet, le placenta présente alors des amas de cellules sécrétant du sucre par le même mécanisme que celles du foie. Cette sécrétion s'arrête quand le sucre commence à paraître dans le foie. Ceci arrive à peu près vers le quatrième ou le cinquième mois de la gestation, chez l'homme et en général chez les animaux dont la vie intra-utérine est la même.

	SUCRE	
	Pour 100 parties de foie.	
Fœtus humain de 6 mois............	0,77	
— de veau de 7 à 8 mois..........	0,80	
— de chat à terme...............	1,27	(1)

(1) D'après les recherches plus récentes de Ch. Rouget, la présence d'éléments renfermant une substance hydrocarbonée, dans l'amnios ou le placenta, n'est qu'un cas particulier et secondaire du fait général de l'exis-

Ici évidemment le sucre ne peut venir des aliments ni du sang artériel de la mère qui en est dépourvu.

Disons de suite qu'on a isolé en nature le sucre hépatique et qu'il présente tous les caractères de la glucose de raisin.

Il réduit les sels de cuivre alcalins (tartrate cupro-potassique), fermente immédiatement en contact avec la levûre, brunit par les alcalis, dévie à droite le plan de polarisation ; enfin, il peut cristalliser. MM. Berthelot et de Luca ont confirmé ces analogies en étudiant la composition, la forme cristalline et le pouvoir rotatoire de la combinaison de ce sucre avec le sel marin.

Quand on veut chercher du sucre dans un liquide organique, il faut préalablement débarrasser celui-ci de toute substance colorante et coagulable.

Pour le foie, on peut à volonté employer les procédés indiqués par Figuier et par Bernard.

Dans le premier, le foie est épuisé par l'eau, l'infusion est concentrée au bain-marie, puis dans le vide, et le résidu sec est traité à deux reprises par l'alcool.

L'extrait alcoolique contient le sucre, mais encore mêlé à de l'albuminose.

Cl. Bernard décolore et enlève les matières protéiques à l'infusion du foie en la filtrant sur du noir animal. Ce procédé réussit encore avec le sang qu'on parvient ainsi à débarrasser complétement d'albumine et de matières co-

tence de ces corps dans la plupart des tissus de l'embryon, et les cellules saccharifères de l'amnios ne seraient autre chose que des cellules d'épithélium corné.

lorantes, pourvu que l'on emploie une quantité de noir animal en rapport avec la proportion de substances à éliminer.

D'après Figuier, le sang est battu au sortir de la veine, on ajoute au liquide défibriné trois fois son volume d'alcool à 36°, il se coagule, on passe à travers un linge.

Le liquide filtré est acidulé (point important) avec quelques gouttes d'acide acétique, évaporé à siccité, et le résidu est repris par l'eau distillée qui dissout le sucre combiné au sel marin.

Lehmann se sert d'une méthode un peu différente. La solution alcoolique provenant de la coagulation du sang défibriné comme ci-dessus, est évaporée à sec; le résidu est repris par l'alcool et le sucre est précipité par la potasse.

Le précipité (sucrate de potasse) peut servir aux déterminations qualitatives et quantitatives.

Deuxième période. Mécanisme de la génération du sucre.

On a cherché à savoir si le sang de la veine porte est indispensable à la production de la glucose. Dans toutes les expériences de M. Oré, qui, comme on le sait, a pu déterminer sans accidents graves l'oblitération de ce vaisseau, on est arrivé aux mêmes résultats que pour la sécrétion biliaire. La sécrétion glucique n'est arrêtée ni par l'oblitération de la veine porte, ni par la ligature de l'artère hépatique. Une expérience de Schiff démontre bien que les substances digérées ne sont pas indispensables à

la production du sucre. En effet, si l'on détermine le refroidissement d'un animal en recouvrant sa peau d'un enduit imperméable (vernis, gélatine, caoutchouc), la sécrétion glucique s'arrête, le sucre disparaît dans le foie ;
mais vient-on à l'échauffer de nouveau, sans toutefois lui
donner à manger, les choses retournent à l'état normal,
et certes ici ce n'est pas la peptone, depuis longtemps ab-
sente, qui peut s'élaborer en glucose.

Un animal soumis à une abstinence complète forme du
sucre pendant assez longtemps pour qu'on ne puisse supposer que celui qui reste provient de la provision primitivement accumulée, car cette provision peut disparaître
en quelques heures après la section du pneumo-gastrique.

Enfin, dans le foie d'une marmotte qui, pendant trente-
neuf jours de sommeil, n'avait pris aucune espèce d'aliments, la proportion de sucre était restée normale. Quelle
est la partie de l'organe chargée de la sécrétion? Évidemment, ce ne sont pas les canalicules biliaires ;
restent les cellules. Ici, le doute n'est pas possible
comme pour la sécrétion de la bile. Ajoutons, mais pour
y revenir plus tard, qu'on a trouvé dans ces cellules un
principe amylacé sous forme de fines granulations (matière
glycogène).

Évidemment le sucre ne se forme pas dans le parenchyme hépatique au moyen d'éléments simples (eau, oxygène, acide carbonique), comme on l'observe dans les
cellules végétales ; rien ne nous autorise à nous arrêter
un instant seulement à pareille supposition. Il est presque
certain que c'est par une transformation, un dédouble-

ment quelconque de l'un des principes charriés par le sang, qu'il doit se développer.

Est-ce la graisse, sont-ce les matières protéiques qui jouent le rôle actif ? Ces deux ordres de produits bien distincts dans leurs propriétés et leur composition disparaissent partiellement du sang lors de son passage à travers le foie. Nous éloignons à dessein les substances hydrocarbonées qui n'y existent qu'après la digestion de nourriture végétale. De cette manière, nous simplifions le problème, et cette simplification est légitime, puisque la glycogénie est indépendante de la nature de l'alimentation, au moins dans certaines limites.

La transformation des graisses en sucre et ses congénères est un fait chimique complétement inconnu et sans probabilité. Les matières protéiques albumineuses, au contraire, peuvent assez facilement et dans diverses circonstances, ou se dédoubler en sucre, ou fournir des dérivés de ce corps (action des alcalis, des acides étendus à l'ébullition, action des oxydants, etc.). Je rappellerai à ce sujet l'hypothèse de Hunt qui représente l'albumine par la formule rationnelle

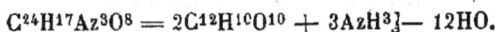

$$C^{24}H^{17}Az^3O^8 = 2C^{12}H^{10}O^{10} + 3AzH^3 - 12HO.$$

D'un autre côté, Lehmann a obtenu l'hématine pure et cristallisée. Des expériences, tentées sur ce corps lui ont appris que par l'action de l'acide nitreux, il se dédouble en perdant son azote (réaction de Piria sur les amides) en deux produits non azotés : l'un est un acide particulier, l'autre présente toutes les réactions du sucre. Cette ob-

servation intéressante, liée à la connaissance de la régénération des cellules sanguines dans le foie avec perte
d'une grande partie de leur hématine, n'est pas sans valeur dans la théorie de la glycogénie. Pour aller plus loin
dans la solution de cette importante question, nous devons recourir aux expériences physiologiques et étudier
l'influence de la nature des aliments sur la sécrétion du
sucre.

Les épreuves tentées dans cette voie par Cl. Bernard
nous apprennent que sur deux chiens nourris avec de la
graisse pendant trois et huit jours, le foie ne renfermait
que 0,88 et 0,57 °/₀ de sucre, c'est-à-dire moins qu'à l'état
normal.

Poggiale, en comparant la proportion de sucre contenu
dans les veines hépatiques à l'état normal avec celle du
sang d'animaux soumis à une nourriture grasse, n'a pas
trouvé des différences aussi tranchées (0,146 °/₀ de sucre
avec nourriture grasse, 0,149 °/₀ avec nourriture animale).

Comme les transformations chimiques connues l'indiquent, on trouve que l'alimentation animale maintient le
sucre à l'état normal (1,88 — 1,25 °/₀).

Voici encore une observation de Poggiale qui démontre
également que le sucre peut se former dans l'économie
aux dépens des corps azotés.

Une chienne avait reçu une nourriture mixte (viande
et pain) ; on analysa son lait : il contenait 2,89 °/₀ de sucre ; soumise au régime de la viande pure pendant assez
longtemps, la proportion de lactose s'abaissa à 1,89 dès
le sixième jour, mais se maintint alors constante.

Un régime féculent ne modifie en rien la quantité de glucose sécrétée ; on aurait pu croire qu'il devrait l'augmenter, mais il n'en est rien. Ayant remarqué que la décoction du foie des animaux nourris de fécule et de sucre était opaline et chargée de graisse tenue en suspension, Cl. Bernard supposa que le sucre introduit par les aliments se change en matière grasse dans cet organe. Dans les expériences de Persoz sur l'engraissement des oies et des canards par régime féculent, on a toujours vu le sang devenir chyleux, émulsionné.

Dans la maladie appelée glycosurie, cette propriété du foie de changer le sucre en graisse semble manquer, car alors le sucre de l'alimentation s'ajoute toujours à celui qu'a sécrété l'organe, et augmente la proportion de ce corps qui passe dans l'urine (1).

Matière glycogène.

Le sucre ne se forme pas d'emblée. Le parenchyme hépatique élabore dans ses cellules un principe intermédiaire peu soluble.

Les bases de cette belle découverte ont été posées dans un mémoire lu à l'Académie des sciences, le 24 septembre 1855 (Cl. Bernard).

Voici l'expérience : on prend un chien nourri depuis longtemps avec de la viande ; on le tue instantanément par la section du bulbe. Le foie, sorti intact, est soumis

---

(1) Nous avons déjà dit plus haut que l'apparence laiteuse du liquide parenchymateux pouvait recevoir une autre interprétation.

sans perdre de temps à un lavage complet par un courant
d'eau entrant par le tronc de la veine porte sous une pression de $0^m,127$ de mercure, et sortant par les extrémités
des veines sus-hépatiques.

Au bout de très-peu d'instants, le sang est expulsé et
l'analyse la plus rigoureuse démontre l'absence du sucre
dans l'organe. Mais, laisse-t-on le foie reposer dans un
endroit chaud et couvert pendant vingt-quatre heures, il
sera facile d'obtenir les plus belles réactions de la glucose.
Finkheimer a vu réussir l'expérience avec le foie d'un
supplicié.

Après un second lavage semblable au premier, le sucre
ne reparaît plus.

Si le foie a été préalablement bouilli avec de l'eau, cette
génération de sucre après la mort ne peut plus se produire.

D'après Delore, le courant électrique et l'action de
l'oxygène ne favorisent pas le phénomène. Une atmosphère
d'hydrogène l'empêche. Il existe donc dans le parenchyme
hépatique une matière glycogène qui peut, soit sous l'influence d'un ferment (1) particulier, soit par une altération spontanée, se changer en glucose. Dans toutes les circonstances pathologiques où l'on voit disparaître le sucre
dans l'organisme, la matière glycogène manque aussi. Elle
ne se trouve dans aucun autre organe, si ce n'est dans le

_____

(1) Ce n'est que pour la facilité du langage que nous nous servons ici
des mots *ferment* et *fermentation*. Les phénomènes dont il est question ne
sont pas des fermentations proprement dites, mais des actions de présence
déterminées par des substances azotées non organisées.

placenta et l'amnios pendant les premiers temps de la gestation, et en même temps alors dans les muscles et le poumon du fœtus. Nous trouverons encore une exception en examinant l'influence de l'hibernation. Durant la vie, ce principe se renouvelle incessamment aux dépens du sang, et se change incessamment aussi en glucose entraînée dans le torrent circulatoire.

Après la mort, sa formation est arrêtée, mais la provision accumulée dans le foie peut encore subir la fermentation sucrée jusqu'à ce qu'elle soit épuisée, et, comme le sucre n'est plus entraîné, on comprend pourquoi le foie des animaux morts depuis longtemps est plus riche en glucose que celui qu'on examine de suite après les avoir sacrifiés. Telle est la seule interprétation possible de l'expérience dont nous venons de donner les principaux détails.

Lorsque, par une cuisson assez prolongée, on a fait perdre au tissu du foie la faculté de former du sucre, on peut la lui rendre en le mélangeant avec un ferment qui, comme la salive, le suc pancréatique, la diastase, détermine la transposition moléculaire de l'amidon et le change en sucre (expériences de Hensen). C'est donc bien une action de présence qui agit dans le phénomène glycogénique. La chaleur n'altère pas le glycogène, mais détruit le ferment chargé de le modifier; ce qui est tout à fait en rapport avec ce que nous savons sur cette classe de corps.

Pendant le lavage du foie, le ferment n'a pas été entraîné, l'eau de lavage ne jouissait pas non plus du pouvoir de modifier l'amidon; cette substance serait donc insoluble, ou plutôt ne serait pas encore formée. Il est très-probable, nous le verrons mieux encore plus loin, que le ferment actif dans l'expérience de Cl. Bernard n'est pas le même que celui qui modifie le principe glycogène dans l'organisme vivant. Le premier se développe seulement par suite d'une altération commençante des substances albuminoïdes. Dans tous les cas, son action est plus lente que celle du second.

Nature du glycogène.

Les recherches de Hensen rendent très-probable la nature amylacée du glycogène, sans toutefois la démontrer complétement. Cl. Bernard est arrivé à isoler le glycogène dans un assez grand état de pureté et a confirmé cette opinion (23 mars 1858).

Voici comment il convient de procéder.

Le foie coagulé, immédiatement après son extraction, est pulvérisé et bouilli avec une quantité suffisante d'eau. Le liquide filtré est alcalin; la matière qui le trouble est du glycogène tenu en suspension. On le mélange avec du noir animal, le charbon est épuisé dans un appareil de déplacement par des lavages successifs; enfin les eaux filtrées sont précipitées par l'alcool, et le dépôt reçu sur un filtre est séché à l'étuve. Au lieu d'alcool, on peut employer de l'acide acétique cristallisable, qui précipite aussi le glycogène et permet de le débarrasser plus facilement de la gélatine, si le liquide en contient. Préparé ainsi, le glycogène se présente sous forme d'une poudre blanche, assez soluble dans l'eau qu'elle rend opaline, insoluble dans l'alcool, et offrant tous les caractères chimiques de l'ami-don, voire même la transformation en dextrine.

L'iode le colore en violet ou en rouge-marron.

L'acide azotique fumant le transforme en xyloïdine.

L'analyse élémentaire conduit à la formule $C^{12}H^{10}O^{10}$.

Quelques nouveaux résultats de Schiff.

Dans un travail présenté à l'Académie des sciences de Copenhague (été 1857), travail couronné par elle, M. Schiff est arrivé par des procédés beaucoup plus détournés et fondés sur des expériences physiologiques, à des consé-quences analogues, quant à la nature de la substance gly-cogène. Comme quelques-unes de ces expériences con-duisent d'une manière assez certaine à la localisation de ce produit dans le foie, j'indiquerai par une courte analyse ce qu'elles présentent de neuf.

Ayant observé que la production du diabète artificiel, par piqûre de la moelle allongée (voir plus loin), ne réus-sissait pas chez les grenouilles (*Rana temporaria*), pen-dant les mois de janvier et de février, il examina leurs foies et les trouva sans sucre avec une couleur rouge foncé, couleur déjà observée par Weber. Une série de dé-ductions que nous n'avons pas à examiner ici, le condui-sirent à chercher la présence de la matière glycogène en employant, comme ferment, de la salive ou du suc pancréa-tique. Contrairement à ce qu'avait observé Cl. Bernard chez les mammifères, il vit se former du sucre, tandis que, d'après le physiologiste français, la matière glycogène manque toutes les fois que le sucre n'apparaît pas dans le foie.

L'examen microscopique de ces foies asaccharifères lui fit découvrir deux ordres de cellules. Les premières plus grosses ont une couleur rouge foncé et sont remplies de granulations brunes qui ne présentent aucun des caractères du glycogène et ne disparaissent pas sous l'influence des ferments. La coloration spéciale du foie, à cette période de la vie des grenouilles, dépend de ces cellules plutôt que d'une hypérémie ; au contraire, les vaisseaux contiennent peu de sang.

La seconde variété de cellules correspond aux cellules hépatiques proprement dites et présente le contenu de globules graisseux et de granulations plus fines dont nous avons parlé dans l'introduction anatomique. Ces granules résistent aux réactifs (éther, alcool, alcali), qui détruisent les globules de graisse. Elles se comportent, sous beaucoup de rapports, comme de l'amidon, mais elles ne bleuissent pas par l'iode, et deviennent seulement jaunes. Avant de passer à l'état de sucre, elles peuvent fournir de la dextrine. Schiff les considère comme de l'amidon d'une nature spéciale et fonde son opinion sur les observations suivantes :

1° Les cellules hépatiques des grenouilles, malades, impropres à faire du sucre, n'en contiennent pas.

2° Lorsqu'on détermine la production du sucre, par addition de ferment, avec le foie de grenouilles en hiver, les granules disparaissent.

3° Au printemps, la présence du sucre dans le foie est accompagnée d'une diminution dans leur nombre.

Ces granules se rencontrent chez les animaux supérieurs, seulement ils sont beaucoup plus petits, ils disparaissent aussi après la mort. Schiff les a trouvés chez les fœtus de veau, de lapin, de cochon d'Inde, lors de la période saccharifère. Chez les hémisalamandres, au contraire, où le foie ne renferme de sucre que longtemps après l'éclosion, les granules manquent aussi.

Au printemps, lorsque les grenouilles reprennent l'activité de leurs fonctions, leur foie renferme de nouveau du sucre, et en même temps il prend une couleur plus jaune. On voit se former dans les cellules des globules jaunes que l'auteur regarde comme des gouttelettes de dextrine. Le changement de couleur serait, d'après lui, dû à cette production de dextrine. Cl. Bernard a rectifié ce qu'il avait avancé d'abord sur l'absence du glycogène dans le foie des mammifères hibernants. D'après ses nouvelles recherches, le sucre manque, mais la matière glycogène existe toujours, ce qui est conforme aux résultats de Schiff.

On peut déjà prévoir maintenant que, si l'amidon se trouve dans le foie de ces animaux, indépendamment du sucre, cela ne peut tenir qu'à l'absence du ferment nécessaire à sa modification.

Du ferment.

Les expériences de Hensen, Magendie et Schiff prouvent que dans le sang vivant il existe un ferment soluble, capable de transformer l'amidon en dextrine, la dextrine en sucre, de même que la matière glycogène.

Ce ferment se retrouve également dans le foie très-frais. On peut l'en retirer à l'état impur en faisant une infusion froide d'un foie qui, pour cause de maladie générale, ne produit plus de sucre et ne contient pas de glycogène, et en la précipitant par l'alcool. Le dépôt redissous dans l'eau, agit sur l'amidon. On voit bien que le principe actif est tout à fait distinct de celui du foie lavé et conservé.

Ce ferment spécial existe dans le sang des grenouilles, en été et au printemps. En effet, de la dextrine injectée dans leurs veines passe dans les urines modifiée en sucre.

En hiver il manque, car la dextrine apparaît dans l'u-rine sans altération.

De plus, si l'on ajoute le sang d'un animal dont le foie est sucré, au tissu hépatique d'un autre, il y a immédiate-ment fermentation. Le sang d'une grenouille asaccharifère ajouté à un foie glycogène est sans effet.

La chaleur, la sécheresse sont chez les grenouilles sans influence sur le développement du ferment; la nourriture et surtout une certaine activité dans les fonctions vitales favorisent son développement.

Chez le scorpion, par exemple, le foie ne contient de sucre que pendant la digestion.

Si l'on empêche les grenouilles de se mouvoir librement dans l'eau après les froids de l'hiver, le ferment reste ab-sent, et l'on peut ainsi empêcher sa production pendant tout l'été et jusqu'à l'hiver suivant.

L'extirpation successive des divers organes, y compris

14

le pancréas, est sans effet pour arrêter la formation de cet agent, de sorte que l'opinion de Hensen d'après laquelle le ferment viendrait par absorption du suc pancréatique dans l'intestin, n'est pas tout à fait justifiée.

Schiff a eu l'idée de chercher à neutraliser l'action de ce ferment en injectant dans le sang du sucre ou de la dextrine ; mais, comme on peut le prévoir, il n'est arrivé à aucun résultat satisfaisant.

Influence du système nerveux sur la glycogénie.

Une expérience capitale démontre que le système nerveux exerce sur la fonction glycogénique une influence analogue à celle qu'on a démontrée pour les sécrétions en général.

En coupant les deux pneumogastriques, près de leur origine, on arrête la formation du principe amylacé, et, toute la provision étant bientôt épuisée, au bout de très-peu de temps le foie est sans sucre.

Un fait très-curieux aussi, dû également aux habiles vivisections de Cl. Bernard, c'est l'hypersécrétion de glucose développée immédiatement après la lésion d'un point spécial de la moelle allongée, situé dans la portion moyenne du bulbe, à la pointe du quatrième ventricule, près des origines des pneumogastriques. Cette augmentation de sécrétion se révèle par l'apparition du diabète artificiel.

Le diabète ainsi produit n'est pas de longue durée ; au bout de quelques jours le sucre ne se trouve plus dans les urines.

La sécrétion sucrée peut être augmentée, non-seulement par une lésion locale du système nerveux, mais aussi par une action plus générale. Ainsi, on voit s'établir le diabète artificiel à la suite de contusions cérébrales, de l'empoisonnement par le curare, de l'inhalation d'éther et de chloroforme.

Dans toutes ces circonstances, le foie est congestionné et dénote une plus grande plénitude dans son système sanguin, les vaisseaux sont distendus.

Il est très-peu probable que l'hypersécrétion est due à une modification dans la réaction chimique qui produirait plus de sucre ; il est beaucoup plus naturel d'admettre que c'est l'élément transformé qui est fourni en plus forte proportion en même temps que le ferment. Cette opinion paraît tout à fait en rapport avec l'observation précédente de la congestion hépatique dans le cas de diabète. Sous l'influence de cette congestion, le sang ne circule plus aussi rapidement, la pression hydrostatique est augmentée, les rapports entre les parois des canaux sanguins et les cellules sont plus intimes, la quantité de sang est plus forte. On comprend que toutes ces circonstances peuvent favoriser les échanges et les réactions.

Schiff a réussi à produire le diabète en ralentissant la circulation du foie, ou en augmentant la proportion de sang qui y passe dans un temps donné, par la ligature des veines rénales ; il a aussi pu développer une glycosurie persistante par la section de la moelle sur des rats. Cette section, une fois que l'irritation primitive est calmée, ne peut agir qu'en paralysant les parois des vaisseaux.

Pour ce qui est du mécanisme qui produit la congestion, nous n'avons pas à l'examiner en détail : ces questions sont plutôt du domaine de la physiologie spéciale du système nerveux.

Disons seulement que d'après des expériences bien concluantes de Cl. Bernard, la congestion dans le diabète serait le résultat, non d'une excitation directe partie du centre cérébro-spinal et se transmettant immédiatement au foie, mais d'une action reflexe.

Le point de départ de cette excitation est dans le poumon, l'action de l'air inspiré en est la source, elle se transmet de là aux centres, et enfin, par les filets du sympathique, aux vaisseaux du foie.

Influence de l'alimentation.

Nous avons déjà discuté ailleurs l'influence de l'alimentation sur la sécrétion du sucre. Lorsque, par suite d'une abstinence complète, on voit peu à peu le sucre disparaître, ce phénomène nous montre que le foie ne trouve plus dans le sang les éléments nécessaires à la formation de la glucose, mais la disparition n'est pas assez rapide pour que l'on puisse en conclure que les produits de la digestion sont immédiatement indispensables. Ils sont néanmoins utiles, car, pendant cet acte, le sucre augmente et peut même passer momentanément dans le sang artériel.

Influence de la température.

Un refroidissement notable, provoqué en entourant l'animal de neige, ou en recouvrant son corps d'un enduit imperméable, détermine la prompte élimination de toute la glucose. Une température trop élevée produit le même effet. Une élévation moyenne de température (15°) semble favoriser la glycogénie.

Dans les idées de Cl. Bernard, la génération du sucre dans l'organisme constitue une fonction spéciale et se trouve localisée dans le foie pour l'être arrivé à son complet développement; des cellules spéciales (cellules hépatiques) président à cette élaboration qui est, comme nous l'avons vu, précédée de celle d'une matière amylalacée, le glycogène ou la zoamyline de M. Rouget. Pendant la période intra-utérine, ces cellules hépatiques peuvent changer de place et se trouvent dans le placenta, l'amnios, les muscles du fœtus. Ainsi la fonction glycogénique ne serait plus l'attribut exclusif de la glande hépatique; c'est la cellule spéciale, principalement accumulée dans le foie, qui remplit le rôle de produire des substances hydrocarbonées aux dépens des éléments du sang, quelle que soit du reste sa position au sein de l'organisme.

Après avoir constaté que les cellules qui renferment la substance glycogène ne sont nullement des éléments particuliers, mais bien des organismes simples formant partie constituante de différents tissus, M. Rouget fut conduit à envisager la question à un point de vue très-distinct de

celui auquel on s'était placé jusque-là. Il ne voit dans
les substances amylacées que des matières intervenant
dans la constitution des tissus au même titre que les
matières grasses et les matières albuminoïdes, et dans le
sucre qu'un produit de désassimilation analogue à l'urée,
à la créatine, à la créatinine, etc. (Longet, *Physiologie*.)
Dans cette hypothèse, le sucre serait un produit excrémentitiel ; mais du moment qu'il est appelé à remplir un
but utile et nécessaire dans l'organisme, les appareils
chargés de sa sécrétion peuvent être considérés comme
remplissant une fonction. Nous discuterons cette question
plus tard.

Le foie forme des globules sanguins.

Nous n'examinerons que la partie chimique du phénomène. Sa réalité est démontrée par le grand excès de
cellules rouges et blanches contenues dans le sang sus-
hépatique comparé au sang veineux et artériel (voir les
Préliminaires).

Dans le fœtus on trouve plus de cellules sanguines que
chez l'adulte ; alors aussi le foie est proportionnellement
plus volumineux.

Toutes les fois qu'il se développe une affection du tissu
hépatique (atrophie, dégénérescence, etc.), le nombre
des globules diminue ; les sujets deviennent anémiques.

Les nouveaux globules se distinguent des autres par
leur forme plus arrondie, leur densité supérieure, la manière dont ils se déposent : jamais ce n'est sous forme de

piles d'écus. Leur enveloppe résiste beaucoup mieux à l'influence des agents chimiques que celle des autres ; elle disparaît beaucoup plus difficilement par l'addition d'une grande quantité d'eau. Rappelons que les cellules sont plus pauvres en matière colorante ; nous avons déjà rattaché cette observation à l'histoire de la génération des pigments biliaires.

Les détails de l'analyse quantitative du contenu des globules ont été donnés plus haut.

Quel est le degré de liaison que l'on peut observer entre les diverses fonctions du foie ?

Une des idées les plus séduisantes qui se présente toujours à l'homme qui cherche à étudier la nature, c'est celle d'unité dans les causes des effets multiples qu'il observe.

Personne n'est à l'abri de l'attraction presque magnétique qu'elle exerce sur nous.

Une discussion impartiale des faits peut seule nous mettre à l'abri de ce danger : c'est ce que nous allons tenter dans cette dernière partie de notre examen des fonctions du foie.

Nous avons déjà passé en revue les principaux arguments qui tendent à prouver que la bile et le sucre sont sécrétés par des éléments morphologiques spéciaux ; mais, comme ces éléments sont voisins, cela n'exclut pas une certaine connexité entre ces deux fonctions principales ; on peut toujours supposer un dédoublement qui donne lieu à la formation simultanée des cholates et du sucre.

On ne connaît encore aucun fait certain démontrant que la sécrétion biliaire peut se faire sans être accompagnée de production de sucre.

En est-il de même pour l'inverse? Le sucre et le glycogène sont-ils liés dans leur génération à celle de la bile? L'anatomie comparée nous apprend le contraire.

Chez les insectes ailés ou en larve, les cellules hépatiques sacchariferes sont parfaitement isolées, à distance des conduits que l'on suppose charrier la bile. Dans le placenta, les cellules glycogéniques ne sécrètent aucun produit analogue à la bile. Les faits anatomiques sont donc contraires à la probabilité d'une dépendance entre les deux fonctions. Il en est de même des observations physiologiques.

La sécrétion de la bile n'atteint son maximum que treize à quinze heures après le dernier repas, celle du sucre déjà trois heures après.

La plupart des circonstances qui déterminent une hypersécrétion de la glucose sont sans influence marquée sur la proportion de bile formée.

Chez les limaces, l'écoulement dans l'estomac de la bile proprement dite non sucrée, se fait longtemps après celui d'un liquide fortement sucré.

Chimiquement, la question ne peut être résolue, car les deux sécrétions semblent se former, partiellement au moins, aux dépens des mêmes éléments du sang.

Quant aux formules et aux équations hypothétiques à l'appui de l'unité de génération, nous n'en manquerions pas, mais nous ne pourrions en tirer que peu de satisfaction. Je dirai donc seulement que la non-solidarité des deux fonctions réunit pour elle un bien plus grand nombre de probabilités que le contraire.

La formation des globules sanguins et la glycogénie sont-elles en rapport d'origine ? Tout ce que l'on peut avancer à ce sujet est fondé sur l'influence accordée par Cl. Bernard au sucre dans la génération des cellules ; mais alors le sucre est déjà formé, et ce n'est pas sa production qui est liée d'une manière intime à celle des matériaux de globules.

FONCTIONS CHIMIQUES DE LA RATE ET DES AUTRES GLANDES SANGUINES
(CAPSULES SURRÉNALES, THYMUS, GLANDE THYROÏDE).

De la rate.

Les parties constitutives de la rate sont :

1° Une trame fibreuse qui se subdivise en une foule de petites cavités ; la membrane qui en forme les cloisons recouvre l'organe tout entier.

2° Une multitude de petits corpuscules ou vésicules closes de $0^{mm},36$ de diamètre (corpuscules de Malpighi), formés d'une enveloppe (tissu cellulaire et élastique) adhérente aux parois des rameaux artériels, et remplis d'une substance liquide visqueuse qui contient de l'albumine, des cellules arrondies à un seul noyau, des noyaux libres, et parfois des globules sanguins, modifiés ou non, libres ou emprisonnés dans des cellules.

3° La pulpe splénique, masse rouge, molle, remplissant

tous les vides laissés dans la trame celluleuse par les vaisseaux sanguins, les corpuscules, les nerfs et les lymphatiques. Elle est composée de la terminaison ultime des
artères et des veines, de cellules particulières, parenchy-
mateuses, rondes, de $0^{mm},007$ de diamètre et à noyaux,
de globules blancs du sang, de globules rouges en voie de
décomposition, enfin de sang extravasé. L'artère splénique
naît du tronc cœliaque, et ne présente rien de particulier,
pas plus que la veine qui en dérive. Scherer a trouvé,
dans cette pulpe de la leucine, de la xanthine, de l'hypoxanthine, des pigments avec beaucoup de fer, de l'acide
urique, et des matières albuminoïdes. On signale encore
la présence de la cholestérine et des acides formique,
acétique, butyrique et lactique et de proportions notables
d'inosine. Gorup-Bésanez en a retiré un principe cristallisable en fines aiguilles brillantes, qui renferme deux
équivalents d'hydrogène de moins que la leucine.

La réaction de la pulpe splénique est neutre, rarement
alcaline; la proportion de lactate de chaux qu'elle fournit
est très-minime.

On a attribué à la rate un grand nombre de fonctions;
les seules qui peuvent nous intéresser sont celles qui se
rapportent à la formation ou à la destruction des globules
du sang. Kœlliker, en se fondant sur l'apparence des
globules sanguins extravasés dans la pulpe, avait d'abord
donné à cet organe un rôle actif dans la destruction des
globules, depuis il a modifié sa manière de voir, en ce
sens, qu'il considère les apparences qui l'avaient d'a-
bord guidé, comme le résultat d'un phénomène plutôt

pathologique que normal. D'après ses expressions, si la rate est un organe dans lequel les globules du sang se détruisent normalement, le phénomène ne peut s'accomplir que dans l'intérieur des vaisseaux. D'après J. Béclard, le sang de la veine splénique est moins riche en globules que le reste du sang veineux.

Une opinion diamétralement opposée est celle qui fait de la rate un centre de génération des globules sanguins. La rate renfermant des cellules où se trouvent des globules sanguins à différents états de développement, on a donné à ce fait une interprétation inverse de la première.

De recherches ultérieures, Kœlliker conclut que la rate n'a pas seulement pour fonction de dissoudre les globules sanguins, mais encore d'élaborer (à l'aide des corpuscules de Malpighi), certaines substances, portées ensuite dans le torrent de la circulation par les lymphatiques et les veines.

Tout porte à faire croire que la rate est le siége d'une sécrétion particulière, dont le produit, faute de canaux excréteurs, rentre dans la circulation par voie d'absorption.

Capsules surrénales.

Elles sont constituées par une mince enveloppe de tissu conjonctif, de la face interne de laquelle partent de nombreuses cloisons, et par un parenchyme composé de deux substances, l'une corticale, l'autre médullaire.

La substance corticale est formée d'alvéoles de tissu

conjonctif, contenant un plasma riche en albumine, des cellules, des noyaux et des particules graisseuses.

La substance médullaire ressemble à une masse uniforme de cellules larges, pâles, et à nucléoles.

Les dernières recherches tendent à prouver que ces organes ne sont pas aussi indispensables à la vie qu'on le croyait d'abord. Addison et Brown-Séquard leur font jouer un rôle dans le développement d'une maladie connue sous le nom de maladie bronzée, caractérisée par un état marqué d'anémie, et une coloration brune et bronzée de la peau.

D'après Brown-Séquard, la quantité de pigment dans le sang serait notablement augmentée après l'altération des capsules surrénales, et ces organes seraient chargés de détruire une substance capable de se transformer en pigment. A l'appui de cette opinion, Vulpian a signalé dans les capsules surrénales une matière spéciale qui se colore en rose carmin par l'iode, et devient glauque par les sels de fer.

Tous ces résultats ont été controversés et réclament, pour passer définitivement dans la science, le concours de nouvelles recherches.

Thymus.

Le thymus renferme comme élément fondamental des vésicules closes de $0^m,005$ à $0^m,02$ de diamètre, contenant un liquide grisâtre, laiteux, acide, des cellules et des noyaux. Il est impossible de lui assigner une fonction chimique bien déterminée. Peut-être ces vésicules font-elles subir au sang une élaboration particulière.

D'après Friedleben le suc du thymus est acide dans toutes les circonstances ; il ne devient alcalin que soixante heures après la mort.

Les phosphates terreux contenus dans 100 parties de thymus augmentent avec la croissance de l'animal (veau) jusqu'à trois semaines après la naissance et peuvent s'élever à 30,5 0/0 du poids des cendres ; à partir de ce moment, ils diminuent progressivement en suivant les évolutions de la glande.

La quantité de potasse pour cent reste constante à tous les âges (31,8 à 32,8 0/0 du poids des cendres).

La soude est de 16 0/0 du dixième jour à la troisième semaine et de 23 à 24 0/0 du poids des cendres du douzième au dix-huitième mois après la naissance.

100 parties de glande fraîche contiennent :

	A 3 semaines.	A 18 mois.
Tissu à gélatine............	2,547	3,03
Albumine soluble..........	12,294	11,555
Graisse.	1,827	16,807
Sels terreux (phosphates)....	0,452	0,053
Sels alcalins..............	1,033	1,154

Corps thyroïde.

Cet organe, comme toutes les glandes vasculaires sanguines, possède des cellules propres, dont le produit est versé directement dans le sang. On ne peut lui attribuer jusqu'à présent aucun rôle, même vague, dans les réactions chimiques de l'organisme.

Liquides qui servent au jeu mécanique des organes (mucus, liquide des séreuses).

Les liquides qui semblent plus particulièrement destinés à favoriser le jeu mécanique des diverses parties de
l'organisme, peuvent se diviser en deux classes d'après
leur origine.

Nous appellerons mucus celui qui se déverse à la surface des muqueuses, et sérosité celui des poches séreuses.

Mucus.

Le mucus peut être sécrété par des follicules spéciaux
mucipares, ou par la membrane elle-même, sans le concours d'aucune glande, il renferme toujours les débris de
l'épiderme enlevés par desquamation, et des cellules (corpuscules muqueux) qui pourraient bien n'être qu'un produit pathologique.

Le principe essentiel qui le caractérise et lui donne sa
viscosité et la propriété de filer, a reçu le nom de mucine.

Il ne forme pas, dans le liquide tel qu'il est sécrété par
les muqueuses, une véritable solution, et après dessiccation l'eau ne le dissout plus ; il se trouve donc dans le
mucus dans un état particulier intermédiaire entre la solution proprement dite et la suspension. L'alcool, l'acide
acétique, et les acides minéraux faibles le précipitent ; les
alcalis le dissolvent entièrement. Il est de nature pro-

téique et offre les caractères généraux de cette classe de corps. Le mucus contient en plus très-peu de graisse, des matières extractives indéterminées, de la soude, combinée à la matière organique et des sels, principalement des chlorures, avec peu de phosphates.

Analyse de Berzelius du mucus nasal.

Matières solides...........................	6,63
Eau..	93,37
Mucine.....................................	5,33
Extrait soluble dans l'alcool et lactate...........	0,30
Chlorures de sodium et de potassium...........	0,56
Extrait soluble dans l'eau, albumine et phosphates.	0,35
Soude......................................	0,09

Sérosité et synovie.

Dans l'état normal, ce liquide ne se trouve que dans les proportions nécessaires pour humecter et lubrifier les surfaces : il présente la composition et les caractères du sérum, sa réaction est alcaline, et son poids spécifique = 1,010 ou 1,02.

D'après Berzelius, la sérosité cérébrale est formée de :

Eau..	988,30
Matériaux solides...........................	11,70

contenant

Albumine.	1,66
Substance soluble dans l'alcool avec lactate de soude.......................................	3,32
Chlorures alcalins...........................	7,09
Soude......................................	0,28
Substance insoluble dans l'alcool..............	0,26
Phosphates.................................	0,09

La synovie est plus épaisse que la sérosité, ce qui s'ac-

corde avec son rôle. Elle favorise, en effet, des mouvements plus actifs et le jeu d'organes plus durs. Elle contient, d'après Berzelius :

Eau.	929,00
Albumine.	64,00
Matières extractives et sels solubles.	6,00
Phosphate de chaux.	1,50

Sécrétion sébacée.

La matière sébacée se forme dans de petites glandes en
grappes, situées dans les couches superficielles du derme.
Elle assouplit la peau et la protége contre l'action des
agents extérieurs.

100 parties contiennent (humeur qui recouvre les nouveau-nés) :

Eau.	84,45
Margarine, oléine et savons.	10,15
Matière azotée et débris d'épithélium.	5,40

Le cérumen des oreilles, sécrété dans l'oreille par des
glandes de même forme que les sudoripares, renferme des
graisses, de l'albumine, une matière colorante jaune et
des lactates.

GÉNÉRATION.

La chimie ne jette pas beaucoup de lumière sur le phénomène si important et encore si obscur de la génération.

Tout ce qu'elle nous apprend peut se résumer en quelques mots : l'œuf fécondé trouve en lui-même, s'il est indépendant, ou dans le sang de la mère, s'il ne l'est pas, les corps nécessaires au développement de l'être nouveau. C'est dire en même temps que l'œuf contient ou reçoit les substances essentielles à l'organisme (matières protéiques, hydrocarbonées ; graisses, sels et phosphates).

La création d'un individu par un autre de même espèce exige le concours de deux principes distincts, l'élément mâle ou sperme, semence, et l'élément femelle ou œuf. Y a-t-il ou non un lien chimique entre la composition du sperme et la fécondation de l'œuf ? En d'autres termes, la liqueur séminale apporte-t-elle à l'œuf des principes qui lui manquent pour son organisation ? S'il y a un lien chimique, quel est-il ? Rien ne nous empêcherait d'entrer à cet égard dans des dissertations et des hypothèses pour masquer notre ignorance ; nous préférons reconnaître franchement qu'on ne sait absolument rien qui permette de répondre à ces questions. L'intervention du sperme est indispensable ; c'est un fait qu'il faut admettre sans chercher des explications de peu de valeur dans l'état actuel de la science.

Sperme.

La liqueur séminale formée dans le testicule se distingue de toutes les autres sécrétions par la présence des cellules de forme remarquable qu'elle contient. Les spermatozoaires ont l'apparence de têtards microscopiques avec

une tête aplatie, ovoïde, plus pointue en avant qu'en ar-
rière, et une queue très-fine terminée en pointe effilée ;
ils ne sont visibles qu'à un fort grossissement. Ces cellules
sont animées dans le sperme d'un mouvement spontané
qu'on peut comparer à celui de l'épithélium vibratile, et
faire dériver d'influences endosmotiques et de réactions
chimiques. La queue exécute des ondulations, se tord sur
elle-même, tandis que la tête avance par glissement. L'eau
pure et les solutions étendues de composés neutres (sucre)
arrêtent les mouvements, tandis que les solutions concentrées les favorisent. L'alcool, l'éther, la créosote, le tannin, les sels métalliques et les acides empêchent ces
manifestations spéciales ; les alcalis convenablement étendus leur sont, au contraire, favorables. L'enveloppe des
animalcules spermatiques est remarquable par la résistance qu'elle oppose à la putréfaction et aux agents chimiques les plus énergiques, tels que les acides sulfurique,
azotique, chlorhydrique concentrés et même chauds. Les
alcalis ne les dissolvent qu'à chaud, encore faut-il qu'ils
soient en solution très-dense. Cette matière se rapproche
donc des produits épidermiques.

Le sperme est mucilagineux, filant, d'odeur spéciale ;
sa réaction est alcaline ; il ne se trouble pas par l'ébullition et jaunit par la dessiccation à chaud. Tel qu'il s'écoule
de la verge, il est mélangé au produit des glandes de
Cowper et de la prostate. Le liquide intercellulaire se
prend en gelée après l'éjaculation. Le principe organique
qu'il renferme se rapproche beaucoup, par ses caractères,
du mucus ; après dessiccation, il ne se dissout plus dans

l'eau ; il offre donc les apparences d'une matière qui ne serait qu'en suspension dans un état particulier, comme les mucilages végétaux. Le sperme est très-riche en matériaux organiques (15 °/₀ chez le taureau).

Le poids des graisses s'élève à 2,165 °/₀, celui des substances inorganiques est de 2,596 °/₀ ; elles sont composées surtout de phosphates de magnésie et de chaux.

Œuf.

L'œuf humain et l'œuf des mammifères ont été peu étudiés chimiquement ; ils présentent, du reste, les mêmes éléments que celui des oiseaux dont l'examen a pu être approfondi et qui nous servira de type. A une observation superficielle, il semble composé de trois parties distinctes, la coquille et l'enveloppe membraneuse, le blanc d'œuf et le jaune ou vitellus, avec sa membrane propre vitelline ; elles se répartissent à peu près de la manière suivante : sur 100ᵖ pour un œuf frais :

Coquille et enveloppe membraneuse........... 10,69
Albumen ou blanc. 60,42
Jaune ou vitellus........................ 28,89

Le jaune d'œuf constitue la partie la plus importante. Il est épais, opaque, d'une couleur qui peut varier du jaune clair au jaune rougeâtre. On y remarque :

1° Une petite cellule transparente et incolore (vésicule prolifère ou germinative), avec une ou plusieurs taches qui semblent être des noyaux ;

2° Des globules colorés, formés d'une enveloppe propre

insoluble dans les sels alcalins et l'acide acétique étendu, soluble dans les alcalis et l'acide acétique concentré, avec un contenu presque entièrement composé de graisses (oléine, margarine), et surtout de graisses phosphorées (lécithine de Gobley se dédoublant par les acides ou les alcalis en acides oléique, margarique et phospho-glycérique ; acides cérébrique et oléophosphorique). On y trouve encore deux matières colorantes, l'une rouge, fer-rugineuse, et par conséquent voisine de l'hématine ; l'autre jaune, exempte de fer, et enfin des sels (phosphates) ;

3° Des globules de graisse peu colorés ;

4° De fines granulations moléculaires solubles dans les sels alcalins et formées de caséine pure.

Le liquide au sein duquel se trouvent les éléments mor-phologiques est une solution d'albumine, pauvre en alcali, et par conséquent précipitable partiellement par l'eau ; il contient en outre du sucre, des principes extractifs, de l'acide lactique, des gaz (CO^2,O) et des sels.

COMPOSITION QUANTITATIVE DU JAUNE D'OEUF.

Eau............................	48,550 o/o	
Caséine.	13,932 —	
Membranes.....................	0,459 —	
Albumine soluble..............	2,841 —	
Albumine précipitée par l'eau..	0,892 —	Vitelline
Extrait éthéré, graisses neutres,		de Dumas et
graisses phosphorées ; sub-		Boulay.
stance cristalline analogue de		
la cholestérine, mais s'en dis-		
tinguant par la forme.......	31,146 —	
Matières minérales............	1,523 —	

Les cendres sont presque entièrement formées de phosphates à un équivalent de base (l'excès d'acide phosphorique dérive des graisses phosphorées).

Acide phosphorique.	67,80 º/₀ de cendres.	
Potasse.	8,93	—
Soude.	6,99	—
Chaux.	12,21	—
Magnésie.	2,07	—
Oxyde de fer.	1,45	—
Silice.	0,55	—
	100,00	—

Le blanc d'œuf séparé du jaune par la membrane vitelline, et destiné à servir d'aliment à l'embryon pendant son développement, est principalement formé d'une solution d'albumine emprisonnée dans un tissu cellulaire très-mince et à larges mailles.

Il est formé de :

Eau.	82,88	º/₀
Matières solubles.	13,316	—
Albumine.	13,274	—
Mat. grasses (oléine, margarine et savons).	traces	—
Sucre.	0,5	—
Matières minérales.	0,64 à 0,68	—

Le poids des matières extractives s'élève à 3,143 du résidu sec. 100 parties de cendres contiennent :

Chlorure de sodium.	9,16
— de potassium.	21,92
Soude.	5,12
Potasse.	2,36
Acide phosphorique.	4,83
— carbonique.	11,60
— sulfurique.	1,40
— silicique.	0,49
Oxyde de fer.	0,34
Chaux.	1,74
Magnésie.	1,60
Fluor.	traces.

Nous ne donnons ces nombres que comme points de repère; ils ne se rapportent pas tous à une même analyse.

Le blanc d'œuf contient des gaz libres et des carbonates alcalins.

La coquille est formée de :

Carbonate de chaux........................ 97
Phosphates de chaux et de magnésie........... 1
Matière organique azotée.................... 2
                                          ——
                                          100

Pendant leur évolution, les œufs d'oiseaux respirent, c'est-à-dire absorbent de l'oxygène et rejettent de l'acide carbonique, remplaçant par là ce que le sang placentaire fait chez les mammifères. Nous reviendrons plus tard sur ce phénomène (voir *respiration*).

Il serait d'un grand intérêt scientifique de suivre pas à pas les modifications subies par l'œuf lors du développement de l'embryon; malheureusement nous n'avons à cet égard que des données générales tout à fait insuffisantes.

D'après Prout, au bout de huit jours d'incubation, l'œuf a éprouvé une perte de 5 %; le blanc contenu dans la partie supérieure obtuse se modifie pendant le développement du liquide amniotique, et prend par la cuisson l'apparence du lait caillé. Après quatorze jours, la perte est de 13 %, l'albumine a beaucoup diminué et se coagule en une masse très-solide, le liquide amniotique est plus fluide, le jaune a envahi tout le contenu de l'œuf. A la fin de la troisième semaine, la perte est de 16 %, et le peu qui reste du jaune a une couleur foncée, il est très-riche en graisse.

Le tableau suivant résume ces observations.

	APRÈS UNE INCUBATION DE		
	8 jours.	15 jours.	20 jours.
Albumine non modifiée.........	23,28	17,55	»
Jaune d'œuf...................	30,13	25,07	16,77
Albumine modifiée.............	17,98	»	»
Animal.......................	2,20	7,00	55,51
Liquide amniotique, membranes et vaisseaux...................	9,70	27,35	2,95
Coquille et perte.............	16,71	23,03	24,77

La perte éprouvée par l'œuf peut être attribuée à l'évaporation et au départ d'acide carbonique; l'albumine disparaît peu à peu pour servir à l'organisation des tissus de nouvelle formation. Il en est de même des sels minéraux; quant au sucre, il est très-probablement brûlé en totalité.

Nous devons rappeler à cette occasion le fait de la présence dans le placenta, et pendant les premiers mois de la gestation des mammifères, de cellules à glycogène. Elles seraient destinées, d'après Cl. Bernard, à fournir au sang qui se rend de la mère au fœtus la substance sucrée indispensable, alors que le foie de l'embryon n'est pas encore apte à l'élaborer.

Lait.

Le lait n'intervient qu'accessoirement dans l'acte de la génération; il sert de nourriture au mammifère pendant les premiers temps de sa vie extra-utérine et d'intermédiaire gradué entre l'alimentation par le sang de la mère et celle par les substances étrangères; sa place est donc bien marquée dans ce chapitre. Le liquide est sécrété à la suite de la parturition et continue à se produire plus ou moins longtemps, selon l'espèce, l'individualité et une foule de circonstances physiologiques et pathologiques; il est élaboré par des glandes spéciales, les mamelles, dont l'apparence générale est celle des glandes en grappe. Comme il sert seul à l'entretien du jeune organisme, le lait doit être un aliment parfait, c'est-à-dire renfermer en proportions convenables tous les éléments nécessaires à la nutrition. C'est ce que l'analyse nous montre claire-ment. Sa composition quantitative peut varier d'une espèce et d'un individu à l'autre; elle peut même changer pour la même personne, suivant les conditions physiolo-giques et pathologiques dans lesquelles elle se trouve placée, mais les principes constitutifs restent les mêmes.

L'aspect blanc laiteux de ce mélange est produit par une multitude de globules de graisse, nageant dans un liquide clair. L'examen microscopique aidé du concours des réac-tifs démontre que ces globules sont enveloppés d'une membrane propre de substance protéique. Le colostrum ou le lait qui apparaît d'abord après l'accouchement, ren-ferme des corps granuleux, formés d'agglomérations irré-gulières de très-petits globules de graisse, réunis par une substance amorphe, légèrement granuleuse. On retrouve ces éléments morphologiques dans le lait, mais en bien moindre proportion.

La matière grasse qui constitue le beurre, lorsqu'on est parvenu à réunir les globules en masse par un battage énergique, ou qui forme la crème (espèce d'émulsion plus épaisse que le lait), se réunissant à la surface du lait abandonné au repos, est un mélange assez complexe de plusieurs glycérides simples ou peut-être mixtes. Elle se compose environ de :

Margarine. .	68 °/o
Oléine	30
Glycérides à acides gras volatils	2

La saponification du beurre donne en effet, outre la glycérine et les acides oléique et margarique, des proportions relativement petites d'acides caprique, caprylique, caproïque et butyrique, ou, à la place des deux derniers, de l'acide vaccinique. Les éléments solubles les plus importants du liquide clair au sein duquel nagent les cellules de graisse, sont : le sucre de lait et la caséine combinée à des alcalis (potasse et soude, d'où dérive l'alcalinité du liquide) et retenant avec énergie des phosphates alcalino-terreux. Nous connaissons déjà ces deux produits; il est inutile d'en parler davantage. Le colostrum contient, au lieu de caséine coagulable par la membrane interne de la caillette, de l'albumine précipitable par la chaleur. Du reste, l'albumine doit être comptée comme principe constitutif du lait. Mentionnons encore des substances extractives indéterminées, des traces d'urée, des gaz libres, principalement de l'acide carbonique, et des carbonates alcalins, et surtout les sels minéraux partagés en deux classes, qui sont :

1° Les sels solubles (chlorures et phosphates alcalins);

2° — insolubles (phosphates de chaux et de magnésie), avec traces de fer.

Le tableau suivant donne la composition quantitative de diverses espèces de laits :

TABLEAU :

Composition quantitative de diverses espèces de laits.

	DENSITÉ.	COULEUR ET ASPECT.	MATIÈRES solides.	GRAISSE.	CASÉINE.	ALBUMINE.	SUCRE.	SELS.	SELS solubles.	SELS insolubles.
Lait de femme	1,032	Bleuâtre, sucré, très-alcalin.............	11,00-13,00	2,66 »	3,924 »	»	4,36 »	0,16-0,25	0,04	0,96
Colostrum de femme ...	»	Jaune, consistance mucilagineuse, réaction alcaline, ressemble à de l'eau de savon........	17,20 »	5,00 »	4,000 »	»	7,00 »	0,16 »	»	»
Lait de vache	1,034	Blanc................	13,00-14,00	3,40 »	3,000- 4,00	0,4-0,83	4,00 »	0,50-0,80	0,21	0,28
— de cavale	1,039	Blanc...............	16,20 »	6,95 »	1,700 »	»	8,75 »	0,52 »	»	»
— d'âne...	1,029	Blanc, très-sucré...	9,16- 9,53	1,21- 1,29	1,600- 1,90	»	6,29-6,8	0,52 »	»	»
— de chèvre.......	1,036	Blanc, saveur fade, sucrée, odeur spéciale...	13,00-14,50	3,30- 5,69	4,020- 6,03	»	3,69-5,3	0,47 »	»	»
Lait de mouton.......	1,038	Épais, blanc, odeur et saveur agréables........	14,38 »	4,20 »	4,020 »	»	5,00 »	0,68 »	»	»
Lait de chiens	1,034	Épais, plus encore à chaud, acide après une nourriture animale........	22,48-27,46	6,80-11,00	8,000-11,00	»	2,40 »	1,20-1,50		

Les cendres du lait de vache contiennent pour cent :

Chlorure de potassium....................	14,18
— de sodium........................	4,74
Potasse......,..........................	23,46
Soude...................................	6,96
Acide phosphorique.......................	28,40
Chaux..................	17,34
Magnésie................................	2,20

Les phosphates des cendres sont tribasiques.

Généralement, les premières portions de lait exprimées de la glande sont plus aqueuses, moins riches en graisse, caséine et lactose que les suivantes.

La nourriture a une influence marquée d'abord sur les quantités absolues de lait sécrétées, ensuite sur les parties constitutives de ce produit. Pour tirer de semblables résultats des conclusions utiles à l'étude du mouvement chimique de l'organisme, il faudrait dans les expériences non-seulement tenir compte de la composition quantitative du lait, mais encore de la quantité absolue sécrétée en vingt-quatre heures, placer en regard la proportion exacte des aliments employés et leur composition immédiate, en maintenant en même temps l'organisme à son état normal, connaître de plus aussi approximativement que possible les phénomènes respiratoires et les excrétions. On pourrait alors voir combien de la graisse contenue dans le lait a été fournie par la masse alimentaire et combien doit être attribuée aux matières sucrées, déterminer l'origine du sucre de lait, de la caséine, en un mot, établir un bilan exact de ce qui se passe dans l'organisme pendant la lactation. Malheureusement, rien n'est encore fait dans ce sens, et nous devons nous contenter de résultats généraux et vagues tels que ceux-ci :

Pendant l'abstinence le lait de femme se concentre, devient plus riche en graisse et en caséine, plus pauvre en sels et en sucre, la masse totale diminue.

Le lait de chienne nourrie avec des substances végétales est plus riche en graisse, et avec une alimentation mixte, le caséum augmente ainsi que le sucre, la graisse diminue. Une nourriture grasse augmente aussi la teneur en beurre. Il est du reste assez naturel de voir tel ou tel ordre de composés augmenter ou diminuer dans le lait à mesure qu'il est fourni au sang en plus ou moins grande quantité. La transformation, au sein de l'économie, des matières protéiques en sucre, et du sucre en matières grasses, transformation dont nous discuterons la probabilité, fait comprendre comment le lait peut se produire même avec une alimentation purement azotée (carnivores).

CHAPITRE V

PRODUITS EXCRÉMENTITIELS. — RÉDUCTIONS ET OXYDATIONS. —
PHÉNOMÈNES CHIMIQUES DE LA RESPIRATION.

Avant de pénétrer dans le domaine des réactions chimiques dont l'organisme est le siége, il nous faut connaître avec détails sous quelle forme sont expulsés ses matériaux constitutifs constamment usés pour produire un travail nécessaire à la vie. Pour arriver à cette élimination des termes ultimes de ses métamorphoses internes, l'être vivant a à sa disposition toutes les surfaces qui communiquent avec l'extérieur, la surface cutanée, la muqueuse des bronches et de leurs dernières ramifications, celle de l'intestin. Il utilise encore à cet effet des organes spéciaux, des glandes munies de canaux excréteurs qui déversent leur contenu plus ou moins directement au dehors; tels sont particulièrement les reins, les glandes sudorales, les canaux biliaires. Nous verrons par l'examen spécial de chaque excrétion que les corps rejetés par l'économie ont comme caractère commun une grande simplicité de composition. Ce sont des gaz (acide carbonique, azote), de l'eau, des sels minéraux et des composés organiques cristallisables à équivalent peu élevé, à formule relativement simple, tels que l'urée, l'acide urique, la

créatine ; en général aussi ce sont des dérivés d'une oxydation évidente. Sans même savoir que l'organisme absorbe
et consomme des quantités considérables d'oxygène, on
peut conclure à l'oxydation par l'examen comparé de la
composition des substances alimentaires et des produits
excrémentitiels.

La *peau* laisse échapper dans l'atmosphère d'une manière continue les mêmes gaz que les poumons, comme
eux elle absorbe de l'oxygène ; il y a donc une véritable
respiration cutanée succursale de la respiration pulmonaire ; ces deux phénomènes ne diffèrent pas dans leur
essence et seront étudiés ensemble.

D'un autre côté, de petites glandes de forme spéciale
implantées en grand nombre dans l'épaisseur du derme,
indépendantes les unes des autres et dont le canal excréteur ouvert débouche à la surface épidermique, les glandes sudorales, fournissent un liquide assez abondant, la
sueur. Ces organes sont simples, ils ont la forme de tubes
contournés un grand nombre de fois sur eux-mêmes, terminés à la partie la plus profonde en cul-de-sac et revêtus
intérieurement d'une couche épithéliale ; leur extrémité
fermée est logée dans le tissu cellulaire sous-dermique ;
un réseau capillaire très-fin les enveloppe.

Le liquide sécrété par ces glandes, liquide qui est du
reste assez difficile à obtenir en masse un peu considérable, surtout dans des conditions normales, est, comme
tout le monde le sait, clair, transparent, incolore, de
saveur salée, d'odeur variable suivant la personne.

La sueur se caractérise surtout et se distingue nettement

des autres produits excrémentitiels par la présence des acides volatils inférieurs de la série des acides gras.

Les plus importants sont l'acide formique, l'acide acétique; les acides butyrique et propionique ont été trouvés en proportions beaucoup moindres. Ces corps n'apparaissent nulle part ailleurs et la sueur chargée exclusivement de leur élimination acquiert par là une grande importance comme liquide excrémentitiel. On a encore signalé la présence d'un acide azoté spécial, l'acide hydrotique ou sudorique ($C^{10}H^8AzO^{13}$?); de très-petites quantités d'urée (0,088 °/$_0$). L'existence de l'urée dans la sueur normale n'est pas admise par tout le monde ; ce qu'il y a de certain c'est que ce principe apparaît dans la sécrétion cutanée lorsque les reins ont cessé, pour une cause ou une autre, de l'éliminer du sang; il est donc très-probable que même à l'état normal les glandes sudorales peuvent en prendre quelque peu. Les acides volatils forment la majeure partie des matériaux organiques de la sueur.

Le résidu sec renferme environ 50 °/$_0$ de chlorures alcalins, surtout de chlorure de sodium. Nous mentionnerons encore des traces de phosphate de soude, de phosphates de chaux et de magnésie, de sulfate de soude, d'oxyde de fer et de sels ammoniacaux (?).

La proportion de matériaux solides doit nécessairement varier avec la quantité de liquide sécrétée dans le même temps et les moyens employés pour provoquer une transpiration abondante; on l'a trouvée variant entre 0,44 et 1,4 °/$_0$. D'après Krause, un adulte excrète par la peau en 24 heures 791^{gr},5 d'eau, 7,58 de matière organique volatile et $2^{gr},66$ de sels. Il est clair que ces nombres, s'ils sont déterminés par une bonne méthode, ne doivent être pris que comme des approximations assez larges.

L'excrétion cutanée ne peut être remplacée par les autres, car, si on l'empêche totalement, on détermine la mort de l'animal et l'organisme se trouve gorgé de liquide.

Excrétion intestinale. — L'excrétion intestinale se complique des résidus des aliments non absorbés et des produits de leurdécomposition putride, rendue manifeste par la présence dans l'intestin de proportions notables d'acides et lactique butyrique, de gaz hydrogène, d'hydrogène sulfuré, d'hydrogène carboné et de vibrions.

L'acide carbonique, qui forme une proportion notable des fluides élastiques du tube digestif, peut provenir de deux sources, d'un côté les fermentations des aliments, de l'autre les échanges gazeux qui s'établissent entre le sang et le contenu de l'intestin et de l'estomac. L'azote et l'oxygène dérivent nécessairement de l'air avalé. L'oxygène ne se trouve du reste que dans l'estomac; à partir de là, les produits de la putréfaction prédominent de plus en plus à mesure qu'on avance vers le rectum.

Nous ne tiendrons pas compte de la masse alimentaire non digérée et nous rechercherons spécialement les matériaux destinés à être rejetés qui tirent leur origine du sang ou des sécrétions digestives.

L'acidité du duodenum et en général des premières parties de l'intestin grêle, dérive du suc gastrique; mais bientôt elle est neutralisée par les alcalis des sucs pancréatique et intestinaux; cette acidité reparaît plus loin pendant la digestion, surtout après l'administration d'aliments hydro-carbonés; elle peut être poursuivie jusque dans le cœcum. Nous savons déjà qu'elle est due à de l'acide lactique produit par la fermentation. Ce corps saturé par les alcalis est promptement absorbé.

L'extrait aqueux du contenu intestinal renferme de l'albumine coagulable par la chaleur. Une partie de cette substance azotée a sa source dans les aliments non complétement digérés; mais, comme elle s'observe encore après une nourriture non azotée, il faut nécessairement admettre que le sang laisse passer par échange endosmotique une partie de son albumine dans le tube digestif. Les acides de la bile ne sont pas réabsorbés d'une manière évidente, on n'en trouve au moins pas trace dans les chylifères et le sang de la veine porte. Dans le duodenum et les parties avoisinantes, il est possible de démontrer facilement leur présence, plus bas ils disparaissent complétement, mais ils sont représentés par leurs dérivés, c'est-à-dire par les produits de leur dédoublement dont nous avons étudié avec détail les principaux termes. Ainsi l'alcool et l'éther permettent de retirer du contenu de tout l'intestin grêle et du gros intestin jusqu'à une certaine profondeur, des corps qui donnent avec le sucre et l'acide sulfurique la réaction biliaire de Pettenkofer; cependant ces derniers disparaissent à leur tour dans le rectum et ne peuvent être retrouvés dans les excréments proprement dits. L'existence de la taurine a été prouvée dans tout le parcours du gros intestin.

Il résulte de tout cela qu'on ne peut pas encore affirmer que les dérivés des acides biliaires ne sont pas absorbés

16

sous une forme ou sous une autre pour rentrer dans le torrent de la circulation. Ce qui semble prouver qu'il en est ainsi, c'est d'un côté la nécessité où se trouvent les animaux opérés de fistule de s'assimiler une plus forte proportion d'aliments pour réparer leurs forces, et de l'autre l'observation d'après laquelle, si on laisse couler la bile au dehors, il manque à la respiration une quantité équivalente d'acide carbonique.

Les excréments sont toujours colorés par les diverses modifications de la matière colorante de la bile ; ils ne renferment que peu de sels solubles (23,067 °/₀ du poids des cendres), principalement des phosphates et chlorures alcalins et très-peu de sulfates. La potasse est à la soude dans le rapport de 12 : 1. Le phosphate de magnésie représente la majeure partie des sels insolubles, la chaux n'y entre que pour peu de chose.

L'étude des matières fécales ne jette donc pas un grand jour sur le mouvement chimique de l'organisme. Nous trouverons plus de satisfaction dans celle de l'urine et des excrétions pulmonaires.

Urine. — Par sa masse et l'importance des produits organiques qu'elle charrie l'urine mérite à un haut degré de fixer notre attention.

L'organe qui sécrète ce liquide est loin d'être aussi complexe que le foie ; c'est une glande en tube composée, offrant une disposition spéciale pour le ralentissement de la circulation; les petites branches qui naissent des ramifications de l'artère rénale se divisent en un pinceau de capillaires se réunissant de nouveau presque immédiatement en un tronc unique. Aucun des principes caractéristiques de l'urine ne manque dans le sang, et, lorsque le rein cesse de fonctionner comme appareil sécréteur, ils s'accumulent dans le sang et sont partiellement éliminés par d'autres glandes. Il n'y a donc pas élaboration de composés nouveaux, mais simplement diffusion et passage endosmotique des résidus des métamorphoses internes. Nous trouvons par conséquent dans le liquide urinaire ces résidus dans un grand état de pureté et dégagés de tout mélange étranger. Avant d'apparaître à l'extérieur, la sécrétion du rein séjourne dans un réservoir membraneux (la vessie) où elle subit tout au plus une concentration par suite de la résorption partielle de l'eau et de ses produits solides.

Les éléments constitutifs et constants de l'urine humaine normale sont de nature minérale ou organique. Dans la première classe, nous avons en les rangeant par ordre d'importance quantitative :

L'eau, les chlorures alcalins (de sodium et de potassium), les phosphates alcalins (phosphates acides de soude et de potasse), les phosphates alcalino-terreux (phosphates acides de chaux et de magnésie), les sulfates alcalins, l'ammoniaque combinée, des traces de silice et de fluorures (fluorure de calcium), du fer (il manque quelquefois), enfin des gaz (acide carbonique libre et combiné, azote, oxygène).

Les matières organiques sont par ordre d'importance : l'urée, l'acide hippurique, l'acide urique, la créatinine et la créatine, l'acide lactique (il fait quelquefois défaut), la glucose (on n'est pas encore tout à fait d'accord sur la réalité de l'existence de ce corps dans l'urine normale), l'acide oxalique combiné à de la chaux (il peut manquer), des graisses (oléine et stéarine), une matière colorante spéciale, du mucus, des principes extractifs indéterminés, et enfin des éléments morphologiques, tels que débris d'épithélium et corpuscules muqueux dont l'origine est facile à saisir (muqueuse vésicale et urétrale). Liebig signale encore dans l'urine de chien l'existence d'un acide spécial, l'acide cynurénique. Les proportions relatives de ces composés nombreux varient dans certaines limites suivant une foule de circonstances physiologiques et pathologiques. L'espèce, l'âge, le sexe, l'état de gestation, le moment de la journée où l'observation est faite, le mouvement physique, le travail intellectuel, la phase de digestion, la nature et la quantité des aliments et des substances ingérées, les divers états de souffrances locales ou générales de l'organisme sont autant de causes qui peuvent influer sur la quantité d'urine sécrétée et sur la composition quantitative du liquide. Nous étudierons plus tard l'action des maladies à ce point de vue et nous observerons alors non-seulement des troubles dans la proportion des principes de l'urine, mais encore l'apparition de nouveaux corps, de substances anormales.

Pour le moment nous n'envisagerons l'urine qu'à un point de vue général, sans tenir compte des résultats des recherches dirigées dans telle ou telle voie et dans le but de résoudre des problèmes particuliers sur les métamorphoses dont l'économie est le siége. Ces questions trou-

veront leur place dans un chapitre à part. A cet effet, tout
ce que nous dirons ici de sa composition quantitative se
rapporte, sauf avis contraire, à la totalité de l'urine émise
en vingt-quatre heures dans l'état de santé et avec une
alimentation convenable et mixte. Le tableau suivant
donne la composition de l'urine émise en vingt-quatre
heures par dix personnes adultes, bien portantes et placées
dans des conditions ordinaires de nutrition ; il nous donne
une idée des variations que peut subir l'urine chez
l'homme, dans sa quantité et sa qualité suivant la personnalité. Ces analyses sont dues à M. Bödecker.

	1	2	3	4	5	6	7	8	9	10
Densité..............	1,028	1.019	1,0235	1,025	1,019	1,0155	1,024	1,0155	1,023	1.017
Quantité d'urine..	1430cc	2160	1150	615	1600	1370	1030	1380	1050	1150
Résidu solide approximatif......	65,8	76,7	60,4	»	»	56,8	»	»	52,8	38,8
Urée...............	38,9	38,1	35,3	33,0	31,4	30,2	28,1	23,8	22,4	20,3
Acide urique.....	1,3	0,6	0,5	1,2	0,7	0,3	1,4	»	0,4	0,3
Chlore...........	6,3	12,6	6,0	4,7	11,6	5,8	8,2	6,9	9,7	6,9
Acide phosphoriq..	4,0	3,2	2,3	2,0	2,8	3,2	2.3	2,9	2,9	1,8
— sulfurique...	1,9	4.4	4,1	1,9	2,9	2,6	2,6	2,3	2,3	1,3
Chaux............	0,4	0,2	0,6	0,2	0,5	0,2	0,3	0,3	0,3	0,2
Magnésie..........	»	»	»	»	»	0,2	0.2	»	»	0,1

L'acide hippurique qui n'est pas dans ce tableau est
constamment représenté par un nombre à peu près double de celui de l'acide urique. On voit aussi que l'acide
phosphorique est sensiblement proportionnel à l'urée.

Les gaz retirés de l'urine fraîche, non aérée, ont une
composition très-différente selon qu'on procède à l'examen pendant la digestion ou longtemps après : (PLANER.)

TABLEAU :

	Densité	Urée %	GAZ POUR 1 LITRE D'URINE.						100 DE GAZ LIB. RENFERM.		
			Gaz libr.	Gaz comb.	CO^2 libr.	CO^2 comb.	Az	O	CO^2	Az	O
Urine du matin après 14 hres d'abstinence.	1,0113	1,37	52,4	18,8	44,1	18,8	8,6	0,2	84,2	15,2	0,5
Urine 2 heures après le repas........	1,0213	2,43	108	52,5	99,6	52,5	7,8	0,5	92,3	7,2	0,5

L'urine fraîche, au moment où elle sort de la vessie, offre une réaction acide, très-rarement elle est neutre ou alcaline. Cette réaction attribuée autrefois à l'acide lactique ou même à l'acide acétique est le résultat de la présence de phosphates acides alcalins et alcalino-terreux (principalement des phosphates acides de soude et de chaux). Les acides hippurique, lactique et urique enlèvent aux phosphates neutres une partie de leur alcali et les font passer à l'état de sels acides, il peut même se faire qu'il y ait excès d'acides hippurique et lactique libres. Au bout de quelque temps de séjour à l'air la réaction acide augmente et il se forme un dépôt cristallin d'acide urique. Ce phénomène doit être attribué à des fermentations lactique et acétique. Scherer considère la matière colorante comme étant la substance fermentescible et fait jouer au mucus le rôle de ferment. D'après ce que nous savons maintenant sur ce genre de réaction il doit y avoir développement d'une levûre dont les germes seraient apportés par l'air, ils trouveraient dans l'urine tous les éléments nécessaires à leur nutrition. Si la matière colorante est bien réellement le corps qui fermente, il faut supposer qu'elle est voisine de la glucose ou la considérer comme glucoside. L'existence probable du sucre dans la sécrétion normale, ou tout au moins d'un corps analogue, permet en tous les cas de se rendre parfaitement compte de cette génération d'acide lactique.

Avant d'aller plus loin rappelons en quelques mots les propriétés chimiques de l'urée, de l'acide urique, de l'acide hippurique; nous connaissons déjà (voir muscles) la créatine et la créatinine. L'urée a la composition du cyanate d'ammoniaque dont elle représente une modification moléculaire ($C^2H^4Az^2O^2 = C^2AzOAzH^4O$); toutes les fois qu'on cherche à préparer ce sel par les procédés ordinaires (combinaison directe de l'acide cyanique avec l'ammoniaque, double échange entre le cyanate de potasse et le sulfate d'ammoniaque), on obtient de l'urée qui n'a ni les caractères des cyanates ni ceux des sels ammoniacaux.

En fixant de l'eau l'urée se change en carbonate d'ammoniaque.

$$C^2H^4Az^2O^2 + 4HO = C^2O^42AzH^4O$$

Cette réaction se produit, comme nous le savons, sous l'influence d'un ferment organisé spécial, lorsque l'urine est abandonnée à elle-même, elle suit de près la fermentation acide, car au bout d'un certain temps le liquide exhale une forte odeur ammoniacale. L'urée se forme encore par l'action des alcalis sur la créatine, de l'acide chlorhydrique sur l'allantoïne, par l'oxydation de l'acide urique, la décomposition de l'alloxane en présence des bases. L'oxydation de l'oxamide peut aussi en fournir. Elle cristallise en longs prismes aplatis, transparents, d'une saveur fraîche, très-solubles dans l'eau et dans l'alcool surtout à chaud, peu solubles dans l'éther.

Elle se combine directement à certains acides; à l'acide nitrique pour former du nitrate d'urée ($C^2H^4Az^2O^2AzHO^6$) peu soluble dans l'eau, qui se sépare de l'urine suffisamment concentrée après addition d'acide azotique, sous forme de paillettes cristallines nacrées; elle peut aussi s'unir aux acides oxalique, carbonique, chlorhydrique.

Certains sels métalliques et notamment l'azotate de mercure (AzO^5HgO) précipitent l'urée de ses dissolutions maintenues neutres au moyen de l'eau de baryte. Le précipité donné par le sel de mercure a pour formule $C^2H^4Az^2O^2,HgOAzO^5$. On utilise ce caractère pour doser l'urée.

L'urée introduite dans la circulation générale passe sans s'oxyder à travers l'économie et se trouve intacte dans l'urine; c'est donc un terme assez stable dans les conditions que réalise l'organisme.

L'acide urique, comme le montre le tableau ci-dessus, est un produit excrémentitiel de beaucoup moins de valeur que l'urée. Jusqu'à présent on n'a pu le produire artificiellement et on a dû se contenter de l'extraire de l'urine ou des excréments des animaux qui comme le serpent et les oiseaux mélangent, avant l'expulsion, leurs urines avec les matières fécales. Sa composition est représentée par la formule $C^{10}H^4Az^4O^6$. Comme on parvient à isoler tout l'azote à l'état d'urée en formant en même temps un acide non azoté, l'acide mésoxalique $C^6H^2O^{10}$, dans lequel on peut admettre l'existence d'un radical C^6O^6 diatomique (c'est-à-dire remplaçant deux équivalents d'hydrogène), le mésoxalyle, Gerhardt fait dériver l'acide urique de deux molécules d'ammonium avec substitution du cyanogène et du mésoxalyle à une partie de l'hydrogène.

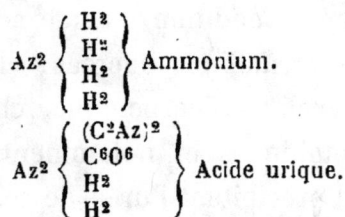

$$Az^2 \left\{ \begin{array}{l} H^2 \\ H^2 \\ H^2 \\ H^2 \end{array} \right\} \text{Ammonium.}$$

$$Az^2 \left\{ \begin{array}{l} (C^2Az)^2 \\ C^6O^6 \\ H^2 \\ H^2 \end{array} \right\} \text{Acide urique.}$$

Ce corps est presque insoluble dans l'eau ; on l'obtient sous forme d'une poudre cristalline blanche en le précipitant par l'acide chlorhydrique de ses solutions alcalines, il est bibasique (deux équivalents d'hydrogène peuvent être échangés contre deux de métal).

Les agents oxydants le dédoublent en urée et alloxane,

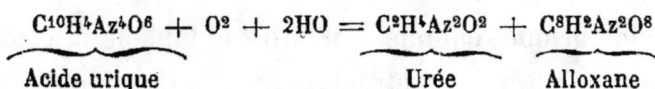

$$\underbrace{C^{10}H^4Az^4O^6}_{\text{Acide urique}} + O^2 + 2HO = \underbrace{C^2H^4Az^2O^2}_{\text{Urée}} + \underbrace{C^8H^2Az^2O^8}_{\text{Alloxane}}$$

l'alloxane fixe de l'eau en présence des alcalis et se convertit en acide alloxanique.

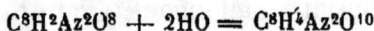

$$C^8H^2Az^2O^8 + 2HO = C^8H^4Az^2O^{10}$$

Enfin l'acide alloxanique par l'ébullition se dédouble en urée et acide mésoxalique.

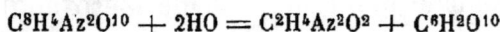

$$C^8H^4Az^2O^{10} + 2HO = C^2H^4Az^2O^2 + C^6H^2O^{10}$$

Les agents réducteurs transforment l'alloxane en alloxanthine et acide dialurique.

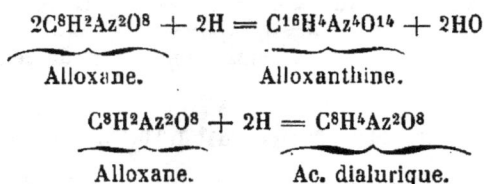

$$2C^8H^2Az^2O^8 + 2H = C^{16}H^4Az^4O^{14} + 2HO$$

Alloxane.   Alloxanthine.

$$C^8H^2Az^2O^8 + 2H = C^8H^4Az^2O^8$$

Alloxane.   Ac. dialurique.

L'alloxanthine en présence de l'ammoniaque donne une
belle matière colorante pourpre, la murexide ou purpu-
rate d'ammoniaque, employée quelque temps pour la
teinture et l'impression des tissus. On a en effet :

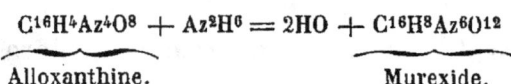

$$C^{16}H^4Az^4O^8 + Az^2H^6 = 2HO + C^{16}H^8Az^6O^{12}$$

Alloxanthine.   Murexide.

Chauffé avec de l'eau et du peroxyde de plomb, l'acide
urique fournit de l'allantoïne contenue naturellement dans
l'eau de l'amnios de la vache :

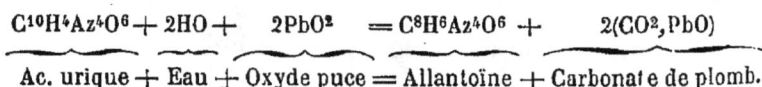

$$C^{10}H^4Az^4O^6 + 2HO + 2PbO^2 = C^8H^6Az^4O^6 + 2(CO^2,PbO)$$

Ac. urique + Eau + Oxyde puce = Allantoïne + Carbonate de plomb.

Nous n'insistons pas sur les propriétés de ces dérivés
qui sont d'un intérêt très-secondaire dans l'histoire des
réactions chimiques de l'organisme.

L'acide hippurique doit être envisagé comme le résultat de l'union d'un équivalent de sucre de gélatine et d'un
équivalent d'acide benzoïque moins les éléments de l'eau,
car d'un côté il se dédouble par l'ébullition avec les acides, ou par une espèce de fermentation qui s'établit dans

l'urine en voie de putréfaction, en acide benzoïque et sucre de gélatine :

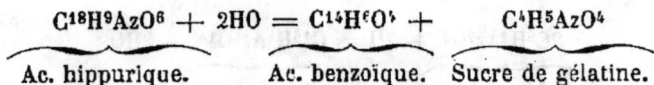

$$C^{18}H^9AzO^6 + 2HO = C^{14}H^6O^4 + \quad C^4H^5AzO^4$$

Ac. hippurique.   Ac. benzoïque.   Sucre de gélatine.

d'un autre, il peut être reproduit par l'action du chlorure de benzoïle sur le sucre de gélatine ou plutôt sur son dérivé zincique.

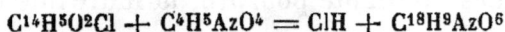

$$C^{14}H^5O^2Cl + C^4H^5AzO^4 = ClH + C^{18}H^9AzO^6$$

On l'extrait de l'urine réduite au huitième de son volume primitif en le précipitant par l'acide chlorhydrique.

Il se présente sous forme de prismes incolores, transparents, à saveur amère, à réaction fortement acide, peu solubles dans l'eau froide. Les agents oxydants portent leur action sur le sucre de gélatine et mettent de l'acide benzoïque en liberté. Il est presque inutile de faire ressortir l'analogie qui existe entre ce corps et les acides de la bile au point de vue de la constitution chimique.

Toutes les fois qu'on introduit dans l'économie animale un composé quelconque du groupe benzoïque ou du groupe cinnamique, il en ressort à l'état d'acide hippurique.

L'urée, les acides urique et hippurique ne sont pas également répandus dans l'urine de toutes les classes zoologiques. Ainsi, chez les carnivores, on trouve plus d'urée que chez les herbivores et chez l'homme, l'acide urique y est en proportion moindre que chez l'homme et peut même faire défaut (chien), l'acide hippurique

manque tout à fait ; il est surtout abondant dans la sécrétion des herbivores qui ne contient pas d'acide urique.

Les excréments des oiseaux, des reptiles, des tortues
et des poissons sont riches en acide urique.

En règle générale, une augmentation dans la proportion d'urée est accusée par une diminution dans celle
de l'acide urique.

L'acide cynurénique retiré par Liebig, de l'urine de
chien a une composition encore indéterminée et ne renferme probablement pas d'azote, il se présente sous forme
de fines aiguilles, insolubles dans l'alcool et l'éther.

La présence de la créatinine et de la créatine peut se
démontrer en ajoutant au liquide concentré du chlorure
de zinc ; au bout d'un certain temps il se forme un dépôt
cristallin d'une combinaison de créatinine avec ce sel et
ce dépôt entraîne une partie de la créatine. La quantité
de créatine émise en vingt-quatre heures par un adulte
peut s'élever à environ $0^{gr},51$, celle de la créatinine à
$1^{gr},166$ (moyenne de plusieurs observations).

L'urine humaine contient des traces de xanthine (300 kil.
en ont fourni 1 gr.).

Les quantités d'acide lactique préexistant dans le liquide frais avant toute fermentation, dépendent de l'alimentation et des conditions de l'organisme que nous
examinerons plus loin.

Y a-t-il ou non du sucre normal dans l'urine ? Cette
question est encore controversée. En ajoutant de l'acétate
neutre de plomb, on détermine dans le liquide un précipité qui n'en renferme pas traces, la partie filtrée addi-

tionnée d'ammoniaque fournit un nouveau dépôt qui, lavé et décomposé en suspension dans l'eau par un courant d'hydrogène sulfuré, donne une liqueur qui réduit énergiquement la solution de cuivre alcaline, mais ce caractère ne suffit pas pour établir avec certitude l'existence de la glucose, il faudrait tout au moins y ajouter la production d'alcool par fermentation. Jones a trouvé par la méthode précédente 2 à 3 grammes de sucre dans l'urine émise en vingt-quatre heures.

On ne sait encore rien de certain sur la nature de la matière colorante ; on y trouve quelquefois les caractères du pigment biliaire.

Qui dit extractif dit inconnu. Tout ce que nous pouvons faire, c'est de donner la proportion du reste variable de ce mélange complexe de substances indéterminées; on peut l'évaluer à $0^{gr},199$ en vingt-quatre heures, pour un kilogramme d'organisme (y compris l'acide urique et le mucus).

Le sel marin forme la majeure partie des chlorures alcalins de l'urine et on peut lui attribuer la presque totalité du chlore donné par l'analyse. La dose éliminée par les urines, est tout à fait dépendante de la quantité absorbée avec les aliments.

Un homme du poids de 67 kilogrammes placé dans des conditions normales, sécrétait par les reins en vingt-quatre heures, après avoir absorbé :

$33^{gr},6$ de sel.....................	27,302 de sel.
19 ,0 —	17,045 —
9 ,3 —	8,272 —
1 ,5 —	3,773 —

Ce tableau nous montre que pris à forte dose tout le chlorure ne se retrouve pas dans l'urine, tandis qu'avec une alimentation insuffisante l'élimination dépasse l'absorption. La proportion moyenne pour un homme en un jour est d'environ $10^{gr},0$ avec une nourriture ordinaire. Le chlorure alcalin, qui remplit certainement un rôle actif dans l'organisme, doit, à cause de ses propriétés endosmotiques, être éliminé par toutes les sécrétions, il ne peut rester dans le corps pour y fonctionner d'une manière continue; de là la nécessité de réparer les pertes éprouvées, par l'introduction journalière de quantités nouvelles.

Nous avons déjà vu pour quelles raisons il faut admettre que les phosphates de l'urine sont à l'état de sels acides. La proportion des phosphates alcalins dépasse de beaucoup celle des composés alcalino-terreux.

Ainsi sur $3^{gr},729$ d'acide phosphorique provenant d'une journée $3^{gr},112$ sont combinés aux alcalis. Lehmann éliminait en quarante-quatre heures, avec une alimentation mixte, $1^{gr},093$ de phosphates alcalino-terreux. Les doses varient du reste beaucoup suivant la contenance saline de la nourriture et d'autres conditions physiologiques. Un homme excrète par les urines, en moyenne, 7 grammes de sulfates en vingt-quatre heures, mais l'alimentation peut modifier ce rapport. L'apparition de ces sels a une certaine valeur physiologique, car une partie au moins a dû se former au sein de l'économie par voie d'oxydation des matières protéiques.

Le rein est un des principaux organes chargés de l'éli-

mination de l'eau, mais ce n'est pas le seul, aussi doit-il
s'établir un équilibre entre les divers appareils remplissant cette fonction, équilibre qui doit être rompu et modifié dans une foule de cas ; il est presque inutile de dire
que l'alimentation aqueuse plus ou moins abondante aura
aussi une influence très-marquée sur la quantité de liquide sécrété.

Réductions et oxydations de l'organisme.

Nous avons vu plus haut quel sens il faut attacher
aux expressions d'oxydation et de réduction, si nous
cherchons à appliquer à la physiologie les connaissances
générales acquises à ce sujet, si nous embrassons d'un
coup d'œil d'ensemble les phénomènes chimiques qui se
passent dans les deux règnes organiques, nous sommes
frappés au premier abord des différences profondes que
semblent présenter dans leurs réactions les plantes et les
animaux.

En effet, nous voyons les végétaux élaborer les principes immédiats qui entrent dans leur constitution aux
dépens des combinaisons du carbone, de l'hydrogène et
de l'azote les plus oxygénées et les plus simples, l'acide
carbonique, l'eau et les azotates. Pour transformer ces
substances en composés tels que les acides végétaux, les
corps hydrocarbonés, les alcaloïdes, les graisses, les résines, les huiles essentielles exclusivement composées de
carbone et d'hydrogène, la plante doit nécessairement
offrir des phénomènes de réduction très-nombreux, et

très-énergiques, en prenant cette expression dans le sens le plus large, tel que nous l'avons défini plus haut.

La réduction dans les plantes nous est encore directement révélée par le dégagement d'oxygène opéré d'une manière continue pendant le jour sur toute la surface des parties vertes, dégagement qui restitue à l'atmosphère un élément si important.

D'un autre côté, on sait que les animaux trouvent dans les aliments dont ils se servent les principes immédiats nécessaires à la nutrition de leurs organes. Ces principes n'ont plus guère à subir pour devenir aptes à l'entretien du corps que des transformations moléculaires susceptibles de les rendre solubles et absorbables. Le phénomène chimique qui prédomine dans cette classe d'êtres organisés est la respiration, véritable combustion qui détruit les principes immédiats en les amenant à l'état d'eau et d'acide carbonique, points de départ de la synthèse végétale.

D'après ce rapide aperçu, le règne végétal et le règne animal formeraient une chaîne fermée que les éléments nutritifs traversent dans le même sens et d'une manière continue, en subissant des actions réductrices dans la partie correspondante aux végétaux, et des actions oxydantes du côté animal.

On peut encore exprimer ces résultats en disant : Les plantes fonctionnent comme des appareils réducteurs, les animaux comme des appareils oxydants. Il suffit de suivre avec un peu plus d'attention la marche des phénomènes pour se convaincre que cette manière de voir, si séduisante, est néanmoins trop exclusive.

Il est vrai de dire que dans les plantes les réactions désoxydantes occupent la première place, tandis que dans le règne animal l'inverse a lieu, mais il est vrai aussi que dans le premier groupe nous trouvons des phénomènes d'oxydation très-importants, et parmi les faits chimiques qui se passent au sein de l'organisme animal on observe des désoxydations remarquables. Examinons maintenant ces réactions de plus près, et dans cet exposé suivons l'ordre que nous indique la nature elle-même, c'est-à-dire commençons par l'étude des réactions végétales.

Le fait le plus important, celui qui domine tous les autres, c'est l'absorption et la désoxydation de l'acide carbonique de l'air par les parties vertes des plantes, sous l'influence de la lumière solaire. On doit à Priestley et à Sennebier la première notion de cette fonction des feuilles.

L'absorption de l'acide carbonique n'a lieu que par les parties vertes, elle exige pour se manifester l'action de la lumière solaire directe ou diffuse. Parmi les rayons élémentaires qui composent la lumière blanche, ceux qui produisent l'impression du vert et du jaune sont seuls actifs.

On sait qu'outre les rayons lumineux proprement dits le spectre contient des rayons calorifiques et chimiques qui peuvent le déborder ; nous ne voulons donc pas dire que c'est le rayon vert qui est actif, mais que l'agent qui détermine la réaction est dans son voisinage, après la décomposition par ordre de réfrangibilité opérée par le prisme.

17

L'absorption d'acide carbonique se fait avec une rapidité remarquable; elle est toujours accompagnée d'un dégagement d'oxygène, et d'après les déterminations faites, le volume de l'oxygène exhalé est à peu près égal à celui de l'acide carbonique absorbé; cependant ce dernier point n'est pas encore suffisamment éclairci.

En étudiant la composition des plantes dans ses détails, on trouve que les substances les plus riches en oxygène, après les acides végétaux peu importants par leur masse, sont les corps hydrocarbonés, dans lesquels l'hydrogène et l'oxygène sont dans les justes proportions pour faire de l'eau, et pour la formation desquels on pourrait admettre une désoxydation complète de l'acide carbonique avec simple addition d'eau. A côté de ces corps nous en voyons d'autres, tels que les graisses, les résines, les essences, etc., qui contiennent un plus ou moins grand excès d'hydrogène. La génération de ces produits ne peut s'expliquer qu'en supposant, comme le fait Ingenhousz, que l'eau elle-même subit une réduction dans l'organisme végétal. Ces vues ont été pleinement confirmées par les beaux travaux de M. Boussingault; il a prouvé, balance en main, que pendant la végétation la plante gagne du carbone, de l'hydrogène et de l'oxygène, mais que l'oxygène de la plante pris en masse ne suffit pas pour brûler la totalité de l'hydrogène. Il résulte de là que l'oxygène exhalé par une plante provient de deux sources, l'acide carbonique et l'eau, et par conséquent son volume doit être supérieur à celui de l'acide carbonique absorbé.

En n'envisageant que le commencement et la fin de ce

phénomène capital de la végétation, à savoir l'absorption d'acide carbonique et d'eau d'un côté, le dégagement d'oxygène de l'autre on pourrait être conduit à expliquer d'une manière très-simple la génération des principes immédiats et dire : l'acide carbonique et l'eau sont réduits, le carbone et l'hydrogène s'unissent en proportions variables pour former, avec ou sans les éléments de l'eau et de l'ammoniaque, les corps les plus complexes.

Mais cette explication très-vague dont on pouvait se contenter autrefois, lorsqu'on faisait jouer un rôle très-actif aux forces vitales, ne cadre nullement avec les idées qu'on peut se faire aujourd'hui de la synthèse organique. Les progrès de la chimie moderne nous ont appris que pour arriver aux combinaisons complexes que nous offre le règne organique, il faut aller du simple au composé en passant par une série de degrés successifs. Aussi personne ne peut plus admettre la possibilité de faire du sucre en combinant directement le carbone avec l'eau. Nous prévoyons dès à présent, sans crainte de nous tromper, que si la nature ne procède pas absolument comme le chimiste dans son laboratoire, elle suit néanmoins des voies analogues et parallèles en utilisant les mêmes forces.

Longtemps avant les beaux travaux de Berthelot sur la synthèse, Liebig avait tracé d'une manière générale la marche probable des phénomènes. Il admet que la désoxydation de l'acide carbonique et de l'eau ne se fait pas tout d'une pièce, mais d'une manière progressive. C'est ainsi que ces composés se transformeraient d'abord en acides riches en oxygène (acides oxalique, tartrique, citrique, malique). Ces acides se réduiraient à leur tour pour passer à l'état de substances hydrocarbonées ; enfin ces dernières, en perdant encore de l'oxygène, donneraient les graisses, les cires, les résines et les huiles essentielles. Si toutes ces transformations n'ont pas encore été effectuées en dehors de l'économie vivante, et c'est là que doivent tendre les efforts des chimistes pour la solution complète et définitive du problème, on connaît cependant assez de faits pour pouvoir souscrire à la possibilité de ces réactions. Ainsi, l'acide carbonique peut être amené à l'état d'oxyde de carbone, qui, en s'unissant aux éléments de l'eau, produit de l'acide formique. L'acide formique se change dans certaines circonstances en acide oxalique. On est arrivé d'autre part à produire de l'alcool avec l'acide formique ; par oxydation l'alcool se change en acide acétique. Les acides tartrique, citrique et malique se dédoublent en acides oxalique et acétique, circonstance qui fait prévoir la synthèse de ces acides complexes au moyen des composés du groupe oxalique et acétique.

L'acide tartrique a été préparé par l'oxydation du sucre. Rien ne s'oppose donc à l'idée que le sucre sera un jour à son tour régénéré avec de l'acide tartrique.

En oxydant le sucre et les gommes on obtient l'acide mucique et l'acide oxysaccharique qui ne diffèrent de l'acide citrique que par un atome d'eau en plus. Quant à la production des graisses aux dépens des substances hydrocarbonées, elle doit être également reconnue comme possible. Car nous savons d'un côté, par les recherches de M. Pasteur, que la glycérine qui entre dans la constitution des corps gras neutres est un produit constant de la fermentation alcoolique des sucres ; d'un autre nous n'avons qu'à rappeler la fermentation butyrique

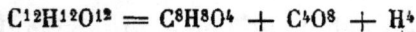

$$C^{12}H^{12}O^{12} = C^8H^8O^4 + C^4O^8 + H^4$$

pour montrer comment un acide gras de la série $C^{2n}H^{2n}O^4$ peut prendre naissance aux dépens d'un sucre.

Les phénomènes qui se passent pendant la maturation des fruits viennent à l'appui de l'idée d'une transformation des acides végétaux en substances hydrocarbonées. On observe en effet qu'à mesure que les fruits mûrissent, les acides végétaux disparaissent et sont remplacés par des sucres.

Après ce rapide aperçu hypothétique et à vol d'oiseau des phénomènes au moyen desquels doit s'opérer la génération des principes immédiats, nous signalerons encore quelques réductions frappantes, mais d'un moindre intérêt général.

On sait que certains végétaux renferment des huiles essentielles sulfurées, telles que l'essence de moutarde, ou sulfocyanure d'allyle, et l'essence d'ail ou sulfure d'allyle. Si nous cherchons l'origine du soufre qui a servi à la production de ces essences, nous ne la trouvons que dans les sulfates minéraux, introduits par les racines et puisés dans le sol. Ces sulfates ont dû subir une réduction complète et énergique.

L'azote des plantes peut provenir de deux sources :

l'ammoniaque et les nitrates. Des expériences positives prouvent l'influence très-marquée des nitrates sur le développement de la plante. Il est évident, que pour fournir l'azote nécessaire à la génération de composés tels que le gluten, l'albumine, la caséine végétale, ces nitrates ont perdu leur oxygène. La transformation des nitrates en ammoniaque ou en composés analogues, est du reste un fait bien connu. A côté de ces réductions nombreuses qui constituent un des rôles les plus marquants de la vie chimique de la plante, nous trouvons d'autres transformations où l'oxydation a une part active.

En même temps qu'on découvrait la respiration diurne des plantes, on observait aussi que la nuit ou pendant l'obscurité il se produit un effet inverse; de l'oxygène est absorbé et de l'acide carbonique se dégage des feuilles. On crut naturellement avoir affaire à une combustion comparable à celle de la respiration animale. Les plantes défont, disait-on, la nuit ce qu'elles ont édifié le jour, et leur développement n'est qu'un résultat de deux effets antagonistes.

Des recherches récentes ont conduit à une interprétation plus rationnelle et purement physique du phénomène nocturne. Il serait le résultat d'un échange par diffusion des gaz de l'atmosphère et de l'acide carbonique en excès que renferment les liquides intracellulaires; cet acide carbonique provient soit de celui qui, absorbé le jour, n'a pas encore été réduit, soit de celui qui a pénétré en solution par les racines. Il est évident que cet échange doit continuer le jour, mais il est rendu inappréciable par l'échange inverse qui prédomine. Reste à savoir si l'oxygène ainsi absorbé peut jouer un rôle chimique. Pour admettre une conclusion négative à cet égard, il ne suffit pas de prouver, comme l'ont fait MM. Cloez et Gratiolet, que dans l'obscurité les parties vertes ne produisent pas d'acide carbonique, car nous avons vu qu'il peut y avoir oxydation sans dégagement d'acide carbonique.

C'est surtout pendant la germination des graines et la floraison que l'oxydation est évidente et nécessaire.

Voici en résumé les conclusions auxquelles on est arrivé :

1° La présence de l'oxygène est indispensable pour que l'acte de la germination commence et se continue.

2° Pendant la germination la semence absorbe de l'oxygène et dégage de l'acide carbonique.

M. Boussingault a prouvé de plus, en comparant la composition de la graine à celle de la plante formée à ses dépens pendant la germination, qu'il y a perte de matière organique, c'est-à-dire de carbone, d'hydrogène, d'azote et d'oxygène ; le poids de l'oxygène ainsi émis à l'état d'acide carbonique et d'eau, est supérieur à celui de l'oxygène perdu par la plante, l'excès représente le gaz enlevé à l'atmosphère.

On sait encore que dans les germoirs des brasseurs, où l'on accumule de grandes quantités d'orge humectée, la température s'élève très-notablement. Ce fait physique vient à l'appui de l'idée qu'on se fait de la germination au point de vue chimique en la comparant à la respiration animale. Pendant la floraison on observe également une

absorption d'oxygène et un dégagement d'acide carbonique. D'après d'anciennes expériences de De Saussure le
rapport des deux gaz serait égal à l'unité. Les quantités
de gaz émis et absorbés varient avec la nature de la fleur
et la partie de la fleur considérée. Il y a toujours corrélation directe entre l'énergie de la combustion et la quantité de chaleur dégagée.

Lorsque la feuille doit cesser de remplir ses fonctions,
en automne par conséquent, sa chute est toujours précédée d'un changement frappant dans sa couleur. De verte
qu'elle était, elle prend une teinte jaune, en passant par
diverses nuances intermédiaires. Ce phénomène coïncide
avec un arrêt ou une perturbation des réactions qu'elle est
chargée d'opérer. Aux réductions énergiques succèdent
des oxydations qui déterminent les modifications de la
matière colorante.

Des phénomènes d'oxydations si limitées que nous offre
la vie des plantes, passons à ceux beaucoup plus importants du règne animal.

Le nombre des principes immédiats qui entrent dans
la constitution de l'organisme animal est plus restreint
que dans les plantes ; leur nature est aussi plus uniforme.

En effet, si nous voyons chaque famille, quelquefois
chaque genre et chaque espèce élaborer des corps particuliers qui lui sont propres et la caractérisent aussi
bien que la forme de la fleur, nous devons passer, pour
trouver des différences dans la nature des composés organiques des animaux, d'une des grandes divisions de la
zoologie à l'autre.

Ce n'est par exemple que dans les animaux inférieurs, que nous voyons la cellulose remplacer la fibrine dans la composition des muscles et des organes.

Commençons, pour entrer dans le domaine des réactions, par rechercher, comme nous l'avons déjà fait pour les plantes, quel genre de matériaux l'animal prend au dehors pour entretenir le mouvement chimique qui forme une des manifestations de la vie.

Les voies par lesquelles ces matériaux peuvent pénétrer sont, d'un côté, la surface atmosphérique des vésicules pulmonaires et la peau, de l'autre, le tube digestif dans toute sa longueur, et plus particulièrement l'estomac et l'intestin grêle.

Les vésicules pulmonaires et la peau ne peuvent admettre que des éléments gazeux empruntés à l'atmosphère, en supposant, bien entendu, l'animal plongé dans ce milieu. (L'expérimentation a de plus démontré d'une manière certaine que le seul élément utile, emprunté par l'animal à l'atmosphère, est l'oxygène.)

Le tube digestif sert à l'introduction dans l'organisme des matériaux liquides et solides préalablement dissous, c'est-à-dire des aliments.

On donne généralement le nom d'aliments aux produits solides ou liquides que l'animal introduit par un effet de sa volonté dans le tube digestif; nous restreindrons pour le moment cette définition, et nous appellerons aliments les substances qui peuvent être absorbées et concourir d'une manière utile à l'entretien ou au développement de l'organisme, et même, comme pendant la digestion il n'intervient aucun phénomène d'oxydation et de désoxydation, nous les supposons toutes prêtes à être absorbées.

Ceci posé, nous avons vu que les aliments, en apparence très-divers, se groupent en quatre classes distinctes.

A savoir : 1° Aliments azotés, analogues à l'albumine, ou aliments protéiques;

2° Aliments hydrocarbonés (sucres, gommes, dextrine);

3° Matières grasses diverses ;

4° Aliments minéraux (eau et sels minéraux).

Ces produits peuvent être tous fournis soit par la nourriture végétale, soit par la nourriture purement animale.

Si maintenant nous comparons la composition des organes et des principaux liquides de l'économie à celle des produits alimentaires, nous y trouvons de l'eau, des substances protéiques, des matières grasses et des sels semblables.

L'oxygène et les substances hydrocarbonées ne se retrouvent que dans les liquides de l'économie, et notamment dans le sang. Ainsi, le sucre absorbé dans le tube digestif, ou formé dans le foie, traverse encore les poumons, mais disparaît dans son passage à travers le système artériel. Nous trouverons plus loin quelles sont les fonctions des corps de cette espèce, et comment ils s'éliminent.

De tout cela nous sommes en droit de conclure que pour l'entretien de ses organes, le corps de l'animal trouve au dehors les principes immédiats tout formés, et qu'ils n'ont besoin pour être assimilés que de subir des transformations beaucoup moins marquées que celles des aliments des plantes.

Ce n'est donc pas dans la période de régénération et de développement des tissus que nous devons chercher les phénomènes chimiques les plus saillants, mais dans celle de destruction, c'est-à-dire dans la période où les anciens éléments des tissus font place à de nouveaux, et disparaissent en se transformant en produits excrémentitiels propres à être éliminés.

Cette période, on doit s'en souvenir, nous a fait complétement défaut dans l'étude des réactions végétales, non parce qu'elle n'existe pas, mais parce qu'elle est encore peu connue, et certes des recherches dans cette voie fourniraient d'utiles résultats.

Pour pouvoir nous rendre compte de la marche de ces phénomènes, nous avons dû étudier les produits excrémentitiels.

Les voies par lesquelles les matériaux devenus impropres à l'organisme sont expulsés, sont les poumons, la peau, les reins, et l'extrémité du gros intestin. Nous ferons abstraction dans les matières fécales des résidus d'aliments non absorbés.

Les produits excrétés par les poumons, en laissant de côté la partie de l'air atmosphérique qui n'est pas utilisée après l'inspiration, sont l'eau, l'acide carbonique et l'azote, c'est-à-dire les mêmes corps qui sortent d'un tube à combustion, lors de l'analyse élémentaire d'une substance azotée brûlée avec de l'oxyde de cuivre.

La peau fonctionne comme les poumons, et sécrète en outre des acides tels que l'acide sudorique, l'acide formique, l'acide acétique et peut-être les acides propionique et butyrique.

Dans l'urine, outre l'eau et les sels minéraux, nous avons trouvé comme produits principaux :

1° L'urée,

2° L'acide urique,

3° L'acide hippurique,

4° La créatine et la créatinine,

5° Une matière colorante en proportions très-minimes.

L'élimination par les matières fécales ne renferme que les produits plus ou moins modifiés de la bile, et des autres glandes qui déversent leurs liquides dans le tube digestif.

Tous ces produits excrémentitiels sont très-riches en oxygène, en comparaison des aliments et des principes immédiats de l'organisme. Ce sont évidemment des dérivés d'oxydation plus ou moins avancés des graisses, des substances hydrocarbonées, des matières protéiques, et nous pouvons prévoir facilement que l'agent oxydant n'est autre que l'oxygène absorbé pendant la respiration.

Phénomènes chimiques de la respiration.

Par la contraction d'un certain ensemble de muscles l'animal augmente la capacité thoracique. Les poumons, que nous pouvons considérer comme un sac membraneux renfermé dans la cavité complétement close du thorax, sac qui communique librement avec l'air extérieur par l'intermédiaire d'un tube à parois rigides, doivent se dilater en même temps que la cage thoracique par une raison purement physique, et laisser pénétrer l'air extérieur. Lorsque l'action des muscles inspirateurs cesse, la capacité thoracique est ramenée à ses dimensions primitives par le fait de l'élasticité de ses parois et des poumons, ainsi que par un système de muscles expirateurs, qui cependant n'agissent que dans les expirations forcées.

L'air inspiré présente la composition moyenne de l'atmosphère, c'est-à-dire qu'il est formé de :

Azote..............................	79,200
Oxygène..............................	20,797
Acide carbonique........................	0,003
	100,000

Eau en vapeur. Une quantité variable avec l'état hygrométrique, mais qui n'atteint jamais le maximum de saturation pour la température actuelle.

L'analyse de l'air expiré par l'homme conduit en moyenne aux résultats suivants :

Azote..............................	81,200
Oxygène..............................	14,797
Acide carbonique........................	4,003
	100,000

De plus, cet air est toujours saturé de vapeur d'eau. Sa température est celle du corps humain (37° centigr.), quand la température ambiante n'est pas au-dessous de 10°.

Si nous admettons provisoirement que tout l'acide carbonique a été formé aux dépens de l'oxygène absorbé (ce qui n'est pas toujours vrai), comme ce composé contient son propre volume d'oxygène, il manquerait dans l'air expiré 6 °/₀ d'oxygène, dont 4 °/° ont été employés à faire de l'acide carbonique. La perte des deux autres centièmes peut être rapportée à différentes causes. Ainsi, en supposant qu'il n'y a eu ni exhalation ni absorption d'azote, ils ont dû probablement servir à brûler de l'hydrogène, mais, comme la simple analyse de l'air inspiré et expiré ne peut nous donner aucun éclaircissement sur la réalité de l'hypothèse que nous venons de faire relativement à l'azote, on voit facilement que par cette méthode le problème de la respiration reste indéterminé, et qu'on ne peut tirer aucune conclusion certaine des résultats de l'analyse, joints à la connaissance du volume d'une expiration et du nombre d'expirations exécutées dans l'unité de temps. Cependant, si nous tenons compte des résultats obtenus par M. Regnault par une voie différente, nous pourrons négliger la faible exhalation d'azote qui s'observe dans la majorité des cas, et qui ne dépasse pas les deux centièmes du poids de l'oxygène absorbé, et le mode d'expérimentation indiqué plus haut, du reste très-commode par la rapidité d'exécution, nous donnera, à très-peu de chose près, le rapport entre l'oxygène absorbé et l'acide carbonique exhalé.

Valentin admet que ce rapport en volume est constant,

et égal à $\frac{1}{0\,8516}$; il fait remarquer qu'il est égal au rapport inverse des racines carrées des densités de ces deux gaz, comme l'exige la loi de diffusion des gaz, de Graham, et il en conclut que dans la respiration normale l'échange entre l'oxygène et l'acide carbonique se fait suivant une loi de physique ; mais outre que le rapport est loin d'être aussi constant que semble le croire Valentin, la loi de Graham relative à la diffusion des gaz à travers une cloison poreuse a été démontrée inexacte par les recherches de M. Bunsen.

Ce chimiste a prouvé qu'entre certaines limites, la vitesse avec laquelle un gaz traverse un diaphragme poreux est proportionnelle :

1° A la différence de pression du gaz au-dessus et au-dessous du diaphragme ;

2° A un coefficient de frottement qui dépend :

   a. De la nature du gaz,

   b. De la nature du diaphragme.

Ces propositions s'appliquent également aux pressions partielles des gaz mélangés. Si les coefficients de frottement relatifs à l'oxygène, à l'acide carbonique et à la membrane pulmonaire étaient déterminés, on pourrait calculer le rapport physique des deux gaz échangés, et le comparer à celui donné par l'expérience.

Comme il est facile de l'imaginer, ce coefficient doit varier sous l'influence d'une foule de causes, et l'on explique par là les variations du rapport expérimental. Quoi qu'il en soit, nous pouvons comparer l'exhalation de l'acide carbonique à ce qui se passe lorsque de l'eau, te-

nant ce gaz en dissolution, est abandonnée dans un vase
à large ouverture fermé par une membrane.

L'acide carbonique, dissous dans le sang veineux en
proportions notables, comme l'ont démontré les recherches de Magnus, tend à se mettre en équilibre de pression
avec l'acide carbonique contenu dans l'air qui remplit les
poumons, d'où il résulte que l'exhalation doit se faire
facilement.

Ajoutons, cependant, que l'air qui remplit les vésicules
pulmonaires doit renfermer, et renferme en effet plus
d'acide carbonique que l'atmosphère, car dans une expiration, même forcée, on n'expulse qu'une partie du gaz
qui s'y trouve. Le mélange de l'air frais avec l'air pulmonaire ne peut se faire mécaniquement que dans les
grosses ramifications des bronches, tandis que dans les
tubes capillaires et les vésicules l'équilibre ne peut s'établir que par une diffusion toujours assez lente. Malgré cela,
la différence de pression entre l'acide carbonique dissous
et celui de l'air pulmonaire est suffisante pour permettre
une exhalation facile. Ce que nous venons de dire ne
s'applique évidemment qu'au gaz simplement dissous dans
le sérum, et non à celui qui peut être retenu par une
force chimique soit à l'état de carbonate, soit peut-être
par l'influence des globules du sang.

Nous avons démontré, à propos des gaz du sang, que
la dissolution de l'oxygène pendant la respiration n'est
pas le résultat d'un phénomène de même ordre, soumis
aux seules lois physiques de l'absorption des gaz, et
que la puissance d'absorption du sang pour l'oxygène est

incomparablement plus grande que celle de l'eau. Cette augmentation dépend des globules, car du sang défibriné absorbe un excès d'oxygène comparativement à l'eau pure, tandis que le sérum se comporte à peu près comme ce dernier liquide ; or, entre le sang défibriné et le sérum, il n'y a de différence que les globules.

Lorsque, par l'addition d'une quantité suffisante d'eau au sang défibriné, on a déterminé la rupture des globules et la solution de leur contenu dans le sérum étendu, le liquide résultant, si l'on en juge par les changements de couleur qu'il éprouve sous l'influence de l'oxygène, serait encore susceptible d'être modifié par ce corps. L'agent actif dans cette circonstance paraît être l'hématine. Dans les diverses espèces animales la grosseur des globules est en rapport avec l'activité des phénomènes respiratoires (M. Edwards).

Nous pouvons expliquer ces résultats de deux manières. Ou bien l'oxygène absorbé peut entrer immédiatement en combinaison, et sert à brûler sur place les matériaux du sang. Lorsque nous nous occuperons de la question du lieu où se produisent ces oxydations au sein de l'économie, nous verrons que cette manière de voir est en opposition avec les observations, et que la combustion ne s'opère pas, comme le croyait Lavoisier, dans le poumon même, ou au moins que celle qui a lieu dans le tissu pulmonaire n'est qu'une faible fraction de la combustion totale. Il ne reste plus alors qu'à admettre que l'oxygène s'unit aux globules, ou aux matériaux qui s'y trouvent ; mais cet état de combinaison est instable,

18

et n'enlève pas à ce corps son pouvoir comburant qu'il
va exercer, entraîné par les globules dans le torrent circulatoire, dans la profondeur de tous les tissus et du réseau capillaire.

Les expériences de M. Schoenbein, qui démontrent que
les globules sanguins ont une influence modificatrice sur
l'oxygène et exaltent ses affinités, viennent encore à l'appui de ce que nous avons dit, et permettent d'expliquer la
rapidité avec laquelle l'oxygène absorbé peut exercer la
combustion.

Voici une expérience de Joh. Müller qui nous semble
conduire au même résultat. On peut expulser tout
l'oxygène du sang en le faisant bouillir dans le vide, après
addition d'eau, mais si l'on ajoute préalablement de l'a-
cide tartrique, on ne retirera plus que très-peu de ce gaz
par le même procédé ; il nous semble probable, que l'a-
cide tartrique est dans ce cas presque immédiatement, ou
au moins partiellement, oxydé. Nous le croyons d'autant
plus volontiers que l'acide tartrique libre, ou la moitié
de celui des bitartrates introduit dans le sang, ne reparaît
pas dans les urines.

Ce mode de combinaison de l'oxygène avec les matériaux des globules, n'est pas du reste sans analogue.
Ainsi, nous avons vu que l'essence de térébenthine est
susceptible d'absorber de grandes quantités de ce gaz,
que ses affinités sont par là exaltées, et qu'il reste ainsi
pendant quelque temps uni à l'essence, mais encore capable de se porter sur d'autres produits d'une oxydation
facile qui sont mis en rapport avec elle.

Le résultat immédiat de l'inspiration pulmonaire est l'absorption de l'oxygène et sa dissolution physique et chimique dans le sang. Le résultat plus éloigné est une combustion lente, soit des tissus, soit des éléments du sang, avec formation d'acide carbonique, d'eau et d'autres composés plus complexes riches en oxygène, intermédiaires entre les principes immédiats de l'organisme et les produits ultimes de destruction. Cette combustion doit nécessairement être accompagnée d'un développement de calorique, et il est très-naturel de la considérer comme la cause du dégagement de chaleur qui maintient le corps d'un animal à une température constante, en réparant les pertes qu'il fait incessamment par rayonnement et par contact.

Dès 1787, Lavoisier avait nettement posé la solution du grand problème de la respiration, et ses remarquables conclusions sont restées entières et vraies, malgré les immenses progrès de la chimie depuis près d'un siècle. Les travaux de ses successeurs n'ont fait que confirmer ce qu'il avait avancé, ou modifier les détails de ses aperçus, détails qu'il considérait du reste lui-même comme provisoires. En comparant le volume de l'oxygène absorbé par un animal à celui de l'acide carbonique qu'il exhale dans le même temps, il trouva que ce dernier est toujours plus faible. Admettant *à priori* que tout l'oxygène absorbé est employé à brûler les éléments du sang, il en conclut que la partie qui ne sert pas à la formation d'acide carbonique est employée à faire de l'eau.

Disons de suite que cette manière de voir, alors hypothétique, a été confirmée, comme nous le verrons plus loin, par les recherches que M. Boussingault a entreprises par des méthodes tout à fait différentes.

Dans leur grand travail sur la respiration, MM. Regnault et Reiset ont employé un procédé analogue. Comme Lavoisier, ils ont déterminé l'oxygène absorbé par un animal dans un temps assez long, et l'acide carbonique éliminé ; mais, comme toujours, les procédés de M. Regnault portent un cachet de précision, et présentent un soin à éviter les causes d'erreurs, qui ne laissent aucun doute sur l'exactitude parfaite des résultats. Si le principe même de l'expérience est le même que dans les recherches de Lavoisier, les détails sont bien distincts, et il faut lire dans le mémoire original, qui est un modèle à suivre dans de semblables recherches, la description des appareils et la manière de s'en servir. Le cadre que nous nous imposons ne nous permet pas de tirer un autre fruit de ce mémoire, que d'en extraire les résultats fondamentaux.

Voici en quelques mots les conditions dans lesquelles MM. Regnault et Reiset ont opéré :

L'animal soumis à l'expérience vivait dans un espace complétement clos, dans lequel on maintenait la composition de l'air à peu près constante en absorbant d'une manière continue l'acide carbonique formé et en fournissant l'oxygène enlevé. Connaissant le volume d'oxygène pur introduit pendant la durée de l'expérience, la composition de l'air du récipient au commencement et à la fin, le volume du récipient et le poids de l'acide carbonique produit, on avait tous les éléments nécessaires pour calculer les données qu'une semblable méthode est capable de fournir. Les expérimentateurs ont trouvé, conformément aux conclusions de Lavoisier, que le rapport entre l'oxygène de l'acide carbonique exhalé et l'oxygène consommé varie entre 0,919 et 0,677, c'est-à-dire est constamment plus petit que 1.

En général, ils ont observé une exhalation d'azote libre, mais en quantités très-faibles ; ainsi en moyenne le rapport entre les poids d'azote et de carbone exhalés est de 0,02165, et ne dépasse pas 0,04064.

C'est dans le courant de ces expériences qu'ils ont démontré le fait annoncé plus haut, à savoir que, dans des atmosphères plus riches en oxygène que l'air, voire même dans l'oxygène pur, la quantité de ce gaz consommé ne change pas.

On peut se demander, comme l'a fait du reste Lavoisier, si tout l'acide carbonique provient de la combinaison de l'oxygène absorbé avec les matériaux du sang, et si une partie ne dérive pas de l'oxygène que doivent fournir ces matériaux eux-mêmes.

On peut encore soulever cette question : est-il bien certain que l'oxygène qui ne se trouve pas dans l'acide carbonique a servi à faire de l'eau ?

La méthode de Lavoisier, perfectionnée par M. Regnault, ne peut donc pas éclaircir en entier le problème respiratoire, et donner une certitude complète sur la véritable répartition de l'oxygène absorbé pendant la combustion interne.

En admettant ces deux questions comme résolues positivement, et en calculant d'après cela, et les données de l'expérience, avec la connaissance des caloriques de combustion du carbone et de l'hydrogène, la quantité de chaleur dégagée, en mesurant d'un autre côté directement la chaleur émise par un animal dans le même temps, Lavoisier d'abord, et après lui Dulong et Despretz, ont établi que le calorique de combustion représentait en moyenne 0,90 du calorique émis ; d'après ce résultat, et en réfléchissant que les erreurs d'observation tendent plutôt à abaisser le calorique de combustion qu'à l'élever, on est conduit à admettre que la combustion est la seule et unique source de chaleur animale.

M. Boussingault, dont les recherches ont jeté un si grand jour sur les phénomènes chimiques des organismes vivants, a imaginé une méthode différente qui permet de faire un pas de plus dans la question des oxydations.

Supposons un animal adulte, placé dans des conditions de nutrition telles, que son poids reste à peu près constant pendant la durée de l'expérience qui doit toujours être prolongée plusieurs jours, pour fournir une moyenne ; admettons de plus que l'équilibre se maintient entre les différentes parties de son corps, c'est-à-dire qu'un genre de tissu (le graisseux, par exemple) ne se développe pas aux dépens d'un autre (le musculaire). Après quelques tâtonnements, on arrive à déterminer la ration nécessaire pour atteindre ce but, c'est la ration d'entretien.

Il est dès lors évident que tout ce que l'animal absorbe en aliments et en oxygène doit se trouver dans les déjections respiratoires et excrémentitielles, puisque l'organisme, tout en se renouvelant, reste cependant identiquement ce qu'il était au début. Nous pouvons comparer cet état à celui d'un vase qui reçoit constamment de l'eau fraîche d'un côté, tandis que l'ancienne se déverse d'un autre.

Connaissant la quantité et la composition élémentaire des aliments solides et liquides ingérés, celle des excréments solides ou liquides éliminés dans le temps nécessaire pour que l'assimilation et la combustion des produits fournis à l'organisme, puissent se faire, et pour que le poids du corps, modifié par la nourriture, soit revenu à son état initial, nous pourrons déjà calculer par différence ce qui se perd de carbone, d'azote, d'hydrogène et d'oxygène par les voies respiratoires. La détermination directe de l'oxygène absorbé et de l'acide carbonique émis dans le même temps, ne sera utile que comme vérification de l'exactitude de la méthode suivie. L'exemple suivant, que nous empruntons au mémoire de M. Boussingault (*Annales de chimie et de physique,* 3me série, t. II), va nous montrer tout le parti que l'on peut tirer de ce genre d'expériences, en même temps qu'il nous servira de type des phénomènes chimiques de la respiration.

La tourterelle soumise aux expériences était placée dans une cage avec un fond mobile en verre, permettant de recueillir avec exactitude les excréments. Elle se nourrissait à discrétion avec du millet dont une provision suffisante était gardée dans un flacon bien bouché et dont la teneur en eau, sels et matières organiques, avait été déterminée rigoureusement Le millet placé dans un vase conique à ouverture étroite était pesé exactement chaque jour après l'addition de nouvelles portions et avant ; on obtenait ainsi la quantité prise par l'animal en vingt-quatre heures.

Pendant deux séries d'expériences, l'une de cinq jours, l'autre de sept, le poids de la tourterelle n'avait pas varié d'une manière sensible ; on peut admettre qu'elle s'était mise elle-même à la ration d'entretien.

PREMIÈRE SÉRIE D'EXPÉRIENCES DURANT CINQ JOURS.

1º Poids de l'animal au début................. 187,90
    —   —   au bout de 5 jours....... 186,27
2º Millet brut consommé..................... 76,64

Contenant :

Eau................................... 10,73
Matière solide........................ 65,91

formée de :

Sels.................................. 1,70
Matière organique..................... 64,21
                                   65,91

La matière organique renferme :

Carbone............................... 30,37
Hydrogène............................. 4,15
Azote................................. 2,17
Oxygène............................... 27,52
                                   64,21

3º Poids des excréments bruts............... 37,30

contenant :

Eau..	22,26
Matière solide..............................	15,04

formée de :

Sels...	1,77
Matière organique.......................	13,27
	15,04

La matière organique renferme :

Carbone.	5,96
Hydrogène.................................	0,77
Azote.......................................	1,39
Oxygène....................................	5,15
	13,27

La tourterelle a donc éliminé par les poumons et la peau en cinq jours $64,21 - 13,27 = 50,94$ de matière organique solide, provenant des aliments ingérés, sous forme d'eau, d'azote et d'acide carbonique, et cette matière organique contenait :

Carbone.	24,41
Hydrogène..................................	3,38
Azote..	0,78
Oxygène.....................................	22,37
	50,94

DEUXIÈME SÉRIE DE SEPT JOURS.

1° Poids initial de l'oiseau.................	186,70
— poids final........................	185,47
2° Millet brut consommé en 7 jours.........	117,62

contenant :

Eau.. 16,47
Matière solide................................ 101,15

formée de :

Sels.. 2,61
Matière organique............................. 98,54
                                            ―――――
                                              101,15

La matière organique renferme :

Carbone....................................... 46,60
Hydrogène..................................... 6,36
Azote... 3,34
Oxygène....................................... 42,24
                                            ―――――
                                              98,54

3° Poids des excréments bruts................. 62,99

contenant :

Eau... 38,934
Matière solide................................ 24,056

formée de :

Sels.. 2,580
Matière organique............................. 21,476
                                            ―――――
                                              24,056

La matière organique renferme :

Carbone....................................... 9,77
Hydrogène..................................... 1,20
Azote... 2,20
Oxygène....................................... 8,31
                                            ―――――
                                              21,48

La tourterelle a donc éliminé par les poumons et la peau en 7 jours 98,54 — 21,48 = 77,06 de matière organique solide provenant des aliments ingérés et contenant :

Carbone.	36,83
Hydrogène...............................	5,16
Azote.	1,14
Oxygène.	33,93
	77,06

En sommant ces deux séries et en divisant les résultats par le nombre de jours 12, nous trouvons pour l'entretien et le départ en 24 heures :

	Sels.	Mat. organ.	Carbone.	Hydrogène.	Azote.	Oxygène.
Aliments.........	0,359	13,562	6,414	0,875	0,459	5,813
Excréments......	0,362	2,895	1,310	0,164	0,299	1,121
Éliminat. pulmonaire et cutanée.	0,003	10,667	5,104	0,711	0,160	4,692

Les conclusions qu'on peut tirer de ces résultats sont très-nettes, grâce au soin avec lequel l'expérience a été faite.

Une partie seulement du carbone, de l'hydrogène, de l'azote et de l'oxygène de la masse alimentaire, se retrouve dans les excrétions.

La tourterelle exhale de l'azote, ce qui est conforme aux données fournies par les expérimentateurs qui se sont occupés de cette question. Les $5^{gr},104$ de carbone brûlés et exhalés correspondent à $9^{l},441$ d'acide carbonique ; les $0^{gr},16$ d'azote exhalés correspondent à $0^{l},126$. L'azote exhalé, provenant de l'organisme, est donc à peu près le centième en volume de l'acide carbonique produit. Ce résultat tombe entre les limites assignées par M. Regnault par une méthode toute différente. Mais la conséquence la plus importante découle de la comparaison des poids d'oxygène et d'hydrogène fournis par les aliments à l'exhalaison pulmonaire. En consultant le tableau précédent, on voit que l'oxygène et l'hydrogène éliminés par cette voie ne sont pas dans les rapports pour former de l'eau. En effet, l'oxygène dissipé en un jour étant de 4,69, exigerait 0,636 d'hydrogène ; par conséquent, l'hydrogène excédant qui est brûlé comme l'est le carbone par le concours de l'oxygène de l'air, est alors $0^{gr},07$. Ainsi se trouve établi directement par l'expérience ce fait d'abord hypothétiquement admis, qu'une fraction de l'oxygène absorbé par les poumons sert à faire de l'eau.

M. Boussingault a vérifié ses résultats en déterminant directement l'acide carbonique émis dans un temps donné par la même tourterelle.

La moyenne d'un assez grand nombre d'expériences a donné pour le carbone brûlé en vingt-quatre heures le nombre 4,752, très-voisin de celui des dosages indirects 5,10.

Dans la plupart des expériences de ce genre, l'oxygène de la matière organique éliminée par les poumons ne suffisant pas à la combustion de la totalité de l'hydrogène qui s'échappe sous forme de vapeur d'eau, nous pouvons admettre avec certitude que tout l'acide carbonique exhalé a été formé aux dépens de l'oxygène absorbé dans

les poumons; mais dans le cas contraire il faudrait attribuer à une portion de l'acide carbonique exhalé une autre source, une partie dériverait de l'oxygène de la masse
alimentaire. C'est en effet ce que l'on observe dans certains cas particuliers, surtout avec une alimentation féculente. Il résulte de tout cela que la masse excrémen-
titielle proprement dite ne contient pas tout l'oxygène des
aliments et ne renferme aussi qu'une partie de ses autres
éléments (carbone, azote et hydrogène); le plus souvent
cet oxygène qui manque est insuffisant pour brûler l'hydrogène émis par les poumons à l'état d'eau, mais cependant il peut arriver des cas où il est en excès.

Ces résultats généraux vont nous permettre d'entrer
plus avant dans l'étude des phénomènes d'oxydation de
l'organisme. Nous étudierons successivement la combustion des trois groupes de matières alimentaires.

Les substances neutres hydrocarbonées (sucres), qui forment une des bases de l'alimentation, n'entrent pas dans
la constitution de nos organes, au moins en dehors de la
période intra-utérine et le foie excepté (encore le glycogène se forme-t-il aux dépens de produits azotés). D'un
autre côté, l'urine normale ne renferme aucun produit
dérivé de leurs transformations au sein de l'économie animale. La sueur seule contient des acides volatils (formique, acétique, etc.), dont l'origine peut être cherchée dans
la matière sucrée, mais ces acides s'y trouvent en masse
si minime, qu'on ne peut y attacher une grande importance dans l'étude générale des phénomènes d'oxydation.
Les substances de ce groupe introduites journellement

dans le sang en proportions notables doivent donc en sortir sous forme de gaz carbonique et d'eau. Elles peuvent aussi se transformer en graisse, mais cette dernière mutation n'acquiert de l'intérêt au point de vue général où nous nous plaçons en ce moment, qu'autant qu'il y a réellement accumulation progressive de glycérides dans l'organisme, autrement le passage du sucre à l'état de corps gras n'est qu'un état transitoire qui précède la combustion totale, et nous n'entendons pas dire ici que la combustion se fait en une fois et sans gradation. Nous laisserons donc pour le moment cette dernière réaction de côté pour la reprendre plus loin.

Pour la combustion du sucre, comme le montre sa formule, le rapport entre l'oxygène consommé et l'acide carbonique formé est égal à un (en volumes); aussi M. Regnault a-t-il trouvé que le rapport entre l'oxygène absorbé pendant la respiration et l'acide carbonique exhalé prend sa plus petite valeur et se rapproche de l'unité lorsque l'animal est soumis à un régime féculent. Ainsi un chien nourri avec des substances féculentes consomme par kilogramme et par heure 1^{gr},242 d'oxygène, dont les 928 millièmes sont employés à faire du gaz carbonique. Le même animal, nourri avec de la viande, a consommé par kilogramme et par heure 1^{gr},920 d'oxygène, dont les 748 millièmes seulement ont servi à brûler du carbone.

La combustion du sucre dans le sang paraît être très-rapide. Il peut venir de deux sources : 1° l'alimentation; 2° le foie ; mais, quelle que soit son origine, il se déverse dans la veine cave par les veines sus-hépatiques, de là, il traverse le tissu des poumons et se rend au système artériel, après avoir passé deux fois par le cœur; or sa quantité a diminué très-notablement dans le sang qui va des poumons au cœur, elle est moindre encore dans le système artériel et nulle au sortir du réseau capillaire. Évidemment le sucre est brûlé dans ce parcours par l'oxygène des globules. D'après Moleschott, la proportion d'acide carbonique exhalé devient sensiblement moindre après l'extirpation du foie chez les grenouilles. L'auteur de cette expérience s'est assuré que la gravité de l'opé- ration n'était pas seule la cause du phénomène, car il n'apparaît pas après l'ablation d'une autre masse consi- dérable de l'organisme, telle que celle d'une cuisse. On peut expliquer ce résultat par l'absence de sucre dans l'é- conomie et le faire servir comme preuve indirecte de la combustion de cette substance.

La destruction de la glucose a lieu au sein d'un liquide alcalin; or nous savons que c'est précisément dans ces conditions que ce corps est le plus sensible à l'action des agents oxydants; nous n'avons qu'à rappeler comme preuve la réduction si facile du protoxyde de cuivre (CuO) par la glucose, en présence d'un alcali. On a démontré qu'il se forme dans ce cas deux acides riches en oxygène : l'acide gallactique et l'acide pectolactique ($C^{16}H^6O^{10}$). Il est donc infiniment probable, comme l'admet M. Mialhe, que l'al- calescence du sang favorise à un haut degré l'oxydation du sucre et sa transformation progressive en eau et acide carbonique.

Nous disons progressive, parce que cette transformation, pas plus que dans les expériences de laboratoire, ne doit pouvoir se faire en une fois. La glucose passe certainement par différentes phases intermédiaires encore inconnues, avant d'arriver à l'état de ses produits ultimes d'oxydation.

L'alcali du sang n'est à la vérité pas libre, mais il se trouve engagé dans des combinaisons où ses propriétés ne sont pas masquées (acide carbonique, albumine). Le premier effet de l'oxydation est probablement la génération d'acides qui saturent l'alcali ; on peut donc croire que cette alcalescence favorable du sang doit bientôt disparaître; mais nous devons nous rappeler avec quelle facilité certains acides organiques absorbent l'oxygène en présence d'un excès de soude ou de potasse, de sorte que par la destruction immédiate des acides, l'alcali est incessamment rendu au sang.

Des expériences dans lesquelles on injectait de la glucose dans la jugulaire, même en faibles proportions ($0^{gr},1$), ont prouvé qu'une grande partie de ce sucre passait dans les urines.

Ces dernières observations, nombreuses et souvent répétées, sont directement opposées à l'idée qu'on s'est fait, de la rapidité avec laquelle le sucre est brûlé dans les capillaires; il y a là encore quelque chose d'obscur et d'inexpliqué, qui demande de nouvelles recherches et se rattache aux hypothèses émises par Claude Bernard sur les fonctions du foie. On se rappelle que d'après lui le sucre, pour devenir apte à la combustion intra-organique, a besoin de passer par la glande hépatique.

Les matières grasses, lorsqu'elles ne s'accumulent pas dans les tissus, doivent se comporter comme le sucre, et disparaître à l'état d'eau et d'acide carbonique, car on ne retrouve que des traces de glycérides ou de leurs dérivés dans les déjections liquides ou solides.

Une preuve certaine de la combustion des graisses est fournie par les résultats obtenus par M. Regnault dans son grand travail; en expérimentant sur des animaux nourris d'aliments très-gras ou même exclusivement de graisse, le rapport entre l'oxygène consommé et l'oxygène employé à brûler du carbone est plus grand qu'avec toute autre alimentation. Ainsi des chiens nourris avec de la graisse, consommaient par kilogramme et par heure $1^{gr},138$ d'oxygène et en employaient seulement les 694 millièmes à brûler du carbone ; ce fait s'accorde parfaitement avec ce que nous savons de la composition des glycérides, qui plus que tout autre aliment sont pauvres en oxygène et riches en carbone et hydrogène.

Il nous suffit de placer en regard la formule de la glucose $C^{12}H^{12}O^{12}$, et celle d'un corps gras tel que l'acide stéarique $C^{36}H^{36}O^{4}$, pour montrer, sans commentaire aucun, la nécessité des changements dans les proportions relatives d'oxygène qui se fixent au carbone et à l'hydrogène dans les deux cas.

On observe des phénomènes du même ordre lorsque l'animal soumis à un régime insuffisant, ou même privé de toute nourriture, brûle les matériaux de ses organes (graisses et substances protéiques). Le rapport entre l'oxygène absorbé et celui qui s'échappe sous forme d'acide

19

carbonique, s'établit alors à peu près ce qu'il est avec une alimentation azotée, riche en matière grasse ; ce fait coïncide avec la rapide disparition du tissu adipeux. Comme le calorique de combustion de l'hydrogène est plus grand que celui du carbone, on comprend comment, avec une diminution notable de l'activité respiratoire, la température de l'animal à l'inanition ne s'abaisse pas autant qu'on aurait pu s'y attendre, dans la période de destruction de la graisse.

L'influence des alcalis du sang dans le phénomène n'est pas aussi marquée que pour la glucose ; cependant certains faits tendent aussi à la démontrer. Ainsi on sait que sur les tissus qu'on prépare pour la teinture en rouge d'Andrinople, l'huile subit de la part de l'air, avec le concours de la lumière et de l'humidité, une oxydation progressive exigeant l'intervention des alcalis. La combustion des graisses est probablement progressive comme celle des matières hydrocarbonées ; nous savons, en effet, par nos expériences de laboratoire que les acides gras à équivalents élevés (stéarique, margarique) se changent par oxydation en acides moins haut placés sur l'échelle de la série, et nous trouvons ces acides, depuis le formique jusqu'au caproïque, dans la sueur.

L'étude chimique des produits excrémentitiels et des phénomènes respiratoires démontre que les matières azotées protéiques peuvent subir dans l'organisme deux genres d'oxydation : l'une aussi complète que si la substance était brûlée à l'oxyde de cuivre dans une analyse élémentaire ; de là l'exhalaison d'azote observée en général. La faible proportion de ce gaz dans l'excrétion pulmonaire et cutanée, prouve que ce mode de destruction ne s'exerce que sur une faible fraction des matériaux azotés fournis par la masse alimentaire. La plus forte proportion subit une altération moins extrême et n'élimine qu'une partie de son carbone et de son hydrogène à l'état d'acide carbonique et d'eau, le reste se retrouve avec l'azote dans des composés excrémentitiels, solides, riches en oxygène, tels que l'urée, l'acide urique, l'acide hippurique (sucre de gélatine, acide benzoïque), la créatinine, etc.

Comme toutes ces transformations n'ont pas encore pu être réalisées dans les laboratoires, nous n'en connaissons pas tous les termes et nous ne pouvons les formuler.

Certains produits d'oxydation des matières protéiques en dehors de l'économie animale se rattachent au groupe des acides gras volatils qu'on trouve dans la sueur; il est possible d'après cela que ces derniers dérivent en partie de cette source.

Pendant la destruction des matériaux plastiques, le soufre qu'ils renferment doit se changer en sulfate avec le concours des alcalis du sang. On a remarqué, en effet, que lorsque la consommation des matières protéiques augmente, la proportion des sulfates dans l'urine s'élève aussi, mais on ne trouve jamais dans cette excrétion la totalité du soufre contenu dans les aliments; c'est qu'une partie de cet élément est sécrétée sous forme de taurine dans la bile en combinaison avec l'acide cholalique.

L'urée doit être considérée comme le produit final de la métamorphose rétrograde des substances azotées, c'est

la forme la plus ordinaire sous laquelle l'azote est expulsé
de l'organisme. Ceci est une conséquence immédiate de sa
stabilité. L'urée introduite d'une manière ou d'une autre
dans le corps en ressort intacte dans les urines, tandis que l'acide urique plus oxydable se transforme facilement en urée, acide oxalique et acide carbonique ; une
grande partie de l'acide urique du sang est ainsi brûlée
avant d'être excrétée par les reins. La créatine, la créatinine, la xanthine, l'hypoxanthine et la guanine, se comportent à peu près de même et fournissent de l'urée pendant leur passage dans le torrent de la circulation.

La leucine et la tyrosine sont aussi, sans aucun doute,
des produits de l'altération des substances protéiques,
mais ils diffèrent des précédents : 1° parce qu'ils n'apparaissent comme substances excrémentitielles que lors de
dérangements profonds, lorsque l'urée fait plus ou moins
défaut ; 2° parce que jamais leur oxydation n'a fourni d'u-
rée. L'acide oxalique doit être de même considéré comme
un produit anormal lorsqu'il fait irruption dans l'urine
en doses un peu sensibles. Ce dernier composé doit se
former tant aux dépens des matières grasses et hydrocarbonées que des composés azotés : on sait, en effet, qu'il
est un des termes ultimes de l'action des agents oxydants
sur une oule de corps organiques.

Comme l'urée représente à peu près tout l'azote éliminé
normalement et que sa détermination quantitative est devenue, grâce à la méthode de Liebig par les liqueurs
titrées, une opération facile et rapide, nous ne devons plus
négliger ce facteur qui nous permet d'entrer d'une ma-

nière plus intime que nous ne l'avons fait jusqu'à présent dans l'étude des combustions respiratoires. Voici comment.

Supposons qu'en expérimentant sur un animal placé dans des conditions physiologiques et alimentaires bien connues, nous déterminions soit par la méthode directe de M. Regnault, soit par celle de M. Boussingault, la quantité d'oxygène absorbée, celle de l'acide carbonique émis, et en même temps par l'analyse de l'urine la proportion d'urée excrétée, nous pourrons, au moyen de cette dernière donnée et en nous appuyant sur les considérations développées plus haut relativement à la combustion des matières protéiques, calculer la quantité absolue de ces principes qui ont été brûlés, puis, retranchant de l'oxygène absorbé et de l'acide carbonique émis ce qui appartient à l'oxydation des produits azotés, obtenir par différence les résultats qui se rapportent à celle du sucre et des corps gras.

En attribuant à la graisse une composition intermédiaire entre celle de l'oléine et de la margarine, on trouvera facilement des équations qui permettent de calculer les quantités absolues de sucre et de corps gras consommés dans l'organisme.

Soient :

$$O_s = 1,0666 \text{ et } C_s = 1,4666$$

les quantités d'oxygène et d'acide carbonique correspondant à la combustion de 1 gramme de sucre.

$$O_g = 2,9107 \text{ et } C_g = 2,8192$$

les mêmes données relatives à la graisse.

Soient O, la différence entre l'oxygène consommé et celui employé à la combustion de la matière azotée ;

C, la différence entre l'acide carbonique émis et celui fourni par la combustion de la matière azotée ;

x le poids du sucre brûlé ;

y le poids du corps gras brûlé ;

z le poids de la matière azotée. On a pour calculer x et y les deux équations :

$$O_s \cdot x + O_g \cdot y = 0 \qquad (1)$$
$$C_s \cdot x + C_g \cdot y = C \qquad (2)$$

Pour trouver O et C, nous établissons d'abord que la combustion qui fournit 1 gramme d'urée, emploie :

Matière protéique...................... $2^{gr},992$
Oxygène............................... $4^{gr},397$

et donne :

Acide carbonique...................... $5^{gr},130$

On arrive à ces résultats par de simples proportions en retranchant de l'analyse élémentaire de l'albumine tout l'azote et des quantités de carbone, d'hydrogène et d'oxygène telles, qu'en les unissant à l'azote on forme de l'urée ; le reste représente la matière entièrement brûlée.

Soit U le poids de l'urée sécrétée, on aura :

$z = U \times 2,99$
$O_z = U \times 4,397$ { O_z et C_z = Oxygène consommé et acide carbo-
$C_z = U \times 5,13$ { nique fourni par la matière azotée.

C_t et O_t étant l'oxygène consommé et l'acide carbonique émis par l'animal, on a $O = O_t - O_z$ $C = C_t - C_z$.

Il est facile de voir combien une pareille méthode appliquée avec soin pourrait jeter de lumière sur la question des combustions internes et des réactions intra-organiques. A défaut d'un travail complet fait dans ce sens, nous devons nous contenter des données partielles fournies par l'expérience quant à la quantité d'urée sécrétée et essayer de les raccorder tant bien que mal avec les résultats obtenus par l'étude des phénomènes respiratoires, en comparant des animaux de même espèce et placés à peu près dans les mêmes conditions.

L'exemple de calcul que nous choisissons est plutôt destiné à bien faire ressortir le parti qu'on peut tirer de ces recherches concomitantes, qu'à fournir des conclusions certaines sur les rapports entre les trois classes de principes nutritifs brûlés dans l'organisme.

Exemple :

Un homme de 38 ans soumis à une nourriture mixte excrète en 24 heures et par kilogramme environ $0^{gr},426$ d'urée. D'après M. Barral, un homme adulte placé dans les mêmes conditions consomme en 24 heures et par kilogramme $16^{gr},05$ d'oxygène (O_t) et émet $18^{gr},696$ d'acide carbonique (C_t).

Les $0^{gr},426$ d'urée équivalent à $0,426 \times 2,99 = 1^{gr},274$ (z) de matière azotée, employant :

O_z ou oxygène............................. 1,87

et donnant :

C_z ou acide carbonique..................... 2,185
$O_T - O_z = O = $ 14,18
$C_T - C_z = C = $ 16,511

d'où :

$$1,066 \ . \ x + 2,91 \ . \ y = \ \ldots\ldots\ldots\ldots\ldots \ 14,18$$
$$1,466 \ . \ x + 2,819 \ . \ y = \ \ldots\ldots\ldots\ldots\ldots \ 16,511$$

et par conséquent :

x (sucre brûlé) = ... 6,41
y (graisse brûlée) = ... 2,522
z (matière protéique brûlée) = ... 1,274

La valeur de z est trop faible parce que nous n'avons pas tenu compte des excrétions azotées autres que l'urée, mais elle ne doit guère dépasser 1,5.

Les preuves ne nous manquent pas, comme nous venons de le voir, pour établir d'une manière certaine la combustion des matières protéiques. En voici encore d'autres moins directes que les précédentes. La réaction des muscles à l'état normal est neutre, mais elle devient acide après un travail forcé qui, en augmentant l'activité respiratoire et l'énergie des combustions, développe plus d'acide que les alcalis libres n'en peuvent saturer dans le moment.

L'osséine et en général tous les tissus à gélatine diffèrent de l'albumine et de la fibrine par une moindre proportion de soufre et de carbone et par une plus grande quantité d'oxygène ; il est donc probable que les matériaux du sang avant de se fixer à ces tissus ont subi une oxydation préalable, mais qui par son peu d'intensité ne peut être comparée à l'oxydation de destruction.

Outré les phénomènes généraux de transformation des éléments du sang et des tissus, qui se passent constamment dans l'organisme, nous pouvons citer comme preuves du pouvoir oxydant de l'économie animale, les modifications rapides éprouvées par certains principes introduits accidentellement dans le sang soit par injection, soit par absorption intestinale.

C'est ainsi que l'alcool, la caféine, la salicine, la phlorizine, l'amygdaline, l'asparagine, etc., disparaissent à l'état d'eau et d'acide carbonique, ou se retrouvent dans les urines sous forme de dérivés d'une oxydation évidente.

C'est ainsi que l'essence d'amandes amères se change en acide benzoïque qui passe dans l'excrétion rénale à l'état d'acide hippurique. L'essence de cannelle éprouve une transformation analogue et devient acide hippurique.

Les sels alcalins à acides organiques tels que citrates, tartrates, malates, sont surtout remarquables par la rapidité avec laquelle ils sont brûlés et changés en carbonates alcalins qu'éliminent les reins.

Nous avons cependant déjà montré à propos du sucre que le pouvoir oxydant de l'économie est limité ; ainsi, lorsque par suite d'une hypersécrétion de sucre dans le foie cet agent s'accumule dans le sang au delà de certaines limites, il cesse d'être complètement brûlé et apparaît dans l'urine. Les alcalis du sang jouent certainement un rôle actif dans les combustions ; il ne faut cependant pas leur attribuer sous ce rapport une trop grande importance et supposer que l'oxydation intra-organique est absolument dépendante de leur présence. Il est probable qu'elle est surtout provoquée par une modification allo-

tropique de l'oxygène. Il convient encore de faire entrer
en ligne de compte l'étendue des surfaces et l'extrême
porosité des tissus avec lesquels l'oxygène est en contact.

Lavoisier pensait que le siége des combustions réside
dans les poumons. Des considérations physiques fondées
sur la répartition uniforme du calorique dans le corps et
l'observation faite par G. de Liebig que, loin de s'échauffer
dans cet organe, le sang y subit au contraire un refroidissement par suite de l'exhalation de vapeur d'eau, permettent de mettre en doute l'exactitude de cette hypothèse;
Lagrange émit l'idée que la combustion ne se fait pas plus
dans les poumons qu'ailleurs; il pensa que l'oxygène entraîné par le torrent circulatoire réagit sur les matériaux du corps, dans la profondeur de tous les tissus et
dans le système capillaire.

Ces vues théoriques de Lagrange ont été confirmées expérimentalement par Spallanzani et Edwards. Ils prouvè-
rent qu'en faisant respirer des grenouilles dans l'hydrogène pur, ces animaux continuent à exhaler de l'acide
carbonique pendant plusieurs heures, et que le volume de
ce gaz dépasse de beaucoup la capacité des poumons. Il est
évident que ce gaz n'a pas pu se former par combustion
directe dans le poumon. La preuve la plus évidente de ce
fait est fournie par les recherches de M. G. de Liebig. Les
muscles des grenouilles, d'après ses expériences, étant mis
à nu conservent beaucoup plus longtemps leur contractilité dans l'air ou l'oxygène que dans un gaz inerte, et tant
que cette contractilité persiste, il y a échange d'oxygène
et d'acide carbonique entre l'air ambiant et le muscle,

c'est-à-dire une véritable respiration ; ce phénomène est indépendant du sang, car il se produit même avec des muscles exsangues. En tirant parti de ce fait, nous pouvons établir une vue plus nette et plus large des réactions res-piratoires. L'échange gazeux n'a pas seulement lieu entre l'atmosphère et le sang à travers la membrane pulmo-naire. L'oxygène entraîné par le torrent de la circulation traverse par endosmose les membranes des vaisseaux ca-pillaires, et pénètre dans le parenchyme même pour y exercer son action, tandis que l'acide carbonique formé passe par une route inverse pour se déverser enfin dans le réservoir commun, l'atmosphère. Il est évident que ces combustions extravasculaires n'excluent pas celles qui se produisent dans le sang même, car il est démontré qu'une partie de la masse alimentaire est brûlée sans avoir servi à l'entretien des tissus. Si donc nous prenons le mot res-piration dans le sens d'échange de gaz et de combustion, nous pouvons dire que tout l'organisme respire. Les pou-mons et le sang ne sont que les grandes voies d'entrée, d'issue et de transport de l'oxygène et des produits gazeux ou volatils formés ; mais à côté de cela ils ont leur respi-ration propre comme parties intégrantes de l'économie animale.

Nous étudierons bientôt les variations que les diverses conditions physiologiques et pathologiques font éprouver à l'ensemble des phénomènes respiratoires ; elles sont de deux ordres, savoir : variations dans l'intensité de la fonc-tion et variations dans le mode de distribution de l'oxy-gène absorbé aux éléments combustibles du sang et des tissus. Si nous comparons deux animaux de même espèce ou même d'espèces différentes, mais de tailles bien distinctes, il est clair que l'animal le plus fort aura une respiration plus active, en ce sens qu'il absorbera plus d'oxygène; il y a, en effet, un rapport direct entre l'intensité respiratoire et les dimensions du corps, mais ces variations ne sont que relatives et ne peuvent pas servir de mesure; pour avoir l'intensité absolue, celle qui dépend de l'espèce ou des conditions pathologiques ou physiologiques, il faut diviser l'intensité relative par le poids du corps.

Pour bien préciser le sens de ces deux expressions, nous mesurerons l'intensité relative des phénomènes respiratoires par la quantité d'oxygène consommée par un animal en vingt-quatre heures ou en une heure, quelles que soient les conditions dans lesquelles il se trouve, tandis que l'intensité absolue sera le poids d'oxygène absorbé en une heure par un kilogramme. Ce procédé de mesure est applicable dans tous les cas, mais le plus souvent il s'agit seulement de trouver des rapports. Lorsque les animaux comparés sont de même espèce, et surtout lorsqu'ils sont soumis au même régime alimentaire, on peut trouver le rapport des intensités absolues en déterminant celui des quantités d'acide carbonique émises. Cette méthode est plus simple en pratique, parce qu'il est plus facile de mesurer l'acide carbonique exhalé que l'oxygène absorbé; mais elle ne peut s'appliquer lorsque les conditions d'alimentation sont différentes, parce qu'alors le rapport entre l'oxygène et l'acide carbonique ne se maintient plus constant. Les variations que peut subir le mode de distribution de l'oxygène peuvent s'apprécier très-nettement par le rapport entre le volume de l'oxygène consommé et celui qui sort sous forme d'acide carbonique, nous l'appellerons quotient de partage.

Les modifications générales du phénomène respiratoire dépendent :

1° De l'organisme où la combustion s'opère ;

2° Des conditions physiologiques et pathologiques dans lesquelles il se trouve momentanément placé;

3° De la nature des matériaux qui lui sont fournis du dehors.

La troisième influence se fait surtout sentir sur le quotient de partage, les deux autres sur l'intensité absolue.

Les principes fournis par l'alimentation sont toujours les mêmes, mais les proportions relatives du sucre, de la graisse et des matières protéiques, peuvent varier dans des limites assez étendues.

Connaissant la composition élémentaire des aliments et les produits de leur destruction, nous pouvons calculer rigoureusement comment doit se partager l'oxygène absorbé lorsque l'animal est soumis à un régime exclusif ou mixte bien déterminé.

Comme type des matières hydrocarbonées, nous prenons la glucose : $C^{12}H^{12}O^{12}$.

Comme type des corps gras, une glycéride mixte renfermant à la fois de l'acide stéarique, de l'acide margarique et de l'acide oléique :

$$\left.\begin{array}{l} (C^6H^5)''' \\ C^{36}H^{35}O^2 \\ C^{36}H^{33}O^2 \\ C^{34}H^{33}O^2 \end{array}\right\} O^6 = C^{112}H^{106}O^{12}$$

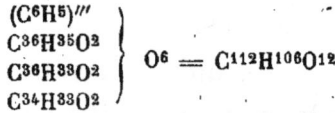

et enfin, pour les matières protéiques, nous adoptons, en négligeant le soufre, la formule de Hunt : $C^{24}H^{17}Az^3O^8$, qui ne s'éloigne pas beaucoup des données de l'analyse.

Les acides organiques végétaux qui, dans certains cas, sont introduits dans l'économie par les aliments, peuvent se représenter par la formule de l'acide tartrique $C^8H^6O^{12}$.

Si nous admettons que la totalité de l'azote se retrouve dans l'urine à l'état d'urée, en négligeant l'azote libre de l'expiration, l'acide urique et les autres produits azotés excrémentitiels de peu d'importance, nous pourrons retrancher de la formule $C^{24}H^{17}Az^3O^8$ une quantité d'urée proportionnelle à l'azote qu'elle renferme :

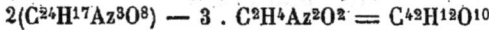

$$2(C^{24}H^{17}Az^3O^8) - 3 \cdot C^2H^4Az^2O^2 = C^{42}H^{12}O^{10}$$

Ce reste représente les éléments que la matière protéique fournit à l'exhalaison pulmonaire. Nous voyons d'après cela que :

Dans la combustion du sucre le quotient de partage est. 1,000

Dans la combustion des graisses, il est. . . . . $\dfrac{318}{224} = 1{,}419$

— des matières protéiques, il est. . . . . . . $\dfrac{86}{84} = 1{,}023$

— des acides végétaux, il est. . . . . $\dfrac{5}{8} = 0{,}625$

Abstraction faite de l'urée, la combustion des produits azotés se rapproche beaucoup de celle du sucre et ne pourrait s'en distinguer, si l'on ne la calculait pas avec les ex-créments solides et liquides.

Les combustions respiratoires devant être considérées comme la principale source de chaleur animale, leurs variations doivent influer sur la température propre du corps. Toutes choses égales d'ailleurs, l'augmentation et la diminution dans l'intensité absolue sont accompagnées d'une élévation ou d'un abaissement de température. D'un autre côté, comme la même quantité d'oxygène ne produit pas la même quantité de chaleur en brûlant du carbone qu'en se combinant à l'hydrogène (1), il en résulte qu'à égalité d'intensité absolue un animal nourri avec de la graisse produit plus de calorique, et sa température propre s'élève plus que si la nourriture est féculente. On ne peut donc pas être tenté de considérer le thermomètre comme un moyen de mesure pour les intensités absolues, d'autant plus qu'il ne faut pas perdre de vue qu'à côté des sources de chaleur qu'on veut ainsi mesurer par leurs effets, il y a des causes multiples de pertes qui dépendent d'une foule de circonstances, telles que la taille (2), la

(1)   Le calorique de combustion du carbone =   8 080
       Celui de l'hydrogène................... = 34 462
C'est-à-dire que 1 gramme de carbone, en brûlant complètement, dégage assez de chaleur pour élever de 0 à 1° 8 080 grammes d'eau, et 1 gramme d'hydrogène dégage, en se changeant en eau, la quantité de chaleur nécessaire pour échauffer de 0 à 1° 34 462 grammes d'eau.

Un gramme de carbone consomme 2 666 grammes d'oxygène ; 1 gramme d'hydrogène emploie 8 grammes d'oxygène ; donc, 1 gramme d'oxygène qui brûle du carbone, donne 3 030,5 unités de chaleur, et 1 gramme d'oxygène qui brûle de l'hydrogène, donne 4 307,7 unités.

(2) Toutes choses égales, un animal de petite taille se refroidit plus vite qu'un grand, et exige par conséquent, pour maintenir sa température propre, une activité plus grande dans la respiration.

manière dont l'animal est couvert et préservé du rayonnement, etc. De sorte que ce procédé de mesure, qui serait
très-expéditif, n'a pas une valeur aussi grande qu'on serait
porté à la lui attribuer d'abord. Malgré cela, les déterminations du degré de chaleur faites dans les circonstances qui
influent sur les phénomènes chimiques de la respiration,
ont surabondamment montré que l'expérience s'accorde
autant qu'on peut le désirer avec les prévisions théoriques.

Lorsqu'une théorie scientifique repose sur des bases solides et vraies, non-seulement elle permet d'expliquer tous
les faits connus qui se rattachent au sujet dont elle s'occupe, mais elle en laisse prévoir de nouveaux que l'expérience n'a qu'à vérifier. La théorie chimique de la respiration se trouve dans ces conditions. C'est la partie de la
chimie physiologique la plus claire, la plus complète et
partant la plus intéressante. Lavoisier, l'immortel fonda-
teur de la chimie moderne, avait dès 1789 posé les bases
de cette combustion intraorganique en disant : « La respiration n'est qu'une combustion lente de carbone et d'hydrogène qui est semblable en tout à celle qui s'opère dans
une lampe ou dans une bougie allumée, et sous ce point
de vue les animaux qui respirent sont de véritables corps
combustibles qui brûlent et se consument. Dans la respiration comme dans la combustion, c'est l'air de l'atmosphère qui fournit l'oxygène, etc. »

Il a donc ouvert pour cette question, comme Huyghens et
Fourrier pour la théorie des ondulations lumineuses, une
large voie que d'autres ont suivie en trouvant partout des
traces indélébiles de son génie.

Autres réactions dont l'organisme est le siége. — A côté des réactions oxydantes dont nous connaissons les termes ultimes et quelques dérivés intermédiaires échappés à une destruction plus avancée, tous les autres phénomènes chimiques de l'organisme pâlissent et semblent d'importance secondaire, d'autant plus qu'ils sont loin d'être établis sur des bases scientifiques aussi solides.

Il en est cependant qui, au point de vue de la nutrition, ont une grande valeur; ce sont les transformations des divers principes alimentaires les uns dans les autres.

Il a déjà été question de la formation du sucre dans l'économie animale, et surtout dans le foie, aux dépens des matières protéiques; il nous reste à insister sur les sources de la matière grasse, car des expériences positives ont démontré que dans certains cas (engraissement) la graisse des aliments ne suffit pas pour rendre compte de l'accumulation de cette substance dans le corps d'un animal.

En dehors des glycérides de la masse alimentaire, on ne peut chercher l'origine des corps gras que dans les transformations du sucre ou des composés azotés. Des expériences physiologiques semblent prouver que ces deux classes de produits sont aptes à concourir à ce but.

Les recherches de Huber sur des abeilles nourries avec du miel, et celles de Liebig sur l'engraissement des oies par le maïs, avaient conduit ces deux savants à admettre la réalité d'une production de graisse au moyen du sucre, au sein de l'économie. M. Dumas, d'abord opposé à cette manière de voir, se rangea aussi de cet avis après qu'il eut vérifié et complété avec le concours de

M. Milne-Edwards le travail de Huber sur les abeilles.

Les expériences de M. Boussingault sur l'engraissement des porcs conduisent au même résultat, et prouvent
de plus que les féculents administrés seuls ne produisent
pas l'engraissement, mais qu'il suffit d'y ajouter une
quantité minime de graisse pour que l'effet ait lieu.

Au point de vue purement chimique, la métamorphose
graisseuse des matières albuminoïdes est tout aussi possible que celle du sucre. D'après M. Boussingault, un
régime suffisamment azoté, dépourvu de corps gras,
développe le tissu adipeux chez les animaux qui le suivent.

On peut se demander quel est le siége de ces réactions
et quelle est leur marche progressive. Ces deux questions
sont indéterminées dans l'état actuel de la science. C'est
par dédoublement de molécule que le phénomène peut se
produire ; il est peu probable qu'il ait lieu dans le sang
où dominent les réactions oxydantes, et on est tenté
de le placer dans les organismes élémentaires, les cellules de l'économie. Y a-t-il ou non des phénomènes de
réduction au sein de l'organisme animal, et, s'il y en a,
quels sont-ils? Dans tout ce que nous avons dit jusqu'à
présent, nous n'avons pu observer un seul exemple de réduction bien authentique dans lequel une molécule perd
de l'oxygène ou fixe de l'hydrogène. La métamorphose
graisseuse du sucre suite d'un dédoublement peut être envisagée comme telle, mais c'est plutôt un phénomène
mixte, puisqu'à côté d'un corps moins riche en oxygène il
s'en forme un autre plus oxydé. Le soufre de la taurine
contenue virtuellement dans l'acide taurocholique dérive-

t-il des sulfates ou seulement des composés protéiques ?
Dans le premier cas, il y aurait réduction assez énergique ;
mais il paraît peu probable qu'il en soitainsi, et la question
ne peut être jugée par des dosages comparatifs des sulfates introduits par les aliments et excrétés par les reins et
l'intestin, puisqu'il se forme de l'acide sulfurique par la
combustion du soufre des substances albuminoïdes.

L'apparition anormale ou normale de l'indigo blanc
incolore dans l'urine pourrait être comptée comme le
résultat d'une réduction, si ce corps n'était pas très-
probablement engagé dans une combinaison (glucoside)
qui le préserve de l'oxydation, et si on ne pouvait admettre qu'il dérive directement d'un dédoublement moléculaire.

En résumé, nous pouvons dire que la réduction intra-
organique occupe, si elle n'est pas nulle, une place très-
restreinte. Et comment en serait-il autrement, puisque
nous avons vu tout l'organisme imprégné d'oxygène dans
un état particulier qui le rend éminemment apte à se
transporter sur les corps ?

CHAPITRE VI

APPLICATION DES RÉSULTATS GÉNÉRAUX A LA SOLUTION DE QUESTIONS PARTICULIÈRES. — REVUE D'ENSEMBLE DES PHÉNOMÈNES CHIMIQUES DE L'ORGANISME.

Nous étudierons dans ce chapitre quelques questions spéciales, plus ou moins indépendantes les unes des autres, dont nous trouvons la solution dans les nombreux travaux publiés en chimie physiologique.

Influences des divers états ou conditions physiologiques sur l'organisme et sur ses réactions chimiques.

Age. — L'âge d'un animal a peu d'influence sur la composition des parties solides du corps ; on ne trouve des différences un peu marquées que dans la période embryonnaire ou peu de temps après la naissance. Le tissu cellulaire du fœtus ne donne pas de gélatine ; ses muscles et ses poumons renferment de la zoamyline ou glycogène contenu dans des cellules que Cl. Bernard considère comme les analogues de celles du foie : Ch. Rouget y voit, au contraire, des organes élémentaires faisant partie constitutive des tissus, à ce moment de la vie, c'est-à-dire pendant la période organisatrice par excellence. Cette dernière opinion paraît la plus conforme aux faits observés, mais elle ne nous semble pas, comme le dit Longet, de voir changer les idées émises par Cl. Bernard sur la glycogénie hépatique envisagée comme fonction localisée dans un seul organe.

L'intestin grêle du fœtus humain à six mois contient une masse jaunâtre, neutre ou alcaline, riche en graisses, savons, taurocholates alcalins et pigments biliaires ; on y trouve également de la caséine et une substance soluble précipitable par le tannin seulement.

Le méconium expulsé peu de temps après la naissance est, en grande partie, formé de corpuscules muqueux, débris d'épithélium teint en vert, de graisse et de cholestérine ; on n'y trouve pas les produits biliaires (cholates).

La composition des os varie peu avec l'âge ; on a cependant observé une diminution du rapport entre le carbonate de chaux et le phosphate.

Le sang des nouveau-nés est moins dense, plus riche en parties solides (cellules, fer et extractif), plus pauvre en sels et fibrine ; l'albumine et la graisse sont à peu près normales. A un âge avancé, les cellules et les matériaux solides du sérum diminuent sensiblement.

Selon Rayer, l'urine des enfants à la mamelle ne contient pas d'urée ; selon Picard, elle en renferme, au contraire, toujours. Les expériences de Becquerel prouvent que la proportion d'urée sécrétée en vingt-quatre heures par les enfants est moindre que chez les adultes (à peu près dans le rapport de $15,5:17,5$) ; mais si l'on tient compte du poids du corps, c'est-à-dire si l'on établit la quantité émise en vingt-quatre heures par kilogramme d'organisme, on trouve, au contraire, une plus forte dose chez les enfants, à partir de deux ans et demi.

Sexe.	Âge.		Urée en 24 heures pour 1 kil.
Garçons	2 ans.		0,939
—	4 —		1,079
Filles	3 —	1/2	0,699
—	5 —		1,083
Garçons	6 —		0,457
Hommes	18 —		0,619
—	31 —		0,514
—	65 —		0,338

Pour que ces résultats pussent acquérir une valeur scientifique absolue, il faudrait suivre pas à pas le même individu ou un grand nombre de personnes simultanément, depuis la naissance jusqu'à un âge assez avancé. Malheureusement de semblables travaux exigent une grande persévérance et offrent des difficultés matérielles presque insurmontables. MM. Andral et Gavarret ont fait une très-belle série de recherches qui nous permettent de suivre l'activité du phénomène respiratoire à différents âges. Le procédé expérimental qu'ils ont employé ne donnant pas la quantité d'oxygène consommé, mais seulement l'acide carbonique émis, nous ne pouvons comparer l'intensité que par cette donnée, mais elle est suffisante dans le cas particulier de l'homme nourri avec des aliments mixtes.

Le sexe exerce dans l'espèce humaine une grande influence sur le phénomène de la combustion; aussi devons-nous en parler séparément pour les deux sexes.

Chez l'homme, pendant la seconde enfance jusqu'à l'époque de la puberté, l'activité respiratoire absolue reste à peu près constante; elle est plutôt un peu supérieure dans le bas âge : en d'autres termes, la quantité d'oxygène absorbé croît proportionnellement au corps. Au moment où s'établit la puberté, il y a un saut brusque, une véritable augmentation de l'intensité absolue, après laquelle elle reste constante jusqu'à trente ans ; à partir de cette époque, elle diminue peu à peu et peut atteindre la moitié de sa valeur dans un âge très-avancé.

Chez les jeunes filles, le phénomène suit les mêmes lois que chez les garçons pendant la seconde enfance. Au moment où la femme devient nubile, lorsque le flux menstruel s'établit, l'activité relative reste stationnaire, malgré le rapide développement du corps ; il y a donc diminution dans l'intensité absolue. A l'âge critique, elle augmente brusquement et suit alors les mêmes lois que chez l'homme à mesure que la femme avance en âge.

M. Barral a démontré par la méthode de M. Boussingault que le quotient de partage ne change pas pendant les évolutions d'un individu, de sorte que les expériences de MM. Andral et Gavarret conduisent bien réellement à la mesure de l'activité absolue ou spécifique.

Sexe.	Age.	Quantité de carbone brûlé en 1 heure.
Masculin..........	8 ans	5 gr
—	15 —	8,7
—	16 — 1/2	10,2
—	28 —	12,4
—	50 —	10,7
—	68 —	9,6
—	102 —	5,9
Féminin...... 10 à	15 —	6,4
— ...... 16 à	30 —	6,4
— après l'époque critique.		8,4

Ces nombres donnent le rapport entre les intensités ab-

solues, mais ne laissent calculer ni leur valeur réelle, ni
le quotient de partage. D'après Barral, un homme de
vingt-neuf ans consomme en vingt-quatre heures par
kilogramme :

16^{gr},056 d'oxygène, et le quotient de partage est 1,183
(température, 20°,8).

Un homme de cinquante-neuf ans consomme en vingt-
quatre heures et par kilogramme :

15^{gr},141 d'oxygène, et le quotient de partage est de
1,134 (température, 6°,32, ce qui tend à élever le poids
de l'oxygène employé).

Sexe. — Le sexe est sans influence marquée sur la
composition des tissus. Chez la femme, en général, le sang
est moins dense que chez l'homme, moins chargé de cellules. Le sérum est plus abondant, plus aqueux, plus riche
en albumine, graisses et matières extractives. La proportion relative d'urée sécrétée par les reins est plus grande
(Beigel), ce qui ne s'accorde pas avec le fait déjà relaté
d'une moindre énergie dans les combustions intra-organiques. Les fonctions de génération ont chez la femme une
bien plus grande influence sur l'état général de l'organisme que chez l'homme. Le sang de la menstruation qui
s'écoule comme une véritable excrétion à époques fixes,
n'est pas exempt de fibrine comme on le croyait autrefois; il est plus aqueux que le reste du sang et ne renferme que 16 °/₀ de matériaux solides, au lieu de 22 °/₀.
Pendant la grossesse, le sang devient plus foncé, moins
dense, plus aqueux, et moins riche en cellules colorées;
ces phénomènes diminuent vers les derniers mois, époque

à laquelle on a cru observer une augmentation dans la proportion de caséine. La menstruation diminue la dose d'urée dans l'urine. La grossesse paraît sans influence sur ce facteur. On ne sait encore rien de précis sur les changements qu'éprouvent les fonctions respiratoires pendant la gestation et la lactation.

Les états de veille, de sommeil, de mouvement ou de repos, de digestion, ne peuvent agir que momentanément et par conséquent modifier seulement les réactions intra-organiques ; leur influence ne peut s'étendre à la composition des tissus et des liquides organisés.

L'intensité respiratoire n'est pas la même pendant la veille que durant le sommeil ; ses deux valeurs sont dans ce cas chez l'homme dans le rapport de 1,237 : 1. La quantité d'urée diminue aussi pendant la nuit.

Urée de jour...................... 18,337
— de nuit...................... 14,081

(KOPP.)

L'exercice augmente et peut souvent doubler la proportion d'oxygène consommée par le même individu dans le même temps. L'observation de Lehmann, d'après laquelle le mouvement corporel diminue la dose d'acide urique en faveur de l'urée qui est un produit d'une oxydation plus avancée, concorde avec les résultats fournis par la respiration.

Urée en 24 heures avec repos......... 32 grammes.
—   avec violent exercice. 36 et 37,1

Pendant le travail de la digestion, comme on peut le

prévoir, la combustion interne devient plus énergique, et peu de temps après l'absorption, l'urée augmente dans l'urine.

Alimentation. — La nature de l'alimentation ne produit un effet marqué sur la composition des parties constitutives de l'organisme (tissus, sang) que lorsqu'elle est longtemps prolongée dans un sens déterminé, comme chez les animaux qui se nourrissent exclusivement de viande (carnassiers), de produits végétaux (herbivores), ou chez les omnivores.

Carnassiers et herbivores. — Une nourriture pauvre en sels de chaux diminue la consistance des os et leur contenance en matières minérales. Les carnassiers renferment moins de sels de chaux dans leur tissu osseux que les herbivores ; la proportion de carbonate de chaux comparé au phosphate est aussi plus faible ; leur sang est plus pauvre en fibrine, en alcali libre, plus riche en cellules et en graisse.

Il est évident *à priori* qu'un changement de nourriture doit influer d'une manière très-sensible sur les phénomènes chimiques de l'économie animale. Comme toujours, cet effet se révèle à nous par des changements dans les produits excrétés et par l'étude des fonctions respiratoires.

Des recherches assez nombreuses ont démontré d'une manière certaine que la quantité d'urée excrétée dépend surtout du régime alimentaire ; elle atteint son maximum avec une alimentation animale et son minimum avec un régime végétal. Un régime mixte donne des résultats in-

termédiaires. Cette augmentation dans la quantité d'urée
sécrétée se fait sentir peu de temps après l'emploi d'un
aliment azoté, et au bout de vingt-quatre heures, la plus
grande partie de l'urée se trouve éliminée.

Ainsi un chat sécrétait en vingt-quatre heures par kilogramme en mangeant de la viande grasse :

gr.		Urée.
108,755	....	7,633
75,983	....	5,152
46,154	....	3,052
44,118	....	2,958

L'influence du régime se fait sentir en Angleterre, où la
nourriture est beaucoup plus animale que sur le conti-
nent ; les urines sont souvent tellement chargées d'urée
qu'elles précipitent par l'acide nitrique, sans être préalablement concentrées. L'urine des herbivores est beaucoup
plus pauvre en urée que celle des carnivores. D'après ces
faits, on pourrait croire qu'une partie des matières protéiques qui pénètrent dans le sang ne sert pas à la régénération des tissus et se trouve immédiatement brûlée
comme le sucre. Selon Bischoff, l'urée ne peut se former
par l'oxydation dans le sang des substances fournies par
l'alimentation ; il provient uniquement de la destruction
des tissus ; avec une nourriture animale, la ration d'en-
tretien est égale à $\frac{1}{20}$ ou $\frac{1}{25}$ du poids du corps ; si l'on fournit plus à l'organisme, l'excédant s'ajoute aux tissus jus-
qu'à un maximum. Dans cette opinion, la masse de la
matière protéique qui se modifie, déterminée par l'urée
éliminée, permet de mesurer dans tous les cas la quantité

de nourriture animale servant à la régénération ou à la formation de nouveaux tissus.

La totalité de l'azote de l'aliment ne se retrouve pas toujours dans l'urée sécrétée, la perte est souvent de $\frac{1}{3}$ à $\frac{2}{3}$ sans que pour cela il soit contenu dans les matières fécales; ce résultat, lorsque le poids de l'animal ne change pas, dépend très-probablement de ce que l'organisme n'est pas dans des conditions d'entretien pur et simple; le gain en matières protéiques est alors compensé par une perte d'une autre espèce (eau, graisse).

Il est certain que, pour un animal soumis à un régime exclusif, la combustion doit néanmoins se porter sur les trois classes de corps alimentaires; car ceux qu'elle ne trouve pas dans la masse ingérée, elle les emprunte à la substance propre des organes. Bischoff a cependant démontré qu'avec une nourriture azotée croissante, le chien use toujours moins de sa graisse. Une augmentation dans la proportion de graisse absorbée influe d'une manière analogue sur la consommation des tissus azotés. Dans tous les cas, la nature du régime modifie fortement les proportions des principes alimentaires offerts à la combustion. Nous avons déjà eu l'occasion de dire plus haut qu'une variation dans le régime est toujours accompagnée d'une variation du quotient de partage dans le sens prévu. Généralement ce quotient est plus grand que l'unité; mais dans le cas d'un régime purement féculent, il se rapproche beaucoup de cette valeur, conformément aux prévisions théoriques. Dans trois expériences sur des moutons, M. Barral a trouvé plus d'oxygène dans l'acide carbonique exhalé que dans le gaz absorbé par l'animal. M. Regnault a observé des cas analogues, de sorte que le fait ne peut être douteux : la masse alimentaire a fourni nécessairement de l'oxygène à la combustion du carbone. On ne peut expliquer cette singularité qu'en admettant la destruction de produits riches en oxygène ou des dédoublements de molécules en deux autres, l'une plus oxygénée que la molécule primitive et qui serait brûlée, l'autre moins oxygénée qui serait éliminée par d'autres voies.

Les expériences de M. Regnault montrent que la qualité du régime n'a pas une influence bien marquée sur l'intensité des phénomènes respiratoires. Il n'en est pas de même de la quantité des aliments absorbés. L'absorption est limitée, mais elle ne l'est pas tellement qu'il ne puisse pénétrer dans le sang une quantité de matière nutritive dépassant les besoins normaux de l'organisme. Entre l'absorption d'entretien et l'absorption limite, il y a donc une foule de nuances, et comme l'excès de ces matériaux ne peut être éliminé que par voie de combustion, il en résulte que l'intensité de la respiration doit être proportionnelle à la quantité de nourriture, jusqu'à un certain point du moins. Un chat soumis à la ration d'entretien consommait près de moitié moins d'oxygène en vingt-quatre heures qu'avec une nourriture superflue.

Lorsque l'animal est soumis à une alimentation insuffisante ou nulle, on observe une diminution notable dans la quantité d'oxygène absorbé, en même temps que le quotient de partage augmente et se rapproche de ce qu'il serait sous l'influence d'une nourriture purement animale. Ce résultat ne doit non-seulement pas surprendre, mais il pouvait être prévu en songeant que dans ces conditions l'animal perd de son poids de plus en plus, que son tissu graisseux disparaît, et que, par conséquent, il use sa propre substance. Le quotient de partage se rapproche de celui des corps gras.

L'hibernation place, quant à l'absence de nourriture, les animaux dans les mêmes conditions que l'inanition. Aussi voyons-nous pendant le sommeil l'intensité respiratoire tomber de 0,986 à 0,944 (oxygène en une heure et par kilogramme). M. Sacc a observé que le poids de l'animal augmente durant cette période. Ce fait remarquable dépend de ce qu'une partie de l'oxygène absorbé reste dans le corps à l'état d'eau qui n'est expulsée qu'au moment du réveil, lorsque les urines sont rendues.

N'oublions pas de noter, comme un fait ne servant encore à aucune interprétation, que pendant l'inanition et l'hibernation, on a observé une absorption d'azote. L'émission d'urée continue, bien qu'amoindrie, ce qui prouve que l'animal brûle non-seulement sa graisse, mais encore ses principes azotés. D'après Bidder et Schmidt, un chat, après dix-huit jours d'abstinence, fournissait par kilogramme, et en vingt-quatre heures, 2^{gr},11 d'urée ; la consommation moyenne d'oxygène pendant ce laps de temps était de 14^{gr},9 en vingt-quatre heures ; l'émission d'acide carbonique, de 15^{gr},77. On tire de là pour vingt-quatre heures :

Matière azotée brûlée $= z = 2{,}99 \times 2{,}11 = \ldots$ 6,309
$O_z = 2{,}11 \times 4{,}397 = \ldots$ 9,278
$C_z = 2{,}11 \times 5{,}13 = \ldots$ 10,825
$O = O_T - O_z = \ldots$ 5,622
$C = C_T - C_z = \ldots$ 4,945
$1{,}066 \,.\, x + 2{,}91 \,.\, y = \ldots$ 5,622
$1{,}466 \,.\, x + 2{,}819 \,.\, y = \ldots$ 4,945

d'où

Matière grasse brûlée $= y = \ldots$ 1,931
Sucre brûlé $= x = \ldots$ 0,002

presque nul comme on pouvait s'y attendre.

Les phénomènes chimiques de la respiration pendant l'inanition sont très-bien étudiés dans les recherches faites par M. Boussingault avec la même tourterelle qui avait servi à ses expériences sur la combustion normale.

                                              gr.

Le poids initial de l'animal étant de $\ldots$ 186,8
Au bout de 24 heures il avait perdu $\ldots$ 8,78
Du premier au second jour $\ldots$ 7,20
Du second au troisième $\ldots$ 7,40
Du troisième au quatrième $\ldots$ 7,50
Du quatrième au cinquième $\ldots$ 8,10
Du cinquième au sixième $\ldots$ 6,70
En moyenne par jour $\ldots$ 7,70
L'acide carbonique exhalé en 24 heures à l'état normal, contenait en carbone $\ldots$ 5,112
Ce carbone s'est abaissé au bout d'un jour d'inanition à $\ldots$ 2,736
Au quatrième jour, il était de $\ldots$ 2,974
Le sixième de $\ldots$ 2,712
En moyenne $\ldots$ 2,808

Pendant le sommeil, la tourterelle émettait moins d'acide carbonique que le jour, comme cela arrivait avec une alimentation abondante.

Les excréments des sept jours que dura l'expérience pesaient secs 2^{gr},755, et abstraction faite des cendres, renfermaient, pour 100 :

Carbone	35,7
Hydrogène	4,9
Azote	27,7
Oxygène	31,7

Par conséquent, en vingt-quatre heures, la tourterelle privée de nourriture a rendu :

Déjections sèches	0,3935

contenant :

Carbone	0,1257
Hydrogène	0,0171
Azote	0,0974
Oxygène	0,1114

D'après des déterminations antérieures, le rapport entre l'azote et le carbone exhalés par les poumons étant de 0,031, on peut calculer que l'animal exhalait en vingt-quatre heures, 0^{gr},0870 d'azote, qui, ajoutés au poids 0,0984 d'azote excrémentiel, donnent 0,1844 pour le poids total de cet élément rejeté. Ce poids correspond à 1^{gr},159 de matière azotée brûlée, contenant 0^{gr},631 de carbone. Or la totalité de cet élément rejeté en vingt-quatre heures était de 2,808 + 0,1257 = 2,3937 ; reste par conséquent pour le carbone brûlé dérivé de la graisse, 2,3027.

Cette même tourterelle remise au régime du millet a augmenté.

	gr.
Du premier au second jour, de.................	16,8
Du second au troisième, de...................	19,8
Du troisième au cinquième, il y a eu une perte de.	0,83 par jour.
Du cinquième au septième, un gain de..........	1,00 par jour.

Elle est restée maigre, parce que le millet ne pouvait que difficilement lui fournir la graisse; de là cet arrêt subit dans la restitution des éléments perdus.

Température. — D'après les travaux de Letellier et autres, l'énergie de la combustion chez l'homme et les animaux supérieurs varie en raison inverse de la température de l'air ambiant, ce qui tient à la nécessité où se trouve l'organisme de réparer les pertes de calorique qu'il éprouve. Lorsque la température baisse de $1°$ Réaumur, la quantité d'urée sécrétée s'abaisse de $0,20$ $°/_0$ (Kaupp).

Espèce. — L'influence de l'espèce est nécessairement beaucoup plus profondément modificatrice que les conditions dont nous avons parlé tout à l'heure. Pour les animaux supérieurs, elle n'intervient en ce qui concerne les tissus et les liquides organiques que pour changer les proportions des éléments constitutifs, et il n'entre pas dans notre plan de faire l'histoire comparée de l'organisme dans les différents groupes zoologiques; nous avons du reste relevé en passant les observations les plus intéressantes. Lorsqu'on descend l'échelle zoologique, on voit apparaître des produits nouveaux dont les mammifères ne nous offraient pas d'exemple.

Tels sont, entre autres, la matière colorante de la cochenille, les pigments variés des ailes des scarabées et des papillons. L'étude de tous ces corps très-curieux of-

frirait certainement un grand intérêt, malheureusement
elle est encore bien peu avancée. Nous n'insisterons que sur
un point, c'est le changement remarquable qu'éprouvent
les matériaux organisateurs qui tendent à passer de la
classe des corps protéiques à celle des composés ternaires
hydrocarbonés.

La partie organique du squelette des invertébrés résiste
beaucoup mieux que celle des vertébrés aux agents chimiques, et se rapproche sous ce rapport de la cellulose.
Telles sont la chitine, qu'on trouve comme partie constituante organisée du squelette des crustacés, des arachnides et des insectes, et la tunicine, ou substance essentielle de l'enveloppe membraneuse de certains mollusques
sans coquille. Ces corps sont tous les deux insolubles dans
l'eau bouillante, l'alcool, l'acide acétique, les alcalis caustiques chauds et concentrés et les acides minéraux étendus. La tunicine peut être préparée exempte d'azote. Sa
composition correspond à la formule $C^{12} H^{10} O^{10}$; la chitine renferme 1/5 de son poids d'azote qu'il est impossible
de lui enlever. M. Berthelot est parvenu à transformer la
tunicine et la chitine en sucre par l'action de l'acide sulfurique concentré et l'ébullition prolongée de la dissolution étendue d'eau. Ce fait établit nettement l'analogie de
ces deux produits avec les matériaux des plantes.

Dans les phénomènes de combustion, il convient, dans
l'appréciation du rôle de l'espèce, de tenir d'abord
compte du genre de nourriture propre à l'animal que
l'on examine, car c'est de là que dépend le quotient de
partage.

L'expérience démontre que chez les mammifères les différences respiratoires sont la conséquence des influences déjà étudiées plus haut. On attribue aux oiseaux une activité beaucoup plus grande qu'aux mammifères; mais, comme le fait judicieusement observer Lehmann, elle ne dépend pas d'une disposition particulière de leur organisme, mais surtout de l'état de mouvement presque continuel auquel ils sont sujets, et comme preuve il cite la respiration des poules, qui se tiennent la plupart du temps assez tranquilles; elle se rapproche en effet beaucoup de celle des mammifères. L'œuf présente une véritable respiration pendant ou même avant l'incubation. Elle augmente en intensité avec le développement du fœtus. Chez les amphibies, la combustion n'est pas aussi intense que chez les mammifères; elle est à celle-ci à peu près dans le rapport de 0,081 : 1,183, le quotient de partage est celui des carnivores.

D'après les recherches de MM. Regnault et Lehmann, les insectes respirent autant que les mammifères, et le quotient de partage tombe entre celui des carnivores et des herbivores, en se rapprochant plus du premier.

Chez les poissons, les lois générales de la respiration sont les mêmes que pour les animaux aériens, c'est-à-dire que l'oxygène absorbé ne se trouve qu'en partie dans l'acide carbonique exhalé. L'intensité est faible et se trouve, avec celle des mammifères, dans le rapport de 0,0143 à 1,183 ou de 0,04 à 1,183 selon la vivacité d'allures. Le quotient de partage se rapproche de celui du régime animal; enfin on a trouvé une absorption sensible d'azote.

Revue d'ensemble des phénomènes chimiques de l'organisme.

Les problèmes généraux que la physiologie animale peut poser à la chimie, et dont elle est en droit de réclamer la solution, sont formulés dans les paragraphes suivants. Il s'agit :

1° D'établir sans préoccupation théorique la composition immédiate complète de chacune des parties constitutives du corps.

2° En tirant parti des données de cette analyse immédiate et des connaissances acquises en chimie générale sur les transformations des corps, ainsi que des ressources de la physiologie elle-même, de déterminer l'origine, l'évolution et la fin de chacun de ces principes immédiats, de démêler ceux qui sont en voie d'élaboration ascendante d'avec ceux qui constituent réellement les tissus ou qui ne sont déjà plus que des résidus d'une métamorphose rétrograde plus ou moins avancée ; en d'autres mots, de suivre les matériaux nutritifs dans toutes leurs phases et de formuler ces phases par des lois sévères et rigoureuses.

3° Il convient ensuite de fixer d'une manière positive et claire la corrélation qui relie les diverses parties de l'organisme en les rendant solidaires les unes des autres.

4° Enfin, il faut étudier toutes ces questions non seulement au point de vue qualitatif, mais encore rechercher, d'un côté les proportions pondérables des matériaux, et d'un autre les rapports normaux dans l'énergie ou la quantité des réactions qui concourent simultanément à l'équilibre mobile de l'économie animale. Sans doute cette dernière question est individuelle, et les résultats obtenus dans un cas donné ne pourront s'appliquer à d'autres, mais il est très-probable qu'on arrivera à des lois générales comprenant et réunissant toutes les variations numériques, comme un théorème de mathématiques peut embrasser une foule de cas particuliers.

Jusqu'à quel point tous ces énoncés ont-ils reçu des réponses positives et ont-ils cessé d'être de simples desiderata? C'est ce que nous pouvons juger par les pages qui précèdent.

L'analyse immédiate animale est loin d'avoir dit son dernier mot; le plus grand vague entoure encore l'histoire chimique et la connaissance des principes les plus essentiels, ceux que nous avons appelés plastiques, parce que nous les reconnaissons aptes à former les tissus. Nous ne savons encore les distinguer que par des caractères grossiers, tels que la solubilité, la facilité plus ou moins grande à se coaguler, et les réactions qu'ils donnent avec quelques composés (acides, alcalis, sels, etc.), encore ces réactions changent-elles suivant que la substance est combinée à plus ou moins d'alcali ou mélangée à plus ou moins de tel ou tel sel. Quant aux différences si nettes qui résident dans la forme de la molécule elle-même et qui se révèlent à nous par les propriétés optiques, elles sont très-peu connues. Il en est de même de la constitution intime, de l'arrangement moléculaire; bien peu de métamorphoses caractéristiques viennent établir des distinctions à ce point de vue entre les substances azotées de l'économie.

Une grande partie des progrès futurs de la chimie physiologique repose donc, comme nous l'avons déjà dit ailleurs, sur l'étude beaucoup plus approfondie de cette classe de corps. Comment en effet peut-on vouloir étudier avec succès le jeu d'une machine aussi compliquée que le corps, alors qu'on n'en connaît pas même les rouages élémentaires ?

De cette ignorance relativement encore profonde où nous sommes en ce qui touche les composés azotés plastiques, découlent deux conséquences fâcheuses :

1° La marche ascendante des matériaux azotés de la masse alimentaire ne peut qu'être indiquée en termes très-vagues ;

2° Les évolutions rétrogrades sont un peu mieux connues, mais laissent encore énormément à désirer.

Que pouvons-nous dire en effet de l'urée, de l'acide urique, de la créatine, de la créatinine, de l'inosine, etc., etc., si ce n'est qu'ils dérivent par oxydation des substances albuminoïdes, mais nous ne savons pas comment se fait cette oxydation, s'il y a ou non des termes intermédiaires, et quels sont ces termes.

Pour la leucine, la tyrosine et le sucre de gélatine, nous sommes un peu plus avancés, mais cependant nous ne connaissons pas assez toutes les conditions de leur génération pour dire avec certitude, c'est de telle manière et dans de telles circonstances que ces corps ont pris naissance.

Nous avons acquis la certitude qu'une grande partie du sucre et des matières grasses qui pénètrent dans l'économie animale est brûlée et changée en acide carbonique et en eau, en suivant une filière de termes de passage encore inconnue.

Le sucre peut, dans certains cas, se changer en graisse, le mode de réaction n'est pas bien déterminé.

Les matières protéiques servent dans le foie à la formation du glycogène ; les graisses concourent très-probablement avec elles à celle des acides de la bile.

Les glandes du tube digestif enlèvent au sang une partie de ses matériaux salins, et élaborent en même temps des composés azotés bien caractérisés par des actions de contact spécifiques, grâce auxquelles la nourriture quadruple, minérale, azotée, sucrée et grasse, est digérée, dissoute et rendue assimilable.

Nous savons peu de choses sur le rôle des sels en général, sur celui de chacun d'eux en particulier, et sur les échanges continuels qui doivent s'opérer entre eux dans les diverses parties du corps.

Les fonctions de génération sont encore à attendre de la chimie des lumières qui leur manquent presque entièrement ; de sorte que l'étude de ce phénomène important se borne en grande partie à celle des changements de forme que subit l'ovule pendant ses diverses phases d'évolution.

L'influence du système nerveux sur les réactions ne se révèle à nous que par ses effets, mais la partie chimique de son essence nous est totalement inconnue.

Les données numériques qui doivent répondre au quatrième desiderata posé plus haut sont déjà très-nombreuses, grâces aux efforts persévérants des physiologistes et surtout des savants allemands ; mais elles ne peuvent pas être formulées en lois générales. La respiration seule fait exception et peut servir, par les résultats obtenus, de preuve de l'intérêt immense qu'il convient d'attacher à de semblables recherches.

Comparaison des divers tissus et liquides de l'organisme. — *Tissus.* — Les tissus organisés n'ont pas à remplir les mêmes fonctions et à développer la même quantité de forces durant l'accomplissement de leur rôle ; aussi se distinguent-ils par leur structure, leur composition, la quantité de sang et de fibres nerveuses qui y pénètrent, et enfin par l'énergie plus ou moins grande des réactions chimiques dont ils sont le siége. Ces caractères sont toujours en rapports directs les uns avec les autres et peuvent servir indifféremment à mesurer l'activité vitale.

Abstraction faite des matières grasses et des composés phosphorés, nous trouvons dans les centres nerveux et les nerfs les mêmes éléments (albumine et fibrine) (filaments axials) que dans les muscles. Les sels sont du même ordre ; la potasse est plus abondante que la soude, et les phosphates l'emportent de beaucoup sur les chlorures. L'analyse y démontre une proportion relativement très-grande de résidus de destruction, et, chose remarquable, ces résidus sont les mêmes ou à peu près. L'étude des propriétés électriques des nerfs et des muscles nous révèle une analogie semblable. Les manifestations des cou-

rants électriques examinés par Dubois Raymond sont identiques dans les deux ordres de tissus. Après la mort, ils
subissent tous deux des changements rapides ; la fibre
musculaire prend une réaction acide, la fibre nerveuse se
coagule dans sa partie corticale, probablement aussi par
la mise en liberté d'un acide qui précipite les acides gras
saponifiés. Le travail nerveux et musculaire est limité et
suivi de fatigue, il consomme des matériaux et s'épuise,
lorsque la provision de ces matériaux est usée par la combustion, ou lorsque les produits d'oxydation ont pris le
dessus.

L'apparition constante des phosphates alcalins dans les
tissus les plus actifs est un fait significatif. Elle doit certainement avoir une influence sur les réactions. La facilité
avec laquelle ces sels cèdent une partie de leur alcali aux
acides les plus faibles peut nous mettre sur la voie de leur
manière d'agir. Il est certain que, dans la métamorphose
rétrograde, il se forme comme produits de passage des
composés acides dont la présence pourrait gêner le travail
chimique de l'organe ; les phosphates sont là pour les saturer.

Les phosphates alcalino-terreux (chaux et magnésie),
insolubles par eux-mêmes, se trouvent en combinaison
avec toutes les matières organisées ou susceptibles de le
devenir.

Cette combinaison est tellement intime que, pour les
substances insolubles comme la fibrine musculaire, on
ne parvient à la détruire par aucun moyen sans nuire à
l'intégrité de la molécule organique. Sans rien préciser, il

est permis de croire que les phosphates de chaux et de magnésie ont une grande influence sur la production et la régénération des tissus. Peut-être après être devenus libres par la métamorphose rétrograde du composé organique, déterminent-ils, par une attraction moléculaire spéciale, la précipitation de la matière plastique.

Nous avons pu comparer le tissu nerveux à celui des muscles en négligeant les graisses caractéristiques phosphorées qu'il contient ; à ce dernier point de vue, la matière cérébrale se rapproche du jaune d'œuf ou vitellus chargé de l'organisation du fœtus. Y a-t-il un rapport entre cette analogie de composition et certaines fonctions qu'ils rempliraient tous deux ? C'est ce que l'on ne saurait décider aujourd'hui.

Les tissus qui travaillent moins que les muscles et les nerfs, et fonctionnent plutôt comme organes passifs, sont plus simples de structure et de composition ; les matières azotées qui les composent appartiennent au second groupe, ce qui doit certainement changer les conditions de leur nutrition et de leur usure ; les sels et notamment les phosphates y sont moins abondants. On n'y trouve que très-peu de résidus d'oxydations et de manifestations électriques. Comme on pouvait le prévoir par leurs propriétés en dehors de l'économie, les composés à gélatine et les productions épidermiques sont moins altérables au sein de l'organisme que la fibrine et l'albumine.

Liquides. — D'après ce que nous avons vu, les liquides de l'économie animale se divisent en deux grandes classes.

L'une comprend les liquides à cellules ; l'autre les liquides proprement dits, qui sont de simples solutions de divers principes organiques et minéraux.

Dans les premiers, les cellules sont normales, abondantes et de forme caractéristique pour chacun d'eux ; elles remplissent des fonctions importantes, mais non encore complétement connues. Si l'on sait que les globules rouges fixent l'oxygène pour le transporter dans tout l'organisme, le rôle des globules blancs du sang et de la lymphe, celui des cellules à queue du sperme est indiqué comme nécessaire, mais indéterminé dans son essence.

Les cellules à graisse du lait se trouvent là comme éléments nutritifs, et l'enveloppe albumineuse qui entoure les gouttelettes microscopiques de graisse paraît surtout destinée à empêcher la confluence et à maintenir l'émulsion plus parfaite.

Les principaux éléments des cellules proprement dites sont les matières albuminoïdes, qui en forment l'enveloppe et une partie du contenu, les graisses ordinaires, les graisses phosphorées et enfin les sels, particulièrement les phosphates.

La partie interglobulaire ou le plasma est toujours riche en matériaux azotés et souvent en substance plastique (fibrine).

Toutes les variations dans la constitution chimique de ce plasma doivent se réfléchir dans le contenu des éléments morphologiques par suite d'échanges endosmatiques continuels. Il est peu probable que les réactions chimiques énergiques, surtout celles d'oxydation qu'on observe dans ces liquides et notamment dans le sang, se passent dans le plasma.

Tout porte à croire qu'elles ont leur siége dans la cellule, car là seulement sont localisées les conditions nécessaires à des phénomènes chimiques importants. Aussi le plasma ou le sérum sont-ils de simples solutions d'albumine, de fibrine, de matières extractives et de sels incapables de provoquer des transformations chimiques, tandis que nous savons par l'exemple des fermentations alcoolique et lactique que la cellule est éminemment apte à remplir une semblable fonction. Cela est si vrai, que, dans toutes les exsudations où le plasma seul du sang a filtré, nous n'observons rien de spécial et d'original.

Il résulte de là que le travail chimique, dans les liquides organisés, est un phénomène du même ordre que celui des tissus, puisque dans l'un et l'autre cas il dérive des conditions réalisées par des cellules de formes variables.

Les liquides non cellulaires peuvent se diviser en trois groupes. Le premier comprend ceux qui renferment des produits spéciaux non retrouvés dans le sang, tels sont les sucs digestifs et la bile; ils jouent un rôle actif dans les fonctions de l'économie.

Le second comprend les exsudations normales qualitativement semblables au plasma sanguin; elles servent surtout à favoriser le mouvement mécanique des diverses parties mobiles du corps.

Enfin, le troisième réunit les liquides excrémentitiels, dans lesquels on ne trouve plus de matériaux plastiques, mais seulement des résidus plus ou moins avancés de la destruction des tissus et des principes de l'organisme. On voit par là qu'aucune analogie ne relie entre eux les liquides de ces trois groupes si ce n'est leur commune origine, le sang. qui fournit les éléments nécessaires; mais dans le premier cas ils subissent une élaboration spéciale dans la glande qui les sécrète. Nulle part cette élaboration n'est aussi évidente que dans la sécrétion biliaire, qui nous offre ses acides et ses pigments avec des caractères si tranchés et si distincts de ceux des produits sanguins d'où ils dérivent.

CHAPITRE VII

Nous venons d'étudier, autant que les progrès de la science nous l'ont permis, l'état de l'organisme normal. Depuis la fécondation de l'œuf les diverses parties constitutives s'organisent, se développent et finissent par atteindre un maximum ; les mêmes réactions et les mêmes transformations se poursuivent alors de jour en jour suivant des lois régulières que nous sommes loin de connaître en entier. Si l'économie animale pouvait se maintenir ainsi dans toute son intégrité, si aucune force contraire, aucune influence extérieure ne venait déranger l'équilibre admirable de l'être vivant, il n'y aurait aucune raison à sa non-éternité; la vie pourrait se prolonger indéfiniment. Mais telle n'est pas la volonté du créateur de toutes choses. Tout être vivant a une limite qu'il ne peut dépasser, et cette limite, plus ou moins éloignée selon l'espèce et l'individualité, existe non parce que le principe de vie est périssable, mais parce que l'état d'équilibre nécessaire pour le maintien de l'organisme se modifie peu à peu, même dans les meilleures conditions, sous l'influence de forces et d'agents extérieurs. L'économie animale subit ainsi, par suite d'une loi immuable, une dégradation lente, progressive, insensible jusqu'au moment où la vie n'a plus de prise sur les instruments dont elle dispose ; survient alors la mort qui met un terme définitif à l'individualité de l'être organisé.

Cette influence modificatrice qui, dans l'état normal, agit peu à peu et sur tout le corps pour altérer le jeu régulier des fonctions, peut intervenir subitement et provoquer des désordres locaux ou généraux plus ou moins graves, plus ou moins compatibles avec la vie, et constituer ce que l'on nomme un état pathologique.

En voyant quelle large part est faite aux phénomènes chimiques dans l'être normal, il est impossible de ne pas supposer *à priori* que la chimie doit aussi avoir son rôle dans l'étude des maladies ; rôle important, longtemps méconnu, mais que les progrès des sciences d'observation tendent à lui rendre de plus en plus. Puisqu'en définitif une maladie n'est qu'une perturbation locale ou générale des organes, peut-on nier que ces altérations de forme que l'autopsie nous révèle bien souvent, mais qui échappent aussi quelquefois à nos recherches, aient une influence marquée sur la marche des phénomènes chimiques ? Les fonctions d'un organe, la disposition de ses parties élémentaires et les mutations chimiques dont elles sont le siége, sont si intimement liées, qu'il nous semble difficile de les envisager séparément, et tout changement observé dans l'une doit être accompagné d'une modification des autres.

Pour bien développer notre pensée, nous prendrons un exemple, le plus commun, le plus fréquent, l'inflammation

locale. Admettons pour un instant que les premières
manifestations du mal, l'hypérémie, l'engouement et la
stase, soient établies ; cet état particulier de la circulation
va forcément produire dans l'organe des conditions
nouvelles d'échanges endosmotiques et de nutrition. Les
actions oxydantes seront aussi modifiées, et, si la maladie
n'est pas rapidement enrayée, surviendra la suppuration
comme symptôme évident d'une perturbation profonde
dans les phénomènes chimiques aussi bien que dans les
fonctions vitales. D'un autre côté, cet état local va réagir
d'une manière plus ou moins marquée, selon son intensité, sur l'organisme tout entier, à cause de la connexité
qui relie évidemment ses diverses parties : de là les symptômes de la fièvre accompagnés de troubles dans les
phénomènes chimiques généraux, puisque nous trouvons
dans cet état la composition du sang et des excrétions
notablement autre qu'ordinairement.

Si la chimie pathologique était aussi développée qu'elle
devrait l'être, si elle formait une véritable science, avec
des lois bien étudiées, nous aurions à faire l'histoire de
l'organisme dans chaque maladie bien caractérisée, c'est
dire que cette branche serait bien plus riche en matériaux
que la chimie physiologique ; celle-ci ne serait plus qu'un
cas particulier, limite des divers états de l'économie animale. Malheureusement nous sommes loin de là, et dans
cette question il nous sera impossible de procéder par
maladie, d'autant plus que les médecins eux-mêmes ne
s'accordent pas sur le cadre nosologique qui doit être
adopté.

Dans un avenir peut-être éloigné encore, la pathologie utilisera les données chimiques autant que le fait déjà la physiologie, tant pour la symptomatologie que pour expliquer l'origine, la marche et la fin des altérations morbides ; elle se gardera bien de rejeter, comme elle l'a fait jadis, les puissants auxiliaires qu'elle pourra y trouver ; car agir ainsi, c'est éloigner tout un côté de la question, s'en tenir à la description et renoncer à pénétrer d'une manière intime dans les causes des symptômes. Les hypothèses des anciens iatrochimistes étaient prématurées et ne s'appuyaient pas sur des données scientifiques suffisantes, aussi ont-elles échoué en provoquant une réaction dont les idées nouvelles ont eu à souffrir quelque temps.

Nous étudierons d'une manière générale les altérations des divers tissus, de là nous passerons aux liquides organisés et aux excrétions, nous traiterons ensuite des changements qui peuvent survenir dans les grandes fonctions (digestion, respiration, fonctions du foie, etc.), enfin nous terminerons par des vues sur l'étiologie des maladies engendrées d'une manière évidente par l'introduction dans l'organisme d'un principe étranger, souvent indéterminé dans sa nature.

Les changements chimiques observés sont de deux ordres ; tantôt il y a seulement affaiblissement ou exagération d'une réaction, dans ce cas les produits formés restent les mêmes, mais leurs rapports en quantité sont modifiés ; tantôt tel ou tel phénomène est réellement détourné de sa voie normale, et l'on voit apparaître des composés nouveaux que n'élabore pas l'économie saine.

Ici nous devons cependant prémunir contre une cause
d'erreur dans l'interprétation des faits. Un principe spécial qui semble se former dans un cas pathologique
donné peut ne pas être étranger à une évolution régulière, si normalement il n'est qu'un produit de passage
promptement détruit à mesure qu'il prend naissance,
tandis que dans le cas pathologique la réaction ne va pas
plus loin.

Étude générale des altérations chimiques des tissus organisés.

Nous avons vu en physiologie que les tissus élémentaires doivent être considérés comme ayant une vitalité
propre, liée à leur organisation spéciale, et qu'ils offrent
une certaine indépendance dans leurs fonctions nutritives
et chimiques. Il résulte de là que tout changement dans
les conditions intimes de l'organisme simple imprime une
marche nouvelle et anormale aux phénomènes chimiques
dont il est le siége ; comme conséquence, nous verrons
l'altération du tissu s'accuser de plus en plus et devenir
apparente et grossière.

On ne peut chercher l'impulsion initiale qu'au dehors.
La cause qui provoque les premières modifications réside
dans le milieu ambiant (changements dans la composition
quantitative ou qualitative du sang et des liquides environnants), ou dans l'influence encore très-obscure du
système nerveux.

Tout ce que nous pouvons faire quant à présent, c'est

de constater l'altération et son espèce, de dire qu'elle dérive des conditions nouvelles dans lesquelles le tissu est placé ; mais il est impossible de préciser ces conditions.

L'activité nutritive peut être affaiblie, annulée, augmentée ou recevoir une direction anormale ; de là quatre formes d'altérations pathologiques connues sous les noms d'atrophie, de nécrose, d'hypertrophie et de dégénérescence. L'*atrophie* se révèle par une diminution de volume qui peut aller jusqu'à une disparition complète des éléments d'un tissu. Pour en arriver là, celui-ci a dû subir des changements qui le rendent inapte à assimiler les matériaux plastiques du sang, et à les modifier suivant les besoins de sa propre individualité ; dans tous les cas, il y a rupture d'équilibre entre les réactions d'oxydation et de destruction et celles de régénération. Le plus souvent on ne peut suivre pas à pas le mode de diminution de l'élément morphologique, et on ne constate que l'effet. Il ne faut pas confondre la véritable atrophie avec le collapsus qui dérive d'une résorption exagérée des parties aqueuses, et qui donne également lieu à une diminution de volume.

Une atrophie d'un genre particulier est celle du tissu graisseux. La graisse disparaît rapidement surtout avec une alimentation insuffisante ; nous savons qu'elle n'est pas organisée, et par conséquent la cause de cette atrophie ne doit pas être cherchée dans une altération du tissu graisseux, mais uniquement dans le milieu qui l'enveloppe. On a observé dans ce cas particulier les changements successifs qui se produisent. On voit se former dans la

cellule primitivement remplie de graisse une zone périphérique claire et transparente qui sépare la membrane
enveloppante du globule. Cette zone empiète de plus en
plus sur le centre, et il ne reste à la fin qu'un léger dépôt
de matière colorante jaune-orange. La dissolution du
corps gras se fait donc déjà dans la cellule, mais il est
impossible d'établir la marche chimique du phénomène.
Les glycérides sont-elles simplement dissoutes, sont-elles
saponifiées ou oxydées? Rien ne nous donne la solution
de ces questions.

La *nécrose* ou mortification locale est caractérisée par
l'arrêt complet des phénomènes de nutrition; elle est
provoquée soit par la suppression de la circulation sanguine qui cesse de fournir les éléments nouveaux indispensables, soit par des changements tels dans le tissu, que
les évolutions mêmes anormales ne peuvent plus avoir
lieu. La partie nécrosée obéit alors aux influences chimiques qui l'enveloppent sans réagir par sa propre vitalité qui est annulée; lorsqu'elle est logée dans la profondeur du corps à l'abri de l'air atmosphérique, elle ne se
putréfie pas, parce que les germes des vibrions ne peuvent
l'atteindre ; mais elle ne s'altère pas moins chimiquement
par suite des réactions entre ses composés et ceux des
liquides qui la baignent. Ainsi, dans la nécrose cérébrale,
communément appelée ramollissement, on trouve des
parties entières de tissus mortifiés, peu altérées et enve-
loppées d'une masse exsudée, formée du mélange de
plasma sanguin et des produits non putréfiés de la décomposition du tissu mort. Si, au contraire, l'air peut déposer

dans l'organe soustrait à la vie les germes de putréfaction qu'il contient, on verra s'établir des fermentations rapides et intenses, dont les dérivés exercent une influence plus ou moins fâcheuse sur les parties environnantes.

L'atrophie peut se changer en *dégénérescence;* dans ce cas les éléments constitutifs se modifient chimiquement et morphologiquement. La dégénérescence conduit tantôt à la disparition complète des composés normaux, tantôt à une simple modification dans leurs propriétés physiques.

Virchow (*Handbuch der speciellen Pathologie und Therapie*) établit les espèces suivantes.

A. Induration atrophique comprenant:

1° L'induration cornée; elle s'observe surtout sur le tissu connectif et rétractile (cirrhose du foie) qui devient de plus en plus dur, homogène et comme cartilagineux. La conséquence de cet état est une diminution de volume, une contraction; et, comme ce tissu se trouve intimement mélangé à d'autres, il peut entraîner consécutivement l'atrophie des parties voisines.

2° L'incrustation ou dépôt de sels de chaux et de magnésie dans la profondeur des organes; c'est une véritable ossification provoquée évidemment par un changement assez profond dans les conditions de la nutrition. Nous reviendrons sur ce point à propos du tissu osseux.

3° Dégénérescence lardacée ou cireuse. Dans quelques cas particuliers elle est déterminée par le dépôt d'une substance hydrocarbonée analogue à la cellulose ou à la matière amylacée (corpuscules amylacés des nerfs atro-

phiés, métamorphose cireuse des follicules de la rate (1);
d'autres fois la substance hétérogène lardacée est de
nature albuminoïde (concrétions de la prostate).

4° Dépôts de pigments anormaux accompagnant souvent
d'autres dégénérescences.

B. Ramollissement atrophique (malacie).

1° Dégénérescence graisseuse.

Il ne faut pas confondre avec cette affection spécifique,
qui a un caractère propre, le dépôt de graisse dans le
tissu interstitiel. La dégénérescence graisseuse proprement
dite est une transformation réelle de l'élément du tissu en
une substance émulsive, où la graisse apparaît dans un
grand état de division dans l'intérieur même des éléments;
en même temps les phénomènes de nutrition deviennent
moins marqués; elle peut intéresser les tissus nerveux,
musculaire, cellulaire, cartilagineux, osseux, les cellules
des ganglions, les globules blancs du sang, et, en général,
toutes les parties molles. La dégénérescence graisseuse
des cellules hépatiques doit être mise à part, car dans
cette affection les cellules ne sont pas détruites, et les glycérides s'y trouvent en gros globules et non en émulsion.

2° Ramollissement proprement dit.

Les organes élémentaires se ramollissent peu à peu, et
finissent par se changer en un liquide albumineux avec
perte totale de leur forme (tissu connectif, muscles, nerfs,
cartilages, os, etc., etc.). Le liquide ainsi formé, partie

---

(1) Kékulé et Friedreich ont montré que dans ce cas on trouve beaucoup
de cholestérine, mais pas de substance analogue à l'amidon ou à la cellulose.

aux dépens du tissu, partie aux dépens du sang, peut renfermer du mucus, de l'albumine, de l'albuminate de soude, le plus souvent il est neutre ou alcalin. La production de certains kystes doit être attribuée à un phénomène de ce genre. Nous donnerons plus loin la composition chimique du contenu de quelques-unes de ces poches anormales.

Phénomènes chimiques de l'inflammation.

L'inflammation est une des formes les plus fréquentes et les plus communes de l'altération pathologique des organes.

Elle ne constitue pas un phénomène simple qui n'intéresse qu'un seul élément morphologique, mais elle se compose d'un ensemble de modifications concomitantes, parmi lesquelles les troubles locaux de la circulation ont attiré surtout, et peut-être trop exclusivement, l'attention de l'observateur.

D'après Virchow, la cause première de toute inflammation est l'intervention d'un agent anormal matériel venu du dehors ou contenu dans le sang ; il produit sur les éléments ou un des éléments de l'organe une altération des fonctions nutritives, en changeant les conditions normales dans lesquelles ils se trouvent ; de là une rupture d'équilibre dans les attractions moléculaires, et les échanges réciproques entre le tissu et le sang.

La preuve la plus concluante à donner à l'appui de cette manière de voir qui place l'origine du phénomène pathologique dans une altération préalable du tissu et non dans une perturbation de la circulation locale, nous est ournie par l'étude du gonflement inflammatoire des cartilages et de la cornée transparente sous l'influence d'irritants locaux. En opérant sur des portions suffisamment éloignées du réseau vasculaire, on voit nettement l'endroit irrité augmenter de volume, sans qu'on puisse invoquer la stase ou le gonflement des capillaires. Dans ce cas, il faut admettre que l'élément irrité emprunte ses matériaux nutritifs en plus grande proportion aux couches voisines, et ainsi de proche en proche jusqu'à la zone périphérique qui touche aux capillaires et agit sur le sang lui-même.

Ce changement par exagération morbide des phénomènes d'entretien de l'organe élémentaire se révèle par une augmentation de volume et une infiltration parenchymateuse, comme s'exprime Virchow. Le contenu devient trouble par le dépôt de granulations albuminoïdes. Cet effet s'observe surtout dans l'inflammation du foie et des cellules hépatiques ou glycogéniques. Dans les tissus qui contiennent un réseau capillaire, l'irritation est suivie de près d'un arrêt dans la circulation dans les petits vaisseaux. A l'état normal, la périphérie du conduit capillaire est occupée par du plasma pur, les cellules circulent dans la partie centrale avec une plus grande rapidité que le plasma concentrique. On ne peut expliquer cette disposition que par les attractions moléculaires inégales qu'exercent les parois sur les éléments du sang, et par celles des globules les uns sur les autres. Cette dernière action moléculaire est démontrée par la facilité avec laquelle les globules s'adaptent les uns sur les autres par leurs faces plates, sous forme de piles d'écus. Lorsque la stase sanguine s'établit, le liquide ou plasma périphérique disparaît, et le vaisseau se remplit de globules rouges. Les expériences de Weber ont démontré qu'il était possible de produire la stase sans l'intervention du courant sanguin. Si, en effet, on met en contact avec un organe d'une grenouille dans lequel la circulation est arrêtée par ligature des agents caustiques irritants, on voit le sang des veines aussi bien que celui des artères refluer vers les capillaires, et les effets précédemment décrits se produire et se maintenir même après le rétablissement de la circulation. Le liquide intercellulaire du sang semble donc, par suite des modifications des éléments morphologiques, être plus fortement attiré au dehors, grâce à une activité nutritive exagérée, et comme résultat nous voyons apparaître l'exsudation parenchymateuse dont il a été question tout à l'heure. Quant à celle qui se déverse à la surface des parties élémentaires d'un organe, la seule, du reste, qui ait pu être soumise jusqu'à présent à un examen chimique sérieux, elle est provoquée par la pression du sang aidée d'un affaiblissement dans la résistance des parois vasculaires et dans leur épaisseur.

Des observations nombreuses et bien faites (Breschet et Bequerel) ont montré que le sentiment particulier de chaleur qu'on éprouve au contact d'une partie enflammée est dû à une élévation réelle de température, et que l'organe malade est plus chaud qu'à l'état sain. A une époque où les phénomènes physico-chimiques étaient mal définis, on n'a pas hésité à mettre ces manifestations sur le compte de l'effervescence, du mouvement intestin et de l'altération

des tissus. Plus tard, on a cherché à démontrer que l'élévation de température dérive simplement d'un mouvement plus rapide du sang dans les vaisseaux dilatés, mouvement qui apporterait dans le même temps plus de
calorique. D'après les idées actuelles et les progrès de la
science, il paraît plus certain qu'une partie du calorique
est formée dans l'organe enflammé par les réactions chimiques plus énergiques dont il est le siége.

Pour juger définitivement la question, il faudrait mesurer en même temps la température du sang artériel et
celle du centre inflammatoire ; une différence en plus en
faveur du dernier ne pourrait plus être attribuée uniquement au sang, et donnerait une preuve directe d'une activité chimique plus grande. On admet généralement que le
développement de la chaleur dans l'organisme résulte de
l'oxydation ; nous savons que l'oxydation n'a pas seulement
son siége dans le sang, mais aussi et surtout dans la profondeur des tissus. Rien ne s'oppose donc à l'idée que pendant l'inflammation la combustion est localement plus
énergique en même temps que la nutrition ; d'un autre
côté, il y a tout lieu de penser que les métamorphoses organiques qui ne dépendent pas directement d'une oxydation sont aussi accompagnées de dégagement de chaleur.

La simple irritation qui précède l'inflammation peut,
au point de vue chimique, comme sous le rapport pathologique, être considérée comme un phénomène du même
ordre que l'inflammation, mais avec des symptômes moins
apparents. Les altérations chimiques existent déjà, mais
elles ne sont pas encore accessibles à nos moyens d'ana-

lyse trop imparfaits; à mesure que la maladie progresse elles augmentent aussi et deviennent plus frappantes.

Si l'inflammation dérive d'une modification de nutrition de plus en plus intense, on peut se demander en quoi réside la différence entre les altérations nutritives inflammatoires et celles qui ne le sont pas. Leur principal caractère distinctif est la rapidité de leur évolution. Les produits inflammatoires, de destructions ou de régénérations anormales sont là pour prouver la grandeur et la vitesse des changements survenus.

Dans toute inflammation locale un peu intense, on voit survenir des symptômes généraux et surtout des perturbations dans la constitution du sang, révélées par l'augmentation de fibrine et la formation de la couenne à la surface du caillot. Dans les idées de Virchow, l'hyperinose du sang aurait une origine locale, et l'excès de fibrine serait dû à une oxydation plus active dans l'organe malade. Pour que cette opinion puisse passer dans la science, il faudrait d'abord qu'il fût démontré que la fibrine est un produit d'oxydation de l'albumine. Les différences signalées par l'analyse sont si faibles, que ces deux corps semblent être isomères. Dans les adénites entéromésentériques des fièvres typhoïdes, dans le typhus et les fièvres éruptives, il n'y pas d'hyperinose, et cependant les phénomènes d'oxydation semblent augmentés, comme le prouve l'élévation excessive de température générale. On a voulu fonder sur ces différences une division pathologique des fièvres et des inflammations (Andral).

Il est évident qu'en raison de la solidarité des diverses

régions de l'organisme, un trouble local doit retentir partout, et surtout dans le sang, qui par son mouvement et ses échanges est en rapport direct et constant avec la partie affectée. Nous traiterons cette question plus au long à propos de la pathologie du sang. Il va sans dire que l'inflammation envisagée ici dans sa forme la plus simple peut conduire aux dégénérescences et aux altérations dont il a été parlé plus haut.

Il nous resterait, pour terminer, à entrer dans quelques détails sur chaque tissu en particulier, car leur nature spéciale doit imprimer aux phénomènes morbides une physionomie propre, *sui generis;* mais les matériaux nous manquent totalement pour un semblable travail, et nous ne pourrions que répéter ce qui a déjà été dit plus haut. Cependant le tissu osseux offre des modifications qui doivent un instant fixer notre attention.

Considérations générales sur quelques points de l'histoire pathologique du tissu osseux.

Ainsi que tout tissu qui fait partie de l'organisme, celui des os est susceptible d'éprouver des modifications diverses.

Généralement plus un tissu est vivant, et plus son activité nutritive est grande, plus aussi il est exposé à voir se troubler l'ordre régulier des réactions qui s'accomplissent dans son sein.

Le nombre de canaux vasculaires qui parcourent un os en tous sens, la communication de ces canaux avec une foule de vacuoles remplies d'un liquide nourricier exsudé du plasma sanguin, font assez ressortir l'activité vitale du parenchyme osseux ; aussi le voyons-nous subir une foule d'altérations pathologiques.

Tous les genres d'affections qui se présentent dans les autres tissus et organes du corps humain, nous les trouvons envahissant le système osseux. Mais sa nature particulière, si différente de celle des autres parties de l'organisme, imprime une marche spéciale, une forme *sui generis*, à chaque espèce nosologique. D'un autre côté, le système osseux offre, en raison même de sa composition caractéristique, des modifications dont les analogues ne peuvent se retrouver ailleurs. Rien d'étonnant encore de le voir soumis à des influences morbides qui agissent sur lui seul.

Dans toute altération de ces organes nous avons à tenir compte des modifications des parties étrangères avoisinantes, et à les distinguer de celles qui appartiennent au tissu propre. Les secondes ne sont en beaucoup de cas que des conséquences des premières ; mais elles prennent aussi souvent un caractère de prédominance telle, qu'on est conduit à leur donner le premier rang dans l'histoire pathologique.

Les maladies des os peuvent se diviser d'après cela en affections générales, en désignant par là celles qu'ils partagent avec d'autres organes, et en affections propres.

Les affections générales dérivent des éléments autres que le tissu propre des os, autant que ce tissu lui-même.

L'évolution de l'irritation et de l'inflammation doit être
au fond la même au sein d'un os que dans toute autre
partie du corps, mais les phénomènes dans leur développement trouvent un élément particulier qui leur donne un
cachet spécial. De même, lorsque l'activité pathologique
commence à s'éteindre, lorsque l'état normal tend à se
rétablir, le tissu osseux lui-même revient à sa forme primitive, et les altérations qu'il a subies s'effacent par un
travail qui, dans cette seconde période, affecte encore une
forme *sui generis*.

Il serait difficile sinon impossible de diviser les affections osseuses d'après les altérations chimiques; on serait
par là conduit à séparer des maladies qui dérivent de la
même cause, qui souvent se trouvent liées d'une manière
intime chez le même sujet.

Le tissu osseux peut subir les modifications suivantes
qui se rattachent à l'atrophie, à l'hypertrophie et à la
dégénérescence.

1° Il est éliminé en partie, la portion absorbée étant remplacée par des produits d'exsudation susceptibles d'orga-
nisations variables. Cette absorption due à des causes
multiples se fait sous diverses formes, et détermine dans
l'os qui la subit des altérations de structure complexes.

2° Il subit une augmentation par l'addition au tissu
préexistant de couches de nouvelle formation plus ou
moins semblables aux premières.

3° Enfin il change de nature et de composition.

Il est rare que ce dernier mode d'altération ne soit pas
lié à l'un ou l'autre des précédents. Ainsi, à côté de

l'absorption totale, le tissu qui persiste peut lui-même changer de composition.

L'atrophie osseuse se fait par absorption successive d'une couche à l'autre ; elle ressemble à une véritable fusion, et en cela elle diffère de l'atrophie musculaire, dans laquelle on voit les fibrilles élémentaires devenir de plus en plus minces, par défaut de nutrition. Dans un muscle la masse entière change de dimensions, tandis que dans l'os il se creuse des cavités plus ou moins irrégulières. L'apparence des deux phénomènes est tellement différente, qu'au premier abord on est tenté de les séparer complétement, mais, en y regardant de plus près, on voit que leur peu d'analogie tient à ce que dans le muscle chaque fibrille forme un organe indépendant qui s'atrophie pour son compte, tandis que l'os est une masse continue où le défaut de nutrition doit se faire par places.

Tantôt l'érosion se borne à l'élargissement des canaux vasculaires et à l'amincissement des lamelles ; car c'est toujours par là qu'elle débute, ce qui semble indiquer que les conditions du trouble survenu dans la matière osseuse dérivent du milieu enveloppant, du sang et des parties molles.

Cet effet se montre dans l'ostéite et, en général, au commencement de toutes les affections osseuses ; il est une conséquence nécessaire de tout travail morbide dans l'intérieur du système d'un os.

Tantôt la destruction progressive atteint des lamelles entières, l'ostéite ne peut plus alors se terminer par résolution, elle passe à l'état de carie , d'ostéite suppurée ou de nécrose.

Le caractère principal de la carie osseuse est d'abord une augmentation de vascularité suivie d'absorption partielle des parois vasculaires ; mais ce qui la distingue ensuite de l'ostéite simple, c'est la destruction complète des lamelles osseuses produisant une véritable érosion.

Dans la nécrose nous trouvons encore une absorption, une diminution du tissu osseux. Tout le monde sait que le séquestre est éliminé à la suite d'une inflammation des parties environnantes, et qu'il est éliminé par une véritable ostéite suppurée, entraînant nécessairement une perte de substance.

Dans les fractures l'inflammation consécutive des extrémités doit, bien certainement et avant tout, amener une absorption osseuse, suite inévitable d'une phlegmasie consécutive.

Le développemement d'anévrismes, de cancers, de kystes, d'hydatides, de tubercules, de foyers purulents suppose également une perte considérable dans la masse du parenchyme.

Enfin, dans les deux maladies les plus spéciales du système osseux, le rachitisme et l'ostéomalacie, la raréfaction du tissu propre joue un grand rôle surtout dans les premières périodes.

On voit d'après cela que tout phénomène pathologique est précédé de l'absorption du tissu osseux ; c'est là une des altérations les plus générales et les mieux établies.

Quelles sont les causes de cette manifestation et quelle est la marche intime de l'absorption de la substance propre de l'os? Rappelons-nous, pour résoudre ces questions, que le tissu dont nous nous occupons est formé de deux parties distinctes, la substance organique et la matière minérale très-abondante. Sans admettre une combinaison proprement dite, on est cependant forcé de croire à une attraction spéciale entre l'osséine normale et les sels calcaires.

Tout trouble dans les conditions qui enveloppent la partie organique doit influer sur ses propriétés physiques et chimiques, et peut par conséquent diminuer son attraction pour les phosphates qui seront alors dissous et éliminés par les liquides environnants, sans que de nouvelles précipitations salines viennent se substituer aux anciennes. La liquéfaction des phosphates peut être expliquée par l'intervention de l'acide carbonique; elle doit être peu différente de celle qui se fait dans l'os sain; mais, comme la force moléculaire issue de la base azotée est diminuée, le sel enlevé n'est plus remplacé, et l'effet résultant simule une absorption anormale. La matière organique elle-même altérée ou placée dans des conditions où sa reproduction est entravée, cesse de se renouveler, elle est tout entière soumise au mouvement rétrograde et disparaît peu à peu pour faire place au développement pathologique du tissu vasculaire ou aux exsudations. La raréfaction du tissu osseux est donc bien réellement le résultat d'un défaut dans la marche de la nutrition; c'est une atrophie dans le sens propre du mot, seulement elle affecte une forme spéciale due au mode particulier d'entretien de l'organe.

Lorsque les causes modificatrices ont cessé d'agir, lorsque tout tend à rentrer dans l'état normal, il y a toujours plus ou moins tendance à la formation de tissu nouveau. Si l'absorption est restée régulière et n'est pas allée trop loin, le dépôt de nouvelle formation sera régulier, prendra le même type que l'ancien et tout revient à l'ordre antérieur. C'est ce qui arrive dans les cas d'ostéite qui n'ont pas eu de terminaison fâcheuse. Il est impossible de retrouver, après l'extinction du travail morbide, des traces de la raréfaction que l'on est obligé d'admettre au début. Mais, si l'absorption a été trop loin et irrégulière, le tissu osseux régénéré ne pourra jamais trouver le type du tissu préexistant.

Il n'est pas nécessaire, pour qu'il y ait génération de tissu osseux, qu'une raréfaction préalable l'ait précédée. Les conditions nécessaires à ce phénomène peuvent se trouver réalisées sans cela, voire même loin de tout dépôt osseux préexistant.

Il est toujours dû à l'organisation de cellules variables quant à leur forme; ce sont ces cellules qui donnent naissance aux corpuscules osseux. On s'est demandé si elles s'organisent toujours en cartilage avant de s'ossifier. Cette question a été résolue négativement, et cette opinion se trouve confirmée par la transformation directe des cellules plasmatiques du périoste en os, même dans l'état normal.

La seule condition nécessaire et générale que nous pouvons saisir dans la formation pathologique ou physiologique du tissu osseux, est la présence des cellules auxquelles appartiendrait la force encore inconnue dans son essence qui détermine le dépôt de sels calcaires en tel point plutôt qu'en tel autre. Cette force réside plus spécialement près du tissu osseux préexistant, mais elle n'en dérive pas uniquement, puisqu'on voit le précipité calcaire s'effectuer loin de tout tissu osseux, comme le prouvent certains ostéophytes.

La génération du tissu des os par couches nouvelles s'observe dans la seconde période de l'ostéite terminée par résolution, ou dans l'ostéite qui ne tend pas à cette fin; mais elle affecte alors un autre type, on voit se former de véritables stalactites dans le voisinage des points enflammés.

Dans la carie, le phénomène de régénération ne peut se produire; en effet, la carie guérit rarement spontanément et le tissu perdu n'est pas remplacé. Ce manque de reproduction est un des caractères de la maladie qui ne serait autre chose qu'une ostéite suppurée, sans tendance de régénération des parties détruites, ou, en un mot, un véritable ulcère osseux.

La nécrose nous offre aussi un exemple de production nouvelle de tissu osseux après la séparation du séquestre. On s'explique très-bien ainsi pourquoi la surface rugueuse de la partie éliminée ne peut plus s'adapter à la surface devenue unie dont elle s'est séparée, phénomène qu'on a d'abord voulu expliquer par une résorption partielle du séquestre lui-même.

La génération osseuse est du plus haut intérêt dans les lésions traumatiques, telles que fractures, pertes de substance. Grâce à elle, les deux extrémités fracturées peuvent être reliées d'une manière stable.

L'histoire des ruptures osseuses révèle un fait remarquable. En observant attentivement leur mode de guérison, on trouve que les diverses exsudations susceptibles de s'organiser (exsudations du périoste et des extrémités osseuses) ne jouissent pas au même degré de cette propriété. Celle du périoste se dispose beaucoup plus vite que l'autre en tissu osseux ; elle forme le cal provisoire, et la seconde le cal définitif. La régénération des os après l'évidement avec conservation du périoste, est une preuve directe de l'activité organisatrice du blastème issu de cette membrane. Dans les pertes de substance, c'est lui qui joue le principal rôle dans l'acte générateur. Si le périoste vient à manquer, la reproduction ne s'opère qu'incomplétement et avec une extrême lenteur.

Lorsque la substance osseuse a été gravement compromise et lorsque la nature de l'affection ne permet pas une issue heureuse, le travail réparateur ne s'établit pas ou ne se fait qu'incomplétement. Dans cette catégorie, nous pouvons classer les conséquences du développement de cancers, de kystes, d'anévrysmes et de tubercules. L'absorption considérable de la substance propre de l'os, qui a fait place à des tissus hétérogènes, ne peut plus être comblée. Deux causes principales s'y opposent: d'abord la persistance des tissus hétérogènes qui disparaissent rarement; en second lieu, la gravité des désordres.

Le rachitisme présente aussi une période réossificatrice dans les cas qui tournent à bien.

Ainsi, en résumé, cette seconde forme d'évolution pathologique est presque aussi générale que la première, et, si elle ne la suit pas toujours, c'est qu'elle est empêchée par des causes spéciales faciles à apprécier à leur juste valeur.

La troisième espèce d'altération du tissu osseux, à savoir les changements dans la composition chimique, porte sur le tissu ancien ou sur celui de nouvelle formation. Il peut y avoir :

1° Addition de nouveaux principes, différents des éléments constitutifs normaux : on ne connaît pas jusqu'à présent d'exemples se rapportant à ce type;

2° Disparition complète de l'un ou de plusieurs des principes osseux ;

3° Une simple variation dans les rapports des éléments ordinaires ;

4° Enfin, transformation complète du tissu osseux en un produit de composition toute différente.

L'idée de caractériser chaque espèce de maladie du système osseux par les altérations chimiques que subit l'os sous leur influence, est séduisante et a porté bien des expérimentateurs à faire des recherches et des analyses dans cette voie ; mais les conclusions qu'on peut tirer de leurs travaux n'ont pas répondu à cette attente. Ces analyses ont amené fort peu de résultats généraux et de lois positives.

La faute n'en est certainement pas à la direction des recherches; mais il paraît probable qu'il n'est pas possible de caractériser une maladie par les modifications dans la

constitution chimique, des genres d'affections très-dis-
tinctes conduisant aux mêmes altérations de composition.

Dans la plupart des maladies, ce sont les sels qui diminuent le plus, comparativement à l'osséine ; mais il'est impossible d'établir un rapport moyen entre ces éléments
pour chaque espèce nosologique.

Dans certains cas, le départ des sels calcaires est tellement considérable, que ce caractère prend une grande
importance symptomatique (rachitisme, ostéomalacie).

Le tissu osseux de nouvelle formation contient tantôt
plus, tantôt moins de sels terreux qu'à l'état normal ; la
raison de ces différences est loin d'être connue.

On n'est pas non plus arrivé à des conclusions importantes par la comparaison des quantités relatives des
sels entre eux (phosphate et carbonate de chaux) ; les ostéophytes et les tissus de nouvelle formation contiennent
souvent plus de carbonate de chaux ; il en est de même
des os rachitiques et dans l'ostéomalacie ; de sorte que le
départ de ce sel paraît se faire plus lentement que celui
du phosphate.

La disparition totale des matières minérales n'a lieu que
lorsque la base organique est profondément altérée. On ne
possède pas de données certaines sur les genres de modifications de l'osséine. Quelquefois elle est remplacée par la
graisse ; il est probable que cette graisse (dégénérescence
graisseuse) vient seulement occuper la place du tissu organique qui lui-même a été complétement absorbé. Lehmann a observé que, dans certains cas de rachitisme ou
d'ostéomalacie, l'osséine bouillie avec de l'eau ne donne

plus de gélatine, mais alors la dégénérescence est très-profonde. Le caractère de transformation de la substance azotée en colle est grossier et n'est pas capable de révéler des différences délicates comme celles qui résultent des premières atteintes à l'intégrité du tissu et qui permettent l'absorption beaucoup plus facile des sels. L'examen approfondi des changements que peut éprouver l'osséine est, à mon sens, destiné à éclairer beaucoup plus la pathologie chimique du système osseux que les analyses exécutées dans le but de reconnaître quelle est la proportion des sels et de la substance organique, et dans quel rapport les sels sont entre eux. Ce travail reste encore entièrement à faire.

Tissu cartilagineux.

Le tissu cartilagineux subit plus spécialement un genre d'altération, l'atrophie.

Cette atrophie est consécutive et déterminée par des modifications dans la circulation du sang dans les vaisseaux destinés à la nutrition du cartilage ; elle est donc une conséquence d'états pathologiques divers qui ont leur siége dans les tissus environnants chargés de son entretien ; car nous savons que le cartilage lui-même est privé en grande partie de vaisseaux sanguins et de nerfs.

Dans cette atrophie, les changements portent sur les cellules et sur la matière intercellulaire. Les cellules augmentent de dimension et se chargent de globules graisseux, tandis que la masse intermédiaire devient brune et se transforme en une substance granulée ou fibreuse.

Il ne sera pas sans intérêt de faire remarquer que le tissu cartilagineux, qui n'est pas susceptible de se reproduire après des pertes de substance, peut néanmoins se former de toutes pièces et constituer des dépôts pathologiques dont le siége ordinaire est la substance osseuse. Quelquefois aussi le blastème exsudé dans le but de régénérer du tissu osseux passe, avant d'arriver à cet état, à la · forme cartilagineuse. On voit par cet aperçu que les données chimiques manquent complétement en ce qui touche les maladies des cartilages, et si nous avons émis des considérations générales, c'est plutôt pour donner un point d'appui à des recherches qui pourraient être tentées dans cette voie.

Exsudations inflammatoires et autres; pus.

Les exsudations superficielles et interstitielles qui accompagnent généralement les inflammations simples, sont provoquées, comme nous l'avons dit, par des changements dans les propriétés physiques des parois vasculaires; elles ont pour caractère spécifique la plasticité, c'est-à-dire la propriété de se coaguler spontanément par dépôt de matériaux plastiques analogues à la fibrine. Leur composition qualitative est celle du plasma du sang; ordinairement elles sont plus aqueuses (1,94 à 4,23 %, d'eau en plus), moins riches en albumine; la proportion des sels est à peu près celle du sérum, mais elles contiennent, rela-

tivement, plus de potasse et de phosphates. Ce dernier fait
semble dériver de la cause qui augmente la potasse et les
phosphates dans le tissu musculaire.

Les exsudations récentes qu'on trouve dans les sacs séreux sont déjà coagulées; la fibrine séparée présente les
apparences de celle qu'on retire du sang, et le liquide
clair se rapproche du sérum; il ne contient pas de caséine, l'albumine est un peu moins alcaline; quant à la
composition quantitative, elle varie beaucoup, et on ne
peut y attacher une grande valeur à cause de la résorption partielle qui s'effectue plus ou moins avant que ces
liquides n'arrivent à être examinés.

On en sait que très-peu de chose sur la nature des exsudations croupales. Le produit est probablement liquide au moment de son émission; mais la coagulation de la fibrine se
fait très-vite, et le liquide restant est presque aussitôt ré-
sorbé : on peut supposer que la matière exsudée est très-
riche en matériaux coagulables et douée d'une extrême
plasticité.

Si nous tenons compte de la grande difficulté qu'éprouve
déjà l'albumine soluble à traverser les membranes animales, nous pouvons admettre que le produit plastique,
la fibrine, fût-il même tenu en dissolution, et non en suspension, est parmi les colloïdes un de ceux qui doivent opposer à l'exosmose ou à la dyalyse la plus grande résistance.
Pour expliquer son extravasation à travers les parois de
vaisseaux, nous devons forcément supposer une disposition spéciale, purement physique, une beaucoup plus
grande perméabilité de la membrane. Mais la plasticité

ne dépend pas seulement de la quantité de matière coagulable, il convient peut-être, d'après des observations déjà
citées, de faire intervenir un autre élément qui semble
agir par contact. Il est donc possible que dans tel mode inflammatoire caractérisé par des altérations particulières
de nutrition, le ferment (corps de contact) se développe
plus facilement que dans d'autres. Dans tous les cas rien
n'est décidé encore sur ce sujet et on doit s'en tenir à des
suppositions réclamant de nouvelles recherches.

Les inflammations qui ne marchent pas vers la résolution donnent lieu à la formation d'un produit semi-liquide
dans lequel on retrouve d'une part les produits généraux
des exsudations, de l'autre des matériaux indiquant une
marche anormale des fonctions organisatrices ; c'est le
pus. Le pus est un liquide jaunâtre, visqueux, opaque, remarquable par la présence d'un grand nombre de globules
sphériques, incolores, qui ressemblent beaucoup à ceux de
la lymphe et aux cellules incolores, du sang. Leur grandeur
dépend des conditions générales de l'organisme ; elle n'est
pas la même pour les plaies d'un phthisique que pour celles
d'un cancéreux ou d'un typhoïde. Ils sont formés d'une
enveloppe, d'un contenu épais et transparent avec un
noyau latéral adhérent à la paroi. Les trois parties constitutives des globules du pus appartiennent à la classe des
substances protéiques, sauf la graisse qu'on trouve dans
le contenu. L'enveloppe se gonfle beaucoup par l'action
des acides minéraux étendus, et même des acides organiques, et finit par crever et se dissoudre, elle se rapproche
sensiblement de la syntonine ou fibrine musculaire. Le

liquide qui baigne ces globules est alcalin et renferme de l'albumine coagulable, l'acide acétique le trouble en précipitant une substance qu'on a considérée comme caractéristique du pus, et baptisée d'après cela du nom de *pyine*. Il est probable qu'elle représente un mélange de plusieurs produits; du reste, elle n'est pas constante. On obtient la pyine en précipitant le pus par l'alcool et en traitant le précipité par l'eau, puis en ajoutant de l'acide acétique à la solution aqueuse; elle est précipitable par cet acide et par l'alun, et insoluble dans un excès : on ne sait rien sur son origine. La proportion de graisse varie (2 à 6 %); elle se compose d'oléine, de margarine, de savons (oléates et margarates alcalins), d'un peu de graisse phosphorée (0,6 à 1,1 de phosphore pour 100 de graisse et de cholestérine [1 %].

Bœdeker a récemment découvert dans le pus un nouvel acide azoté cristallisable en fines aiguilles microscopiques, et lui a donné le nom d'acide chlorrhidique. Ses solutions aqueuses ne précipitent pas par les alcalis et les acides, ni par l'alun, l'acétate de plomb, les sulfates de fer et de cuivre. Le tannin, le sublimé corrosif, le chlorure de zinc, les précipitent en blanc; l'eau de chlore les colore en rouge rosé comme la pancréatine. Pour isoler ce corps, on évapore le pus à sec, on traite par l'éther, puis par l'eau; la solution aqueuse est précipitée par le sous-acétate de plomb; le précipité est décomposé par l'hydrogène sulfuré; le liquide filtré, évaporé à sec et le résidu traité par l'alcool absolu bouillant. Par l'évaporation du liquide alcoolique, on obtient l'acide en fines

aiguilles (?). Il brûle sur la lame de platine avec une
odeur de substance protéique. Le même chimiste signale
la présence constante de la leucine, de la chondrine dans
les abcès par congestion (?), de la gélatine (abcès musculaires) (?).

D'après Lehmann, le pus de bonne nature peut contenir de 14 à 16 °/₀ de matériaux solides avec 5 à 6 °/₀ du résidu solide en sels, et le rapport des sels solubles aux sels
insolubles est de 1 : 7 ou de 1 : 9.

Dans le pus séreux de mauvaise nature avec mélange
d'exsudations, les matériaux solides sont de 10 à 14 °/₀,
et le rapport entre les sels solubles et les insolubles est
de 1 : 15 ou de 1 : 23.

Les phosphates de chaux et de magnésie représentent
les derniers. Le sel marin avec des traces de phosphates
alcalins (3 à 10 °/₀ du poids des cendres) et de carbonate de soude forme les premiers.

Nous donnons comme complément l'analyse faite par
Bœdecker d'un pus contenu dans un abcès par congestion
chez un homme du reste en bonne santé.

Le pus était jaune clair, sans odeur, faiblement alcalin,
densité = 1,022. L'acide acétique y donne un coagulum
filamenteux insoluble dans un excès (pyine ?). Le liquide
s'éclaircit ainsi et devient facile à filtrer, même avant
l'addition d'acide acétique ; il peut être partiellement filtré,
et la partie qui passe donne encore un précipité par
l'acide acétique, mais il est soluble dans un excès. On
n'a pas trouvé de caséine ni de sucre et d'urée, mais de
la leucine.

```
Eau............................    88,760
Parties solides....................    11,240
                                     ————————
                                      100,000
```

Les parties solides se composaient de :

```
Matières organiques................    10,115
Sels...............................     1,125
```

réparties comme il suit :

```
Albumine...........................    4,38
Pyine et globules..................    4,65
Graisses et cholestérine...........    1,09
Sel marin..........................    0,59
Autres sels alcalins...............    0,32
Phosphates terreux et fer..........    0,21
                                     ————————
                                      11,24
```

Les pigments biliaires, les acides de la bile, l'urée et le sucre ne sont que des produits accidentels.

On n'a pas encore pu établir des différences chimiques spécifiques entre les pus de diverses origines, tels que le pus syphilitique par exemple et celui d'une plaie ordinaire ; et cependant l'un produit à l'inoculation une affection spéciale, et l'autre est à peu près inoffensif, s'il est frais. Nous verrons que l'action propre du pus syphilitique ou du pus du bouton de vaccine ne réside probablement que dans la présence d'un ferment organisé spécial.

Le pus de certaines plaies colore la charpie en bleu ; cet effet se produit surtout chez les individus de mauvaise constitution et avec le pus séreux ; dans ce cas, le liquide lui-même est verdâtre, et la teinte apparaît aux bords de la tache sur le linge. Coutaret a isolé la matière colorante en traitant le tissu imprégné de pus bleu par de l'eau froide ;

on exprime, puis on ajoute un peu d'alcool, on fait bouillir, on filtre, on chasse l'alcool par l'ébullition, et on enlève la matière colorante en agitant avec du chloroforme ; par l'évaporation du liquide, elle reste sous forme d'une masse bleu foncé, qui prend une teinte verte quand on la mouille avec de l'éther. M. Fordos a obtenu ce pigment en cristaux ; il lui donne le nom de *pyocyanine.* Il fait macérer le linge avec de l'eau ammoniacale et agite le liquide avec du chloroforme; après évaporation, le résidu est repris par l'eau qui laisse la matière grasse et dissout le principe bleu, il reprend le liquide aqueux par le chloroforme, évapore de nouveau et traite la partie solide par l'acide chlorhydrique qui s'unit à la pyocyanine ; en lavant une dernière fois par le chloroforme, on dissout les impuretés, tandis que le chlorhydrate reste intact ; on traite enfin par le carbonate de baryte pour décomposer le chlorhydrate, on reprend par le chloroforme et on évapore : la pyocyanine se dépose alors sous forme de cristaux. Ces cristaux sont solubles dans l'eau, l'éther, l'alcool et le chloroforme; ils rougissent sous l'influence des acides ; les alcalis restituent la couleur primitive, le chlore les décolore.

Selon Delore, la pyocyanine contient du fer et se décompose à 50°. Ce chimiste l'isole plus simplement que M. Fordos, en traitant le linge par l'alcool, évaporant et enlevant la graisse par le sulfure de carbone. Il est très-probable qu'elle dérive de la biliverdine avec laquelle elle offre des analogies et des différences.

D'après Schiff, la substance bleue du pus des cancers est formée de phosphate ferreux (vivianite).

L'*exsudation tuberculeuse* n'offre pas des formes organisées aussi nettes que le pus, l'examen microscopique n'y
révèle que des granulations moléculaires et de la graisse
sans tendance à la production de cellules. Les tubercules
récents sont formés d'une substance protéique plus ou
moins soluble dans l'acide acétique et de beaucoup de
graisse; dans ceux qui sont de date plus ancienne, la proportion de graisse est moins grande. Les tubercules créta-
cés contiennent du carbonate et du phosphate de chaux,
et principalement de la cholestérine. On y signale encore
la présence d'un corps connu sous le nom de xantho-
cystine.

Exsudations hydropiques. — Les exsudations qui ne
sont pas précédées de phénomènes inflammatoires, ne sont
généralement pas plastiques et ne contiennent que les éléments du plasma sanguin réellement diffusibles, en proportion d'autant plus grande qu'ils le sont davantage. Il résulte
de là que leur formation est due uniquement à des effets
d'exosmoses, et que c'est plutôt l'état du sérum que celui
des parois vasculaires qui provoque leur apparition,
comme nous le prouve l'hydropisie consécutive de l'albuminurie. Plus le courant sanguin dans les capillaires est lent,
plus le liquide exsudé contient d'albumine; plus le sang
est pauvre en albumine, moins aussi on en trouve dans le
produit exosmotique. D'après Ch. Schmidt, chaque groupe
de capillaires donne des exsudations également riches en
albumine. Ce principe, qui est parfaitement conforme à
l'idée que nous nous faisons du phénomène générateur,
n'est vrai qu'autant que les autres conditions capables d'in-

fluer sur la dose d'albumine qui passe, sont constantes.

La matière extractive est plus abondante que dans le sérum, si on la compare à l'albumine. Ainsi, 100 parties d'albumine coïncident à 12 à 30 et même à 42 parties d'extractif; il renferme de l'urée en proportions quelquefois considérables. Le sucre est très-rare et ne se trouve que dans les cas du diabète.

Les principes colorants de la bile s'y rencontrent dans certains cas (ictère). Les sels sont ceux du sérum. Le gaz est moins abondant et principalement formé d'acide carbonique.

MM. Robin et Verdeil ont trouvé dans le liquide hydropique une matière protéique coagulable par la chaleur comme l'albumine, mais qui s'en distingue parce qu'elle est retenue, sans être rendue insoluble dans l'eau pure, quand on filtre le liquide sur du sulfate de magnésie. L'hydropisine, c'est le nom donné à cette substance, ne peut pas être confondue avec la pancréatine qui offre le même caractère, car elle ne se colore pas en rouge par le chlore.

Le sérum des plèvres contenait dans une analyse :

> Hydropisine sèche...................... 5,70
> Albumine. 6,95

Celui du péritoine contenait :

> Hydropisine..................... 9,80
> Albumine........................ 7,45

La distinction précédente repose sur un caractère assez tranché; il serait cependant à souhaiter qu'on trouvât une différence plus marquée encore pour établir sûre-

ment l'existence de ce produit, il devrait alors être considéré comme dérivé de l'altération de l'albumine dans
le liquide hydropique.

On signale de plus dans ces sortes d'exsudations la présence d'une substance azotée, soluble dans l'eau, précipitable par l'alcool et l'acétate de plomb; et dans les liquides
anciens celle d'un corps qui précipite par l'acide acétique.

Virchow place entre les exsudations séreuses dont nous
venons de parler, et les exsudations inflammatoires plastiques, une espèce intermédiaire qui se caractérise par la
propriété de devenir spontanément coagulable au bout
d'un certain temps de contact avec l'air, tandis que dans
l'intérieur du corps elle ne l'est pas; il donne à ce genre
d'exsudats le nom de fibrinogènes. La fibrine de ces liquides varie en quantité entre 0, 6 et 0, 7 pour mille, elle
est toujours molle et gélatineuse.

Le liquide hydropique des ventricules du cerveau est
plus riche en potasse et en acide phosphorique que ceux
épanchés dans les séreuses ordinaires.

Analyse du liquide obtenu par ponction dans un cas de
spina bifida (Hoppe).

Eau.	987,47
Matières solides	12,51
	999,98

contenant :

Albumine.	1,62
Extrait aqueux	0,70
Extrait alcoolique et sels solubles	9,57
Sels insolubles	0,25
	12,14

Les liquides contenus dans des poches spéciales de nouvelle formation (kystes), ont une composition variable qui se rapproche de celle des exsudats séreux. Dans plusieurs cas, on y a reconnu la présence de l'acide succinique.

L'enveloppe des kystes à échinocoques est formée d'une substance très-voisine par ses propriétés et sa composition de la chitine, elle renferme 4,5 — 5 p. 0/0 d'azote, 44 — 45 p. 0/0 de carbone, et fournit du sucre par l'ébullition avec l'acide sulfurique étendu.

Nous donnons comme exemples quelques analyses des liquides de cette espèce.

1° Kyste de l'ovaire (BOEDECKER).

A. Ancien.

Liquide clair, jaune, alcalin et non filant. Densité = 1,009; il renferme 5,77 p. 0/0 de matériaux solides, presque exclusivement formés d'albumine et de chlorure de sodium, d'un peu de leucine et d'un sel ammoniacal.

B. Récent.

Liquide jaune rougeâtre, filant, alcalin, épais; densité = 1,049; il renferme 20,65 p. 0/0 de matériaux solides, entre autres du mucus ou mucine précipitable par l'acide acétique et insoluble dans un excès, de la leucine, de l'urée et de l'ammoniaque.

2° Kyste de l'ovaire (FOLWARCZNY).

Liquide clair, incolore, alcalin; densité = 1,006.

— Eau.................   989
   Matière solide........   11

contenant :

Albumine............	0,2	
Extractif...........	1,4	
Sels......	9,0	Sel marin 7,106 Aut. sels 1,894

3° Kyste du rein.

Liquide jaune foncé, un peu alcalin ; densité = 1,021.

Eau.....................	958,63
Parties solubles...............	41,37

contenant :

Albumine.	25,85
Graisse...................	0,17
Extrait alcoolique.............	0,60
Extrait aqueux.	5,90
Sels minéraux..............	6,07

On y a trouvé de l'acide succinique, pas de leucine ni de tyrosine, d'urée, de sucre et d'acide lactique.

Analyse du contenu d'un kyste à échinocoque.

Liquide jaune grisâtre, alcalin ; densité = 1,015.

Il offre trois couches, l'une inférieure purulente, la moyenne aqueuse, et la supérieure très-mince formée de cholestérine. On y trouve des grains arrondis, transparents, à couches concentriques, se troublant par l'eau distillée et composés d'un peu d'albuminate de soude, de beaucoup de cholestérine avec des traces de carbonates d'ammoniaque et de soude et d'autres sels minéraux.

Liquide d'un kyste à échinocoque contenu librement

dans la cavité abdominale, avec complication de kystes du foie (REDLINGHAUSEN).

Incolore, légèrement acide, un peu trouble; densité = 1,015. Ne contient pas d'albumine. Le résidu sec, traité par l'éther, cède un peu d'acide succinique.

100 parties contiennent :

Eau...............	97,998		
Matières solides.....	2,002		
	100,000		
Extrait éthéré.......	0,004		
Extrait alcoolique fait à chaud..........	0,768	contenant : sel marin.	0,116
Extrait aqueux fait à froid.	0,924	— —	0,824
Résidu insoluble.....	0,072		0,940

Tous ces résultats ne nous éclairent pas beaucoup sur le mode de production et de développement des kystes.

Pathologie du sang.

Constamment en rapport avec les diverses parties de l'organisme, le sang doit refléter dans sa composition tout changement local ou général survenu dans les phénomènes chimiques de l'économie animale. Lui-même peut être considéré comme cause de maladie, sa constitution devant influer sur les réactions intimes. Il est donc à espérer qu'un jour l'analyse complète et détaillée de ce liquide formera un des caractères pathologiques les plus dignes de fixer l'attention du médecin. Elle servira de base solide non-seulement au diagnostic, mais encore pour expliquer dans tous leurs détails et dans leur essence l'invasion, la marche et la fin des altérations morbides. Pour arriver à ce résultat, la chimie physiologique a encore à faire d'immenses progrès ; indépendamment des moyens d'analyses et de recherches qui devront être perfectionnés, une difficulté de plus d'un genre viendra entraver les progrès dirigés dans cette voie : ainsi le liquide sanguin qui sort d'un organe malade peut offrir, si on le compare au même sang avant l'invasion du mal, des différences marquées et accessibles à une investigation minutieuse, mais qui se perdront presque en entier après son mélange avec la masse totale ; or, le plus souvent, le médecin expérimentateur ne peut recueillir que le sang issu d'une veine superficielle.

Quant à présent, on n'a guère constaté dans les diverses affections pathologiques que des variations en plus ou en moins dans la proportion des éléments les plus essentiels, tels que les globules rouges ou incolores, la fibrine, l'albumine, les graisses, les principes extractifs pris en masse et les sels. Il est évident que, la quantité d'eau changeant avec chacun de ces principes constitutifs, nous ne pouvons établir une modification spéciale, déterminée par l'état plus ou moins aqueux, que tant que les rapports des parties solides entre elles restent constants. Nous devons encore faire observer que l'analyse chimique nous révèle seulement les variations relatives des corps ; elle nous apprend que dans un cas donné le sang renferme deux à trois pour mille de fibrine de plus qu'à l'état normal, mais nous ne sommes pas en droit d'en conclure à une augmentation réelle de la fibrine dans l'organisme, car la proportion totale de sang a pu diminuer en même temps. Pour éviter toute confusion sous ce rapport, nous appellerons pléthore toute augmentation, soit du sang lui-même, soit de l'un de ses éléments, et nous distinguerons ces divers états en ajoutant au mot pléthore les adjectifs sanguine, cellulaire, fibrineuse, albumineuse, graisseuse, etc. L'expression anémie nous servira pour les cas de diminution dans la quantité absolue du sang ou de l'un de ses principes, et nous dirons anémie sanguine, cellulaire, etc.

Si l'on connaissait exactement l'origine, le mode de formation et les fonctions des divers matériaux du sang, l'analyse de ce liquide, telle que nous savons la faire, aurait déjà une haute valeur scientifique, et donnerait bien des éclaircissements sur les états anormaux de l'organisme ; malheureusement nous n'en sommes pas là, et lorsque nous voyons, à la suite d'une inflammation locale, la fibrine s'élever au-dessus de son niveau ordinaire, nous ne pouvons pas conclure au rapport qui existe nécessairement entre ces deux phénomènes concomitants. La fibrine se forme-t-elle aux dépens des globules, de l'albumine ou des tissus ; est-elle ou non un produit d'oxydation ; quelle est son influence sur la marche générale de la maladie locale et sur les symptômes généraux ? Toutes ces questions restent sans réponse, si on veut s'en tenir à l'expérience et ne pas entrer dans le domaine des hypothèses.

Globules. — Les globules du sang jouent un rôle capital

dans les fonctions respiratoires. Grâce à eux l'oxygène peut être absorbé en proportions qui dépassent de beaucoup celles qu'indiquent les lois physiques ; aussi doit-on s'attendre à une influence très-marquée de la pléthore et de l'anémie cellulaire sur les phénomènes de combustion, de calorification et sur l'activité musculaire et nerveuse qui en dépendent.

On ne sait pas encore au juste où et comment se forment et se détruisent les cellules rouges dont l'existence est évidemment éphémère, même à l'état normal ; on ne peut donc assigner que des causes éloignées ou indirectes à leur accumulation ou à leur disparition anormale.

La pléthore cellulaire et la pléthore sanguine sont généralement concomitantes, car les conditions de l'une sont aussi celles de l'autre. (Exagération dans la nutrition et l'absorption, nourriture substantielle azotée ; travail modéré de l'organisme.)

L'expérience clinique démontre que les préparations de fer et de manganèse exercent une influence favorable sur la reproduction des cellules ; ces composés agissent-ils directement en fournissant un des éléments nécessaires à la constitution des globules ou en modifiant d'une autre manière les conditions de l'organisme, c'est ce qu'on ne saurait décider encore.

Certaines maladies accompagnées d'évacuations alvines abondantes ne peuvent produire qu'une pléthore cellulaire relative. L'anémie cellulaire, comme on peut s'y attendre d'après ce qui a été dit plus haut, est une conséquence forcée de toutes les maladies aiguës ou chro-

niques, qui entravent la nutrition, une alimentation insuffisante, pauvre en azote, conduisent au même résultat.

L'anémie cellulaire est toujours accompagnée d'une
augmentation dans la quantité d'eau et de fibrine ; on observe aussi souvent une élévation du nombre des cellules
blanches. Comme point de repère, pour établir le diagnostic de ces états particuliers du sang, nous rappellerons
que le poids des globules secs à l'état normal oscille entre
les nombres

> 13,1 et 15,2 p. 100 chez l'homme.
> 11,3 et 13,7 p. 100 chez la femme.

D'après les déterminations de Vierordt et Welker, le
nombre de globules renfermés dans un millimètre cube
varie entre :

> millions   millions
> 4,5   et   5,3   chez l'homme.
> 4,0   et   5,0   chez la femme.

On sait que la couleur du sang, qui dépend des globules
ou de l'hématine qu'ils renferment, change avec la proportion d'oxygène et d'acide carbonique. Le sang artériel
rouge devient plus foncé par son passage à travers les capillaires où il perd une partie de son oxygène et se charge
de plus en plus d'acide carbonique ; le sang veineux re-
devient rouge après l'absorption d'oxygène dans les poumons. Nous produisons le même effet en agitant le liquide
successivement avec les deux gaz. Bien des causes indépendantes du sang lui-même peuvent entraver la dissolution de l'oxygène pendant la respiration, et produire la

cyanose ou coloration plus foncée du sang ; nous ne mentionnerons ici qu'une disposition spéciale des globules eux-mêmes qui les rende inaptes à fixer l'oxygène ; dans ce cas, le sang agité avec de l'oxygène ne prend plus la coloration rouge normale. On observe ce phénomène remarquable dans quelques cas de maladies graves. (Typhus, intoxication purulente, dernière période des tubercules pulmonaires.)

Il survient quelquefois, notamment dans le typhus et le choléra, une véritable altération dans la forme des cellules ; elles deviennent irrégulières et se réunissent en masses. On peut admettre que ces changements sont provoqués par des agents chimiques anormaux développés dans la masse sanguine pendant la maladie ; beaucoup de corps solubles jouissent en effet de la propriété de modifier l'apparence des globules.

Le sang des typhoïdes renferme de l'ammoniaque libre, et l'air qu'ils expirent donne des fumées blanches au contact d'une baguette trempée dans l'acide chlorhydrique. Cette ammoniaque peut se former par la fermentation de l'urée ; introduite directement dans le sang, elle produit sur les globules des altérations analogues à celles qu'on observe pendant la maladie.

La dissolution des enveloppes cellulaires, par suite de laquelle le contenu se déverse dans le plasma, est produite artificiellement par l'addition d'un grand nombre de composés minéraux ou organiques (acides acétique, lactique et phosphorique libres, carbonate d'ammoniaque, hydrogène arsenié, etc.). Il n'est pas douteux que certaines de ces conditions de dissolution peuvent se réaliser dans l'organisme vivant (typhus, scorbut). Une semblable altération est toujours incompatible avec la vie, et doit mener, si elle se prolonge, à une mort certaine.

Les états pathologiques doivent influer sur le contenu des cellules et les proportions relatives de leurs constituants, mais sous ce rapport nous n'avons encore aucune donnée certaine et digne d'être rappelée.

Virchow a le premier fixé l'attention des savants sur une forme nosologique caractérisée par une augmentation évidente des globules blancs, ordinairement accompagnée d'une anémie cellulaire rouge. Dans ces cas, le dépôt du sang défibriné est recouvert d'une couche blanche ou grisâtre. Dans cette sorte d'affection la rate est remarquable par le développement de son volume.

Scherer a trouvé dans ce sang de la gélatine, des acides formique, acétique, lactique, de la leucine, de l'hypoxanthine et l'acide urique. La gélatine n'est pas constante; le liquide dans lequel on a pu la reconnaître était légèrement acide.

Après les globules, l'élément dont la variation est la plus fréquente est la fibrine. Nous avons déjà fait pressentir, plus haut, que ce phénomène, dans l'état actuel de la science, n'est pas de nature à donner des renseignements d'une grande valeur.

Il apparaît comme un symptôme à ajouter à d'autres symptômes; nous nous contenterons donc d'une simple énumération des maladies où l'on observe d'une manière assez constante une augmentation ou une diminution dans la quantité de fibrine. La dose normale dans le sang est de 0,25 °/₀ chez l'homme et chez la femme.

Il y a pléthore fibrineuse pendant la grossesse, dans les fièvres inflammatoires (dans quelques-unes l'augmentation peut atteindre 1,3 °/₀ du sang), dans le rhumatisme articulaire aigu, dans le cancer, la maladie de Bright, dans les premières périodes du tubercule pulmonaire (période inflammatoire).

La dose de fibrine doit influer sur la plasticité des exsudations qui accompagnent les phénomènes inflammatoires.

L'anémie fibrineuse accompagne souvent les états de dissolution des globules ; on l'observe dans le typhus, le scorbut, la syphilis constitutionnelle, les suppurations prolongées, après une alimentation insuffisante et la malaria. Elle peut n'être qu'apparente et tenir à l'introduction dans le sang de substances, qui, comme les sels alcalins, diminuent la facilité avec laquelle se coagule la fibrine.

La formation du caillot sanguin après l'émission est plus tardive dans toutes les maladies où les phénomènes respiratoires sont moins intenses, et où se produit la cyanose ; nous savons, en effet, que l'oxygène n'est pas sans action favorable sur la précipitation de la fibrine. Pour une cause semblable, le sang des agonisants se coagule moins vite que le sang ordinaire, celui des cadavres plus lentement encore. Après la mort par syncope, par l'étincelle électrique, par l'acide prussique, l'hydrogène sulfuré, les narcotiques et par asphyxie, la fibrine ne se sépare plus ou très-lentement (syncope). Le sang des pestiférés et des personnes qui succombent à la morsure d'une vipère se distingue au contraire par la rapidité de sa solidification.

Ces faits plaident en faveur d'une action de présence comme cause déterminante. Dans l'organisme vivant, et dans l'intérieur des parois vasculaires, il peut y avoir séparation partielle de fibrine, comme le prouvent les dépôts contenus dans les cavités du cœur et des gros vaisseaux.

L'albumine, qui forme l'élément le plus important du sérum, ne peut guère augmenter sans qu'il y ait en même temps appel dans les canaux d'une plus forte proportion d'eau, par suite d'une simple exigence des phénomènes endosmotiques. Aussi une variation en plus dans la quantité relative est-elle bientôt suivie d'une pléthore sanguine avec conservation de la dose normale d'albumine. Cet état est, comme la pléthore cellulaire, le résultat d'une nutrition trop active qui n'est pas proportionnée aux causes de destruction des matériaux chimiques.

Toutes les fois que les causes de perte des matières protéiques l'emportent sur celles de régénération, on voit apparaître l'anémie albumineuse. Dans la plupart des cas, on doit l'envisager comme une suite des perturbations dans les fonctions de l'organisme ; ainsi, l'albuminurie, les diarrhées albumineuses, les suppurations prolongées, des pertes de sang, la lactation trop longtemps continuée, le typhus, le scorbut, la malaria, la fièvre puerpérale, une diminution quelconque dans la nutrition, amènent forcément une semblable altération dans la constitution du sang. L'emploi prolongé de l'oxyde de zinc à l'intérieur conduit aussi à une diminution de l'albumine.

D'après les intéressantes observations de Ch. Schmidt, l'albumine enlevée au sang est remplacée par les sels proportionnellement aux équivalents endosmotiques; de sorte que 1 partie des sels du sang se substitue à 8 ou 10 parties d'albumine (100 d'albumine = 6 carbonate de soude = 13 phosphate de soude = 31 chlorure de sodium). Dans les affections dont nous venons de parler, la dose d'albumine, qui à l'état normal est de 7,5 — 8 °/₀ du sang, peut s'abaisser à 5,0 ou 3,72 °/₀, et elle s'élève tout au plus à 9,03 °/₀ dans les cas de pléthore albumineuse.

Les matières grasses du sang, et surtout la cholestérine, augmentent toujours au début des maladies aiguës, dans les affections du foie, la maladie de Bright, les tubercules pulmonaires et le choléra. Le sang est quelquefois tellement riche en graisses qu'il paraît laiteux; cet effet s'observe surtout chez les buveurs.

La matière extractive examinée au point de vue pathologique offrirait un grand intérêt, si on pouvait en isoler les divers éléments; jusqu'à présent elle n'a guère été dosée, qu'en masse. On a pu constater son augmentation dans quelques affections, telles que la fièvre puerpérale (Scherer), le scorbut. Dans le diabète sucré, on voit le sucre, que nous savons être un produit normal du sang, s'accumuler en quantité assez grande pour qu'il puisse passer dans les urines. Par suite d'altérations dans la marche régulière des réactions intra-organiques, il peut se former plus d'acide urique ou d'acide oxalique qu'à l'état normal; avant d'être éliminés par les reins, ces corps sont contenus dans le sang en doses exagérées. Lorsque les reins cessent de fonctionner, les éléments de l'urine, et notamment l'urée, se concentrent et s'accumulent dans le sang (urémie). L'ictère est, comme tout le monde le sait, caractérisée par la présence anormale des principes biliaires, et surtout de la matière colorante.

. La proportion des sels alcalins diminue dans les fièvres inflammatoires et le choléra ; elle augmente, au contraire, dans les exanthèmes aigus, le typhus, la dyssenterie, la maladie de Bright, les hydropisies, le scorbut, les fièvres intermittentes.

L'alcalinité du sang intervient pour faciliter les combustions intra-organiques ; en dehors de cette fonction elle en remplit certainement d'autres tout aussi importantes : il serait donc intéressant de pouvoir suivre ses variations dans les cas de souffrance de l'économie, mais nos connaissances à cet égard sont encore bien peu étendues. D'après Cahen, elle diminue dans le sang inflammatoire, dans le typhus et les maladies putrides elle devient plus marquée, peut-être par la formation d'ammoniaque.

Nous verrons dans la suite qu'un grand nombre de maladies ne peuvent recevoir d'explication rationnelle qu'en admettant l'introduction dans le sang de principes hétérogènes, nuisibles, et dont beaucoup appartiennent certainement à la classe des ferments. La présence de ces matières dans l'organisme n'a pas encore été révélée autrement que par les effets produits et les phénomènes morbides qu'elles provoquent.

Quelquefois les composés toxiques se forment dans le sang lui-même par une véritable putréfaction (ammoniaque, hydrogène sulfuré) ; le sang perd alors la faculté de se coaguler, il présente une couleur brune foncée qui ne vire plus par l'oxygène ; le sérum est rouge par suite de la dissolution d'une partie des globules.

On a aussi observé (Scherer et autres), une véritable acidité du sang (acide lactique ?) déterminant la dissolution des globules.

Les principaux symptômes du scorbut paraissent la conséquence d'une altération assez profonde du sang ; on ne peut, en effet, guère expliquer autrement la tendance générale aux extravasations sanguinolentes. Le sang est très-fluide, foncé ; la proportion de fibrine est tantôt plus faible, tantôt plus grande qu'à l'état normal ; l'albumine s'y trouve en quantités moindres. Les globules sont en partie dissous. On a cherché à expliquer, mais sans succès, l'état scorbutique du sang par une diminution, dans la dose de la fibrine, des sels de potasse, et par une augmentation de la quantité de soude.

Le sang des cholériques est remarquable par sa consistance épaisse, le nombre des cellules y est relativement élevé ; la fibrine est normale, le sérum est plus dense, contient moins d'eau et de sels, mais plus d'albumine et d'extractif, de potasse et de phosphates. Selon Picard, il est plus chargé d'urée ; selon C. Schmidt, il renferme un principe qui opère rapidement la fermentation ammoniacale de l'urée. (Ferment organisé ?)

Chez les individus affectés de diathèse purulente, on ne trouve rien de particulier, si ce n'est peut-être une tendance à la coagulation interne de la fibrine. On explique, en effet, l'apparition des foyers purulents par le dépôt de fibrine dans les canaux vasculaires, et par l'irritation qui en résulte.

Altérations dans les fonctions digestives.

Nous avons vu quelle large part avait la chimie dans l'acte digestif ou d'élaboration des aliments qui doivent pénétrer dans le sang; il est permis de croire, d'après cela, que les perturbations si fréquentes de cette fonction vont nous offrir une riche moisson de faits intéressants. Bien au contraire, la chimie se tait presque entièrement sur ce sujet; les altérations pathologiques des sécrétions qui concourent à la dissolution des principes nutritifs sont si peu connues, que nous sommes forcé de nous borner à des généralités et à des hypothèses fondées sur les observations faites sur l'organisme normal.

Les prodromes de la nutrition se composent de deux phases distinctes : la première comprend la préparation chimique des aliments dans les cavités de l'estomac et de l'intestin, par l'intermédiaire de divers sucs sécrétés par des glandes spéciales; la seconde est le résultat d'un acte physique; c'est le passage des matériaux solubles dans le sang.

Il faut savoir tenir compte de ces deux ordres de phénomènes pour apprécier les troubles de nutrition dérivant du tube digestif.

Tout changement dans la première phase ne peut être occasionné que par une modification dans la constitution chimique du liquide sécrété pour remplir un but déterminé, ou encore par une diminution dans la quantité absolue de suc fourni par la glande. Les modifications dans l'absorption dérivent de l'altération des surfaces absorbantes, qui, comme tous les tissus (muqueux), sont passibles de divers états pathologiques.

Les exsudations, qui sont la conséquence de ces évolutions morbides de la muqueuse, peuvent en outre, en se mélangeant aux liquides digestifs restés normaux, changer ou annuler leur pouvoir spécifique; enfin, par suite d'une plus grande irritabilité des parois, il peut se faire que les aliments soient rejetés au dehors, soit par vomissements, soit à l'état de matières fécales, sous l'influence de mouvements péristaltiques exagérés.

Les sécrétions des glandes salivaires, gastriques, du pancréas, du foie et de l'intestin, telles qu'elles sortent du conduit excréteur, sont modifiées en quantité ou en qualité par suite d'affections morbides des appareils sécréteurs, puisqu'il y a préparation de composés nouveaux dans leur sein, ou par suite d'altérations dans la composition du sang. On connaît encore fort peu de choses sur la nature des changements dans leur composition chimique. Ceux qui nous intéressent le plus se rapportent à leur pouvoir spécifique; il peut être amoindri ou annulé, 1° par une perturbation dans l'état de saturation du liquide. Si, pour une cause ou une autre, les sucs pancréatique et salivaire deviennent acides; si le suc gastrique, au contraire, prend une réaction alcaline, l'action spéciale qu'ils exercent sur les divers groupes d'aliments est enrayée. De

semblables phénomènes ont été souvent observés sur la
salive, qui devient acide dans le diabète sucré et dans une
foule d'affections (pleurite, encéphalite, rhumatisme,
cancers, etc.); l'alcalinité du suc gastrique dérive le plus
souvent d'un mélange avec les sécrétions avoisinantes
(mucus stomacal anormalement exagéré), et on ne sait
pas si les glandes gastriques peuvent sécréter un suc pri-
mordialement alcalin. Les observations de sucs pancréa-
tiques acides manquent aussi, mais il est probable qu'il
doit pouvoir s'en produire (analogie entre le pancréas et
les glandes salivaires). 2° La glande altérée ou le sang modifié dans sa composition peuvent ne plus se prêter à l'élaboration du ferment soluble; il doit falloir si peu de chose
pour détruire l'action propre de ces substances capables de
donner lieu à des actions de présence, que l'on comprend
facilement l'apparition de semblables cas pathologiques;
mais aucun exemple ne vient confirmer cette supposition.

Les changements en quantité, dans l'émission des liquides digestifs, sont la conséquence d'une irritation des
glandes qui tire souvent son origine de substances étrangères; généralement ces sucs deviennent plus aqueux. La
salive parotidienne pendant l'hypersalivation ne contient
presque plus de sulfocyanure de potassium.

Aux données précédentes nous ajouterons les quelques
rares observations faites jusqu'à présent sur les anomalies
de composition de ces liquides.

On trouve quelquefois des concrétions dans les canaux
excréteurs des glandes salivaires, surtout dans le canal de
Wharton; elles sont en grande partie formées de carbonate

de chaux, avec un peu de phosphate et des matières organiques (débris d'épithélium, corpuscules muqueux); le calcaire dérive évidemment de la chaux combinée à la ptyaline.

Lehmann a trouvé une seule fois une concrétion dans le conduit excréteur du pancréas (canal de Wirsung). Elle était principalement composée d'une matière albuminoïde. Le tartre des dents est constitué par des dépôts calcaires du même genre que les calculs salivaires.

Lorsqu'on injecte dans le sang certains sels (lactate de fer, cyanure jaune, etc.), on les voit apparaître dans la salive, les sucs pancréatique et gastrique.

L'étude des matières fécales anormales ne nous apprend pas grand'chose non plus sur les phénomènes de digestion irrégulière. Pendant les diarrhées on trouve plus de produits biliaires intacts que dans les selles normales; on y rencontre aussi beaucoup de débris d'épithélium, du mucus, du phosphate ammoniaco-magnésien (typhus), quelquefois de l'albumine exsudée et du pus, ainsi que des débris d'aliments non digérés.

Le météorisme ou accumulation d'une plus forte proportion de gaz dans l'estomac et l'intestin (gaz carbonique, hydrogène) ne peut s'expliquer que par des fermentations plus actives dans le tube digestif sous l'influence de causes encore indéterminées.

Le météorisme du péritoine, sans communication entre le sac séreux et d'autres cavités, est rare, mais il a été observé; on ignore quelle est la nature du gaz et quel est son mode de production.

Apparition anormale de produits cristallisables dans le parenchyme des organes malades.

On a beaucoup parlé dans ces dernières années de la présence de grandes quantités de leucine et de tyrosine, dans les organes et surtout dans le foie, à la suite d'une foule d'affections locales ou générales. (Atrophie jaune aiguë du foie, typhus, tubercules, rhumatisme articulaire aigu, variole, etc.)

La leucine et la tyrosine ne sont pas précisément des produits anormaux; on les trouve d'une manière constante et à l'état physiologique dans les animaux inférieurs. La leucine se rencontre toujours dans la rate et le pancréas (Scherer); elle y est accompagnée de guanine et de très-peu de tyrosine. D'après Gorup-Besanez le foie sain contient très-peu de leucine et pas de tyrosine. Il est prouvé par là que ces composés sont souvent des dérivés d'une métamorphose régulière des matériaux protéiques. Leur apparition à des doses exagérées dans les cas pathologiques est certainement le résultat d'une perturbation dans les réactions chimiques des tissus; mais, pour l'expliquer, il n'est pas nécessaire de recourir à l'idée d'un changement radical dans les mutations des substances azotées plastiques. L'oxydation qui produit la leucine et la tyrosine est probablement distincte de celle d'où naît l'urée; dans les conditions ordinaires, le dernier phénomène serait plus marqué que le premier; l'inverse aurait lieu dans les cas pathologiques.

Les récentes recherches de Froehde sur les dérivés

d'oxydation de la tyrosine démontrent assez clairement
que ce corps doit ou peut être considéré comme un terme
intermédiaire de la métamorphose rétrograde des tissus,
même à l'état normal. Lorsqu'on dissout la tyrosine dans
l'acide sulfurique étendu, et que l'on ajoute au mélange
des fragments de bichromate de potasse, il se produit une
vive réaction, accompagnée d'un dégagement d'acide carbonique et d'une forte odeur d'acide cyanhydrique et d'hydrure de benzoïle. En distillant et en saturant le produit
acide par le carbonate de soude, on a pu séparer une
certaine quantité d'hydrure de benzoïle et démontrer aussi
par des réactions certaines la présence de l'acide prussique, des acides acétique, benzoïque et formique.

Ces produits, sauf l'hydrure de benzoïle et l'acide benzoïque qui en dérive, sont aussi fournis par l'oxydation du
glycocolle. On peut donc supposer que la réaction commence par un dédoublement de la tyrosine en essence
d'amandes amères et en glycocolle, selon l'équation :

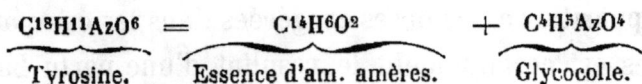

$$\underbrace{C^{18}H^{11}AzO^6}_{\text{Tyrosine.}} = \underbrace{C^{14}H^6O^2}_{\text{Essence d'am. amères.}} + \underbrace{C^4H^5AzO^4}_{\text{Glycocolle.}}$$

et qu'elle s'achève par l'oxydation du glycocolle selon
l'équation :

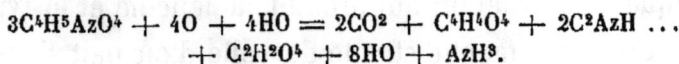

$$3C^4H^5AzO^4 + 4O + 4HO = 2CO^2 + C^4H^4O^4 + 2C^2AzH \ldots$$
$$+ C^2H^2O^4 + 8HO + AzH^3.$$

On voit que la tyrosine est en rapport de constitution
avec le glycocolle qui se forme normalement dans l'économie (acides hippurique et glycocholique), qu'elle repré-

sente un des termes antérieurs de la production de ce corps; elle est aussi en rapport avec l'acide benzoïque. Ce dernier se forme physiologiquement, nous le savons, aux dépens des matières protéiques. Il serait possible que la tyrosine soit toujours un des termes avant-coureurs de la génération de l'acide hippurique.

La leucine est homologue du glycocolle et pourrait certainement le fournir par une oxydation ménagée. Ces considérations rendent donc très-probable ce que nous disions plus haut, savoir, que l'apparition de la leucine et de la tyrosine doit plutôt être envisagée comme un arrêt dans les phénomènes chimiques de l'organisme, que comme un changement complet d'évolution.

Chose remarquable, c'est surtout dans le foie malade que ces produits se présentent en grande quantité, là précisément où s'élabore un corps qui renferme du glycocolle.

On doit à Scherer, Frerichs, Staedeler, Virchow et Valentiner les premiers travaux sur cette question qui est appelée à jeter une vive lumière sur les transformations chimiques dans l'économie animale saine ou malade.

On a trouvé de la leucine et de la tyrosine en fortes proportions dans le foie, la rate et les reins à la suite du typhus, d'une pleurite avec symptômes cérébraux, d'anémie provoquée par insuffisance de nourriture, de tubercules, de cachexie cancéreuse, de la maladie de Bright (surtout dans les reins et la rate); le cerveau, les muscles du cœur, le pancréas et les poumons peuvent aussi en contenir plus ou moins. Valentiner a reconnu la leucine dans les muscles du cœur, dans des cas de cancers du foie, de tubercules pulmonaires, de délirium tremens. Dans les muscles du mouvement il a observé la présence d'une quantité notable d'inosine, chez les buveurs.

La leucine et la tyrosine, formées en proportions anormales dans les organes parenchymateux, peuvent dans beaucoup de cas se retrouver dans le sang et passer dans les urines.

Affections du foie et altérations consécutives du sang et des liquides de l'organisme.

Le parenchyme hépatique, chargé de plusieurs fonctions importantes (élaboration de la bile, glycogénie, production de nouveaux globules), présente des affections qui ont de l'intérêt au point de vue chimique. Quelques-unes ont un retentissement remarquable dans la composition du sang et méritent par conséquent de fixer vivement notre attention.

Nous examinerons successivement : 1° les modifications pathologiques du tissu complexe dont est formé l'organe ; 2° les altérations dans les fonctions auxquelles il préside ; 3° enfin l'influence perturbatrice qu'elles peuvent exercer sur la constitution du sang, et par son intermédiaire sur toutes les parties de l'organisme. Sous ce dernier rapport, nous aurons à parler de l'ictère et du diabète sucré, maladies dont le caractère essentiel est l'accumulation dans le sang, soit des principes biliaires, soit du sucre, c'est-à-dire des deux principaux produits élaborés dans le foie.

L'atrophie jaune aiguë ou ictère grave, ictère typhoïde, hépatite cytophthora, est une des affections qui portent le plus atteinte à l'intégrité du parenchyme. Les symptômes les plus importants de l'atrophie aiguë, parmi ceux qui peuvent nous occuper ici, sont une diminution souvent considérable de l'organe, une désorganisation complète et profonde des cellules hépatiques et l'intoxication sanguine par les produits biliaires, avec ses manifestations spéciales.

Le foie est jaune dans toute son épaisseur, les lobules sont effacés ou séparés par une masse grise ou jaunâtre contenant des éléments de tissu interstitiel à l'état naissant.

Le milieu de ces lobules est jaune sale et contient çà et là des agglomérations cristallines de leucine. Les cellules n'existent plus, on ne trouve à leur place que des granulations brunes, du pigment, de la graisse, des aiguilles de tyrosine et des globules cristallins de leucine. La vésicule et les canaux biliaires sont vides ou à peu près, sans que pourtant les communications soient interrompues. Le sérum du sang est coloré en jaune par la bilifulvine, il contient beaucoup de leucine et d'urée; tout l'organisme offre les symptômes d'un ictère très-intense. On observe de fréquentes ecchymoses à toutes les parties du corps; l'état général est celui des fièvres typhoïdes graves.

Ici, évidemment, l'altération du tissu hépatique est la cause première de toutes les autres manifestations. Les symptômes typhoïdes démontrent une intoxication du sang dont la cause est bien déterminée; les principes biliaires abondants et l'urée sont les agents pernicieux;

cette dernière paraît dériver d'un arrêt dans la sécrétion urinaire provoquée secondairement. Il reste à nous demander quelle est la cause de la fusion des cellules. Sous ce rapport, on ne peut faire que des hypothèses, car l'essence de cette maladie est encore obscure. Si nous nous rappelons que les parois cellulaires se dissolvent sous l'influence de la bile, l'idée que les produits biliaires qui imprègnent tout l'organe sont pour quelque chose dans la destruction des cellules, n'apparaît pas comme dénuée de fondements.

La sécrétion de la bile continue; au moins n'est-elle pas enrayée complétement, puisqu'il y a ictère; mais, malgré cela et malgré la non-obstruction des canaux, il s'en déverse fort peu dans l'intestin, comme le démontre la décoloration des matières fécales. D'après tout cela l'on peut penser que, dans l'atrophie aiguë, pour une cause qui resterait à déterminer, la bile élaborée dans les canalicules peut pénétrer dans le parenchyme cellulaire qu'il désorganise. Les composés de ce liquide, absorbés alors en forte proportion par les capillaires sanguins, provoqueraient les symptômes généraux de l'ictère grave. Il est encore évident que les conditions de nutrition et les réactions de l'organe seront notablement modifiées par cette profonde désorganisation; de là l'apparition de la leucine, de la tyrosine, de la cystine en quantités notables et anormales.

Je ne donne cette explication que comme tout à fait hypothétique; il est possible que cette manière de concevoir l'évolution de la maladie ne soit qu'une pure fiction, mais elle est sensiblement d'accord avec les symptômes et les faits observés.

La cirrhose du foie paraît être une conséquence du développement anormal du tissu rétractil interstitiel qui prend le dessus sur les autres éléments, les comprime et les atrophie. De là, gêne dans la circulation au sein de l'organe, et l'ascite qui en est une conséquence. Le liquide exsudé dans le péritoine a la composition des exsudations séreuses; il est de plus coloré par des pigments biliaires.

La maladie connue sous le nom de *dégénérescence graisseuse* du foie n'est pas à vrai dire une dégénérescence dans le sens que nous avons attaché à ce mot, c'est-à-dire qu'elle n'est pas constituée par une transformation du tissu hépatique en produits de nouvelle formation. Ce qui la distingue, c'est une accumulation de graisse dans les cellules qui restent intactes. L'expression de foie gras souvent employée est donc plus juste et rend mieux la nature de l'affection.

La graisse est du reste une des parties constitutives du contenu des cellules du foie, et il ne s'agit ici que d'une variation en plus d'un principe normal. Au début, on observe de très-petits globules, puis des gouttes confluentes entourant le noyau, enfin la capacité est tellement occupée par la graisse que l'enveloppe n'est plus apparente, à moins qu'on ne traite par un dissolvant des corps gras (benzine, essence de térébenthine). Le poids de la graisse peut dépasser la proportion de 78 $^0/_0$ du parenchyme sec. Elle est principalement formée d'oléine et de margarine, avec des traces de cholestérine. La contenance du foie en eau s'abaisse de 76 à 50 et même 44 $^0/_0$.

Le sucre reste à peu près normal; on trouve beaucoup

de leucine et de tyrosine dans le parenchyme et quelquefois une matière colorante jaune spéciale ; mais la réaction acide du tissu hépatique est moins prononcée qu'à l'état physiologique.

Le dépôt exagéré de graisse dans les cellules peut être provoqué, 1° accidentellement et d'une manière passagère par une nourriture très-riche en glycérides, ou 2° par des désordres généraux (tubercules pulmonaires, maladies de consomption, dyscrasie des buveurs). Dans ces diverses circonstances, le sang lui-même est plus chargé de graisse et le foie en élimine une partie. Nous pouvons, avec assez de certitude, mettre sur le compte d'un trouble respiratoire, d'une combustion incomplète, la plus grande accumulation de glycérides dans le sang, et par suite dans le foie qui les lui prend. Cette prédisposition que possède cet organe à enlever les corps gras et à les accumuler dans ses cellules est un argument de plus en faveur de l'origine possible que nous avons attribuée à l'acide cholique. Il est remarquable que, malgré cette plénitude adipeuse, les cellules continuent à fonctionner et produisent une dose normale de glycogène.

Altérations dans la composition de la bile.

Sous l'influence de divers états pathologiques soit de l'organe sécréteur lui-même, soit du sang qui y pénètre, on observe tantôt l'introduction accidentelle de nouveaux principes dans la bile, étrangers au liquide normal ; tantôt une simple variation dans les rapports des éléments constitutifs. Ainsi on a reconnu la présence de quantités notables d'albumine, surtout dans la dégénérescence graisseuse, la maladie de Bright et après injection d'eau dans le sang (Lehmann, C. Bernard, Frerichs). Bizio a trouvé dans la bile jaune d'un ictérique, et Lehmann dans un cas d'atrophie aiguë, une substance rouge cristallisable, volatile à 40° en donnant des fumées rouges, insoluble dans l'eau et l'éther, soluble dans l'alcool et les acides concentrés (érythrogène).

Le sulfate de cuivre, l'iodure de potassium, le cyanure jaune, l'essence de térébenthine et le sucre injectés dans les veines apparaissent dans la bile. Le calomel, le sulfate de quinine et l'acide benzoïque ne sont pas dans ce cas.

Dans le tubercule compliqué de dégénérescence graisseuse la bile est plus concentrée qu'à l'état normal, dans le tubercule simple elle est souvent moins dense ; dans le typhus elle est plus riche en matériaux solides ; il en est de même dans toutes les maladies où la circulation est ralentie et dans le choléra. La proportion d'urée contenue dans la bile augmente après l'extirpation des reins, dans la maladie de Bright, le choléra et la dégénérescence graisseuse des reins. Dans les rétentions biliaires et les catarrhes chroniques de la vésicule l'on trouve souvent des cristaux de bilifulvine (hématoïdine) ; des cristaux de leucine et de tyrosine, dans le typhus.

Les calculs biliaires si fréquents en Angleterre, dans le Hanovre et la Hongrie, mais du reste communs à tous les pays, se rencontrent soit dans la vésicule, soit dans les canaux qu'ils peuvent obstruer complétement, en provoquant alors des désordres graves, souvent mortels (inflammations purulentes des canaux et du parenchyme). Leur forme est généralement irrégulière et leur surface le plus souvent lisse ; dans ce cas, ils sont très-riches en cholestérine (90 0/0) et renferment des noyaux de mucus épithélial et d'une combinaison de pigment avec de la chaux. Souvent aussi le pigment calcaire et la cholestérine sont également répandus dans la masse. On a encore observé d'autres concrétions où le sel de chaux à acide coloré est l'élément principal à côté de peu de cholestérine ; elles ont alors la forme de mûres, leur surface est mamelonnée et leur couleur noirâtre.

Les recherches de Valentiner ont démontré que ces calculs renferment, outre les pigments unis à la chaux, une ou plusieurs matières colorantes libres, susceptibles de se dissoudre en jaune dans le chloroforme et se déposant par l'évaporation de ce liquide sous forme de tables rhomboïdales allongées, ou de prismes groupés en masses arrondies, d'une couleur rouge ou rouge brun, la plupart identifiables avec l'hématoïdine, mais quelquefois aussi distincts par leur forme.

M. Thudicum considère les calculs biliaires comme principalement formés de matières colorantes, d'acide cholalique et de sels terreux (phosphate de chaux et de magnésie, pigment calcaire).

Les calculs d'acide urique, de phosphate et d'oxalate de chaux sont très-rares.

On ne connaît pas encore le mécanisme de la formation de calculs. Bramson suppose que le noyau d'épithélium constitue le premier centre d'attraction pour les parties solides (cholestérine et sels colorants), d'abord en solution à la faveur du taurocholate alcalin. Ces principes, pour une cause ou une autre encore inconnue, perdraient leur solubilité dans le liquide biliaire. Thudicum croit pouvoir conclure de ses recherches, par lesquelles il démontre la présence de l'acide cholalique dans les calculs, que c'est la putréfaction de la bile qui donne lieu à la décomposition du taurocholate ; l'acide cholalique devenu libre se précipiterait en entraînant la matière colorante et la cholestérine. Le seul inconvénient de cette théorie, c'est qu'elle suppose une putréfaction de la bile dans la vésicule et les canaux à la possibilité de laquelle nous ne pouvons souscrire.

Il est difficile de déterminer l'influence des maladies sur la quantité de la bile sécrétée. Cependant on peut prévoir que toutes les affections qui intéressent d'une manière un peu profonde le parenchyme, doivent la diminuer. Il en est de même dans les fièvres et en général dans toutes les maladies qui influent d'une manière déprimante sur la nutrition en général.

Dans la polycholie la sécrétion biliaire est notablement augmentée. Pourquoi? on ne peut le dire.

Ictère. — L'ictère est plutôt une infection du sang par les principes biliaires qu'une maladie du foie, mais il peut dériver et il dérive même très-souvent de causes qui sont localisées dans cet organe. Voyons d'abord quels sont les caractères chimiques de cet état, et nous en chercherons ensuite l'origine. La matière colorante est celui de tous les matériaux de la bile qui se reconnaît le mieux et peut être constaté avec le plus de certitude. Elle apparaît d'abord dans le sérum et les exsudations des plèvres et du péritoine, puis elle fait irruption dans l'urine, plus tard à la peau du visage, à la sclérotique, enfin sur la surface du tronc et des extrémités. L'urine est le plus souvent colorée en jaune safran, ou en rouge brun, brun verdâtre ; mais quelquefois aussi elle ne prend cette teinte qu'au bout d'un certain temps d'exposition à l'air, comme si la matière colorante avait éprouvé une réduction au sein de l'organisme et était devenue colorable.

La sueur et le lait des nourrices contiennent aussi de la bilifulvine et de la biliverdine. Les matières fécales sont décolorées, solides et dures ; cependant elles peuvent quelquefois conserver leur couleur propre. Leur odeur est fétide, elles contiennent une multitude de vibrions. Cette facilité de putréfaction des résidus alimentaires, lorsque la bile cesse de se déverser dans le tube digestif, est une preuve directe en faveur du rôle antiseptique de ce liquide. Nul doute que cet état putride du contenu de l'intestin ne pourrait se prolonger très-longtemps sans altérer la santé générale.

Les acides choliques disparaissent beaucoup plus vite que les pigments dans l'organisme. On ne peut démontrer leur présence dans le sang pendant l'ictère. L'urine des ictériques en renferme très-peu, et encore les observateurs ne sont pas d'accord sur ce point. Hoppe et Neukomm prétendent en avoir démontré l'existence dans cette excrétion. On précipite, à cet effet, l'urine par le sous-acétate de plomb ; le précipité additionné de carbonate de soude est évaporé à sec et repris par peu d'eau.

Une à deux gouttes de cètte liqueur, placée dans une capsule avec de l'acide sulfurique et du sucre donne, sous l'influence d'une douce température, une coloration violette (réaction de Pettenkofer). MM. Scherer et Folwarczny nient la présence des acides biliaires dans l'urine des ictériques. Outre le pigment, le sang contient de la leucine et, en général, plus de cholestérine et de graisse.

Dans beaucoup de cas, l'ictère est due à une résorption des matériaux de la bile sous l'influence d'une stase dans la vésicule et les canaux biliaires. Cette stase peut dériver d'un arrêt mécanique dans l'écoulement normal de la sécrétion (obstruction des canaux par des calculs). Quelquefois aussi l'on peut invoquer, pour expliquer la résorption, soit une désorganisation du parenchyme hépatique, permettant une infiltration biliaire (atrophie jaune aiguë), soit un trouble dans la circulation locale favorisant des phénomènes de diffusion irrégulière. Mais bien souvent aussi l'état de l'organe est impuissant à expliquer la naissance de l'ictère.

Pour des raisons déjà indiquées (v. *Fonctions du foie*), il ne convient pas de supposer une accumulation des matériaux biliaires dans le sang par suite d'une non activité des fonctions sécrétoires, et de plus l'ictère n'est pas obligatoire dans les affections du parenchyme, où cette activité est bien évidemment entravée ; il en est de même dans les oblitérations accidentelles de la veine porte.

Mais puisque la bilifulvine et son dérivé par oxydation, la biliverdine, sont si rapprochées de l'hématine, il est tout naturel de supposer que la transformation de l'hématine peut se faire dans le sang même, cette manière de voir pourrait servir à expliquer l'ictère dans les cas où il n'est pas permis d'admettre une stase biliaire (pyoémie, intoxication par le chloroforme, pneumonie, fièvres biliaires et intermittentes, inflammations de la veine porte, affections morales).

On sait que les acides de la bile peuvent, sous diverses influences oxydantes, se changer en matières colorantes.

En traitant l'acide glycocholique par l'acide sulfurique concentré, l'on obtient une masse résineuse qui, lavée et exposée à l'air en solution alcoolique, prend les plus belles couleurs, depuis le rouge jusqu'au bleu indigo; par une action prolongée de l'acide sulfurique, il se forme un principe brun donnant, avec l'acide nitrique nitré, les variations de teintes observées pour la bilifulvine. L'acide taurocholique fournit encore plus facilement et dans les mêmes circonstances des corps analogues. Ces transformations ne se produisent pas seulement dans nos verres à réactifs, on les a observées dans l'organisme. Ainsi, en injectant dans le sang veineux une solution parfaitement incolore de glycocholate de soude, l'on voit bientôt apparaître dans les urines des matières colorantes qui rappellent celles qu'on y trouve dans les cas d'ictère.

Jusqu'à quel point ces observations intéressent-elles l'histoire chimique de l'ictère? Il est permis de soupçonner que les acides choliques, qui doivent être résorbés dans le sang aussi bien que les matières colorantes, se changent assez rapidement dans le torrent de la circulation en pigments.

Dans quelques cas, l'ictère est une conséquence d'une sécrétion de la bile trop abondante (polycholie).

Diabète sucré. — Dès 1775, Poll et Cowley avaient reconnu que, dans la plupart des cas de polyurie avec amaigrissement considérable, l'urine contenait une matière sucrée en fortes proportions. On fut tenté d'abord d'attribuer ce phénomène à une perturbation de la sécrétion rénale; mais lorsque M. Dumas eut démontré que le rein n'est pas un organe producteur de nouveaux principes, qu'il élimine purement et simplement les matériaux du sang, et qu'il fut prouvé, par un grand nombre d'autopsies, que le diabète n'est pas accompagné d'une altération nécessaire du parenchyme rénal, on dut remonter plus haut pour trouver la cause de la maladie. Les analyses du sang firent voir que la sécrétion du sucre par le rein est liée à la présence de cette substance en proportions très-notables dans le sérum artériel. Comme on savait, par de nombreux exemples, que les aliments féculents et hydrocarbonés, en général, ont une influence directe très-marquée sur la quantité de sucre excrété, l'on fut persuadé pendant longtemps que la maladie est une conséquence d'une perturbation dans les phénomènes de combustion dans le sang, par suite de laquelle le sucre alimentaire resterait sans être modifié. M. Miahle, préoccupé du rôle capital de l'alcalescence du sang dans la destruction du sucre, chercha à démontrer que le diabète sucré est lié à une diminution de la réaction alcaline. Cette théorie, qui a eu des conséquences thérapeutiques, ne peut être maintenue en face de faits nombreux qui la contredisent.

Il est bien vrai que, par un régime purement azoté, il est possible d'amoindrir et même quelquefois de réduire à zéro l'élimination du sucre par les urines, mais alors même le symptôme principal reparaît au bout d'un certain temps. Dans ce cas, et dans celui où la diète animale ne produit pas d'effet radical, il faut bien admettre que l'aliment féculent et la combustion incomplète ne sont pas les seules sources ou causes du sucre excrété.

La découverte de la fonction glycogénique du foie est venue jeter un nouveau jour sur cette question. Puisque l'organisme possède un appareil spécial, destiné à élaborer du sucre aux dépens des substances protéiques, nous devons rechercher si l'accumulation dans le sang de la matière glucosique n'est pas le résultat d'une hypersécrétion qui aurait son siége dans le foie ; on expliquerait ainsi l'apparition du diabète sucré indépendamment de toute nourriture hydrocarbonée. Pour discuter l'étiologie du diabète, il faut, avant tout, ne pas perdre de vue que la glucose dans l'urine n'est qu'un symptôme secondaire ; que le fait principal réside dans l'augmentation de la quantité du sucre dans le sang. Lorsque, chez le lapin, la proportion du sucre dans le sang dépasse 0,3 %, il apparaît dans l'urine par une conséquence physique. Ce nombre est du reste variable avec la nature de l'animal et peut dépasser l'unité.

Nous avons dit plus haut que l'alimentation a une influence très-marquée sur la quantité du sucre dans l'urine des diabétiques; en voici une preuve choisie entre mille faits analogues. D'après Neukomm, un diabétique avec une nourriture mêlée, composée de :

Pain, 125 gram.; Pommes de terre, 250 gram.; Fromage, 125 gram.; Viande, 375 gram.; Soupe, 900 gram.

Excrétait en 24 heures......................	500gr,25
Avec 250 gram. de légumes verts et 375 gram. de viande, il excrétait, en 24 heures...........	364 ,48
En ajoutant 125 gram. de pain, la dose s'élevait à	410 ,72
Avec une nourriture purement azotée..........	63 ,59
En ajoutant 125 gram. de pain...............	140 ,00

A l'état normal, les substances hydrocarbonées disparaissent de l'économie sans modifier la composition de l'urine; avec la disposition diabétique, elles cessent de se modifier au delà de ce qu'a opéré la digestion; c'est là un fait qu'on ne peut nier, il est trop bien établi par une longue pratique. Peut-on l'expliquer par un défaut de combustion dans le sang? Ce n'est pas probable. Rarement le diabète est accompagné de troubles respiratoires et d'affections pulmonaires assez graves pour diminuer beaucoup la proportion d'oxygène absorbée. L'expérience tend plutôt à prouver que l'hématose est plus active qu'à l'état normal. Mais en reliant les données précédentes à l'observation déjà citée plus haut, que le sucre injecté dans les veines, même en dose minime (0^{gr},1), ne se brûle pas et s'élimine par les urines, et à celle de Cl. Bernard, d'après lequel le sucre introduit dans la veine porte et passant par le foie, ne paraît pas dans l'urine normale; enfin, en nous rappelant que l'on a très-certainement beaucoup exagéré le pouvoir comburant du sang pour le sucre, nous pourrons supposer, avec quelque raison, que dans les cas de diabète le foie cesse de remplir la fonction encore obscure dans son essence, mais assez bien établie de fait, de rendre combustible le sucre des aliments en le modifiant chimiquement d'une manière encore à déterminer. Toute la glucose de la masse alimentaire traverse alors l'organe sous cette forme, et reparaît dans le sang sushépatique pour être éléminée par les reins avant d'avoir été brûlée en totalité. Ce n'est donc pas un vice de combustion qui serait cause de l'affection ; au contraire, l'oxydation peut être plus intense, mais les matériaux de la masse alimentaire ne sont pas complétement et convenablement élaborés dans le foie. Quant au sucre qui se forme indépendamment de toute alimentation hydrocarbonée, il faut, pour expliquer sa présence dans le sang en notables proportions, avoir recours à l'hypothèse d'une hypersécrétion dans le foie, puisqu'il est le seul organe reconnu capable de glycogénie; ajoutons que le foie des diabétiques est ordinairement hypérémié. Cependant, on n'aurait encore là que des présomptions plus ou moins bien fondées, si Schiff n'avait pas démontré par expérience que le diabète artificiel par piqûre du point singulier de la moelle allongée, cesse chez les grenouilles après la ligature des veines sushépatiques, et diminue d'autant plus qu'on enlève des portions plus grandes du foie.

Il résulte de tout cela une certitude, c'est qu'il existe deux causes qui peuvent provoquer le diabète, c'est-à-dire une augmentation du sucre dans l'organisme. Ce sont :

1° Un vice dans l'élaboration chimique du sucre provenant de la masse alimentaire ;

2° Une activité plus grande dans la glycogénie.

Ces deux causes paraissent localisées dans le même organe. Il reste à décider si elles sont indépendantes l'une de l'autre ou intimement liées.

Dans tous les cas de diabète la suppression des aliments féculents a une influence marquée et déprimante sur la dose de sucre sécrétée ; lorsque cette influence ne va pas jusqu'à l'annuler, on peut admettre que les deux causes agissent simultanément et que l'une est une conséquence de l'autre ; lorsqu'au contraire le sucre sécrété tombe à zéro, avec une alimentation azotée pure, l'on est tenté de croire que la première cause peut agir seule ; mais alors bien souvent la guérison n'est que momentanée et le régime de la viande semble plutôt produire un effet favorable, en modifiant pour quelque temps les conditions de l'organisme. A propos de la seconde influence, on doit se demander si le départ exagéré du sucre ne tient pas à une activité plus grande du ferment qui transforme le glycogène. La fonction glycogénique, à laquelle se rattache une grande partie de l'histoire de cette singulière affection, n'est pas encore suffisamment étudiée et éclaircie pour qu'il soit possible de donner une théorie complète du diabète sucré.

Le symptôme le plus frappant après l'apparition du sucre dans l'urine, c'est la polyurie souvent excessive. Il est très-facile de se rendre compte de ce fait. Le sérum chargé de sucre est plus dense qu'à l'état normal (Dens. = 1,033 au lieu de 1,029) ; il résulte de là un courant endosmotique intense dirigé des liquides parenchymateux vers le sang ; la pléthore ne tarde pas à s'établir avec une augmentation notable dans la pression hémostatique, d'où sécrétion urinaire plus abondante. Lorsque les diabétiques boivent, l'eau rapidement absorbée pénètre dans le sang, qui devient par là moins dense que les liquides parenchymateux dont une partie de l'eau avait été résorbée ; il s'établira un courant inverse du précédent, la pression hydrostatique diminuera, et l'émission d'urines semblera momentanément affaiblie par l'usage de la boisson ; mais bientôt les choses se rétabliront comme avant, et la polyurie reprendra.

En général, la polyurie est une conséquence de l'accumulation du sucre dans le sang ; elle croît et décroît avec elle. En dehors des perturbations dont nous venons de parler, le mouvement chimique de l'organisme semble suivre son cours régulier. La production de l'urée reste soumise aux lois normales ; avec une nourriture azotée et une digestion complète, elle peut atteindre une limite très-élevée. C'est la polyurie qui est cause du départ d'une quantité énorme de principes encore utiles à l'organisme (sucre, urée, sels et produits intermédiaires). Lorsque les pertes deviennent plus fortes que les gains, et ce moment doit arriver tôt ou tard, la nutrition est compromise et l'organisme périclite.

C'est la manière la plus naturelle d'expliquer la fin inévitable du diabète sucré persistant ; car le sucre en lui-même, quelque grande que soit sa masse, est complétement inoffensif et ne peut provoquer aucun désordre.

Influence des maladies sur la sécrétion du sucre. —
Dans les maladies aiguës et chroniques graves, tant chez
l'homme que chez les animaux, la sécrétion de la glucose
est arrêtée promptement ainsi que celle du glycogène, que
cette sécrétion soit normale ou exagérée. Ces phénomènes
se rattachent aux effets de l'abstinence ; car, dans toutes
ces maladies, les fonctions de nutrition sont ou anéanties
ou fortement déprimées. Les altérations locales du parenchyme hépatique (par des tumeurs de diverses natures, etc.)
n'ont pas d'influence bien marquée. La sécrétion du sucre
n'est arrêtée que dans la partie malade. Dans la dégénérescence graisseuse, où les cellules hépatiques sont, comme
on le sait, gorgées de graisses, la production du sucre n'en
suit pas moins son cours. Ainsi, le foie gras d'un canard
renfermait 1,40 °/₀ de sucre ; celui du canard sain en contient à peu près 1,27 °/₀.

L'introduction directe ou indirecte (par absorption intestinale) dans le sang de la veine porte de certaines
substances irritantes, peut augmenter la quantité de sucre
(injections d'éther, de chloroforme, d'alcool, d'ammoniaque, d'azotate d'urane ; absorption de sels métalliques,
de sulfate de quinine). Il en est de même des lésions traumatiques, des contusions du foie qui peuvent amener à
leur suite une congestion de l'organe.

Influence des médicaments. — M. Coze a fait une série
de recherches sur l'action des médicaments sur la glycogénie. Il est arrivé à cette loi générale que plus la mort
tarde à paraître, plus le sucre diminue dans le foie. Le
rapport entre le sucre contenu dans le sang artériel et

dans le foie est de $\frac{1}{11}$; sous l'influence du chlorhydrate de morphine, il reste constant, ce qui prouve que la combustion n'est pas modifiée, mais la glucose dans le foie augmente de 0,50 à 1,30, et dans le sang artériel, de 0,05 à 0,11. Ces résultats montrent pourquoi la morphine a été trouvée inefficace comme remède contre le diabète.

L'usage de tartre stibié (émétique) ne modifie pas la quantité de sucre du foie, mais augmente celle du sang artériel de 0,05 à 0,10 ; par conséquent, le rapport précédent $\frac{1}{11}$ devient $\frac{1}{6}$; ceci indique évidemment un abaissement notable dans les phénomènes de combustion.

Troubles dans les fonctions respiratoires.

Il est inutile d'insister sur les difficultés multiples qui doivent se présenter lorsqu'il s'agit d'étudier les phénomènes respiratoires pendant les divers états pathologiques. D'un côté, les malades se prêtent mal à ce genre d'expériences, et d'un autre, on ne peut que rarement produire chez les animaux des affections semblables à celles de l'homme ; aussi ce sujet est-il encore peu approfondi et présente-t-il de nombreuses lacunes.

Les modifications dans la combustion intra-organique doivent être de formes diverses et dériver de causes multiples.

Nous prévoyons facilement d'après ce qui a été dit en physiologie : 1° la possibilité d'une variation en plus et en moins dans l'intensité ; 2° celle d'un changement dans le quotient de partage. En d'autres termes, il peut y avoir rupture d'équilibre dans la répartition normale de l'oxygène entre les divers groupes de substances alimentaires.

Les causes de ces altérations sont ou locales ou générales. Ainsi tout état pathologique d'un organe ou d'une portion d'organe influe forcément sur les réactions oxydantes qui s'y passent, et par cela même doit avoir un certain retentissement dans les résultats généraux de la combustion interne.

Comme causes générales nous trouvons : 1° toutes les affections de poumon, qui modifient assez une partie de ses tissus pour la rendre impropre à remplir ses fonctions ; de là une diminution dans la quantité d'oxygène absorbée et un affaiblissement nécessaire de l'intensité ; 2° une diminution dans la quantité des globules rouges du sang ou une désorganisation de ces mêmes globules ; dans ce cas encore la proportion d'oxygène fixée chimiquement et entraînée dans le torrent de la circulation, devient moindre, et en même temps l'oxydation dans les tissus perdra de son énergie ; enfin les réactions comburantes dont les cellules mêmes sont le siége, subiront une altération quantitative ou qualitative. D'après Hanover, la chlorose serait accompagnée d'une notable augmentation de l'activité respiratoire. Ce résultat, d'après l'idée qu'on se fait du rôle des globules dans la combustion, a lieu d'étonner ; 3° une altération des fonctions digestives qui ne fournissent plus d'aliments au sang, doit aussi amoindrir le phénomène respiratoire ; ceci rentre dans ce que nous avons déjà dit de l'influence d'une alimentation insuffisante. L'expérience démontre que les tubercules, les inflammations, la stase, l'engouement, l'hépatisation pulmonaires entraînent une diminution sensible de l'intensité. Le typhus, le choléra et probablement toutes les maladies où l'on peut admettre une altération des globules sanguins sont dans le même cas.

Une circulation plus rapide du sang à travers les capillaires de l'organe chargé de l'hématose, une pléthore globulaire sont de nature à élever le niveau de l'oxygène absorbé, ainsi que celui des combustions respiratoires et par suite de la température propre du corps. Très-probablement, une partie du calorique développé pendant les fièvres dérive d'une circulation plus rapide; en effet, la plus grande fréquence des battements du cœur déterminée par l'influence nerveuse, chasse dans les poumons, dans l'unité de temps, une plus forte proportion de sang, et par conséquent aussi, dans le même temps, il y aura plus d'oxygène absorbé et mis en contact avec les tissus ; de là l'élévation de température.

En produisant chez des animaux des lésions artificielles, Lehmann a observé une augmentation brusque de l'intensité respiratoire, peu de temps après l'opération, puis une diminution progressive telle, qu'au bout de quatre jours elle n'était plus qu'à la moitié de sa valeur primitive. Ce résultat peut tenir à des causes multiples, entre autres au manque d'aliments pendant la période inflammatoire.

Pour arriver à des conclusions bien nettes, il faudrait appliquer aux malades la méthode indirecte de M. Boussingault et doser en même temps l'urée dans l'urine.

Somme toute, cette question pathologique de la respira-

tion offre encore un vaste champ à l'expérience et donnera
certainement des résultats importants à ceux qui sauront
l'explorer.

Anomalies dans la composition de l'urine.

Les changements pathologiques de composition quantitative et qualitative de l'urine ne sont pas, dans la grande
majorité des cas, symptomatiques d'une affection de la
glande sécrétoire, mais réfléchissent des désordres survenus, soit dans d'autres organes qui peuvent être très-éloi-
gnés, soit dans les réactions générales de l'organisme, et
notamment les combustions intraorganiques. Sous ce
point de vue, l'étude de l'urine offre un grand intérêt,
parce qu'elle est de nature à jeter une vive lumière, non-
seulement sur le diagnostic de telle ou telle maladie, mais
encore sur la marche que suit l'affection et sur les modifications qu'elle apporte dans l'ensemble des réactions
chimiques. Ces considérations découlent naturellement
de ce fait, que les principes essentiels de l'urine ne se forment pas dans le rein lui-même. Si donc nous laissons de
côté les cas où le parenchyme de la glande est altéré,
nous pouvons établir comme loi que la constitution de
l'urine et celle du sang sont en rapports intimes, et que la
dernière influe directement sur la première. Lorsque, par
suite d'une altération d'un organe tel que le foie, il se
forme plus de sucre qu'à l'état normal; ou si, comme
conséquence d'un affaiblissement général de la combustion, la production d'urée est amoindrie, nous verrons en

même temps le sucre augmenter dans le sang et passer dans l'urine, ou l'urée diminuer dans le sang et l'urine. Il résulte de là que l'analyse complète du sang peut faire prévoir ce qu'on trouvera dans l'excrétion rénale, et réciproquement ; mais les analyses d'urine sont incomparablement plus faciles en pratique, et il n'est pas toujours possible de saigner un malade ; aussi le diagnostic de la nature et de la marche d'une affection tire-t-il beaucoup plus d'éclaircissements de l'examen de l'urine que de celui du sang.

Lorsque, pour une cause donnée (dégénérescence du rein, ligature des uretères, section de l'organe), la sécrétion est enrayée ou diminuée, nous voyons au bout de peu de temps s'établir un état général pathologique, accompagné de symptômes graves qui dérivent d'une accumulation dans le sang des résidus des réactions intraorganiques qui ne peuvent plus s'écouler (urée et ses produits de décomposition, acide urique, créatine et créatinine, leucine et tyrosine). Cet état général est connu sous le nom d'urémie. Les altérations dans la composition de l'urine se divisent naturellement en changements qui ont pour cause première un état anormal du rein, et en modifications qui dérivent d'une cause plus éloignée.

A la première catégorie se rattachent certaines albuminuries. On peut assigner deux causes au passage de l'albumine du sang dans les canalicules du rein. Ce sont : 1° une altération des parois membraneuses qui séparent l'intérieur des canaux du plasma sanguin, à la suite de laquelle la diffusion de ce colloïde devient possible ; 2° un changement dans les propriétés physiques de l'albumine,

changement qui la rendrait diffusible et susceptible d'endosmose. On peut expliquer ainsi l'apparition de l'albumine
dans l'urine, sans que pour cela l'examen le plus attentif
ne revèle après la mort une modification du tissu rénal ;
ceci arrive, par exemple, après la piqûre d'un point nerveux singulier, situé dans le quatrième ventricule, un peu
au-dessus de l'origine des nerfs vagues et acoustiques ; ou
bien encore à la suite d'injections albumineuses dans la
circulation générale et d'une nourriture protéique abondante et prolongée (Lehmann).

L'albuminurie persistante entraîne toujours, comme
conséquence, une diminution dans la proportion d'albumine du sérum, une anémie albumineuse et, par suite,
une prédisposition aux transudations.

La présence de sang, de plasma fibrineux coagulable et
de pus dans l'urine, peut être considérée comme un symptôme certain d'une maladie des organes sécréteurs (rein,
uretère, vessie, urètre) ; celle des corps gras qui, normalement, sont en très-petites proportions dans ce liquide,
dérive soit d'une dégénérescence graisseuse des reins,
soit d'une pléthore graisseuse du sang. Dans les cas de
dégénérescence graisseuse du rein, l'urine contient une
quantité assez notable de cholestérine.

L'urine dite chyleuse a l'apparence du lait ; elle doit
cette propriété à de la matière grasse émulsionnée dans
un grand état de division moléculaire ; très-souvent elle
se prend en gelée après refroidissement.

Dans l'analyse de l'une d'elles on a trouvé pour 100
parties :

Eau............................... 94,74
Parties solides.................... 5,26

contenant :

Urée.............................. 0,773
Albumine.......................... 1,300
Extractif et acide urique........... 1,166
Graisse insoluble dans l'alcool, à froid
   et à chaud...................... 0,920
Graisse insoluble dans l'alcool froid, so-
   luble à chaud................... 0,270
Graisse soluble dans l'alcool froid..... 0,200
Sulfates et chlorures alcalins........ 0,165
Phosphates......................... 0,466

Les altérations qui dépendent d'une cause éloignée peuvent être quantitatives ou qualitatives, c'est-à-dire reposer sur une proportion anormale des principes constitutifs ou sur l'apparition de corps nouveaux.

Elles ont toutes une valeur symptomatique générale, en ce sens qu'elles révèlent une perturbation dans les phénomènes chimiques ; les premières permettent de conclure à un changement dans le rapport d'intensité de ces réactions, les unes par rapport aux autres ; les secondes, à une perturbation dans la nature même de la réaction, si toutefois le produit anormalement excrété n'est pas un des éléments physiologiques du sang, car, dans ce cas, nous n'aurions encore qu'une perturbation en quantité. Ainsi, l'invasion du sucre dans l'urine indique seulement une hypersécrétion hépatique de ce composé.

Il va sans dire que les modifications quantitatives n'ont de valeur qu'autant qu'elles portent sur l'urine de vingt-quatre heures, encore faut-il, avant de tirer des conclusions, déterminer si l'augmentation ou la diminution d'un principe immédiat urinaire ne se fait pas au détriment ou à l'avantage d'un autre. C'est ainsi que, dans certain cas l'urée devenant moins abondante dans l'urine, l'on observe une élévation du chiffre de l'acide urique; nous sommes alors en droit de penser que, pour une cause ou une autre, l'oxydation s'est arrêtée à l'acide urique. Si, au contraire, la perte d'urée n'est pas compensée, nous devons conclure à un véritable affaiblissement de l'usure des matériaux protéiques.

Altérations quantitatives. — L'urée doit, avant tout, fixer notre attention. Une augmentation absolue dans la quantité de ce corps émis en vingt-quatre heures, est un indice certain d'une hyperdestruction des substances azotées plastiques. Elle peut être provoquée par une alimentation protéique exagérée, et ne constitue pas alors un cas réellement pathologique; avec une nourriture normale ou insuffisante, elle est symptomatique d'une destruction plus énergique des tissus et des matériaux du sang; il faut excepter cependant le cas où, à la suite d'un arrêt dans l'excrétion rénale, une forte dose d'urée s'est accumulée dans le sang et où, l'obstacle levé, le produit reprend ses voies naturelles (*Début des fièvres en général*).

Une diminution absolue de la dose d'urée n'est indice d'une combustion moins vive des composés protéiques qu'autant que : 1° cette urée n'est pas remplacée par d'autres résidus d'oxydations moins avancées ou d'un autre ordre (acide urique, leucine, tyrosine, créatine, etc.); nous devons ajouter que ce cas de compensation complète n'a pas encore été observé; le plus ordinairement elle n'est que partielle; 2° qu'autant qu'elle ne dérive pas d'une affection des reins rendant l'excrétion moins facile.

La diminution dans la quantité d'urée est une conséquence de toutes les maladies prolongées qui intéressent toujours plus ou moins la nutrition.

La compensation partielle de l'urée par d'autres produits, nous apprend que, d'un côté, l'oxydation protéique a perdu en intensité, puisqu'il y a réellement moins d'azote excrété; d'un autre, elle indique une perturbation dans la marche qualitative des réactions.

L'urémie est caractérisée par l'accumulation dans le sang des principes de l'urine, qui cessent d'être excrétés par suite d'une affection du rein. On peut expliquer ses symptômes graves par l'influence délétère de l'urée et des principes extractifs qui ne sont pas excrétés, ou par la production de carbonate d'ammoniaque dans le sang. Il est certain que, dans beaucoup de cas, l'urémie est accompagnée d'une augmentation d'urée et d'extractif dans le sérum sans carbonate d'ammoniaque; dans d'autres, on peut facilement démontrer la présence de ce dernier corps, et nous connaissons les effets fâcheux et désorganisateurs qu'il exerce sur les globules. Frerichs suppose que l'hydratation de l'urée et sa transformation en carbonate d'ammoniaque n'ont pas lieu dans le sang même, mais dans les exsudations et les sécrétions, surtout celles du tube digestif. Le sel, une fois formé, pénétrerait dans le sang par résorption.

Nous savons que l'acide urique peut, en s'oxydant, se

27

dédoubler en urée et en acide oxalique, mais nous ne pouvons en conclure positivement qu'il représente d'une manière absolue un des termes avant-coureurs de la production d'urée au sein de l'économie. Si ce point était établi, toute diminution ou toute augmentation dans la dose d'acide urique entraînerait une modification inverse de celle de l'urée, l'intensité des phénomènes d'usure des matériaux protéiques étant supposée constante. Le rapport entre l'urée et l'acide urique aurait alors une grande valeur en symptomatologie, car il donnerait des éclaircissements sur la forme plus ou moins complète de l'oxydation. Malheureusement ces conclusions peuvent être altérées par une foule de causes : 1° le rapport normal est très-variable ; 2° il peut se faire que, par une disposition particulière du tissu rénal, il y ait arrêt dans la sécrétion de l'acide urique qui s'accumule alors dans le sang et va se déposer en différents lieux du corps, sous forme de concrétions d'urates acides de soude et de chaux. Ainsi, dans les affections goutteuses, l'urine est pauvre en acide urique, ou en est même complétement dépourvue, tandis que le sang en contient plus qu'à l'état normal.

Dans les fièvres intermittentes et la leuchémie, l'acide urique se trouve en proportions plus fortes ; elle est moindre dans le diabète sucré.

Sous l'influence de causes particulières, l'acide urique se dépose dans l'urine, soit après, soit avant l'émission. Le précipité normal après l'expulsion du liquide est dû à une fermentation acide, à la suite de laquelle les alcalis sont saturés par l'acide lactique de nouvelle formation. La même cause préside-t-elle à la génération des dépôts intérieurs ?

Scherer émet une opinion positive ; d'après lui, le ferment (mucus vésical) peut agir sur la substance fermentescible (matière colorante), dans la vessie même et sous l'influence de conditions spéciales encore indéterminées. Les nouvelles idées sur les fermentations, issues des travaux de M. Pasteur, conduisent à modifier ces conclusions. Il ne peut être, en effet, question d'une véritable fermentation, mais seulement d'une action de contact, et alors toutes les causes prédisposantes au dépôt, telles qu'acidité primitive plus grande de l'urine ou augmentation dans la proportion d'acide urique, doivent favoriser le phénomène. Il y a encore quelque obscurité dans l'histoire de la naissance des précipités uriques intravésicaux ; tout ce qu'on peut dire de certain, c'est qu'ils sont provoqués par la présence dans l'urine non évacuée d'un acide fort, qui sature tout ou partie de la base de l'urate ; et cet acide se forme, mais d'une manière encore indéterminée, pendant le séjour de l'urine dans la vessie.

On comprend facilement qu'une fois devenu libre ou seulement changé en sel acide, l'acide urique doit se déposer. Il est, en effet, à peine soluble dans l'eau, et une partie d'urate acide de soude exige à froid onze cent cinquante parties d'eau.

Les dépôts sont tantôt formés d'acide urique pur, tantôt d'urate acide de soude, plus rarement d'urate acide d'ammoniaque. On les distingue par la forme cristalline au microscope et par l'analyse chimique. Lorsque la matière précipi-

tée ne séjourne pas longtemps dans la vessie, elle a l'apparence d'une poudre cristalline ; l'acide urique pur irrite
plus fortement la muqueuse que les urates ; d'autres fois, il
se forme des calculs plus ou moins volumineux autour d'un
centre d'attraction. Ces concrétions contiennent le plus
souvent de l'acide urique libre en mélange avec du phosphate et de l'oxalate de chaux. Leur couleur est rouge brun
ou rouge jaune, lorsqu'il y a de la matière colorante biliaire entraînée par la tendance que possède l'acide urique
à se teindre. Ils sont durs et composés de couches concentriques. La cause déterminante de ces dépôts peut
n'être que passagère, mais quelquefois aussi elle agit d'une
manière continue et peut conduire à l'idée d'une véritable diathèse urique.

L'oxalate de chaux est un produit normal de l'urine,
mais il s'y trouve en proportions très-minimes.

Les conditions qui peuvent donner naissance à un ac-
croissement dans la dose de ce sel, sont :

1° Une nourriture riche en oxalates (oseille). L'acide
oxalique introduit du dehors dans l'organisme peut être
brûlé, mais il y a des cas où il passe dans les urines toujours en combinaison avec de la chaux.

2° Une oxydation incomplète. Beaucoup de produits de
l'économie animale, tels que la leucine, l'acide urique, la
guanine, la créatine, le sucre, etc., sont susceptibles de se
changer en acide oxalique qui trouve partout de la chaux
pour être saturé. Dans les liqueurs alcalines, ce corps
résiste à la combustion intraorganique ; de sorte que si
une marche irrégulière des réactions vient à l'engen-

drer, il ne pourra plus subir d'élaboration ultérieure.

L'oxalate de chaux forme des dépôts assez fréquents dans l'urine avant son émission et avant que la fermentation alcaline n'ait pu intervenir. La condition prédisposante de ce phénomène est une exagération dans la quantité de ce produit excrété. Les calculs d'oxalate de chaux ont la forme de mûres, leur couleur est noirâtre ou verdâtre ; le nom de calculs muraux qui leur est affecté dérive de leur ressemblance avec le fruit du mûrier. On a observé assez souvent une véritable intermittence dans la précipitation d'oxalate.

On peut se demander comment ce sel, qui est complétement insoluble dans un liquide alcalin, peut se trouver en dissolution dans le sang. Pour tourner cette difficulté, il faut supposer ou bien que le sel de chaux ne prend naissance que dans l'urine, ou qu'il se trouve retenu en dissolution dans le plasma à la faveur d'une atonie moléculaire.

Les variations dans la proportion d'acide hippurique n'ont pas encore acquis une valeur séméïotique. Ce produit augmente dans beaucoup de maladies; il est surtout abondant dans les urines acides émises pendant les affections fébriles et dans celles des diabétiques.

Créatinine. — L'urine normale contient en moyenne 1 gramme de créatinine en vingt-quatre heures (maximum 1^{gr},35, minimum 0,46). C'est un produit intermédiaire du mouvement oxydant; il se trouve en grande partie détruit avant de passer dans l'urine. Jusqu'à présent on ne sait rien de certain sur la valeur séméïotique de ses variations.

Sels minéraux. Chlore. — L'homme sain émet en

vingt-quatre heures par les urines 10 grammes de chlore valant 16,5 de sel marin ; et si la nourriture est peu salée, cette dose s'abaisse à 6 ou 8 grammes de chlore valant 10 ou 13 grammes de sel marin. Dans toutes les maladies fébriles aiguës, l'émission peut tomber au dixième, au vingtième et même à zéro (pneumonie, pleurite, typhus, rhumatisme aigu, fièvre gastrique, choléra). La sécrétion de chlore suit en raison inverse les phases plus ou moins intenses de la maladie.

Dans le paroxysme des fièvres intermittentes, le chlore de l'urine augmente souvent en proportions très-considérables ; il diminue, mais à un moindre degré que dans les affections précédemment citées, dans les maladies chroniques.

On ne peut faire aucune hypothèse plausible sur la cause immédiate de ces manifestations. Peut-être réside-t-elle dans une disposition particulière des membranes sécrétoires, produite par l'influence nerveuse, ou dans la composition du sang ; l'exosmose du chlorure de sodium ne suivrait alors plus ses lois normales. Quoi qu'il en soit, les variations observées et faciles à suivre peuvent aider au diagnostic de la marche de la maladie.

Sulfates. — Normalement et en vingt-quatre heures l'urine contient de $1^{gr},5$ à $2^{gr},5$ d'acide sulfurique (SO^3), 2 grammes en moyenne. Cette proportion augmente :

1° Après l'introduction de sulfates dans l'organisme ;

2° Après celle de matières protéiques riches en soufre ;

3° Par suite d'une combustion plus active qui use plus

de matériaux plastiques (maladies du système nerveux, du cerveau ; chorée, inflammations, maladies fébriles aiguës).

Phosphates. — La dose normale d'acide phosphorique excrétée en vingt-quatre heures est de $3^{gr},5$.

Les phosphates apparaissent en dose exagérée lorsque les aliments les fournissent en plus forte proportion, ou lorsque les substances phosphorées sont brûlées en plus grandes quantités.

La dose de phosphates terreux émis par jour est de $0^{gr},8$ à $1^{gr},2$ ($\frac{1}{3}$ phosphate de chaux, $\frac{2}{3}$ phosphate de magnésie). Dans l'ostéo-malacie et le rachitisme (maladies des os accompagnées d'un départ considérable de sels terreux), l'urine contient beaucoup plus de phosphates de chaux et de magnésie que normalement. Ces sels peuvent, comme l'oxalate de chaux et l'acide urique, donner des dépôts et des calculs urinaires toutes les fois que l'urine devient alcaline.

Si la réaction basique dérive d'une génération d'ammoniaque, le précipité contient du phosphate tribasique de chaux et du phosphate ammoniaco-magnésien. Les calculs de cette nature sont fréquents ; ils sont blancs, formés de couches superposées avec un centre ou noyau hétérogène ; leur texture est crayeuse et la masse est facile à pulvériser.

Les concrétions de phosphate bibasique de chaux (PhO^52CaO) sont rares et apparaissent surtout dans les urines rendues alcalines par des bases fixes, ou même dans celles à réaction légèrement acide, car ce sel est beaucoup moins soluble dans les acides que le phosphate tribasique (PhO^53CaO).

L'urine normale contient de l'ammoniaque combinée, mais très-peu, moins de 1 gramme en vingt-quatre heures. Les sels ammoniacaux peuvent augmenter par l'ingestion de substances ammoniacales. Souvent on trouve dans l'urine du carbonate d'ammoniaque; elle est alors alcaline et dépose ses phosphates terreux. Ce sel provient de la transformation de l'urée sous l'influence du mucus ou du pus sécrété par les muqueuses irritées; alors aussi il y a soi-disant diathèse phosphorée.

On ne sait pas encore si, dans les cas de la présence du carbonate d'ammoniaque dans le sang, ce sel peut passer dans l'urine.

Le carbonate d'ammoniaque de l'urine peut :

1° Irriter les voies urinaires ;

2° Prédisposer aux calculs ;

3° Donner lieu à une résorption ammoniacale.

Produits anormaux. Sucre. — On n'est pas encore tout à fait d'accord sur la réalité de l'existence normale du sucre dans la sécrétion rénale; cependant les expériences de Brüke semblent l'avoir établie d'une façon assez positive. Dans tous les cas, il ne s'y trouve qu'en quantités très-minimes et nullement comparables à celles qui résultent d'un travail pathologique.

Le sucre anormal est symptomatique, 1° d'une augmentation dans la proportion des aliments hydrocarbonés ; 2° d'une hypersécrétion glucosique dans l'organisme, et particulièrement dans le foie ; 3° d'une diminution dans l'énergie des combustions respiratoires.

L'urine sucrée est dite diabétique ; outre la glucose,

elle renferme généralement de l'inosine, et ce dernier produit peut souvent remplacer le sucre de raisin.

Nous avons déjà vu que le passage du sucre dans l'urine est accompagné dans le diabète d'une polyurie considérable, telle que le volume de liquide émis en un jour peut atteindre 4 à 6 litres. La présence de la glucose n'a pas d'influence sur les autres produits qui continuent à être sécrétés d'après les lois posées plus haut.

Leucine et tyrosine. — La leucine et son satellite la tyrosine font irruption dans l'urine lorsque le sang en contient. Elles sont symptomatiques des maladies caractérisées par la production de ces corps (voir plus haut).

Xanthine. — Elle est un produit intermédiaire de destruction et se trouve dans le liquide physiologique. On ne sait rien sur la signification de ses variations quantitatives. Les calculs de xanthine sont très-rares; ils sont bruns, clairs, durs et en couches concentriques.

Les *calculs de cystine*, également très-peu fréquents, sont jaunes, lisses, à texture cristalline et diaphane.

On a remarqué dans un assez grand nombre de cas que l'urine jouissait de la remarquable propriété de devenir bleue après addition des acides azotique, sulfurique ou chlorhydrique. Cette coloration disparaît et passe au jaune sous l'influence de l'acide nitrique chaud. Le précipité fourni par les acides se compose de deux principes colorants, l'un rouge rubis, soluble dans l'alcool (urrhodine de Heller), serait identifiable avec le rouge d'indigo; l'autre bleu (uroglaucine de Heller) offre les réactions de l'indigotine. Cette ressemblance de l'uroglaucine et de la matière colorante de l'indigo se poursuit jusque dans la composition élémentaire.

Schunck pense que le composé générateur de l'indigo se trouve dans toutes les urines en plus ou moins fortes proportions.

Pour les acides de la bile et les pigments biliaires dans l'urine, nous renvoyons à ce qui a été dit à propos de l'ictère; nous avons vu que les derniers ne manquent jamais, tandis que la présence des premiers est encore controversée.

Considérations générales sur l'étiologie des maladies contagieuses, épidémiques et endémiques.

Toutes les maladies contagieuses par inoculation ou par contact plus ou moins direct, épidémiques et endémiques, sont évidemment provoquées par l'introduction dans l'organisme vivant de substances étrangères toxiques, produisant un véritable empoisonnement. Lorsque, dans une affection de ce genre, le choléra, la fièvre jaune, la pustule maligne par exemple, les symptômes généraux et l'évolution ont un caractère de constance bien marqué, malgré les différences de races, d'espèces ou d'individualité, on est forcément conduit à admettre la nature spécifique du poison qui donne lieu à telle ou telle série de manifestations pathologiques.

Ces conclusions tirées de faits nombreux, observés sur toutes les parties du globe, sont si simples et si naturelles que personne ne les conteste ; mais lorsqu'il s'agit de préciser la nature de la substance morbifique, comme l'on entre dans le domaine de l'hypothèse, les opinions les plus variées et les plus contradictoires sont émises et peuvent être soutenues avec des apparences de probabilité plus ou moins grandes.

Depuis longtemps on a cherché à expliquer les affections infectieuses par des fermentations intraorganiques, déterminées par des corps étrangers que tout portait à faire considérer comme étant de nature organique. Mais, à une époque où les idées sur les fermentations proprement dites étaient encore vagues et mal définies, il était difficile de soutenir solidement une semblable doctrine.

Il nous semble, depuis longtemps, que les travaux de M. Pasteur sur cette question n'ont pas seulement abouti à mieux préciser qu'on ne le pouvait avant lui des faits en partie connus, mais qu'ils sont destinés dans l'avenir à jeter une vive lumière sur l'étiologie et l'histoire pathologique des maladies contagieuses, épidémiques et endémiques ; cependant nous n'aurions pas osé discuter ici une conviction personnelle, partagée du reste par beaucoup de médecins et d'observateurs, mais ne reposant encore que sur des analogies, si une découverte toute récente, due à l'habile investigation de M. Davaine, n'était venue prêter à cette manière de voir un point d'appui solide, celui d'un fait positif, acquis définitivement à la science, fait qui ne restera certainement pas isolé.

Nous partons de l'hypothèse que la plupart des maladies infectieuses ont pour cause immédiate la pénétration dans l'organisme et le développement de germes de ferments ou de ferments déjà formés, vivants et de nature végétale ou animale, et nous utiliserons les connaissances acquises pour appuyer cette opinion d'un certain ensemble de probabilités. Nous reconnaissons néanmoins, dès le début, qu'il faut attendre, pour se prononcer d'une manière définitive, une preuve directe et expérimentale, comme celle qui a été donnée par M. Davaine pour le sang de rate ou la pustule maligne.

De semblables discussions ne peuvent avoir qu'un avantage, mais il est capital, c'est d'appeler l'attention sur l'utilité de recherches à diriger dans une voie déterminée. Pour une découverte aussi importante et aussi difficile que celle de la cause des maladies épidémiques qui font tant de ravages, il faut que le terrain soit convenablement préparé. Nous pensons que les recherches sur les fermentations et les putréfactions nous ont conduits assez loin, pour que des essais sérieux puissent être tentés dans cette direction avec quelque espoir de succès. Nous ne ferons ressortir dans cet aperçu que les faits qui ont quelque valeur dans la question d'étiologie et dans l'évolution chimique des maladies dites infectieuses.

Les affections dont nous nous occupons peuvent être simplement contagieuses, c'est-à-dire susceptibles de se transmettre d'un individu à un autre par inoculation et contact (morve, rage, virus syphilitique, charbon, piqûre anatomique, infection purulente, pustule maligne, etc.), épidémiques et endémiques, quand elles sévissent à certaines époques indéterminées, ou d'une manière continue, mais avec une intensité variable, sur une étendue de pays plus ou moins grande. Dans ce cas, la maladie atteignant un grand nombre de personnes à la fois, la substance toxique n'est pas seulement renfermée dans les sujets malades, mais dans l'un des milieux qui nous environnent. La contagiosité sans être exclue, n'est plus qu'au second plan parmi les causes de transmission du mal.

Cette division n'intéresse pas essentiellement la nature de la substance toxique, mais bien son origine, la masse de sa production et la facilité avec laquelle elle peut être transportée à distance ; elle est donc pour nous d'une valeur tout à fait secondaire ; néanmoins nous l'adopterons et nous commencerons par les maladies simplement contagieuses, parce que là le poison est plus accessible à notre investigation, et partant, sa nature est plus facile à déterminer.

Les poisons spécifiques ou animaux, comme on les appelle, offrent trois caractères communs sur lesquels nous devons particulièrement appuyer.

1° Il faut une très-petite quantité de ce poison pour produire un effet considérable. C'est la propriété distinctive des ferments et des corps qui agissent par contact.

2° Ils se multiplient dans l'organisme. Ainsi les poisons de la syphilis, de la morve, de la rage, portés à très-petites doses dans le sang d'un animal sain, donneront lieu, au bout d'un certain temps, à toutes les évolutions morbides spécifiques, et l'animal ainsi atteint pourra servir à transporter le mal à une foule d'autres.

Ce caractère remarquable d'une multiplication évidente n'appartient qu'aux ferments organisés et non aux matières azotées qui agissent par contact, car ces dernières se détruisent au contraire et deviennent impuissantes pendant la manifestation de leur activité. Si, en face de cette loi générale de reproduction, on voulait encore écarter la nature vivante et organisée de l'agent morbifique, l'on serait forcément conduit à supposer que le poison produit dans l'organisme des troubles chimiques tels, que la même substance qui provoque ces troubles se trouve engendrée pendant les réactions anormales. Cette interprétation est en désaccord complet avec tout ce que nous savons des phénomènes chimiques, elle fait rentrer l'étiologie des maladies infectieuses dans les brouillards d'où sont si heureusement sorties les fermentations.

3° Les poisons spécifiques introduits dans l'économie animale à petites doses ne produisent leurs effets qu'après une période souvent très-longue d'incubation, tandis que les substances toxiques non organisées, mais simplement organiques, telles qu'alcaloïdes, acide cyanhydrique, venin de serpents, etc., n'exigent qu'un laps de temps très-limité pour manifester leur action La période d'incubation ne reçoit d'explication satisfaisante que dans l'hypothèse d'un ferment organisé, exigeant une multiplication préalable avant qu'il n'intéresse l'économie animale d'une manière évidente.

Pour se représenter l'action des ferments vivants dans l'économie animale, l'on peut supposer, d'une part, que, trouvant dans les liquides sanguins, parenchymateux et autres, les circonstances convenables à leur développement normal, ils produisent des phénomènes chimiques de l'ordre de ceux que nous avons étudiés au chapitre des fermentations, et ce seraient les dérivés de ces réactions qui agiraient comme poisons et comme irritants ; d'un autre côté, il faut tenir compte de l'excitation résultant de la présence même dans la profondeur des tissus de ces êtres qui sont de véritables corps étrangers, quelque petits qu'ils soient. Cette manière de voir rend aussi bien compte des symptômes généraux, tels que dissolution et décomposition du sang, que des manifestations locales (pustules, anthrax, tubercules, gangrène). En y regardant de près, on voit que tous ces symptômes peuvent se produire, avec des caractères moins spécifiques, il est vrai, sans le concours d'un ferment, sous l'influence d'agents toxiques non organisés ou d'irritants chimiques. Ce qui donne à ces manifestations morbides un caractère de mauvaise nature et de grande malignité, c'est leur reproduction continue et étendue. Ce fait tient évidemment à ce que la cause se reproduit également. Ainsi la pustule et l'anthrax résultent souvent de la présence d'un corps étranger ou d'une disposition spéciale, sans qu'il y ait infection et sans que les produits pathologiques soient capables de reproduire les mêmes désordres par inoculation ; dans ce cas, le mal restera local et ne s'étendra pas. Dans le charbon, au contraire, la pustule qui apparaît en premier est remplacée, après ses évolutions régulières, par une autre qui se forme un peu plus loin, et ainsi de suite ; et le pus de cette pustule aura comme caractère spécifique la vertu de produire une affection analogue, si on le porte par piqûre dans le derme d'un sujet sain.

Dans notre pensée, la maladie elle-même n'est pas constituée par la présence seule du ferment et par celle des
produits chimiques qu'il élabore, mais surtout par leur
action sur les tissus organisés. Il ne faut pas oublier qu'il
y a là un organisme vivant sur lequel le ferment et ses
dérivés produisent des manifestations vitales toutes spéciales, et qui ne pourraient avoir lieu si les vibrions ou
la levûre se développaient dans un milieu mort, composé
de sucre ou d'albumine. Il n'est pas douteux non plus que
la vitalité de l'organisme attaqué réagisse sur celle du ferment.

Pustule maligne (charbon contagieux, sang de rate,
milz brand des Allemands).

La maladie désignée sous ces noms apparaît surtout
chez les herbivores ou les omnivores, et se transmet d'animal à animal avec une facilité remarquable. Elle est con-
tagieuse non-seulement pour les espèces où on la voit
naître pour ainsi dire spontanément, mais encore pour
l'homme, tous les mammifères en général, les oiseaux et
même les poissons et les articulés (écrevisses). Le sang des
sujets malades pris avant la mort, les liquides des exsudations et des pustules sont aptes à reproduire l'infection.
Le virus est fixe et ne peut se propager à distance sans
intermédiaire solide ou liquide. On attribue ordinairement
à des mouches qui ont séjourné sur des cadavres infectés
la transmission du charbon à l'homme dans les cas où
l'inoculation directe n'a pu se faire. Les symptômes sont
ou locaux ou généraux ; les premiers peuvent être le résultat direct de l'application du virus à la place où ils ap-

pàraissent, ou bien ils sont secondàires et se produisent à la suite d'un état général bien caractérisé; ils affectent tantôt la forme d'anthrax de mauvaise nature mais circonscrit, tantôt celle d'érésypèle diffus. Lorsque la maladie prend une marche générale, bientôt mortelle, le sang est foncé, noirâtre ; il ne se colore plus en rouge au contact de l'air, preuve d'une désorganisation des globules. Ces derniers se réunissent facilement en masses. Le sang n'a plus qu'une faible tendance à la coagulation; le coagulum ne se contracte pas. La rate est hyperémiée, ecchymotique; sa pulpe est plus liquide. Le foie et, en général, tous les organes glandulaires sont gonflés. En beaucoup de points on voit des ecchymoses plus ou moins larges, et dans les cavités séreuses ou les parenchymes, des exsudations d'un liquide jaune, gélatineux, éminemment propre à l'inoculation du mal.

M. Davaine a démontré de la manière la plus positive que cette dangereuse affection est due à la présence et au développement d'infusoires dans le sang. Ils sont analogues à ceux qui provoquent la fermentation butyrique. Sur quatorze inoculations pratiquées sur des lapins avec du sang frais infecté de bactéries, quatorze fois des bactéries semblables se sont produites. Les bactéries se développent dans le sang et non dans un organe spécial. Les organes ne renferment des bactéries qu'en raison de leur vascularité. La rate est celui de tous qui en contient le plus, et ces corpuscules y sont toujours en nombre véritablement prodigieux. Lorsqu'on découvre des bactéries au début de l'infection, ils sont très-courts et très-rares;

28

mais bientôt on les voit se multiplier et s'accroître rapidement; leur évolution complète ne met qu'un petit nombre d'heures à s'accomplir. Un lapin dont le sang n'offrait que quelques rares bactéries, longues de 4 à 5 millièmes de millimètres, mourut au bout de quatre heures; son sang examiné au microscope renfermait un nombre considérable de bactéries, dont quelques-unes avaient atteint cinq centièmes de millimètre de longueur. Dès que l'animal meurt, les infusoires cessent de se multiplier et de s'accroître, et le sang perd bientôt la faculté de produire l'infection par inoculation. Le sang frais peut être rapidement desséché, puis chauffé à 100 degrés, sans que les bactéries soient tuées. On peut chauffer le sang frais pendant dix minutes au bain-marie à 100 degrés, sans lui faire perdre sa propriété toxique.

Dans ce cas particulier, on a donc reconnu d'une manière évidente un virus organisé, vivant, qui se développe avec une rapidité remarquable, et présente avec les agents de putréfaction des analogies complètes, qu'il est impossible de méconnaître.

Le charbon contagieux ou sang de rate est une putréfaction spéciale du sang vivant, dans le sens précis que nous attachons maintenant à ce mot. Il est évident, en effet, que les matières organiques de l'économie vivante ne peuvent avoir une vertu spécifique qui les préserve de ce genre d'altération, et que leur seule garantie est dans la résistance qu'oppose l'organisme à l'introduction des germes de ferments. Lorsque d'une manière quelconque, cette barrière est franchie, si de plus les conditions internes ne sont pas directement contraires à l'évolution de ces germes, ils vivront en produisant les réactions chimiques dont leur nature est susceptible.

Morve et farcin. — La morve et le farcin sont deux maladies très-voisines, peut-être identiques, avec des différences dans la localisation des symptômes. Elles apparaissent chez le cheval, l'âne, le mulet, mais peuvent aussi se transmettre par contagion à l'homme et à d'autres mammifères. Il se forme dans la muqueuse nasale (morve) ou dans la peau (farcin) des dépôts circonscrits, arrondis ou ovoïdes d'une matière caséeuse semblable à celle des tubercules. Ces dépôts subissent, au bout d'un certain temps, une liquéfaction et un ramollissement à la suite desquels il reste un ulcère avec écoulement d'un liquide foncé et fétide.

D'après Virchow, les boutons de morve sont produits par un développement anormal de cellules; il a observé dans les boutons encore jeunes des cellules à parois minces avec des noyaux libres; dans les boutons plus anciens, les cellules sont plus grandes, plus serrées les unes contre les autres. La période de ramollissement est accompagnée d'une véritable fusion de ces éléments morphologiques, qui ne sont autre chose que des produits d'une vitalité anormale du tissu, comme les cellules du pus. La morve a beaucoup plus de tendance à persister comme affection locale que le charbon, mais elle peut aussi dégénérer en infection du sang, qui donnera lieu, comme celle du sang de rate, à des symptômes généraux graves et à une localisation plus étendue. Les allures générales de cette maladie sont les mêmes que celles de la précédente, avec une plus grande lenteur d'évolution, une moindre acuïté des symptômes et une forme spécifique. Le mode de contagion est aussi analogue; c'est surtout l'exsudation nasale qui offre l'activité la plus marquée comme virus. Langenbeek prétend y avoir vu des végétaux microscopiques qui pourraient bien être le ferment cherché, bien que le fait soit nié par Virchow. Dans tous les cas, on peut accepter comme très-probable l'existence d'un ferment organisé comme cause de la maladie, et des travaux futurs ne tarderont certainement pas à constater l'exactitude de ces prévisions.

Syphilis. — La syphilis est une affection du même ordre, propre à l'homme, mais transmissible aux animaux. Les organes génitaux sont les voies les plus fréquentes par où pénètre l'infection, mais ce ne sont pas les seules possibles. Cette localisation dépend de circonstances tout à fait indépendantes de la nature du virus. Le poison de la syphilis est fixe; il offre comme les autres le double caractère de multiplication et d'incubation. Son action est d'abord locale, et ce n'est qu'au bout d'un temps assez long qu'il pénètre dans le sang et l'organisme entier, pour produire des désordres en divers points, avec des formes très-variées, qui dépendent à la fois et au même degré de la nature du virus et de la vitalité propre du tissu affecté.

Les infusoires que M. Donné a vus dans le pus des chancres n'ont pas assez éveillé l'attention des savants, parce qu'à l'époque où il publiait ses observations, on n'attribuait pas encore à ces êtres la propriété active de développer les fermentations. Il est possible qu'on ait trouvé là, et depuis longtemps, le véritable virus syphilitique tant cherché. Dans tous les cas, cette question mérite d'être reprise, et elle lé sera sans nul doute, car l'esprit des savants est tourné vers des découvertes de ce genre.

Rage. — Le virus rabique est fixe et ne produit la contagion que lorsqu'il est déposé dans une plaie. L'estomac le digère sans conduire à l'intoxication. On cite des essais de médecins qui eurent le courage d'avaler la bave de chiens enragés sans en éprouver d'inconvénients. Ce poison réside surtout dans la salive, et certains auteurs (Marochetti entre autres) ont parlé de vésicules spéciales à la langue, chargées de sa sécrétion; mais ce point réclame de nouvelles recherches. Le sang des animaux malades est susceptible de transmettre la contagion. Ce qui caractérise surtout le virus de la rage, c'est la longue durée de la période d'incubation; elle varie ordinairement de une à sept semaines, mais elle peut de beaucoup dépasser cette limite. Les symptômes sont presque exclusivement nerveux. Quand, ce qui est le cas le plus général, la plaie de la morsure est guérie avant la maladie, l'invasion des accès est précédée d'un gonflement douloureux de la cicatrice et des parties avoisinantes. Ce phénomène révèle évidemment un travail anormal dans la profondeur des tissus. Les choses se passent comme si les symptômes nerveux étaient provoqués par un agent toxique non organisé, qui serait élaboré dans la partie où l'inoculation a eu lieu, par le ferment qui resterait circonscrit, tandis

que les produits chimiques de son évolution seraient en-
traînés par la circulation pour agir sur les centres nerveux.
Ainsi, Harder cite le cas d'un jeune homme devenu malade trois mois après la morsure. Les accidents diminuè-
rent beaucoup après l'extirpation de la cicatrice, et ces-
sèrent complétement lorsqu'on eut enlevé une fongosité
échappée à la première opération. Nous devons faire remarquer cependant que cette explication ne s'accorde pas
avec le fait bien avéré de l'inoculation par la sécrétion
buccale.

Aphthe épizootique. — L'aphthe épizootique est une affection érysipélateuse qui, comme la rage, se transmet
des animaux à l'homme ; elle est accompagnée d'une production de vésicules (aphthes) dans la bouche et autour
des sabots (ruminants), dans la bouche et sur les mains
chez l'homme. Elle apparaît le plus souvent chez les vaches
et le porc, plus rarement chez le mouton, la chèvre et le
cheval. L'homme peut la gagner soit par l'usage du lait
de l'animal infecté, soit par le contact de la peau avec
les produits vésiculaires. Le poison est fixe et de peu d'intensité. La maladie guérit spontanément.

Infection purulente. — En injectant dans les veines
de très-petites quantités de pus putréfié (25 à 50 centi-
grammes), M. Batailhé a vu survenir la mort au bout
d'un temps plus ou moins long. Il est peu probable que
l'agent toxique ainsi versé dans le sang en proportions mi-
nimes suffise pour produire les lésions graves observées
à l'autopsie, telles que foie ramolli, crépitant, infiltré de
gaz, rate dans le même état, sang liquide, noir et désor-

ganisé. Ce sont là les apparences d'une putréfaction généralisée, et on doit forcément admettre que la mort est une conséquence de la multiplication des vibrions introduits dans l'organisme avec la matière putride.

Si l'injection du pus altéré se fait peu à peu et à très-petites doses, la vie peut se prolonger davantage, et l'on observe à l'autopsie tous les symptômes cadavériques de l'infection purulente si connue des médecins, voire même les abcès métastatiques.

« Or, chez l'homme, » dit M. Batailhé, « à la surface des plaies récentes, il y a des liquides putréfiés, comme l'atteste l'odeur qu'elles exhalent les premiers jours. Les liquides putréfiés passent dans les veines, d'où l'infection purulente, d'où les abcès métastatiques.

« Il y a un moyen bien simple de prévenir l'empoisonnement dit infection purulente, c'est de panser les plaies récentes, comme le faisaient les anciens, avec les alcools et les baumes liquides qui empêchent la putréfaction, etc. »

Il est très-probable que le poison qui se développe dans les saucissons, et que les Allemands nomment *wurstgift*, est de nature organisée et se rattache aux ferments proprement dits.

Maladies épidémiques et endémiques. — Les maladies épidémiques et endémiques sont contagieuses. La malaria seule fait exception ; mais ce défaut de contagiosité peut tenir à ce que le poison, une fois entré dans l'économie, n'a aucune tendance à en sortir, au moins en masses assez considérables pour produire l'infection, et il n'est pas prouvé qu'en transfusant, d'un individu malade de la fièvre paludéenne, à un autre sain une quantité de sang assez considérable, on n'arriverait pas à produire la transmission du mal.

Nous pouvons donc appliquer à ces affections ce qui a été dit de général sur les maladies infectieuses par contagion directe, sans caractère épidémique.

Nous voyons encore le virus se reproduire et se multiplier, se transmettre d'individu à individu, en provoquant toujours la même série caractéristique de phénomènes morbides; nous trouvons également la période d'incubation, et nous sommes conduit naturellement, en ce qui touche l'étiologie des fièvres éruptives (variole, rougeole, scarlatine, etc.), de la fièvre jaune, du typhus, de la peste et du choléra, aux mêmes conclusions que plus haut. Il faut cependant remarquer que les ferments et leurs germes doivent être beaucoup plus petits, plus légers et plus diffusibles que les premiers. Ces qualités semblent ressortir : 1° de la manière dont ils peuvent se propager à de grandes distances, très-probablement à travers l'air et en suspension dans ce milieu; 2° de la facilité avec laquelle ils pénètrent dans l'organisme, sans lésions extérieures, soit par la peau, soit par les diverses muqueuses.

Presque toutes les maladies en question ont un cours passager, et, si l'individu frappé résiste à leur première atteinte, il finit par guérir. Le ferment, d'après cela, n'a pas une vertu de reproduction très-intense au sein de l'économie, et, passé une certaine évolution, il périt spontanément. Ce fait peut s'expliquer de deux manières : ou bien les germes absorbés suivent une série de phases sans se multiplier, ou la reproduction est limitée parce que la maladie qu'ils provoquent crée dans l'organisme des conditions incompatibles avec leur multiplication. L'immunité passagère ou durable acquise par les sujets atteints une fois pour les affections du même genre (fièvres éruptives, fièvre jaune), plaide en faveur de la dernière opinion. Il est impossible d'évaluer, quant à présent, le nombre de germes nécessaires à la manifestation des symptômes morbides, ni de ceux qui, dans un cas donné, pénètrent du dehors dans l'organisme.

L'origine, en dehors de l'économie des substances toxiques qui déterminent les fièvres éruptives et le choléra, est tout à fait inconnue. Les premières ne s'éteignent jamais complétement, et, lorsqu'elles sévissent avec un redoublement d'intensité, on ne saurait décider s'il y a eu génération du virus en dehors de l'économie, ou si la contagiosité a été simplement augmentée par des conditions externes favorables. Il en est de même du choléra si éminemment contagieux. Dans les pays où il apparut pour la première fois, il est resté endémique et n'a jamais disparu, et dans nos climats, les grandes épidémies viennent de l'Asie et de l'Orient, d'une façon telle, que la contagion est évidente, en prenant cette expression dans son acception la plus étendue.

On a mieux pénétré les circonstances de formation de l'agent morbifique du typhus, de la fièvre jaune et de la malaria. La malaria est produite par des miasmes (germes de ferments?) nés dans les terrains marécageux pendant la décomposition putride des détritus végétaux. L'humi-

dité, l'air, et surtout la chaleur, ont une influence favorable sur le développement des ferments paludéens. En
effet, dans les pays chauds, un peu humides, la maladie
sévit sur de grandes étendues de terrain, tandis que, dans
nos climats tempérés, elle est beaucoup plus restreinte et
ne se manifeste guère qu'en été. La fièvre jaune est surtout une maladie des pays chauds, des terres basses et
des côtes maritimes. Au début d'une épidémie, le foyer
d'infection est toujours très-restreint. Beaucoup de faits
tendent à localiser l'origine du poison dans les bâtiments
de mer mal tenus, sales et renfermant à fond de cale des
substances en voie de putréfaction.

Les infections typhoïdes et la peste dérivent aussi d'une
manière assez évidente, la contagion mise de côté, de
produits de putréfactions diverses.

Il suffit de rapprocher ces observations sur l'étiologie,
des travaux de M. Pasteur sur les putréfactions, pour être
presque convaincu de la nature organisée et vivante du
poison actif. Ajoutons encore qu'il est démontré par une
foule d'expériences que la substance nuisible est fixe et
non gazeuse.

Si toutes les prévisions que nous venons d'esquisser
brièvement se vérifient un jour, on n'aura fait qu'étendre
la loi de destruction des êtres vivants les uns par les
autres.

CHAPITRE VIII

ANALYSE CHIMIQUE, APPLIQUÉE A LA PHYSIOLOGIE
ET AU DIAGNOSTIC MÉDICAL.

Dans ce chapitre, nous n'entendons pas donner tous les procédés au moyen desquels on est arrivé aux résultats de la chimie physiologique et pathologique, dont les principaux viennent d'être esquissés à grands traits dans les pages précédentes. Ce complément nécessaire de tout ouvrage de ce genre se rattache surtout à la partie pathologique, et nous n'insisterons, à cet effet, que sur les méthodes employées pour la recherche et le dosage des produits qui, par leur apparition anormale ou leur variation en quantité, peuvent être de quelque intérêt pour le diagnostic médical. Nous nous bornons surtout à indiquer la marche à suivre et les réactions à employer. Quant aux détails opératoires généraux décrits au long dans les précis d'analyse, nous renvoyons à l'exercice pratique du laboratoire et à ces précis eux-mêmes.

Réactions des composés minéraux de l'organisme animal.

Nous indiquons d'abord les réactions les plus caracté-ristiques des éléments minéraux de l'organisme, en supposant la substance dans un état propre à les fournir. Nous verrons tout à l'heure quelles sont les préparations préalables à faire subir aux matériaux pour qu'on puisse appliquer les essais avec certitude.

Acides. — 1° *Acide chlorhydrique libre ou combiné.* — Le liquide acidulé par l'acide azotique précipite par le nitrate d'argent; le précipité est soluble dans l'ammoniaque et dans l'hyposulfite de soude.

Si l'acide chlorhydrique est libre, le liquide est acide; bouilli dans un tube, il donne des vapeurs qui forment des fumées blanches autour d'une baguette trempée dans l'ammoniaque et présentée à l'orifice du tube, et qui troublent une goutte de nitrate d'argent suspendue au bout d'une baguette. Lorsque, comme dans le suc gastrique, la quantité d'acide est très-minime, on verse le produit dans une petite cornue communiquant à un récipient en verre, qui lui-même peut être adapté à une pompe à gaz; on distille dans l'air raréfié, sous l'influence d'une faible différence de température et sans faire bouillir. Le produit distillé doit troubler le nitrate d'argent.

2° *Acide sulfurique combiné (sel soluble).* — Le liquide acidulé avec l'acide chlorhydrique donne un précipité blanc par le chlorure de baryum, insoluble dans l'acide nitrique.

Si le sulfate est insoluble ou peu soluble (So^3CaO), on le fait bouillir un quart d'heure avec du carbonate de soude, on filtre, on acidule le liquide avec de l'acide chlorhydrique, puis on continue comme plus haut.

3° *Acide phosphorique libre ou combiné (sel soluble).*

— On acidule avec de l'acide nitrique, on met dans un tube du molybdate d'ammoniaque avec excès d'acide nitrique, on fait bouillir quelques instants pour constater qu'il ne se forme pas de précipité, puis on ajoute peu à peu le liquide à essayer en continuant à chauffer ; il doit se former, soit immédiatement, soit au bout de quelques instants, un précipité jaune serin, grenu.

Si le sel est insoluble, on le dissout dans l'acide chlorhydrique ou nitrique, et on continue comme avant.

4° Acide carbonique combiné. — A. *Sel soluble.* — Dans ce cas, le liquide est alcalin, fait effervescence avec les acides et précipite en blanc et à chaud le chlorure de calcium ; le précipité, examiné au microscope, offre la forme de grains cristallins et fait effervescence sur le porte-objet, avec une goutte d'acide acétique.

B. *Sel insoluble.* — S'il y en a beaucoup, on observera l'effervescence avec l'acide chlorhydrique et le dégagement d'un gaz qui trouble l'eau de chaux. S'il y en a peu, on examine au microscope avec une goutte d'acide acétique, comme plus haut.

5° Acide silicique. — La matière calcinée après addition d'acide chlorhydrique, et reprise par l'eau avec de l'acide chlorhydrique, laisse un résidu blanc, insoluble au chalumeau dans une perle de sel de phosphore.

6° Fluor. — On introduit la masse insoluble dans l'eau, dans un petit creuset en platine, on humecte avec de l'acide sulfurique concentré. Le creuset est fermé par une plaque polie de cristal de roche, enduite d'un vernis ou de cire enlevée en certains points avec une pointe mousse ; on abandonne le creuset à lui-même dans un endroit chaud pendant vingt-quatre heures. On dissout le vernis dans l'alcool ; les traits non réservés doivent présenter des traces de dépoli (méthode de M. Nicklès).

Bases. — Toutes les bases de l'organisme (KO. NaO.

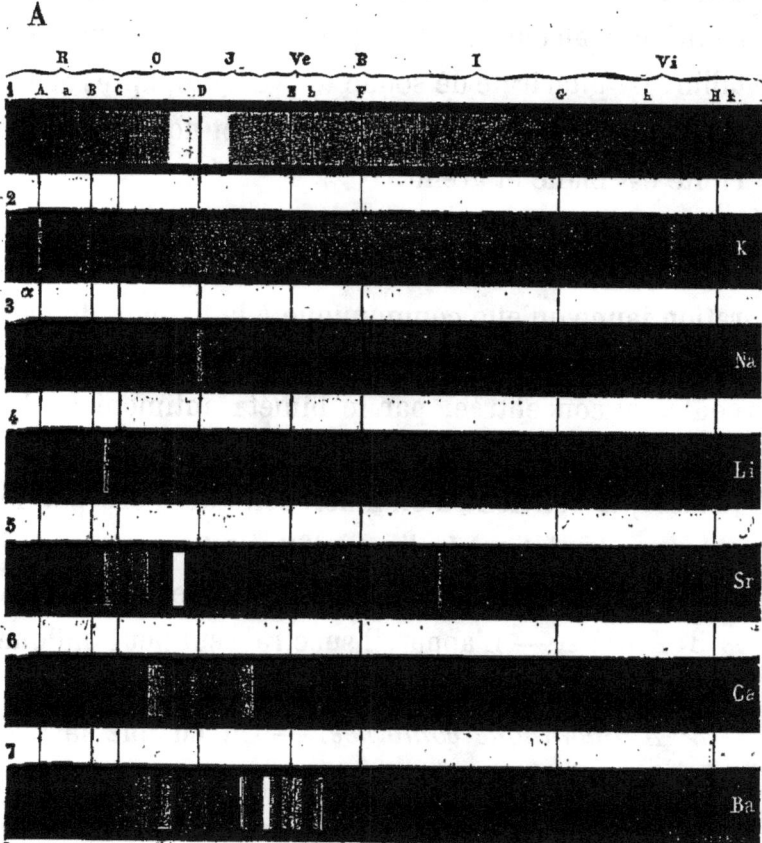

1, Spectre solaire. — 2, Spectre du potassium. — 3, Spectre du sodium. 4, Spectre du lithium. — 5, Spectre du strontium. — 6, Spectre du calcium — Spectre du barium.

L:O.CaO), excepté la magnésie, peuvent être reconnues facilement au spectroscope en prenant un peu de matière humectée avec de l'acide chlorhydrique au bout d'un fil de platine, et en la portant dans la flamme d'un bec de Bunsen. « Le tableau A donne les apparences du spectre ordinaire et des spectres de ces métaux. »

1° *Potasse*. — Elle précipite par le bichlorure de platine en solutions neutres, pas trop étendues, surtout après addition d'alcool. Le précipité est jaune, grenu et cristallin. Le bitartrate de soude la précipite, après agitation, dans une solution assez concentrée et non acide; le précipité est blanc et grenu.

2° *Soude*. — Elle se reconnaît le mieux, après élimination de toutes les bases, excepté la potasse, par la coloration jaune qu'elle communique à la flamme de l'alcool, et par le précipité blanc grenu qu'elle donne, en solution neutre et concentrée, par le biméta antimoniate de potasse. S'il y a peu de soude en présence de beaucoup de potasse, il convient d'éliminer cette dernière par le bichlorure de platine. Le liquide filtré est évaporé, le résidu calciné est repris par l'eau, qui dissout le sel de soude.

3° *Lithine*. — L'appareil spectral seul peut indiquer ce corps dans l'organisme.

4° *Ammoniaque combinée*. — On chauffe la matière avec un lait de chaux dans un tube, et on reconnaît l'ammoniaque à son odeur, aux fumées blanches produites par une baguette trempée dans l'acide chlorhydrique, et par la coloration bleue que prend un papier rouge de tournesol exposé aux vapeurs. Dans le cas d'une très-faible proportion d'ammoniaque, on mélange la matière avec un peu de lait de chaux, on la place dans une petite

fiole fermée, au centre de laquelle est suspendu un papier
rouge, et on abandonne dans un endroit chaud; au bout
de quelque temps, le papier doit devenir bleu.

5° *Chaux en solution.* — A. Elle précipite à froid,
ou mieux à chaux, en présence du chlorhydrate d'ammoniaque, par le carbonate d'ammoniaque; le précipité,
examiné au microscope, a l'apparence de grains cristallins et fait effervescence avec l'acide acétique. Elle précipite par l'oxalate d'ammoniaque dans une liqueur contenant du sel ammoniac et de l'ammoniaque libre; le
précipité est insoluble dans l'acide acétique, soluble dans
l'acide chlorhydrique.

B. Sel insoluble dans l'eau, soluble dans les acides et
exempt d'acide phosphorique :

La matière dissoute dans l'acide chlorhydrique sera
examinée comme avant.

C. Sel insoluble dans l'eau, soluble dans les acides
et contenant de l'acide phosphorique :

On dissout dans l'acide azotique bouillant avec un fragment d'étain, on chasse la plus grande partie d'acide par
la chaleur, le résidu est étendu d'eau et filtré. Le liquide
sert à la détermination de la chaux, comme avant. Cette
méthode convient aussi à la séparation de l'acide phosphorique d'avec la magnésie.

6° Magnésie. A. Sel soluble :

Elle ne précipite pas par le carbonate d'ammoniaque
en présence d'un sel ammoniacal, mais par un mélange de phosphate de soude et d'ammoniaque, ou par
le phosphate d'ammoniaque seul, en présence d'un

excès d'ammoniaque. Le précipité est grenu cristallin.

B. Sel insoluble dans l'eau, soluble dans les acides, pas d'acide phosphorique ;

On dissout dans l'acide chlorhydrique et on continue comme avant.

C. Sel insoluble dans l'eau, soluble dans les acides, et contenant de l'acide phosphorique :

La séparation se fait comme pour la chaux, et, dans le liquide filtré, on cherche la magnésie par ses réactifs ordinaires.

7° *Oxyde de fer*. — Le liquide précipite en noir par le sulfhydrate d'ammoniaque ; oxydé avec un peu d'acide nitrique, il donne un dépôt bleu par le cyanure jaune et une coloration rouge de sang par le sulfocyanure de potassium.

Analyse qualitative des composés minéraux de l'organisme.

Détermination qualitative des matières minérales contenues dans les tissus et les liquides de l'organisme. — L'incinération immédiate et complète ne doit pas être préconisée, même pour les recherches qualitatives, à cause des réactions qu'elle détermine entre les sels.

Parmi les différentes méthodes proposées par les chimistes, pour éviter les désavantages du procédé direct, on peut adopter la marche suivante dont les principes ont été établis par Lehmann :

La matière organique, préalablement desséchée, est carbonisée au rouge sombre, dans un creuset en porcelaine mince et assez vaste pour que le boursouflement ne fasse pas déborder la masse. Le charbon détaché est lavé à l'eau bouillante dans une capsule en porcelaine. Le liquide filtré et concentré renferme la partie soluble des cendres. On le met à part pour l'analyse (liqueur A).

Le résidu charbonneux est traité par l'acide chlorhydrique chaud et étendu ; on note s'il y a effervescence ; elle indique la présence du carbonate de chaux. On filtre, on lave et on brûle le charbon dans le creuset en porcelaine ; le peu de cendres fournies sont dissoutes dans l'acide chlorhydrique, et la solution est ajoutée à la première solution chlorhydrique (liqueur B contenant les sels insolubles dans l'eau).

Dans certains cas (sang, par exemple), on peut extraire les sels solubles en coagulant le liquide par la chaleur, après neutralisation par l'acide acétique et en épuisant par l'eau la masse coagulée. Le liquide étant filtré et évaporé à sec, on incinère le peu de matières organiques restées en dissolution.

Analyse de la liqueur A. — Trois cas peuvent se présenter :

1° Le liquide est alcalin (bleuit le papier rouge de tournesol), et fait effervescence avec les acides (essai sur un petit échantillon). Dans ce cas, il renferme des carbonates alcalins et ne peut contenir ni chaux ni magnésie.

On recherche successivement sur de petites portions du liquide A, et comme il a été dit plus haut, les acides chlorhydrique, sulfurique et phosphorique, ainsi que la potasse et la soude. Pour l'analyse spectrale, il faut évaporer à sec une portion de la solution et examiner le résidu.

2° Le liquide est neutre. On recherche comme ci-dessus les acides (ClH, SO^3 et PhO^5). En présence de l'acide phosphorique, il n'y aura ni chaux ni magnésie, et l'analyse s'achèvera comme au n° 1. En l'absence de l'acide phosphorique, on doit rechercher la chaux et la magnésie. Une partie de la liqueur est additionnée de chlorhydrate d'ammoniaque, d'ammoniaque et d'oxalate d'ammoniaque ; le précipité, s'il y en a (oxalate de chaux), est séparé par filtration, et le liquide est additionné de phosphate de soude ; s'il se forme un précipité blanc, grenu, il y a de la magnésie. Si ces deux réactions donnent des résultats négatifs, on passe outre à la recherche des alcalis sur une nouvelle portion du liquide A ; sinon, on précipite la chaux, après addition de chlorhydrate d'ammoniaque, par l'oxalate d'ammoniaque, on filtre, on évapore à sec, et on calcine pour chasser les sels ammoniacaux. Le résidu dissous est débarrassé de la magnésie par l'eau de baryte ; on filtre et on sépare l'excès de baryte en ajoutant un petit excès d'acide sulfurique ; on filtre à chaud et on évapore à sec ; on a les alcalis sous forme de sulfates.

3° Le liquide est acide et peut contenir à la fois de l'acide phosphorique, de la chaux, de la magnésie et du fer. On le neutralise par l'ammoniaque, s'il y a un précipité, on le sépare pour le dissoudre dans l'acide chlorhydrique et l'ajouter au liquide B. Le liquide filtré, s'il y a lieu, est analysé après cela comme plus haut.

Analyse du liquide B. — Solution chlorhydrique :
On recherche sur un petit échantillon avec le molybdate

d'ammoniaque, s'il y a ou non de l'acide phosphorique. Dans le premier cas (le plus fréquent), on évapore à sec pour chasser l'acide chlorhydrique libre, et on calcine avec quelques gouttes d'acide sulfurique pour expulser le chlore combiné; on reprend par l'acide azotique bouillant et un fragment d'étain pur. On lave l'acide stannique formé, le liquide servira à la recherche des bases. A cet effet, après avoir expulsé le plus d'acide possible, on neutralise par l'ammoniaque; l'oxyde de fer se précipite, on filtre, et on cherche la chaux et la magnésie comme plus haut, dans la liqueur filtrée. S'il y a très-peu de fer, il a pu rester avec l'acide stannique phosphoré; pour le déceler, on dissout l'acide stannique dans l'eau régale, on sursature par l'ammoniaque, enfin on y ajoute du sulfhydrate d'ammoniaque qui laisse le fer à l'état de sulfure noir.

Pour la recherche de la silice, on incinère complétement la matière organique, la cendre est traitée par l'acide chlorhydrique, on évapore à sec en calcinant légèrement, et on reprend par l'eau avec de l'acide chlorhydrique; la partie insoluble représente la silice, plus du charbon, qu'il sera facile de détruire complétement.

Dans quelques cas particuliers, l'incinération ne doit pas précéder la recherche des principes minéraux. (Recherche de l'acide sulfocyanhydrique dans la salive, de l'acide chlorhydrique dans le suc gastrique, de l'ammoniaque et des carbonates dans les liquides organiques en général.)

Acide sulfocyanhydrique dans la salive. — Il convient d'opérer avec la solution aqueuse de l'extrait alcoolique de salive. Quelques gouttes de perchlorure de fer donnent, une coloration rouge intense dans le liquide neutre ou acide, qui ne disparaît pas par l'ébullition avec du chlorure de sodium ou par l'addition d'acide chlorhydrique. Avec le zinc et l'acide chlorhydrique, il se dégage de l'hydrogène mélangé d'acide sulfhydrique, qu'on reconnaît à la coloration brune que le gaz communique à un papier plombifère; il faut s'assurer avant cela que le liquide ne renferme pas de sulfures, de sulfites et d'hyposulfites.

Le nitrate d'argent donne un précipité blanc de sulfocyanure d'argent, soluble dans l'ammoniaque.

Gaz de l'estomac, de l'intestin et des poumons. — Oxygène. — Un certain volume de gaz conservé dans une cloche graduée sur le mercure diminue en présence d'une balle de phosphore fixée au bout d'un fil de platine, ou quand on l'agite avec une solution alcaline d'acide pyrogallique.

Acide carbonique. — Il est absorbé par la potasse et trouble l'eau de chaux. Si la dose est suffisante, il éteint une allumette.

Acide sulfhydrique. — Il est absorbé par la potasse et noircit un papier plombifère, odeur d'œufs pourris. Lorsqu'on a éliminé l'oxygène, l'acide carbonique et l'hydrogène sulfuré, il peut rester de l'azote et de l'hydrogène. Le gaz mélangé avec de l'oxygène détone dans un eudiomètre, sous l'influence de l'étincelle électrique, s'il y a de l'hydrogène; s'il ne détone pas et éteint une allumette, c'est de l'azote.

La détermination qualitative de petites quantités d'hydrogène en présence de beaucoup d'azote ne peut se faire

qu'en opérant quantitativement (voir plus loin). Si l'on a
à faire l'analyse d'un mélange gazeux, on commence par
rechercher l'acide sulfhydrique qu'on absorbe par une
balle de coke imbibée d'acétate de plomb. On recherche
en second lieu l'acide carbonique avec l'eau de chaux, et
on l'absorbe par la potasse. Dans le résidu on élimine
l'oxygène par une balle de phosphore, et le gaz non absorbé sera formé d'azote et d'hydrogène. S'il y a lieu de
croire à la présence de l'hydrogène, on introduit un volume mesuré de ce gaz restant dans un eudiomètre avec
un volume connu et suffisant d'oxygène et de gaz de la pile,
on fait détoner, la contraction indiquera s'il y a de l'hydrogène, et combien il y en a. On absorbe l'excès d'oxygène par le phosphore pour déterminer l'azote.

Pour l'analyse quantitative, la marche est la même, et
nous renvoyons pour les détails aux traités spéciaux d'a-
nalyse de gaz, et notamment à celui de M. R. Bunsen.

Pour recueillir les gaz de l'estomac et de l'intestin, on
ferme par ligature les deux extrémités de la partie que l'on
veut examiner ; avant de faire la section on laisse au-
dessous de l'une d'elles, un bout d'intestin assez grand pour
y fixer un robinet muni d'un tube de dégagement qu'on
introduit sous une cloche remplie de mercure ; on em-
prisonne ensuite une petite partie de gaz par une seconde
ligature placée au-dessus de celle qui correspond au robinet, et, enlevant la première, on exprime le gaz compris
entre les deux en laissant perdre, afin de chasser la petite
quantité d'air contenue dans le robinet et le tube de dégagement ; on peut alors ôter la ligature supplémentaire et faire

passer le contenu de l'estomac ou de l'intestin dans l'é-
prouvette. Cette opération ne doit pas être remise à cause
des phénomènes d'endosmose qui pourraient s'établir entre le gaz interne et l'air atmosphérique.

Acide carbonique dissous ou combiné chimiquement.
— Le liquide est versé dans un petit matras à fond plat,
fermé par un bouchon à trois orifices, dans lesquels on fixe
trois tubes courbés à angle droit. L'un d'eux plonge jusqu'au fond de la fiole, les deux autres ne dépassent pas
beaucoup le liége. L'extrémité libre du tube plongeur
communique à deux appareils à boules dont le dernier s'a-
juste à un aspirateur de 25 à 30 litres (au besoin un ton-
neau en bois). L'appareil à boules le plus proche de l'aspirateur contient de la potasse caustique, l'autre A reçoit
de l'eau de chaux claire. Des deux tubes courbés qui ne
plongent pas, on adapte l'un par son extrémité libre et
au moyen d'un caoutchouc à une série de deux tubes en
U remplis de ponce imbibée de potasse, le second s'adapte,
également par un caoutchouc, à l'extrémité libre du tube
plongeur d'une petite picette construite avec un tube
d'essai et contenant quelques centimètres cubes d'acide
sulfurique étendu. Deux robinets à pinces permettent de
fermer à volonté les tubes en caoutchouc. Pendant la première phase de l'opération, la communication de la fiole
avec la picette à acide est interrompue, et on aspire de
l'air qui se purge d'acide carbonique en passant à travers
les tubes en U à potasse. Le gaz qui barbote dans le liquide, entraîne l'acide carbonique dissous physiquement
et sa présence est accusée par le trouble de l'eau de chaux

dans les boules A. La seconde boule à potasse est destinée à arrêter l'acide carbonique qui pourrait refluer par diffusion du gazomètre. L'expérience est terminée quand de l'eau de chaux fraîche mise à la place de la première n'est plus troublée, même après une aspiration prolongée. Pour déterminer l'acide carbonique combiné, on ferme momentanément le caoutchouc qui communique aux tubes en U, et on ouvre celui de la picette à acide. En aspirant légèrement, on fait passer quelques centimètres cubes d'acide dans la fiole, on rétablit les dispositions de la première expérience et on aspire. Si l'eau de chaux recommence à précipiter, il y avait de l'acide carbonique combiné.

Il suffira de quelques modifications à cet apparail pour le faire servir au dosage de l'acide carbonique libre ou chimiquement combiné. La chaux du premier appareil à boules A doit être remplacée par une lessive de potasse, et on interpose entre lui et la fiole, ainsi qu'entre lui et la deuxième boule, un petit tube en U avec du chlorure de calcium pour arrêter l'humidité. La différence de poids de l'appareil à boules A avant et après chaque phase de l'expérience, donnera le poids de l'acide carbonique. L'élimination complète de ce gaz sera favorisée par une légère élévation de température.

Dosage de l'ammoniaque contenue dans un liquide, soit à l'état de liberté, soit en combinaison. — Le meilleur procédé pour la détermination quantitative de l'ammoniaque est celui de M. Boussingault.

Il consiste à rendre l'ammoniaque libre par la chaux hydratée et à l'éliminer ensuite par une ébullition dans le vide à une température aussi basse que possible. Le gaz est reçu dans une solution normale d'acide oxalique (10^{cc}), et la perte du titre, évaluée par une solution de soude normale dont 1 volume $=$ 1 volume de liqueur acide donne facilement la quantité d'ammoniaque (1 litre d'acide contient 63 grammes d'acide oxalique ou 1 équivalent ; chaque centimètre cube saturé par l'ammoniaque correspond donc à $0^{gr},017$ d'alcali volatil).

L'appareil (*fig.* 1) se compose d'un ballon A, maintenu par un support B dans l'eau d'un bain-marie. Il est fermé par un bouchon percé de deux trous ; dans l'un se fixe un tube droit qui plonge jusqu'au fond du ballon et porte à la partie supérieure un entonnoir séparé et relié par un caoutchouc pressé par une pince robinet. Dans le second orifice on adapte un tube courbé à deux angles droits dont la seconde branche plonge au fond d'une éprouvette à pied E, contenant l'acide ; elle y est fixée par un liége également percé de deux trous, l'un pour la branche susmentionnée, l'autre pour un tube à un angle droit ; la partie libre de ce dernier se fixe par un tube en caoutchouc muni d'une pince robinet (*quetschhahn*) à un ballon tubulé communiquant lui-même à une petite pompe à gaz de Gay-Lussac.

Le ballon A contient de la chaux hydratée. Le liquide à essayer étant versé dans l'entonnoir et les pinces R' et R étant fermées, on fait un vide partiel dans le ballon tubulé H, puis, ouvrant à la fois les deux robinets R, on détermine une aspiration qui fera vivement passer le liquide dans le ballon A. En versant de l'eau dans l'entonnoir et en répétant la même opération, on lave parfaitement ce dernier. Il ne reste plus alors qu'à chauffer le bain-marie

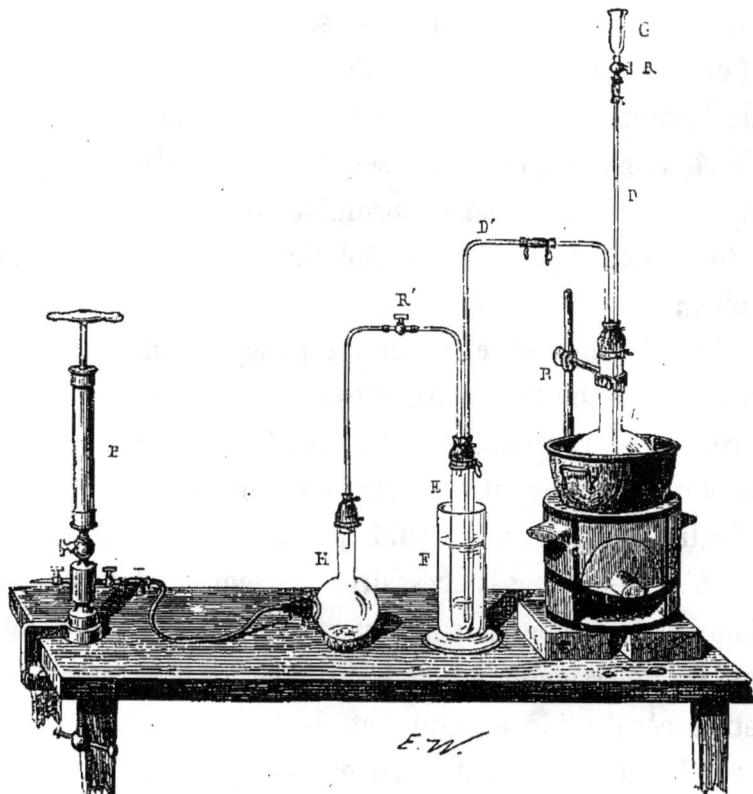

Fig. 1.

à **40°**, en maintenant R fermé et R' ouvert, et à faire le vide jusqu'à ce que tout le liquide soit évaporé, à la fin on ouvre R pour déterminer une aspiration d'air.

Dosage des cendres.

Pour les dosages, on carbonise avec précaution comme avant. Le charbon est épuisé par l'eau bouillante et lavé avec soin sur un filtre. Les liquides réunis sans perte sont évaporés, et le résidu est desséché à 200° et pesé. (Poids des sels solubles A.) Le filtre avec le charbon est séché et remis dans le creuset également séché, on brûle au rouge vif et on pèse ; la cendre traitée par l'acide chlorhydrique étendu et chaud se dissout, sauf le charbon échappé à la combustion qu'on lave, sèche et pèse, pour le déduire du poids total des cendres insolubles B.

Dosage du liquide A. — Solution aqueuse des sels solubles :

S'il est acide et contient du phosphate de chaux ou de magnésie, on le sursature avec de l'ammoniaque ; on filtre, on lave, on sèche et on pèse le dépôt après combustion du papier, et on l'ajoute à la masse B.

Le liquide filtré ou le liquide primitif, si l'opération précédente n'était pas nécessaire, ne contiendra plus de chaux ni de magnésie, s'il renferme de l'acide phosphorique, ou inversement. Dans le premier cas, on ajoute un petit excès d'acide azotique et de l'azotate d'argent ; le précipité de chlorure d'argent est filtré, lavé et pesé avec les précautions voulues.

Le liquide filtré est débarrassé de l'excès d'argent par l'acide chlorhydrique, filtré de nouveau et précipité par un excès de chlorure de barium à chaux. Le précipité de sulfate de baryte lavé, séché et calciné pour brûler le papier est pesé. On enlève l'excès de baryte au liquide par l'acide sulfurique, et on évapore à sec après filtration. Le résidu contenant l'acide phosphorique et les alcalis est traité par l'acide nitrique chaud, et un morceau d'étain pur, égal à 3 ou 4 fois le poids de l'acide phosphorique présumé. L'acide stannique formé retient tout l'acide phosphorique, on le sépare par filtration (C). Le liquide desséché avec quelques gouttes d'acide sulfurique donne le poids des alcalis à l'état de sulfates, après calcination du résidu. Les sulfates alcalins redissous dans l'eau (peu) sont précipités par le bichlorure de platine avec les précautions voulues, et le chloroplatinate de potasse recueilli sur un filtre taré d'avance est lavé et pesé après dessiccation.

Soient x la potasse et y la soude,

S le poids trouvé des sulfates et P celui du chloroplatinate, on aura :

$$5,193 \cdot x = P, \text{ et } 1,849x + 2,290y = S.$$

L'acide stannique C est dissous avec le filtre dans l'eau régale ; la solution sursaturée par l'ammoniaque est additionnée d'un excès de sulfhydrate d'ammoniaque et le liquide filtré est précipité par le sulfate de magnésie. Le précipité de phosphate ammoniaco-magnésien est filtré, lavé avec de l'eau ammoniacale et calciné ; le poids donne l'acide phosphorique à l'état de pyrophosphate de magnésie. (Méthode de M. Reynoso modifiée par M. Girard.)

Dans le second cas (absence d'acide phosphorique), on ajoute du chlorhydrate d'ammoniaque, de l'ammoniaque et de l'oxalate d'ammoniaque ; on laisse reposer douze heures, on filtre l'oxalate de chaux qu'on calcine après lavage à l'eau chaude pour peser la chaux à l'état de carbonate. Le liquide est additionné de phosphate d'ammoniaque, au bout de douze heures on filtre le phosphate ammoniaco-magnésien, le liquide filtré et évaporé à sec est débarrassé d'acide phosphorique, et les alcalis sont dosés comme plus haut d'après le procédé Reynoso et Girard.

Dosage de la dissolution B. — On évapore à sec, on reprend par l'acide azotique chaud avec un fragment d'étain. L'acide stannique filtré et lavé retient du fer et tout l'acide phosphorique ; on le dissout dans l'eau régale, la solution sursaturée d'ammoniaque et de sulfhydrate d'ammoniaque donne le fer à l'état de sulfure. Ce sulfure est redissous dans l'acide chlorhydrique avec un peu d'acide nitrique et précipité à l'état d'oxyde par l'ammoniaque. L'acide phosphorique se dose comme plus haut (méthode Girard). Le liquide séparé de l'acide stannique donne le fer (partiel) par l'ammoniaque ; on l'ajoute à l'autre partie déjà précipitée. Il ne reste plus qu'à précipiter successivement la chaux et la magnésie par l'oxalate d'ammoniaque et le phosphate de soude.

Nous n'avons indiqué ici que la marche à suivre pour le dosage des parties constituantes minérales ; pour les détails opératoires, la manière de peser et en général de traiter les précipités partiels, nous renvoyons aux ouvrages spéciaux d'analyse, et notamment à celui de MM. Gerhardt et Chancel.

La silice se dose à part en suivant la marche tracée pour sa détermination qualitative.

Il en est de même de l'acide carbonique des cendres

qu'on dose par différence en le chassant par l'acide chlorhydrique d'un échantillon de cendres obtenues par une
combustion immédiatement complète, après avoir toutefois pris la précaution de restituer l'acide carbonique
qu'une température trop élevée a pu enlever au calcaire ;
il suffit pour cela de chauffer les cendres avec du carbonate d'ammoniaque jusqu'à expulsion de l'excès.

On met la cendre ainsi préparée et bien pesée dans une
petite fiole A, qui se ferme par un bouchon percé de deux
orifices ; dans l'un, est fixé le tube courbé et plongeur
d'une petite picette à acide B, construite avec un tube
d'essai, et dans l'autre, s'adapte un tube dont l'extrémité
libre s'engage dans un
tube plus large rempli
de chlorure de cal-
cium C (*fig.* 2).

Le tube B est rem-
pli d'acide sulfurique
étendu.

Après avoir taré
l'appareil, on aspire
pour faire passer l'a-
cide dans la fiole, et,
lorsque la réaction est

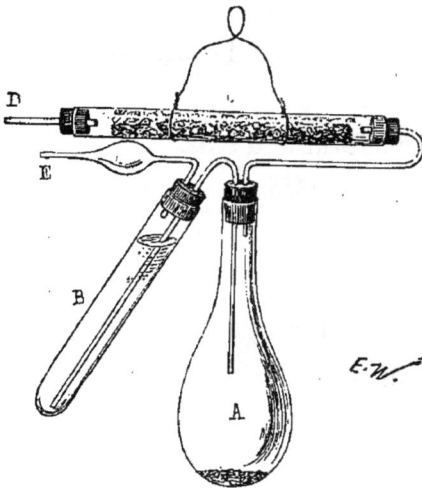

Fig. 2.

terminée, on aspire encore une fois pour chasser l'acide
carbonique qui remplit l'appareil, et on détermine la perte
éprouvée.

La dialyse et la diffusion envisagées comme méthodes d'analyse physiologique.

La dialyse et la diffusion peuvent être considérées comme des méthodes d'analyse destinées à recevoir des applications importantes en physiologie.

S'agit-il d'opérer la séparation d'un colloïde et d'un cristalloïde mélangés, sur une plaque en gutta percha, on dispose un anneau d'un diamètre de $0^m,200$ à $0^m,250$ et de $0^m,075$ de profondeur, on le ferme avec une feuille de papier parchemin (papier modifié par l'action de l'acide sulfurique, il se trouve dans le commerce), de manière à donner à l'appareil la forme d'un tamis. On y verse une couche de $0^m,012$ de la solution sur laquelle on veut opérer, et on fait flotter le tout sur une quantité relativement considérable d'eau. Le cristalloïde passe seul à travers le septum. (Moyen de séparer le sucre, l'urée, les sels, etc., de l'albumine ou autres corps semblables.)

On opère la séparation des cristalloïdes d'inégale diffusibilité en introduisant leur solution au moyen d'une pipette au fond d'une éprouvette étroite pleine d'eau. La substance la plus diffusible monte et se sépare de plus en plus des autres. (GRAHAM.)

Matières organiques. Caractères, leur recherche et leur dosage dans l'organisme.

Substances hydrocarbonées. — *Glycogène.* — Il prend

une coloration violette ou rouge marron par l'iode, se
transforme en glucose par l'ébullition avec l'acide sulfurique étendu. Pour son dosage, on détermine par l'un
des procédés suivants la quantité de sucre formée.

Glucose. — Ce n'est que dans les cas de diabète que l'on
peut trouver le sucre dans l'urine et le doser sans préparation préalable.

Lorsque la quantité de glucose dans l'urine est faible,
on ajoute de l'acétate de plomb, on filtre et on précipite
le liquide par l'ammoniaque. Le précipité obtenu, bien
lavé, est décomposé par l'acide oxalique, on filtre, on sature par le carbonate de chaux, on filtre de nouveau. Le
liquide acidulé avec un peu d'acide acétique est évaporé
à sec au bain-marie, le résidu repris par peu d'eau donne
une liqueur propre aux déterminations qualitatives et
quantitatives, si toutefois on a mesuré l'urine et pris les
précautions nécessaires pour ne rien perdre.   (Brueke.)

Pour la recherche du sucre dans le sérum ou tout autre
liquide albumineux, on neutralise avec de l'acide acétique,
on coagule par la chaleur, on filtre, on lave. Le liquide est
évaporé à sec et repris par l'alcool absolu. La solution
additionnée de potasse alcoolique donne un précipité visqueux, épais (glucosate de potasse), qui, dissous dans l'eau,
servira aux déterminations qualitatives et quantitatives.

(Lehmann.)

On reconnaît la glucose en solution : 1° par sa saveur
sucrée ; 2° par la fermentation avec la levûre (dégagement
d'acide carbonique, formation d'alcool). C'est le caractère
le plus certain quand on peut le mettre en pratique. 3° En

l'absence de toute autre substance active, par la déviation qu'elle imprime au rayon polarisé. On ne peut appliquer ce procédé qu'à l'urine diabétique ; le liquide doit être décoloré par filtration sur du noir animal, ou par précipitation par le sous-acétate de plomb. 4° Par la réduction à chaud du sous-nitrate de bismuth en présence de la potasse caustique. Ce sel noircit sous l'influence du sucre de raisin. Il n'en faut qu'une pincée avec un petit fragment de potasse pour déceler la glucose. (BOETTGER.) 5° Au moyen de la liqueur de Fehling (tartrate de cuivre alcalin). La glucose chauffée à 100° avec ce réactif le réduit énergiquement et précipite de l'oxydule rouge de cuivre (Cu^2O). On prépare la liqueur de Fehling en dissolvant :

Sulfate de cuivre cristallisé, très-pur et sec..... 34^{gr},65
Eau. .... 200 ,00

On mélange avec une solution de 173 grammes de sel de Seignette pur dans 480^{cc} de lessive de soude caustique à 18°,5 AB, on étend à un litre. Cette solution sert aussi au dosage : 10^{cc} valent 0^{gr},05 glucose. 6° Chauffée avec la potasse caustique en solution aqueuse, la glucose donne une liqueur brune. 7° Par la preuve de Trommer, elle se rapproche de l'essai par la liqueur de Fehling, et consiste à ajouter au liquide à examiner d'abord de la potasse, puis quelque peu de sulfate de cuivre. La solution d'un beau bleu doit se troubler par la chaleur et déposer de l'oxydule rouge de cuivre.

Pour le dosage on emploie : 1° le saccharimètre de M. Soleil, mais dans les cas de diabète seulement et après décoloration de l'urine, 100 divisions de l'échelle correspondent à une colonne liquide de $0^m,20$ à $223,97$ de glucose par litre d'urine (1).

2° La liqueur de Fehling, en se servant soit de l'urine, soit des extraits préparés comme il a été dit ci-dessus ; dans ce dernier cas, on étend le produit saccharifère de manière à former 50 ou 20 ou 10^{cc}, selon la masse dont on dispose. On met pour l'essai 10 ou 5 ou $2^{cc},5$ de solution de cuivre dans une petite fiole en verre blanc, on chauffe au bain de sable, et on ajoute goutte à goutte avec une burette la liqueur sucrée tant qu'il se forme un précipité jaune rougeâtre et tant que la liqueur est colorée en bleu. Lorsque le point est atteint, on filtre et on essaye par l'hydrogène sulfuré si le liquide renferme encore du cuivre. S'il n'y a plus de précipité noir, on recommence l'essai en s'arrêtant à $0^{cc},5$ avant la limite supérieure trouvée en premier, on filtre à chaud après addition d'un peu d'eau ; le liquide filtré doit encore renfermer du cuivre, on continue à verser le sucre par gouttes, et on arrive à saisir exactement le point d'arrêt. Le volume de liquide qui précipite 1^{cc} de solution de cuivre contient $0^{gr},005$ de glucose. Nécessairement il faut être exercé pour réussir.

Nous ferons remarquer en passant que parmi les principes de l'organisme l'acide urique se comporte vis-à-vis de la liqueur de Fehling comme la glucose.

---

(1) Pour les détails opératoires et la description de l'appareil, consulter les *Traités de physique*, la *Chimie* de Regnault et la brochure de M. Clerget, annexée à tous les appareils construits par M. Duboscq-Soleil, et extraite des *Annales de chimie*, 3e série, t. XVI.

Lactose. — La lactose réduit la solution de Fehling et le sous-nitrate de bismuth en présence de la potasse. Elle fermente moins vite que la glucose ; l'acide nitrique la convertit facilement en acide mucique peu soluble dans l'eau et insoluble dans l'alcool. L'examen des cristaux la distingue du sucre de raisin, quand il est isolé sous cette forme. Le dosage de la lactose se fait par la liqueur de Fehling absolument comme celui du sucre de raisin ; mais il faut se rappeler que 10 parties lactose = 7 sucre de raisin sous le rapport du pouvoir réducteur. La recherche qualitative et quantitative du sucre de lait ne se fait que pour le lait. Ce liquide additionné d'acide acétique est chauffé à 60°, le coagulum filtré ; le petit-lait peut être directement employé. Pour avoir le sucre en nature, il faut évaporer dans le vide sec, reprendre par l'alcool chaud, filtrer, concentrer à sirop, ajouter un peu d'alcool absolu et abandonner à cristallisation.

Inosine. — Scherer indique une réaction qui permet de reconnaître facilement ce corps observé dans l'urine dans certains cas de diabète. La matière à examiner est chauffée avec de l'acide nitrique sur une lame de platine ; avant l'évaporation complète on y ajoute de l'ammoniaque et une goutte de chlorure de calcium, et on dessèche avec précaution, la masse prend une belle coloration rouge rosée. Mais, avant d'appliquer la réaction de M. Scherer, il faut isoler l'inosine dans un état de pureté relatif.

A cet effet on coagule le liquide organique par la chaleur en neutralisant préalablement par l'acide acétique, on précipite d'abord par l'acétate neutre de plomb ; le précipité est séparé par filtration, le liquide additionné de sous-acétate de plomb donne un nouveau dépôt dans lequel se trouve l'inosine. Ce dépôt est lavé et décomposé par l'hydrogène sulfuré, on filtre et on concentre le liquide jusqu'à ce que l'addition d'alcool y produise un trouble persistant. Arrivée à ce point, la solution est traitée par son volume d'alcool fort, éclaircie par la chaleur et abandonnée à cristallisation ; l'inosine se dépose sous forme de prismes rhomboïdaux d'un angle de 138° 52′ insolubles dans l'alcool froid, ne réduisant pas la liqueur de Fehling et donnant la réaction de Scherer.

Pour la détermination quantitative, il faut recueillir les cristaux et les peser ; elle n'est par conséquent qu'approchée.

Graisses. — La recherche des graisses dans un liquide ou un organe se fait en évaporant le liquide à sec ou en desséchant l'organe. La masse pulvérisée est épuisée par l'éther, la solution évaporée donne un résidu qu'on traite successivement par l'eau et l'alcool faible ; la partie non dissoute représente la substance grasse. Ce résidu peut renfermer plus ou moins de cholestérine ; dans les cas où la proportion de cette dernière n'est pas trop faible, on pourra isoler la cholestérine en le traitant par l'alcool bouillant et en abandonnant la solution à l'évaporation spontanée ; la cholestérine se sépare sous forme de tables rhombes d'un angle de 100° 30′. Elle se colore en bleu par l'acide sulfurique et l'iode ou par le chlorure de zinc et l'iode ; si elle n'est pas pure, cette coloration peut être violette, verte ou rouge. L'acide sulfurique concentré colore les cristaux en rouge vers les bords.

Matières protéiques et leurs dérivés. — *Albumine.* —
Il ne peut être question ici que de la détermination de
l'albumine soluble. Le clinicien n'a à se préoccuper de sa
présence que dans l'urine et dans les exsudations séreuses. On reconnaît l'albumine dans un liquide clair : 1° par
le trouble qui se manifeste (flocons plus ou moins volumineux, blancs) lorsqu'on le chauffe à 100°, après l'avoir
neutralisé au besoin par l'acide acétique jusqu'à très-
légère réaction acide ; 2° par le précipité blanc floconneux
qu'y détermine l'acide nitrique (quelques gouttes). Les
précipités obtenus dans ces deux réactions doivent présenter les caractères des matières protéiques. (Coloration
jaune par AzO^5, HO devenant orange par l'ammoniaque. —
Coloration rouge par le nitrate acide de mercure. — Odeur
de corne brûlée par la calcination sur la lame de platine.
— Chauffés sur une lame de platine avec de l'acide nitrique,
ils doivent donner un résidu bulleux très-combustible devenant jaune rougeâtre par la soude à froid et brun sale
à chaud.   (SCHERER).

Dosage. — En l'absence du sucre ou de toute autre
substance active, le procédé le plus sûr et le plus expéditif
est fondé sur l'emploi de l'appareil de Soleil. (BECQUEREL.)
L'albumine dévie à gauche le plan de polarisation. (Pouvoir spécifique = 37° 36', d'après Becquerel.) Deux solutions contenant des poids égaux, l'une de glucose et
l'autre d'albumine, examinées au polarimètre sous des
longueurs égales donnent à très-peu de chose près la même
déviation en valeur absolue, mais en sens inverse. Il est

facile de se régler d'après cela. Le sucre (glucose) et l'albumine dans l'urine peuvent se déterminer simultanément par le saccharimètre. A cet effet, on mesure la déviation initiale, puis on coagule l'albumine et on détermine la glucose par son pouvoir rotataire. (HOPPE.) Un calcul très-simple donnera l'albumine. La méthode chimique repose sur la propriété fondamentale de l'albumine de se coaguler par la chaleur vers 100°. Lorsque le liquide albumineux est alcalin, comme cela arrive dans le sérum, il faut se garder de le chauffer sans précaution. Il convient de tenir compte des observations faites par Scherer à cet égard. Le liquide, s'il est trop concentré, doit être étendu d'eau et neutralisé, même très-légèrement acidifié avec de l'acide acétique, puis porté à l'ébullition au bain-marie, dans un petit vase à précipités. L'albumine se sépare alors en flocons faciles à recueillir et à laver sur un filtre taré. La graisse entraînée peut être éliminée par de l'alcool bouillant. Les matières minérales sont déterminées par incinération après la pesée. Dans la pesée il faut observer toutes les précautions prescrites par les livres d'analyse à propos des substances hygroscopiques. (Sécher à 120°, laisser refroidir dans l'exsiccateur et peser le filtre entre deux verres de montre qui s'ajustent bien l'un sur l'autre.)

Fibrines. — Pour la recherche des diverses variétés de fibrines insolubles, nous renvoyons à ce qui a été dit pages 33 et 34, et pour son dosage dans le sang voir *Analyse du sang*.

Caséine. — Le procédé suivant présente seul quelque

garantie lorsqu'il s'agit de démontrer avec certitude la présence de la caséine dans un liquide organique autre que le lait.

La liqueur est portée à l'ébullition avec addition d'un peu de sel ammoniac; le précipité est séparé par le filtre; une partie du liquide refroidi est mélangée à du sulfate de magnésie; s'il y a un trouble, on filtre de nouveau, et la liqueur filtrée est portée à l'ébullition; l'apparition d'un précipité sera déjà un indice assez sûr de la présence de la caséine. Ce résultat doit être confirmé par l'essai suivant. On ajoute à une partie du liquide coagulé par la chaleur avec le sel ammoniac, un morceau de membrane interne fraîche et bien lavée de l'estomac de veau, et on maintient une à deux heures à 30 ou 40°; au bout de ce temps, toute la caséine, s'il y en a, est coagulée. (LEHMANN.)

Dans le lait, il suffit de verser quelques gouttes d'acide acétique pour précipiter la caséine, ou mieux de la coaguler directement par la caillette fraîche.

Tissus à gélatine. — Les tissus à gélatine se reconnaissent par la propriété qu'ils ont de donner par une coction prolongée avec de l'eau des solutions qui renferment de la gélatine ou de la chondrine.

La gélatine en solution se reconnaît aux réactions suivantes :

1° Elle précipite par le tannin, le sublimé corrosif et l'alcool.

2° Elle ne précipite pas par le sous-acétate de plomb, l'acide acétique et le cyanure jaune en présence de l'acide acétique.

3° Les solutions concentrées prennent par le refroidissement une forme gélatineuse.

La recherche de la gélatine dans le sang a une certaine valeur dans le diagnostic, puisque Scherer en a trouvé dans certains cas de leuchémie.

Le sérum est coagulé avec addition d'acide acétique par la chaleur; le liquide filtré est évaporé à consistance sirupeuse, dans le cas de la présence de gélatine, il se prendra en gelée et précipitera des flocons blancs par l'alcool.

La chondrine gélatinise aussi et précipite par l'alcool, mais elle se distingue de la gélatine, parce que ses solutions précipitent par l'acide acétique; le précipité est insoluble dans un excès de réactif, soluble dans les sels alcalins; elle précipite par les acides minéraux étendus et l'alun, le précipité se dissout dans un excès de réactif. L'acétate de plomb donne également un précipité.

Principaux dérivés des substances protéiques. — Hématine. — Elle se distingue de tous les autres corps par sa couleur, la présence de quantités sensibles de fer dans ses cendres, ses solutions alcalines sont d'un rouge brun foncé ou brun verdâtre, selon l'état de concentration, et deviennent brun clair après addition d'acide sulfurique. Pour rechercher l'hématine en présence d'autres produits organiques (albumine, fibrine, etc.), on dessèche la matière à examiner, et on la traite par l'alcool acidulé avec de l'acide sulfurique.

Le dosage de l'hématine n'a d'intérêt que pour le sang (voir *Analyse du sang*). Sa détermination qualitative est

utile toutes les fois qu'il s'agit de décider si un liquide organique est ou non mélangé à du sang.

Acides de la bile. — Les acides tauro et glycocholique
se caractérisent par la réaction de Pettenkofer (coloration
rouge violette par l'acide sulfurique et le sucre); il ne
faut cependant pas perdre de vue que l'acide oléique la
donne aussi. L'acide taurocholique se distingue de l'acide
glycocholique, puisqu'en l'absence de sulfates ou de matière
protéique ou après élimination de ces corps, il donne de
l'acide sulfurique par la déflagration avec du chlorate de
potasse et du carbonate de soude pur. Ces essais peuvent
se faire directement avec la bile; mais quand il s'agit de
déterminer la présence de ces corps dans un autre liquide
(sang — urine — contenu de l'estomac et de l'intestin),
on procède de la manière suivante. Le liquide, débarrassé de produits albumineux par coagulation à 100° en
présence d'un très-léger excès d'acide acétique et d'un
sel alcalin (SO^3,NaO), est précipité par le sous-acétate de
plomb. Le précipité étant additionné d'une solution de
carbonate de soude, on dessèche et reprend par l'alcool
absolu. La solution évaporée donne un résidu qu'on traite
par un peu d'eau; la liqueur ainsi préparée servira à la
réaction de Pettenkofer. (Neukomm.) Quelques gouttes
sont versées dans une petite capsule en porcelaine avec
deux à trois gouttes d'acide sulfurique ($1^{par}SO^3$,HO $+ 4^pHO$)
et une petite pincée de sucre, on chauffe doucement, il
doit se former une couleur pourpre violette. S'il y a lieu
de croire que les acides biliaires ont pu se décomposer en
leurs dérivés insolubles dans l'eau, mais solubles dans

l'alcool ou dans l'éther, ce n'est plus dans l'extrait
aqueux, mais dans les extraits alcooliques ou éthérés qu'il
faudra chercher des produits capables de fournir la réaction de Pettenkofer.

Pigments biliaires. — Parmi les pigments biliaires, le
plus important est la bilifulvine (hématoïdine). Quelle que
soit la matière sur laquelle doit porter l'examen (urine,
sérum, contenu de l'estomac ou de l'intestin, etc.), on
peut employer le procédé suivant dû à Valentiner : la
masse liquide, ou demi-liquide ou solide, est agitée avec
le tiers de son volume de chloroforme, la solution de la
bilifulvine dans le chloroforme est soutirée, filtrée au besoin sur un filtre mouillé avec du chloroforme et évaporée. On peut obtenir ainsi le pigment en nature et souvent
même en cristaux. Cette même solution, concentrée au
besoin, est très-propre à donner la réaction caractéristique de Gmelin; en y versant de l'acide nitrique chargé
de vapeurs nitreuses, la bilifulvine passe successivement
par les teintes suivantes : vert foncé, bleu, violet, rouge
orange. Il n'est pas toujours nécessaire de traiter préalablement par le chloroforme (urine ictérique, même albumineuse, très-foncée; vomissements biliaires sans mélange de résidus d'aliments ; bile), pour déceler la
bilifulvine. On verse simplement le liquide dans une
éprouvette à pied, étroite et profonde, puis au moyen
d'un entonnoir à long col, on fait arriver en dessous
l'acide nitrique nitreux ; par suite du mélange progressif,
il se formera des zones colorées différemment; en allant
de bas en haut, les teintes sont : l'orangé, le rouge, le

violet, le bleu et le vert. La recherche de la bilifulvine est très-importante pour le diagnostic médical, parce qu'elle permet de conclure avec certitude à la présence des produits biliaires dans la matière soumise à l'expérience; tandis que la détermination des acides de la bile est beaucoup plus difficile et donne le plus souvent des résultats négatifs, en dehors de la bile elle-même ou du contenu de l'intestin grêle.

Le clinicien n'a aucun intérêt à procéder à l'examen d'un liquide au point de vue de la biliverdine. Elle se dissout en vert dans l'alcool chaud en présence des acides (SCHWERDFEGER) et se décolore par l'acide nitrique nitreux sans les changements de teinte de la bilifulvine. On doit la chercher surtout dans le précipité fourni par l'acétate basique de plomb. Scherer précipite la matière colorante par le chlorure de barium; le précipité est décomposé par le carbonate de soude et le liquide filtré précipité par l'acide chlorhydrique, la matière colorante est lavée et dissoute dans un mélange d'alcool et d'éther.

Tyrosine et leucine. — Ce que nous avons dit dans le précédent chapitre de l'apparition anormale de ces deux corps dans l'urine, le sang, le foie et d'autres organes, rend assez évidentes l'utilité et l'importance, au point de vue médical, des analyses faites dans le but de rechercher ces produits.

S'agit-il d'un organe parenchymateux, le tissu, finement haché, est mis à digérer avec le double de son volume d'alcool et exprimé au bout de vingt-quatre heures; le liquide est évaporé à consistance sirupeuse, et le résidu

repris par l'eau est successivement précipité par l'acétate
neutre et par le sous-acétate de plomb (ce dernier dépôt
peut servir à la recherche de l'inosine). Le liquide filtré
et purgé de plomb par l'hydrogène sulfuré est concentré à
consistance sirupeuse et abandonné à la cristallisation. La
leucine se sépare sous forme de grains globulaires (agglo-
mération de cristaux), et la tyrosine en houppes doubles
d'aiguilles accolées par leur sommet. (NEUKOMM.) Dans
le sang, on coagule l'albumine par la chaleur après addition d'un peu d'acide acétique, le liquide filtré est également précipité par l'acétate neutre et basique de plomb, puis
concentré à consistance sirupeuse. Quant à l'urine, on la
précipite directement par les sels de plomb, le liquide
filtré est évaporé.

Comme caractères de la leucine, on peut employer
1° l'odeur d'amandes amères qu'elle développe sous l'influence d'un mélange de peroxyde de manganèse et d'a-
cide sulfurique étendu (cyanure de butyle) ; 2° la réaction
de Scherer. Il prescrit d'évaporer sur la lame de platine
avec de l'acide nitrique et de chauffer le résidu peu coloré avec une goutte de soude caustique ; elle donne un
liquide oléagineux plus ou moins coloré, peu adhérent à
la lame et se réunissant sous forme de globule. (L'acide
hippurique donne le même caractère.)

La tyrosine offre trois réactions assez caractéristiques :
1° Celle de B. Hoffmann. L'azotate de mercure colore en
rouge à chaud une solution de tyrosine qui n'est pas trop
étendue.

2° D'après Piria, la tyrosine mouillée au fond d'une

capsule avec de l'acide sulfurique concentré se dissout à une douce chaleur avec une coloration rouge fugace. La solution étendue d'eau, neutralisée par le carbonate de baryte et filtrée, prend une coloration violette sous l'influence du perchlorure de fer, si toutefois il n'y a pas trop de leucine en présence.

3° La réaction de Scherer permet de déceler la tyrosine même en présence de la leucine, et de plus elle a l'avantage d'être extrêmement simple. La substance soupçonnée être de la tyrosine est chauffée avec de l'acide nitrique sur une lame de platine, il se développe une couleur jaune orangé, le résidu de l'évaporation est brillant, jaune, transparent; par addition d'un peu de soude caustique, il devient jaune rougeâtre à froid et *brun noirâtre* à chaud.

La leucine et la tyrosine ne peuvent se doser qu'en nature.

La xanthine, l'hypoxanthine, la xanthoglobuline, la créatinine et la créatine n'ont aucune valeur séméiotique au moins jusqu'à présent ; nous indiquerons cependant en quelques mots comment il faut les rechercher dans un organe, dans le sang ou l'urine.

Le tissu haché et mélangé à du sable est additionné d'alcool, de manière à former une bouillie claire ; le mélange est chauffé et exprimé. Le résidu est encore digéré quelques heures avec de l'eau à 50° et exprimé de nouveau. Les deux liquides sont mélangés ; on distille l'alcool, on filtre, on concentre, et on précipite successivement par l'acétate neutre, par le sous-acétate de plomb, et enfin par l'acétate de mercure. Les deux derniers préci-

pités décomposés par l'hydrogène sulfuré donnent des
liqueurs A qui contiennent l'inosine, la xanthine et l'hypoxanthine. Le liquide B, filtré de ces précipités, peut
après concentration servir à la recherche de la créatine
et de la créatinine.   (STAEDELER.)

La solution A dépose les deux premiers corps après
concentration et refroidissement. Leur séparation ne peut
s'effectuer que par un procédé qui exige passablement de
matière, elle est fondée sur l'inégale solubilité de leurs
combinaisons chlorhydriques dans l'acide chlorhydrique,
(le chlorhydrate d'hypoxanthine est plus soluble que
l'autre).   (SCHERER.)

L'hypoxanthine chauffée sur la lame de platine avec
de l'acide nitrique donne un résidu blanc jaunâtre, mat,
non boursouflé ; il se colore en jaune rougeâtre par la
soude et par l'évaporation, il ne prend une teinte rouge
violacé sur les bords que si l'hypoxanthine est mélangée
de xanthine. Ce dernier corps donne dans les mêmes circonstances un résidu jaune intense après élimination de
l'acide nitrique et une magnifique coloration violette par
l'évaporation avec la soude.

La xanthoglobuline trouvée par Scherer dans le foie
des ictériques, dans l'urine humaine normale, et par Fox
dans le foie de bœuf normal, se présente sous forme de
globules arrondis, jaunes, à texture cristalline. A froid,
3,800 parties d'eau dissolvent 1 partie de xanthoglobuline ;
il en faut 400 parties pour 1 partie, à chaud. Elle est soluble dans l'ammoniaque, d'où elle se dépose en globules
durs, peu solubles dans l'acide chlorhydrique froid. Chauf-

fée sur la lame de platine avec de l'acide azotique, elle donne un résidu jaune, mat, non transparent, qui devient rouge foncé par la soude à froid ; à chaud, la couleur disparaît ou devient d'un brun sale. (SCHERER.) On ne connaît pas encore exactement sa composition.

Le liquide B dépose par refroidissement et lorsqu'il est suffisamment rapproché des cristaux de créatine, et l'eau mère additionnée de chlorure de zinc donnera des cristaux de chlorure double de zinc et de créatinine. Le meilleur caractère de la créatine est sa forme cristalline. Elle réduit à l'ébullition l'oxyde de mercure. Ses cristaux sont fixes et perdent leur transparence à 100°.

Pour la recherche de ces produits dans l'urine, on précipite de même et successivement par les deux acétates de plomb et l'acétate de mercure, etc. Dans le sang, on fera de même après coagulation de l'albumine. (Méthode de Staedeler.) Pour le dosage de la créatinine dans l'urine, Neubauer prescrit de rendre l'urine alcaline (300^{cc}) par addition de lait de chaux, de précipiter les phosphates par le chlorure de calcium. Au bout de deux heures le liquide est filtré et évaporé rapidement au bain-marie presque à sec ; on mélange encore chaud à 40^{cc} d'alcool à 95 %. Au bout de cinq heures on filtre en lavant le dépôt à l'alcool, on ajoute à la liqueur 0^{cc},5 de chlorure de zinc dissous d'une densité $= 1,2$. Le mélange est couvert et abandonné trois à quatre jours dans un endroit frais ; les cristaux formés sont recueillis sur un filtre taré, lavés à l'alcool, séchés et pesés. Les autres produits (créatine, xanthine, etc.) sont pesés en nature après cristallisation.

Acide urique, sa recherche dans le parenchyme des organes, le sang et l'urine.—Le tissu haché et traité par l'alcool, puis exprimé, est épuisé par l'eau ; le liquide est successivement précipité par l'acétate neutre, puis par l'acétate basique de plomb. Ce dernier dépôt est décomposé en présence de l'eau par l'hydrogène sulfuré, la liqueur filtrée dépose par concentration des grains cristallins d'acide urique.

Dans le sang on opère de même après coagulation de l'albumine.

Dans l'urine la détermination est plus facile ; on évapore 100^{cc} d'urine à sec, on lave à l'alcool chaud, puis à l'eau acidulée avec de l'acide chlorhydrique. Le résidu représente l'acide urique qu'on peut en même temps doser en le recueillant sur un filtre taré, lavant à l'alcool et à l'éther et en séchant à 110°.

Le meilleur caractère de l'acide urique, à côté de sa forme cristalline, est la manière dont il se comporte avec l'acide nitrique. Ces deux corps chauffés ensemble sur une lame de platine donnent un résidu rouge qui devient bleu violacé intense par addition de soude et à chaud.

Acide hippurique. — On n'a guère à le chercher que dans l'urine ; à cet effet, on mélange l'urine avec la moitié de son volume d'un mélange de 2 volumes eau de baryte saturée et de 1 volume solution de nitrate de baryte saturée. Après filtration le liquide est exactement neutralisé avec de l'acide nitrique étendu et additionné de perchlorure de fer, neutre autant que possible. Le précipité jaune rougeâtre est de l'hippurate de fer. On peut le décomposer par l'ammoniaque, filtrer, chasser l'excès d'alcali par l'évaporation, précipiter par l'acétate de plomb, décomposer l'hippurate de plomb par l'hydrogène sulfuré, filtrer et concentrer pour obtenir l'acide en nature et sous forme de cristaux. Dans ces essais il faut opérer sur l'urine fraîche ; si elle a eu le temps de s'altérer, le précipité par le perchlorure de fer ne sera plus que du benzoate de fer. Les meilleurs caractères de l'acide hippurique sont la forme de ses cristaux (prismes allongés), et sa décomposition en acide benzoïque, par l'ébullition avec de l'acide chlorhydrique.

Wreden dose l'acide hippurique au moyen d'une liqueur normale de perchlorure de fer.

Préparation de la liqueur normale. — On neutralise $0^{gr},5$ d'acide hippurique pur avec du bicarbonate de soude, et on étend à 250^{cc}. 50^{cc} de cette solution contiennent $0^{gr},1$ d'acide ; on les mesure avec une pipette jaugée, puis on y verse avec une burette une solution de perchlorure de fer neutre, en essayant de temps en temps pour juger du terme de l'essai : à cet effet on met un morceau de papier joseph imbibé de cyanure jaune sur une assiette, on le recouvre d'un double de papier à filtre, et on le presse avec une baguette trempée dans l'essai ; une coloration bleue du papier intermédiaire indique un excès de fer en solution, et partant la précipitation complète de l'acide. Soit M, le volume du perchlorure employé (M doit être $< 10^{cc}$), il correspond à $0^{gr},1$ d'acide hippurique. On l'étendra d'assez d'eau pour qu'il occupe un volume de $10^{cc} = 0,1$ acide hippurique.

Dosage dans l'urine. — 60^{cc} d'urine sont précipités par

31

30 ou 60^{cc} de la solution barytique précédente, selon l'état
de concentration ; on filtre et on mesure un volume correspondant à 50^{cc} d'urine (75^{cc} dans le premier cas, 100^{cc}
dans le second); après neutralisation par l'acide nitrique
étendu, l'essai se poursuit comme pour le titrage de la solution de fer ; le maximum d'erreur que comporte ce procédé est de 15 milligrammes pour 50^{cc} d'urine. Cette méthode peut encore s'employer avec l'urine putréfiée, puisqu'un équivalent d'acide hippurique donne un équivalent
d'acide benzoïque qui précipite la même quantité de fer.

Urée. — Nous avons à nous occuper en détail de la
recherche et du dosage de l'urée dans l'urine, le sang et
les liquides parenchymateux ou séreux, comme intéressant particulièrement le physiologiste et le médecin.

Pour démontrer avec certitude la présence de l'urée
dans un organe ou un liquide, il convient d'isoler ce corps
tout au moins sous forme de nitrate d'urée, et, si c'est possible, par l'intermédiaire de ce dernier à l'état d'urée
pure. On arrive facilement à ce résultat, si la quantité de
substance dont on dispose n'est pas trop minime, en décomposant par le carbonate de baryte les cristaux de nitrate
d'urée, en évaporant à sec et en reprenant par l'alcool absolu. S'agit-il d'un organe, la matière hachée finement est
digérée pendant douze heures, avec deux fois son volume
d'alcool, le liquide exprimé est concentré à sirop, le résidu
repris par l'eau est précipité par l'acétate et le sous-acétate
de plomb, le liquide filtré débarrassé du plomb par l'hydrogène sulfuré est concentré à sirop, le résidu est repris
par l'alcool absolu, et enfin le liquide alcoolique concentré

est additionné d'acide nitrique ; le précipité de nitrate d'urée peut être examiné au microscope, transformé partiellement en urée ; sur la lame de platine il ne doit pas donner de résidu. M. J. Picard prescrit la marche suivante pour la recherche de l'urée dans le sang, ainsi que pour sa détermination quantitative. Le sang (100 à 150^{gr}) est mélangé au sortir de la veine à son volume d'alcool fort (96 %), acidulé avec quelques gouttes d'acide acétique et chauffé au bain-marie. Le coagulum exprimé dans une toile est délayé une seconde fois dans l'alcool et exprimé de nouveau. Les liquides sont évaporés rapidement au bain-marie avec addition de 2 à 3 grammes de plâtre. Le résidu est mis à digérer avec de l'alcool filtré, et le liquide filtré est évaporé à sec ; le résidu traité par un mélange d'alcool et d'éther (2^p alcool + 1^p éther) lui cède de l'urée, des graisses, de l'extractif et des traces de sel marin ; on évapore, on distille et on reprend par l'eau ; les matières extractives sont précipitées par le sous-acétate de plomb ; le liquide filtré est débarrassé du plomb par l'hydrogène sulfuré et concentré ; il peut servir alors, soit au dosage de l'urée par le nitrate de mercure (voir plus loin), soit à la précipitation par l'acide nitrique. On a fait à ce procédé (Redlinghausen) le reproche de déterminer la transformation partielle de l'urée en carbonate d'ammoniaque, et de ne pas éliminer tout le sel marin qui gêne dans le dosage par la méthode de Liebig : il est en tous les cas trop long. Après la coagulation par l'alcool et l'évaporation, on pourrait reprendre par l'eau, précipiter par l'acétate et le sous-acétate de plomb. Le liquide filtré et débarrassé du plomb par l'hydrogène sulfuré serait alors évaporé, et le résidu repris par l'alcool absolu.

Rien n'est plus facile que de démontrer la présence de l'urée dans l'urine; il suffit de concentrer au sixième, et d'ajouter de l'acide nitrique pur, on verra se former un dépôt abondant de nitrate d'urée.

Les propriétés de l'urée qui peuvent servir à la caractériser le mieux sont : la forme cristalline du nitrate et de l'urée elle-même, la volatilité complète de ces deux produits sur la lame de platine ; sa précipitation par l'acide nitrique, l'acide oxalique, le nitrate de mercure en solution neutre, et, en l'absence de carbonate d'ammoniaque, le dégagement des gaz azote et carbonique sous l'influence de l'acide nitreux ou hypochloreux (en l'absence des sels ammoniacaux).

Le dosage de l'urée se fait dans les liquides préparés comme il a été dit plus haut, par la méthode de Liebig, lorsqu'il s'agit du sang ou d'un organe.

Dosage de l'urée dans l'urine. (Méthode de Liebig.)

Les opérations à faire sont les suivantes :

1° Mesurer 50^{cc} d'urine, ajouter 25^{cc} de solution barytique B, filtrer et essayer par une goutte de solution B si tout l'acide phosphorique est précipité ; si le liquide se trouble encore, verser 25^{cc} de B dans le liquide et filtrer sur le même filtre, laisser égoutter sans laver.

2° Mesurer avec une burette de Mohr 15 ou 20^{cc} de l'urine barytique, valant 10^{cc} urine ordinaire (suivant qu'on a employé 25 ou 50^{cc} de solution B), laisser couler dans un vase à précipiter, neutraliser avec de l'acide nitrique

et verser peu à peu avec une burette la solution mercurielle A, jusqu'au moment où l'on voit apparaître un précipité qui ne se dissout plus par l'agitation, noter le volume M de solution A employée.

3° Mesurer de nouveau 15 ou 20^{cc} d'urine barytique =
10^{cc} urine normale, neutraliser avec l'acide nitrique, et
verser d'un trait un volume M (égal à celui de la liqueur A
employée précédemment) de la liqueur C de nitrate d'argent, filtrer et laver. Le liquide filtré et l'eau de lavage
vont servir au dosage de l'urée.

4° On y verse goutte à goutte avec une burette de Mohr
la solution mercurielle D, en neutralisant à peu près et de
temps en temps avec une solution concentrée de carbonate de soude. Après chaque demi-centimètre cube de liqueur D employée, on porte avec une baguette quelques
gouttes du liquide essayé dans un verre de montre, on
laisse couler une goutte de carbonate de soude ; l'opération
est terminée lorsqu'il se produit par là un précipité non
plus blanc, mais jaune. Tant que ce résultat n'est pas atteint, on fait tomber avec une picette le contenu du verre
de montre dans le vase où se fait l'expérience. Il ne reste
plus qu'à noter le volume de la liqueur D, nécessaire pour
produire l'effet voulu ; chaque centimètre cube correspond
à 0^{gr},01 d'urée.

Théorie. — Les opérations n°s 1 et 2 ont pour but de
déterminer la quantité de sel marin ; cette donnée est nécessaire, afin qu'on puisse précipiter complétement ce
corps par l'opération 3. En solution neutre le nitrate de
mercure précipite l'urée, le chlorure ne la précipite pas ;

de plus, le nitrate de mercure et le sel marin mis en présence font double échange de leurs métaux; si donc on verse une solution de nitrate mercurique dans de l'urine qui renferme à la fois de l'urée et du sel marin, la précipitation ne commencera que lorsque tout le chlorure de sodium aura été transformé en sublimé. La solution mercurielle A est composée de telle sorte, que 1^{cc} équivaut à $0^{gr},01$ sel marin. Dans l'opération n° 3, on précipite le chlore par une solution de nitrate d'argent C, dont 1^{cc} vaut aussi $0^{gr},01$ de sel marin; enfin, dans l'essai 4, on précipite l'urée dans 10^{cc} d'urine privée de phosphates et de chlore; par la liqueur D, dont $1^{cc} = 0,01$ urée, le liquide devient de plus en plus acide, aussi faut-il verser de temps en temps du carbonate de soude. L'essai au verre de montre se comprend facilement, une partie du composé mercuriel d'urée reste en solution à la faveur de l'excès d'acide; par le carbonate de soude il se dépose en blanc pur, mais dès qu'il y aura excès de sel métallique, il se formera en outre, du carbonate de protoxyde de mercure qui est jaune.

Préparation des liqueurs titrées. — A. Nitrate de mercure pour dosage du chlorure de sodium, $1^{cc} = 0,01$ ClNa $= 0,00606$ de chlore.

Peser 20 grammes de mercure pur au décigramme près, oxyder à chaud et complétement par l'acide nitrique dans un vase à précipiter, évaporer à consistance sirupeuse, étendre à 1 litre. Pour vérifier et titrer, on prépare une solution normale de sel marin à 10 grammes par litre, en pesant très-exactement 10 grammes de sel marin purifié et préalablement fondu, et en dissolvant de manière à former 1 litre. On mesure 10^{cc} de cette solution, on ajoute 1 centimètre cube d'une solution normale d'urée pure (20 grammes bien pesés par litre) ; avec une burette, on verse la solution mercurielle jusqu'à ce que le précipité cesse de se redissoudre ; s'il en a fallu $9^{cc},6$, par exemple, on étendra 960^{cc} de liquide A avec 40^{cc} d'eau, et on conservera pour l'usage.

B. Solution barytique. Mélanger 2 parties d'eau de baryte saturée et 1 partie de solution saturée de nitrate de baryte pur. .

C. Nitrate d'argent, $1^{cc} = 0,01$ ClNa $= 0,00606$ chlore. Peser $18^{gr},461$ d'argent pur, dissoudre dans un vase à précipiter dans l'acide nitrique pur, évaporer à sec, dissoudre et étendre à un litre. Pour la vérification, on précipite 10^{cc} par l'acide chlorhydrique et on pèse le chlorure d'argent.

D. Nitrate de mercure pour le dosage de l'urée, $1^{cc} = 0,01$ urée. Peser à peu près 72 grammes de mercure distillé, transformer en nitrate mercurique, évaporer à sirop, étendre de manière à former 1 litre ; pour vérifier et titrer, prendre 10^{cc} de la solution normale d'urée, et opérer comme il a été dit plus haut pour le dosage de l'urée dans l'urine ; si l'on a employé $19^{cc},5$ de D, on ajoutera 5^{cc} d'eau pour chaque 195^{cc} de liqueur, on vérifiera une deuxième fois, et si les résultats sont tels que 10^{cc} de solution d'urée emploient exactement 20^{cc} de D, on conservera pour l'usage.

Les solutions normales une fois prêtes, l'opération est très-rapide et n'exige pas plus de 20 à 30 minutes.

Analyses spéciales.

Urine. — Le médecin peut au lit même du malade, ou dans une salle voisine, trouver facilement et en opérant dans des tubes, l'albumine, le sucre et les pigments biliaires. Tout le reste doit se faire au laboratoire ; il convient même de confirmer par des recherches exécutées avec plus de soins les premières données obtenues sur place. La chimie clinique ne peut avoir qu'une utilité très-restreinte, vu qu'il est impossible au pratricien de porter sur lui une trousse de réactifs ; pour le professeur de clinique, elle a plus d'intérêt en lui permettant de vérifier, sous les yeux de ses élèves, la justesse du diagnostic qu'il vient de poser ; malheureusement elle n'est pas encore de nature à prendre un grand développement, la plupart des essais exigeant des manipulations préparatoires assez longues.

L'analyse complète d'une urine n'a de valeur réelle que si elle porte sur le liquide émis en vingt-quatre heures ; le médecin qui désire être renseigné doit donc recommander aux gardes de verser le liquide, à mesure qu'il est émis, dans un flacon bien bouché ; l'examen ne doit pas être remis au delà des vingt-quatre heures nécessaires pour recueillir le produit. Si l'urine est sujette à se décomposer rapidement, il conviendra d'analyser chaque partie immédiatement après son émission.

Le chimiste chargé de l'essai mesure avec des vases bien jaugés le volume total (1) ; il note la couleur, l'as-

(1) Cette mesure doit être faite à une température connue. On réduit

pect, la réaction au papier de tournesol; il examine les dépôts s'il y en a, les filtre et les analyse à part; vient ensuite la détermination de la densité, cette donnée est très-utile parce qu'elle permet de calculer rapidement le poids approximatif des matériaux solides au moyen d'une formule donnée par M. Trapp.

Densité $\times$ 2 000 — 2 000 = poids des matériaux de 1 litre d'urine.

Neubauer donne le coefficient 2,328 qui se rapproche de celui de MM. Haeser et Bird (2,330).

Pour mesurer la densité, on peut se servir : 1° de la méthode du flacon perfectionnée par M. Regnault.

Le flacon est formé par un tube mince de verre, prolongé par un conduit étroit et terminé par un goulot large que l'on ferme avec un bouchon rodé. On remplit cet appareil comme un flacon ordinaire, puis on le plonge dans la glace fondante, et, sans le laisser se réchauffer, on enlève avec un tortillon de papier joseph tout le liquide qui dépasse un trait marqué sur la tige; de cette manière on introduit toujours dans le flacon un même volume V de liquide à zéro, et dont le poids est VX, si la densité est X, ou bien $\dfrac{V}{1 + d^o}$, si ce liquide est de l'eau.

(d^o = la dilatation de l'eau de 4° à 0° = 0,000126.)

1° On équilibre le flacon plein d'urine avec une tare.

le volume observé à une température t à ce qu'il serait à 0°, en divisant par le volume qu'occupe à t l'unité de volume d'eau mesurée à 0°; on suppose que l'urine a le même coefficient de dilatation que l'eau. Ces nombres se trouvent dans tous les ouvrages de physique. (Voir Jamin, *Table d'Haelstrom* pour la dilatation de l'eau, page 45, t. II.)

2° On enlève l'urine et on la remplace par de l'eau, soit P' le poids additionnel qu'il faudra ajouter au flacon pour rétablir l'équilibre avec la même tare.

3° On vide le flacon, on le sèche et on remet sur la balance, soit P le poids additionnel à lui ajouter pour contrebalancer la tare.

La densité x de l'urine à 0° sera donnée par la formule :

$$x = \frac{P - P'a\ (1 + do)}{(P - P')\ (1 + do)}$$

$a =$ poids d'un centimètre cube d'air au moment de la pesée. 1^{cc} d'air à 0° et 760 pèse 0,001293 ; si la pression est H et la température t, on a :

$$a = 0,001293 \times \frac{1}{1 + 0,00366 \times t} \times \frac{760}{H}.$$

Ce procédé a l'inconvénient d'être très-long ; il peut avec beaucoup d'avantages être remplacé par l'emploi du densimètre de M. Bertin, dont les indications très-rapides ne diffèrent de celles de la méthode du flacon que de 1/2 centième au plus. Voici la description de l'appareil telle que la donne l'auteur lui-même : « Le densimètre se compose essentiellement de deux tubes de verre de mêmes diamètres, fixés sur une planchette verticale et communiquant par le haut au moyen d'un tube de cuivre recourbé. A la partie supérieure de cette tubulure est soudé un ajutage portant un tuyau en caoutchouc qui tombe entre les deux branches d'une pince à ressort fixée dans le support.

Cette pince, très-usitée maintenant dans les laboratoires, est celle que les Allemands désignent sous le nom de Quetschhahn (ou presse-robinet). Quand on presse les deux boutons entre le pouce et l'index, la pince s'ouvre et le caoutchouc aussi. Les deux tubes plongent dans deux vases pleins de liquide posés sur des supports en bois.

Le plus grand de ces vases est destiné à recevoir l'eau, et l'autre reçoit le liquide dont on veut déterminer la densité. Le vase à eau a une section 400 fois plus grande que le tube qui y est plongé, de sorte que le niveau de l'eau y reste sensiblement stationnaire quand on aspire les liquides dans les tubes. Le vase à liquide peut avoir une section très-petite; dans mon appareil cette section est 50 fois plus grande que celle du tube, de sorte que le niveau y baisse de $0^m,002$ quand il monte dans le tube de $0^m,100$. Les deux tubes sont appliqués contre des échelles portant des divisions de $0^m,002$. Deux plaques d'ivoire fixées au bas du tube indiquent les niveaux primitifs, l'arête inférieure de ces plaques est au-dessous du point 100 à 100 divisions du côté de l'eau et à 98 du côté du liquide.

Pour prendre la densité d'un liquide, on le met dans le vase correspondant, après avoir rempli d'eau distillée le vase le plus large, et on commence par régler les niveaux de manière qu'ils affleurent dans les deux tubes aux deux points de repère, puis, pressant les deux boutons de la pince, on aspire avec la bouche par le tube en caoutchouc, jusqu'à ce que le liquide à essayer soit monté au-dessus de la centième division ; arrivé à ce point, on abandonne le caoutchouc et la pince. En pressant ensuite légèrement

sur celle-ci, il est facile de faire redescendre tout doucement le liquide à essayer jusqu'à ce qu'il affleure exactement au point 100, et en même temps l'eau s'élève dans
le second tube jusqu'à une certaine division n, qui exprime
en centièmes la densité cherchée.

L'expérience faite et répétée aussi souvent qu'on le
voudra, si l'on veut prendre une autre densité, il faudra
d'abord laver le tube à liquide. Pour y parvenir, il suffit
de mettre un vase plein d'eau à la place de celui qui renfermait le liquide et d'aspirer plusieurs fois. »

L'emploi de cet appareil peu dispendieux remplace
avec avantage l'urinomètre (aréomètre pour la densité de
l'urine); nous nous dispensons donc de parler de ce dernier instrument.

Pour la détermination directe du résidu solide de l'u-
rine on doit, à cause de ses propriétés hygroscopiques, le
peser dans un vase fermé. A cet effet, on évapore et l'on
dessèche à 110° 20^{cc} d'urine dans une capsule en porcelaine à fond plat et à parois élevées, avec des bords rodés
sur lesquels on peut placer une plaque de verre également
rodée; cette capsule est tarée d'avance avec un poids supplémentaire suffisant.

Lorsqu'on juge la dessiccation terminée, on ferme avec
la plaque et on laisse refroidir sous une cloche au-dessus
de l'acide sulfurique, enfin on pèse. Le seul inconvénient
de ce procédé, c'est de n'être pas très-exact, vu qu'à 110°
déjà, l'urée se décompose en partie sous l'influence des
sels de l'urine, et au-dessous la dessiccation n'est pas complète.

La partie minérale est analysée comme il a été dit plus haut (analyse des cendres).

La recherche et le dosage de l'urée, de l'acide urique, de l'acide hippurique, de la créatinine, de la tyrosine, de la leucine, du sucre et des principes biliaires, se fait d'après les procédés déjà décrits. Nous connaissons aussi par quelle méthode on peut doser le sel marin ou plutôt le chlore ; il nous reste à parler de deux moyens assez simples de titrage de l'acide phosphorique.

1° Procédé de Liebig.

Si le volume total de l'urine émise en vingt-quatre heures est moindre que 2 litres (c'est le cas ordinaire), on en mesure la dixième partie et on l'étend de manière à en former 200^{cc}. A ces 200^{cc}, on ajoute 10^{cc} d'une solution d'acétate de soude contenant 400 grammes par litre et 10^{cc} d'une solution d'acide acétique à 200 grammes d'acide pur par litre. Total, 220. La moitié (110^{cc}) de ce mélange est divisée en cinq parties égales de 22^{cc} chaque. On ajoute à la première 2, à la deuxième 2 1/2, à la troisième 3, à la quatrième 3 1/2, à la cinquième 4 centimètres cubes d'une solution d'alun ammoniacal de fer, contenant exactement $67^{gr},88$ d'alun pur par litre et dont $1^{cc} = 0^{gr},01$ acide phosphorique.

Au bout de dix minutes on essaye chacun de ces mélanges de la manière suivante. Un papier à filtre imbibé de cyanure jaune est placé sur une assiette et recouvert d'un double de papier joseph, on comprime avec une baguette portant quelques gouttes de l'essai. Le papier intermédiaire prendra une teinte bleue pour le mélange à excès de fer. On a ainsi deux limites entre lesquelles tombe la valeur exacte. Pour arriver à une approximation plus grande, on ajoute aux 110 ^{cc} qui restent, cinq fois la dose, limite inférieure de liqueur titrée de fer, puis on procède par additions successives de demi-centimètres cubes en essayant chaque fois comme avant. Si, dans cette expérience sur les 110^{cc} = 100^{cc} d'urine étendue, on a employé 18^{cc} 1/2 de sel de fer avant l'apparition d'une couleur bleue, ces 100^{cc} d'urine contiennent 18,5 × 0^{gr},01 d'acide phosphorique et l'urine totale 18,5 × 0^{gr},2.

Cette méthode est fondée sur les faits suivants : le phosphate de fer est insoluble dans l'acide acétique et l'eau ; si un phosphate soluble de formules :

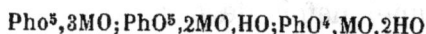

$$PhO^5,3MO; PhO^5,2MO,HO; PhO^4,MO,2HO$$

est mis en présence d'un sel de sesquioxyde de fer

$$3SO^3,Fe^2O^3$$

et d'acétate de soude, on a les réactions suivantes :

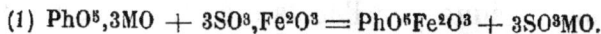

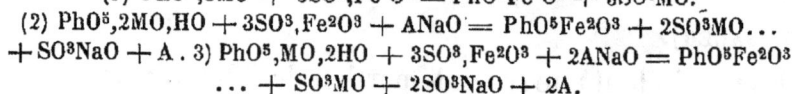

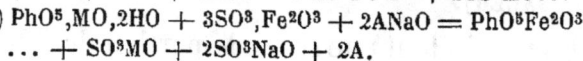

$$(1)\ PhO^5,3MO + 3SO^3,Fe^2O^3 = PhO^5Fe^2O^3 + 3SO^3MO.$$
$$(2)\ PhO^5,2MO,HO + 3SO^3,Fe^2O^3 + ANaO = PhO^5Fe^2O^3 + 2SO^3MO...$$
$$+ SO^3NaO + A\ .\ 3)\ PhO^5,MO,2HO + 3SO^3,Fe^2O^3 + 2ANaO = PhO^5Fe^2O^3$$
$$... + SO^3MO + 2SO^3NaO + 2A.$$

2° Procédé de M. Neubauer et Pincus.

Ces chimistes ont modifié, pour le rendre volumétrique, le procédé de dosage de M. Leconte, au moyen de l'acétate d'urane.

On prépare une solution d'acétate d'urane dont 1^{cc} = 0^{gr},005 ácide phosphorique . A cet effet, on dissout l'oxyde

jaune d'urane dans l'acide acétique, et on détermine le
titre avec une liqueur normale de phosphate de soude contenant $0^{gr},02$ d'acide phosphorique par centimètre cube,
puis on étend d'assez d'eau pour que la liqueur uranique
corresponde au quart de la solution phosphatique.

Essai. — A 50^{cc} d'urine filtrée on ajoute 5^{cc} de la solution d'acétate de soude et 5^{cc} d'acide acétique (les mêmes
que dans le premier procédé), et avec la burette on verse
l'acétate d'urane jusqu'à ce que le précipité ne se forme
plus d'une manière évidente. On essaye de temps en temps
sur une soucoupe en porcelaine une goutte de la liqueur
qui n'a pas besoin d'être filtrée, avec une goutte de cyanure
jaune ; tant que la tache ne devient pas brune, on continue
l'addition du sel d'urane.

Il convient quelquefois de doser l'acide phosphorique
combiné à la chaux et à la magnésie. On y réussit facilement en précipitant 200^{cc} d'urine par l'ammoniaque, laissant reposer douze heures, filtrant et lavant le dépôt avec
de l'eau ammoniacale, après quoi on le dissout dans l'acide
acétique chaud et étendu ; on étend à 50^{cc} et on dose
l'acide phosphorique par l'acétate d'urane comme avant
(NEUBAUER).

En précipitant une seconde portion de 200^{cc} d'urine par
l'ammoniaque, filtrant, lavant, séchant et pesant le dépôt, on peut, avec cette donnée et la précédente, calculer le
poids de la chaux et celui de la magnésie. Si, en effet, nous
transformons en phosphate tribasique de chaux tout l'a-
cide phosphorique trouvé, en multipliant par 2,18309,
et si nous retranchons de là le poids trouvé des phospha-

tes terreux, D étant la différence, nous pouvons poser

$$(PhO^53CaO — PhO^52MgO) = 44 : PhO^52MgO = 111 :: D : x \text{ pyrophosphate de magnésie.}$$

$$x = D \times \frac{111}{44} = D \times 2{,}5227 \qquad \text{(NEUBAUER).}$$

Le procédé à l'acétate d'urane est plus exact que le premier et doit lui être préféré toutes les fois que faire se peut.

Calculs urinaires. — L'acide urique, les urates acides de soude et d'ammoniaque, l'oxalate de chaux, la xanthine, la cystine, le phosphate tribasique ou bibasique de chaux, le phosphate ammoniaco-magnésien et le carbonate de chaux sont les seuls principes organiques et minéraux trouvés jusqu'à présent dans les dépôts et calculs urinaires. Ces produits sont le plus souvent isolés ou associés deux à deux, ou trois à trois au plus, dans un même calcul, et alors même l'un d'eux prédomine beaucoup.

Les caractères physiques peuvent déjà servir à faire reconnaître les diverses variétés de calculs (voir ce qui a été dit sur les concrétions urinaires), mais il importe pour la sûreté du diagnostic de faire l'analyse chimique.

On chauffe un petit fragment de matière sur la lame de platine, on juge ainsi facilement par l'aspect et le volume des cendres si c'est la matière organique ou l'élément minéral qui prédominent. Un résidu blanc terreux, insoluble dans l'eau et faisant effervescence avec les acides, alors que le calcul lui-même ne donne pas cette réaction, sera un indice presque certain de la présence de l'oxalate de chaux. L'acide urique et la xanthine se trouvent facilement en traitant le calcul pulvérisé par l'acide chlorhydrique et en soumettant la partie insoluble sur une lame de platine à l'action de l'acide nitrique et de la soude (réaction de Scherer). L'ammoniaque sert à séparer les deux corps; elle dissout la xanthine et laisse l'acide urique.

La solution chlorhydrique peut renfermer de l'oxalate de chaux, de l'acide phosphorique, de la chaux et de la magnésie, des alcalis (potasse, soude et ammoniaque), enfin de la cystine (très-rare); l'effervescence pendant le traitement à l'acide chlorhydrique indique la présence du carbonate de chaux. Une partie de la liqueur est examinée dans le but de rechercher l'ammoniaque. S'il y en a, on peut supposer la préexistence de l'urate acide d'ammoniaque dans le cas où l'on a trouvé de l'acide urique, ou du phosphate ammoniaco-magnésien. Pour acquérir à ce sujet une certitude complète, il faut faire bouillir avec de l'eau une partie du calcul, filtrer à chaud, concentrer et examiner au microscope le dépôt qui se forme : l'urate acide d'ammoniaque se précipite en grains arrondis, allongés ou irrégulièrement radiés, tandis que le phosphate ammoniaco-magnésien a une forme cristalline bien déterminée. Il est de plus facilement soluble dans l'acide acétique, insoluble dans l'ammoniaque.

Les urates acides de soude et de potasse qui se déposent en même temps de la solution aqueuse ne se distinguent pas au microscope de l'urate acide d'ammoniaque; leur forme est indéterminée, mais leur diagnostic dans le dépôt vésical est établi par la découverte de la potasse ou de la soude dans la solution chlorhydrique. Cette dernière, sursaturée par l'ammoniaque, laisse déposer les phosphates terreux et l'oxalate de chaux, et ne retient plus que de la cystine, de l'acide phosphorique et des alcalis, ou, en l'absence de l'acide phosphorique, de la cystine, des alcalis, de la chaux et de la magnésie. Si le dépôt est neutre après lavage et alcalin après une forte calcination, en faisant effervescence avec l'acide chlorhydrique, on peut conclure à la présence de l'oxalate de chaux, qui doit être de plus insoluble dans l'acide acétique ; le produit de la calcination est analysé comme la partie insoluble des cendres (voir plus haut).

Une portion de la solution ammoniacale bouillie avec de la potasse caustique donne une proportion notable de sulfure alcalin, qui noircit l'argent et les sels de plomb ; dans ce cas il y a de la cystine. Le reste de la liqueur étant évaporé à sec et le résidu calciné, les cendres sont analysées comme la partie soluble des cendres en général (recherche de PhO^5, KO, NaO ou de KO, NaO, CaO, MgO).

Les dépôts urinaires renferment souvent des cristaux d'oxalate de chaux en trop petite quantité pour qu'on puisse les examiner autrement, sous ce point de vue, qu'au microscope, mais l'apparence de ces cristaux est telle qu'on ne peut les confondre avec aucun autre corps ; ce sont des octaèdres quadrangulaires, surbaissés, offrant au microscope la forme d'une enveloppe de lettre. Leur solubilité dans l'acide chlorhydrique, ainsi que leur insolubilité dans l'ammoniaque et l'acide acétique, aident encore au diagnostic.

L'analyse quantitative est, sauf le dosage des matières organiques, semblable à celle décrite pour les cendres. L'acide urique et la xanthine se séparent de tout le reste par le traitement à l'acide chlorhydrique; la xanthine se sépare de l'acide urique par l'ammoniaque. La cystine se dose le mieux par la détermination du soufre contenu dans le calcul; à cet effet, on triture 4 à 5 décigrammes de matière avec un mélange de 1 ᴾ salpêtre et 3 ᴾ de carbonate de soude sec et pur. Le tout est introduit dans un tube à combustion fermé par un bout, long de 30 centimètres, contenant déjà une couche de 2 centimètres de salpêtre carbonaté, et on achève de remplir avec du nitrate de potasse carbonaté. Le tube est chauffé d'abord en avant, puis sur toute son étendue, et plongé encore chaud et bien essuyé dans une éprouvette remplie d'eau; il se brise, et son contenu se dissout; on acidule avec l'acide chlorhydrique, on filtre et on précipite à chaud par le chlorure de baryum. Le précipité de sulfate de baryte recueilli sur un filtre est lavé, séché et calciné dans un creuset de platine pour brûler le papier, humecté avec quelques gouttes d'acides nitrique et sulfurique, calciné de nouveau et pesé. Le poids du sulfate de baryte multiplié par 0, 1373 donne le soufre, et ce dernier multiplié par 3,75 donne la cystine correspondante.

Pour le dosage de l'acide oxalique, on utilise la propriété que possède un mélange de peroxyde de manganèse et d'acide sulfurique, d'oxyder l'acide oxalique et de le transformer en acide carbonique.

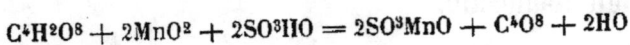

$$C^4H^2O^8 + 2MnO^2 + 2SO^3HO = 2SO^3MnO + C^4O^8 + 2HO$$

On peut se servir à cet effet du petit appareil (*fig.* 3) décrit à propos du dosage de l'acide carbonique des cen-

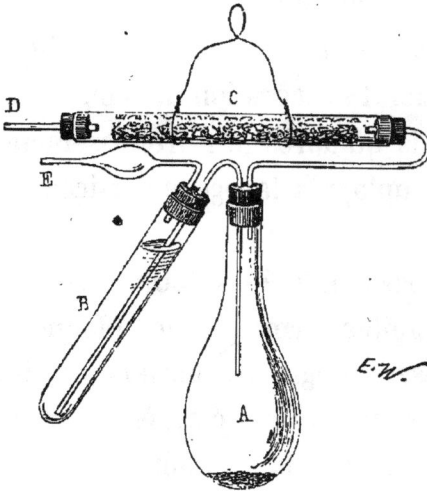

Fig. 3.

dres. L'acide sulfurique est contenu dans la petite picette B; la fiole A reçoit 1 gramme de calcul pulvérisé, et 4 à 5 grammes de peroxyde de manganèse lavé préalablement à l'acide nitrique étendu et à l'eau. On tare, puis on aspire l'acide et on chauffe légèrement; lorsque la réaction est terminée, on aspire de nouveau pour remplacer l'acide carbonique par de l'eau, et on détermine la perte de poids. 1 gramme d'acide carbonique perdu équivaut à $1^{gr},454$ d'oxalate de chaux.

Analyse du sang. — Nous nous occuperons d'abord des moyens proposés pour le dosage des divers principes du sang, puis nous passerons aux méthodes qui permettent de les déterminer simultanément.

1° *Dosage de la fibrine.* — La fibrine du sang est le principe qui se sépare spontanément après la saignée. Tous les procédés d'analyse quantitative de la fibrine reposent donc sur sa coagulation inévitable; dans les uns on bat le liquide issu de la veine, la fibrine se sépare sous forme de flocons plus ou moins volumineux sans emprisonner beaucoup de cellules; d'après Scherer, il convient mieux d'abandonner le sang à lui-même et de laver et d'exprimer le caillot dans un nouet de linge. Le poids de la fibrine fournie par cette dernière méthode est toujours un peu plus élevé que celui de la première. Les indications à remplir sont d'éviter l'évaporation du sang, dont on ne peut prendre le poids qu'après le refroidissement, et de ne peser la fibrine qu'après lavage et dessiccation complètes.

M. Hoppe prescrit de recueillir 40 — 50 ^{cmc} de sang dans un petit vase à précipiter fermé par une plaque en caoutchouc, qui laisse passer un agitateur en fanon de baleine ; le vase est pesé d'avance et repesé après le refroidissement et la précipitation de la fibrine déterminée par le mouvement de la spatule. La fibrine est lavée plusieurs fois par décantation avec de l'eau, filtrée sur un filtre taré, lavée à l'alcool bouillant et séchée à 120° ; on laisse refroidir, avant de peser, au-dessus de l'acide sulfurique concentré.

2° *Dosage des globules du sang.* — La seule méthode directe pour la détermination des cellules repose sur le fait observé par Berzelius, qu'en ajoutant au sang défibriné par battage deux fois ou plus de son volume d'une solution de sulfate de soude ou de sucre, on peut filtrer les globules et les séparer du sérum par des lavages avec du sulfate de soude. Le filtre est traité par l'eau bouillante pour coaguler les matières protéiques des cellules, et le coagulum lavé, séché et pesé donne le poids des globules secs. On peut faire à ce procédé proposé par M. Figuier plusieurs reproches importants. 1° Dans beaucoup de cas la filtration ne peut être effectuée sans qu'il ne passe de cellules à travers les pores du papier; 2° on arrive très-difficilement à enlever tout le sérum; 3° l'addition du sulfate de soude au sang défibriné détermine des échanges endosmotiques entre le contenu des globules et les matériaux du sérum. Tous les autres procédés donnent soit les globules secs, soit les globules humides, c'est-à-dire dans leur état physiologique, par des voies indirectes.

Méthode de MM. Prévost et Dumas.

Une partie du sang sert à la détermination de la fibrine, comme il a été dit plus haut. Une autre, abandonnée au repos dans un vase cylindrique et couvert, se sépare en caillot et en sérum qu'on pèse séparément, pour avoir le rapport de ces deux parties ; puis on dessèche et on pèse une portion déterminée de chacune d'elles ; en admettant que toute l'eau perdue par le caillot dérive du sérum emprisonné on peut calculer le poids des globules secs. Soient en effet :

a le poids de fibrine de 100 de sang.
m le poids du caillot humide.
$100 - m$ celui du sérum séparé.
p le résidu sec du poids m de caillot humide.
q 　　— 　　　— 　　 $100 - m$ de sérum.

On aura $m - p$ pour l'eau perdue par le caillot ; elle correspond à $x = \dfrac{(100 - m) \cdot (m - p)}{100 - m - q}$ de sérum; d'où nous tirons pour le poids des globules secs

$$m - a - x.$$

Comme il est difficile de dessécher le caillot sanguin, MM. Bequerel et Rodier ont modifié cette méthode.

Ils dessèchent le sang défibriné, ou une partie, après avoir établi le poids de la fibrine et celui du sang défibriné pour une quantité déterminée de sang (100 parties, par exemple); d'un autre côté, ils déterminent la richesse en eau du sérum pur obtenu par coagulation spontanée. Soient :

a le poids de la fibrine sèche de 100 parties de sang.

$100 - a$ celui du sérum avec les globules.

m le poids du résidu sec du poids. $100 - a$ de sang défibriné.

p la quantité d'eau de 100 parties de sérum pur.

On a pour le sérum de 100 parties de sang :

$$x = \frac{100\,(100 - m - a)}{p}$$

et pour les globules secs :

$$100 - a - x.$$

Le principe est, comme on le voit, celui du procédé de MM. Dumas et Prévost, mais le perfectionnement pratique a beaucoup de valeur.

Une modification proposée par Popp consiste à laisser le sang défibriné en repos, les globules gagnent le fond, et on détermine d'une part, l'eau °/ du liquide clair surnageant, et de l'autre celle du dépôt. Ce procédé ne diffère du précédent que parce qu'il n'exige pas la coagulation lente d'une deuxième portion.

Le procédé de Béquerel donne des résultats assez concordants, quand on l'applique plusieurs fois de suite au même liquide.

Scherer détermine, comme nous l'avons déjà dit, le poids de la fibrine par lavage et expression du caillot.[1] Il dessèche d'un autre côté du sang défibriné, et pèse le résidu ; la somme des deux pesées calculées °/₀ donne les matériaux solides et secs. Une partie du sang défibriné versée dans l'eau bouillante additionnée d'un peu d'acide acétique, donne les matières coagulables, moins la fibrine contenue dans le sang ; la même opération répétée avec le sérum donne l'albumine ; avec ces résultats, on peut calculer les matières solides des globules.

La méthode de Scherer donne moins de cellules que les précédentes.

Par des considérations qu'il serait trop long de développer ici, C. Schmidt a trouvé qu'en multipliant par 4 le poids des globules secs donné par le procédé de MM. Prévost et Dumas, on peut calculer celui des globules humides dans leur état physiologique. Il se fonde surtout sur cette observation, que le contenu solide du sérum est à celui du caillot bien contracté dans un rapport assez constant. Le facteur 4 est probablement trop élevé et devra être abaissé à 3 1/2.

Sacharjin a cherché à prouver que toute la soude du sang appartient au plasma. Ses expériences, si elles n'établissent pas encore ce fait d'une manière certaine pour toutes les espèces de sang, le rendent au moins très-probable. En partant de là et en dosant la soude du sang et celle du sérum, on peut calculer immédiatement le poids des globules frais. Soient :

m le poids de soude de.............. 100 parties de sang.
n —   —   de............... 100   —   de sérum.
p —   de fibrine de............. 100   —   de sang.

On a :

$$x = \frac{100 \times m}{n}$$

pour le sérum de 100 parties de sang et $100 - (x + p)$ pour les globules humides.

Zimmerman emploie le dosage du chlore dans le sang et le sérum pour arriver au même résultat, en supposant que les cellules ne contiennent pas de chlorure.

Le procédé de Hoppe repose sur une condition qui ne peut pas toujours être remplie ; aussi, bien qu'exact, ne doit-il pas être considéré comme général. Pour sa réussite, il faut que la séparation de la fibrine n'ait lieu que lorsque le dépôt des cellules s'est en partie effectué, afin qu'on puisse enlever avec une pipette une quantité suffisante de plasma clair.

On dose la fibrine avec les précautions indiquées plus haut dans le sang et dans le plasma ; le reste est une affaire de calcul.

a la fibrine de......................	100 parties de sang.
b — de......................	100 — de plasma.
x le poids du plasma de.............	100 — de sang
(sérum + fibrine)		

On a :

$$x = \frac{100 \times a}{b}$$

le poids des cellules humides $= 100 - x$.

Les déterminations de Sacharjin et de Hoppe donnent moins de cellules humides que celles de C. Schmidt, 330 environ au lieu de 432 pour 1 000 parties de sang.

Vierordt et Welker comparent la contenance des diverses espèces de sang en globules, en comptant les cel-

lules sur le porte-objet du microscope. Ce procédé ne
donne pas le poids des globules, mais seulement leur nombre. Pour diminuer la longueur de cette opération, on
peut, comme le prescrit Welker, étendre 1ᶜᶜ de sang, ou
même moins, avec une solution convenable de sucre, de
manière à former un volume déterminé dont on mesurera
une dose très-faible avec un tube capillaire calibré, pour
la verser sur le porte-objet.

Nasse se sert des poids spécifiques du sang défibriné et du
sérum pour calculer avec une formule le poids des globules.

Enfin, on peut employer pour la comparaison du sang
au point de vue de ses éléments morphologiques colorés,
une méthode depuis longtemps proposée par les fabricants
d'indienne pour la détermination de la richesse des matières colorantes. On dose ainsi réellement l'hématine,
mais il est probable que dans la plupart des cas le poids
des globules est proportionnel à celui du principe coloré.

Welker étend le sang de 1000 fois son poids d'eau, et
compare la nuance à celle d'une échelle chromatique,
dont chaque terme correspond à une richesse déterminée
d'avance en hématine ou en cellules.

Hoppe se sert d'une solution titrée de matière colorante
(hématine) préparée de la manière suivante :

1 litre de sang défibriné est versé dans un flacon et
agité avec une quantité d'éther telle, qu'il n'y ait pas séparation des deux liquides. On filtre sur un entonnoir couvert. Le liquide filtré est précipité par le carbonate de potasse. Le dépôt filtré est exprimé, desséché et épuisé par
l'alcool. On dose le fer de la matière organique contenue

dans 10^{cc} de la solution alcoolique, l'oxyde de fer Fe^2O^3 multiplié par 10,1 donne le poids de l'hématine. Le liquide alcoolique est étendu d'une quantité d'eau telle que 100^{cc} de la nouvelle solution contiennent 0,01 d'hématine. On prend 10^{cc} de sang défibriné, on y ajoute 1^{cc} d'une lessive de soude de 1,2 densité et on étend avec 89^{cc} d'eau. Il ne reste plus qu'à comparer la nuance des deux liqueurs dans un appareil convenable (colorimètre), et à ajouter assez d'eau à l'essai pour le rendre égal à la liqueur normale. Le volume de l'eau ajoutée permettra de calculer le poids d'hématine du sang.

L'intérêt qui s'attache à la question des globules nous a engagé à donner en résumé tous les procédés successivement proposés pour leur dosage, par les savants qui se sont occupés de cette question.

Le dosage des cellules par la richesse en hématine au moyen d'une liqueur titrée est de toutes la plus rapide; elle est susceptible d'être encore simplifiée, et pourra prendre place un jour parmi les procédés d'analyse clinique dont la simplicité et la rapidité sont des conditions essentielles.

Analyse du lait. — La nature et la quantité des substances minérales en tout et en particulier se déterminent d'après la méthode générale. On peut aussi, après avoir coagulé en présence d'un fragment de caillette de veau lavée, extraire les sels solubles par lavage à l'eau chaude, évaporer à sec et brûler la matière organique restée en dissolution. L'incinération du coagulum donnera les sels insolubles.

Le poids des matériaux solides s'obtient facilement en

évaporant 20^{cc} de lait avec une quantité connue de plâtre
calciné (3 grammes), en desséchant au bain-marie, puis à
l'étuve à 110° ; le poids trouvé moins 3 grammes retran-
ché du poids du lait donne la quantité d'eau. Le résidu
épuisé par l'éther lui cède sa matière grasse, de sorte que
l'on pourra déterminer le poids de cette dernière par la
perte sous l'influence de l'éther, ou directement par l'é-
vaporation de la solution éthérée. M. Marchand agite
10^{cc} de lait additionné d'une goutte de soude caustique,
avec 10^{cc} d'éther dans un tube gradué, divisé en dixièmes
de centimètres cubes ; il ajoute encore 10^{cc} d'alcool à 90 °/$_{o}$,
agite de nouveau et laisse reposer le tube maintenu ver-
tical dans un bain-marie à 40°, jusqu'à ce que le volume
de l'huile qui se réunit à la partie supérieure n'augmente
plus. Ce volume en centimètres cubes multiplié par 23,3
et augmenté de 12,6 donne le poids du beurre contenu
dans 1 litre de lait (approximativement).

Le sucre de lait se dose avec la liqueur de Fehling, en
opérant avec le petit lait ou même avec le lait sans préparation aucune ; M. Boussingault a en effet observé que les
autres principes du lait ne gênent pas l'expérience.

Comme toute substance active, la lactose peut être dosée
avec l'appareil de Soleil ; il suffit de multiplier par 0,961 la
quantité de glucose correspondante à la déviation observée pour avoir le poids de la lactose. A cet effet, on ajoute
à 2 volumes de lait 1 volume d'une solution d'acétate de
plomb marquant 11° à l'aréomètre de Baumé ; on fait bouillir un instant, on filtre et on laisse refroidir. Si le lait est
acide, on neutralise avec un peu de carbonate de soude avant

d'ajouter l'acétate. Il faut se rappeler aussi que le liquide examiné ne renferme plus que $^2/_3$ de lait réel (HOPPE).

La caséine peut se déterminer en épuisant le résidu de l'évaporation du lait additionné de plâtre, successivement par l'éther et l'alcool, pesant, puis incinérant ce qui reste pour retrancher le poids des cendres du premier poids.

En se fondant sur ce fait que la caséine représente à très-peu de chose près la seule matière azotée du lait, et que 100 parties de caséine contiennent 15,4 d'azote, on arrive assez exactement au poids de la caséine par le dosage de l'azote au moyen de la méthode de MM. Will et Warentrapp combinée à l'acidimétrie. Le produit de l'évaporation de 1 gramme de lait est mélangé à de la chaux sodée et calciné, l'ammoniaque formée est recueillie dans un volume déterminé d'acide oxalique normal, au moyen d'une solution de soude normale on mesure la perte de titre de l'acide sous l'influence de l'ammoniaque; ce qui permettra facilement de calculer l'azote ou la caséine. Chaque centimètre cube de la solution d'acide oxalique à 63 grammes par litre (1 équivalent), saturé par l'alcali volatil vaut 0^{gr},014 d'azote et par conséquent 0,0900 de caséine. L'opération se fait dans un tube en verre vert peu fusible, entouré d'un clinquant et placé sur une grille à charbon ou à gaz (les tubes en verre de Bohême valent encore mieux); le tube est étiré d'un côté en pointe fermée et relevée; on y verse 1° 2 centimètres de chaux sodée pure; 2° le mélange; 3° une couche de 10 centimètres de chaux sodée pure, et on y fixe par un bon liége deux petits flacons de Woolff à deux tubulures, reliés entre eux par un caoutchouc et portant chacun deux tubes à angle droit, dont l'un plongeur ; le premier flacon est vide, le second, celui qui est le plus éloigné du tube, reçoit 10^{cc} de solution normale. Lorsque l'expérience est terminée, on brise la pointe et on détermine une aspiration d'air pour faire passer dans l'acide toute l'ammoniaque formée.

Analyse de la bile d'après Lehmann. — La bile est additionnée de son volume d'alcool à 83 %/$_o$; le mucus et l'épithélium ainsi précipités seuls sont filtrés, lavés à l'alcool, puis à l'eau, séchés et pesés. Le liquide est évaporé au bain-marie, et le résidu séché dans le vide à 100° est refroidi et pesé à l'abri de l'humidité, car la masse est très-hygroscopique. Après la pesée on l'épuise par l'éther qui dissout la graisse et un peu de cholates ; ces derniers sont éliminés après évaporation de l'éther par l'alcool faible et réunis au reste. La partie insoluble dans l'éther est traitée par l'alcool absolu, et le liquide obtenu, concentré fortement, est additionné d'éther ; les cholates se séparent, tandis que le liquide alcoolique éthéré retient un peu de savon alcoolique et de sel marin. Le dépôt de cholate peut être traité par le chloroforme, afin d'enlever le plus possible de bilifulvine, puis séché et pesé. Sur une partie on détermine les alcalis soit par incinération, soit en dissolvant dans l'alcool et en précipitant la soude et la potasse par l'acide sulfurique ; sur une autre partie on dose le soufre de l'acide taurocholique par le procédé qui nous a déjà servi pour la cystine. Ce procédé est très-exact pour la détermination de l'acide taurocholique, vu que la bile ne contient pas de sulfate ; 1 gramme de soufre équivaut à 16,093 d'acide taurocholique. Le poids de l'acide glycocholique s'obtient par différence.

Calculs biliaires. — Ils peuvent contenir de la cholestérine, des pigments libres et combinés à de la chaux, du phosphate, du carbonate et de l'oxalate de chaux.

Relativement aux trois derniers corps nous renvoyons à l'analyse des cendres et des calculs urinaires.

En agitant le calcul finement broyé avec du chloroforme le pigment libre (bilifulvine) se dissout. On le reconnaît par la réaction de Gmelin. En traitant ensuite par l'alcool bouillant, on dissout la cholestérine qui se dépose par le refroidissement et se reconnaît comme il a été dit plus haut. Le résidu traité par l'acide chlorhydrique cède à ce liquide la chaux et les sels minéraux ; la partie insoluble dans l'acide chlorhydrique étant épuisée par l'alcool fournit la matière colorante combinée.

Une marche analogue servira aux dosages.

Analyse des os. — 10 grammes d'os frais réduits en poudre sont desséchés à 120° centigrades et pesés, la perte donne l'eau contenue dans le tissu osseux. La masse est alors épuisée par l'eau froide et ensuite par un mélange d'alcool et d'éther ; les deux solutions étant évaporées à sec au bain-marie et les résidus séchés et pesés, on obtient l'extrait aqueux (matière organique et sels solubles) et l'extrait éthéré représentant les corps gras. La partie insoluble (matière organique et sels insolubles) est partagée en deux portions, dont l'une sert après incinération au dosage de l'acide phosphorique, de la chaux et de la magnésie (voir analyse des cendres, partie insoluble). L'autre moitié est introduite dans le petit appareil qui nous a servi à la détermination de l'acide carbonique des cendres, on se sert d'acide chlorhydrique ; la perte donne le poids de l'acide carbonique, la solution est propre au dosage de la chaux, de la magnésie et de l'acide phosphorique, et la partie insoluble représente l'osséine et les parois de vaisseaux et de cellules. On chauffe cette partie insoluble placée avec de l'eau dans un petit ballon fermé à la lampe, dans la marmite de Papin, à 3 atmosphères pendant trois à quatre heures ; l'osséine se dissout seule et peut se séparer du reste de la matière organique (parois de vaisseaux et decellules), il n'y a plus qu'à sécher et à peser chaque partie séparément.

Dans l'analyse complète d'un parenchyme on procédera à peu près de la même manière, c'est-à-dire que l'on sépare successivement les parties solubles dans l'eau, l'éther et l'alcool. Dans le résidu on isole les substances organiques qui se modifient et deviennent solubles dans l'eau sous l'influence de la surchauffe, de celles qui ne jouissent pas de cette propriété.

Dans les extraits aqueux, alcooliques et éthérés, on recherchera les divers principes qu'ils peuvent contenir d'après les méthodes connues. La détermination des produits minéraux se fera sur une portion séparée du parenchyme.

Pour la séparation des principes constitutifs spéciaux du cerveau et des nerfs, nous renvoyons à ce qui a déjà été dit à propos du tissu nerveux.

FIN.

TABLE DES MATIÈRES.

FIN DE LA TABLE.

ERRATA.

Page 24, ligne 3, *au lieu de* (formule générale) etc., $C^{2n}H^{2n}O^4$, n$=1,2,3$,
  lisez (formule générale $C^{2n}H^{2n}O^4$; n$=1, 2, 3$ etc.).
— 28, — 19, *au lieu de* $C^4H^2Az^2O^2$, *lisez* $C^2H^4Az^2O^2$.
— 101, — 14, *au lieu de* 3,857,71, *lisez* de 3,85 à 7,71.
— 127, — 5, *ajoutez* selon C. Schmidt.
— 128, — 13, *ajoutez* selon C. Schmidt.
— 169, — 13, *au lieu de* excepté la tunique épithéliale, *lisez* la
  tunique épithéliale reste seule.
— 173, — 20, *au lieu de* extrait alcoolique, *lisez* résidu.
— 176, — 26, *au lieu de* $C^{54}H^{48}AzO^{10}$, *lisez* $C^{54}H^{43}AzO^{10}$.
— 177, — 5, *au lieu de* $C^{54}H^{44}O$, *lisez* $C^{54}H^{44}O^8$.
— 187, — 26, *au lieu de* 75,100, *lisez* $\frac{65}{100}$.
— 205, — 18, *au lieu de* alcalin, *lisez* opalin.
— 223, — 26, *au lieu de* 3,32, *lisez* 2,32.
— 229, — 25, *au lieu de* 21,92, *lisez* 41,92.
— 274, — 11, *au lieu de* Joh. Muller, *lisez* Loi Meyer.
— 313, — 18, *au lieu de* Kopp, *lisez* Kaupp.

VICTOR MASSON ET FILS

PLACE DE L'ÉCOLE DE MÉDECINE, A PARIS.

TRAITÉ

DE CHIMIE

GÉNÉRALE, ANALYTIQUE

INDUSTRIELLE ET AGRICOLE

PAR

J. PELOUZE	**E. FREMY**
Membre de l'Institut,	Membre de l'Institut,
Président de la Commission des Monnaies	Professeur à l'École Polytechnique et au Muséum

TROISIÈME ÉDITION

ENTIÈREMENT REFONDUE,

Six volumes gr. in-8, avec nombreuses figures dans le texte.   90 fr.

AVERTISSEMENT DES AUTEURS

Les changements que nous avons introduits dans la troisième édition de notre Traité de chimie sont d'une telle importance, que cet ouvrage peut être considéré comme entièrement nouveau.

La chimie était étudiée, dans les éditions précédentes, surtout au point de vue général. Nous donnions, il est vrai, les principes de l'analyse chimique, et nous faisions connaître les principales applications de la chimie à l'industrie ; mais le cadre de notre ouvrage ne nous avait pas permis de traiter ces questions d'une manière complète.

Dans notre nouvelle édition, au contraire, nous nous sommes non-seulement proposé de présenter aux savants tous les faits de chimie générale qu'il est utile de connaître dans les recherches du laboratoire , mais encore nous avons exposé toutes les méthodes analytiques qui ont été sanctionnées par l'expérience et qui permettent de faire des déterminations exactes. Le chimiste trouvera donc, dans notre Traité, tous les renseignements qui peuvent faciliter ses recherches.

Nous avons voulu que notre livre pût rendre les mêmes services aux industriels et aux agriculteurs, aussi avons-nous donné aux applications de la chimie un grand développement.

Par les détails avec lesquels les opérations industrielles sont décrites, par la précision des renseignements fournis sur la disposition des appareils, notre ouvrage sera, nous l'espérons, d'une utilité réelle aux personnes qui s'occupent d'industrie ; il les guidera dans leurs opérations, et leur fera connaître des appareils nouveaux à l'aide desquels ils perfectionneront leur fabrication.

Cette description exacte des procédés industriels exigeait le secours de figures nombreuses, soigneusement exécutées et faciles à consulter. Nous avons été secondées dans cette partie de notre tâche et par notre éditeur qu'aucun sacrifice n'a retenu, et par notre habile artiste, M. E. Wormser, qui a bien voulu exécuter pour nous des figures aussi remarquables par leur précision que par leur élégance, et qui, placées dans le texte, animent nos descriptions et en facilitent l'intelligence.

On voit donc que nous avons donné à cette troisième édition un caractère nouveau, et que nous avons réuni en un seul ouvrage les matières qui composent un traité de chimie générale, un traité d'analyse et un traité de chimie industrielle et agricole.

BASSET (N.). — **Traité théorique et pratique de la fermentation,** considérée dans ses rapports généraux avec les sciences naturelles et l'industrie. 1 vol. gr. in-18...... .... 3 fr. 50

BOUQUET (J. P.). — **Histoire chimique des eaux minérales et thermales** de Vichy, Cusset, Vaisse, Hauterive et Saint-Yorre; analyses chimiques des eaux minérales de Médague, Châteldon, Brugheas et Seuillet. 1 vol. in-8, avec 2 cartes et 1 planche......... 7 fr. 50

BOUTIGNY (d'Évreux). — **Études sur les corps à l'état sphéroïdal;** nouvelle branche de physique. 3e édition. 1 vol. in-8, avec 26 figures intercalées dans le texte........................ 7 fr.

BOUTRON ET F. BOUDET. — **Hydrotimétrie.** Nouvelle méthode pour déterminer les proportions des matières en dissolution dans les eaux de sources et de rivières. 3e édition. grand in-8....... 2 fr. 50

BUNSEN (ROBERT). — **Méthodes gazométriques.** Traduit de l'allemand, sous les yeux de l'auteur et avec son concours, par M. TH. SCHNEIDER. 1 vol. in-8, avec 60 gravures intercalées dans le texte.. 5 fr.

EDWARDS (MILNE-). — **Leçons sur la physiologie et l'anatomie comparée de l'homme et des animaux.**
L'ouvrage comprendra environ dix volumes grand in-8 du prix de 9 fr.
En vente, les volumes I à VII............................... 63 fr.
Le tome VIII, première partie................... .... 5 fr.
Le complément de l'ouvrage sera publié par demi-volumes, de 6 mois en 6 mois.

GAVARRET. — **Physique médicale.** DE LA CHALEUR produite par les êtres vivants. 1 vol. gr. in-18, avec figures dans le texte.... 6 fr.

GAVARRET. — **Traité d'électricité.** 2 vol. in-18, avec 448 figures dans le texte.. .... 16 fr.

GERHARDT (C.) ET CHANCEL. **Précis d'analyse chimique quantitative;** ouvrage contenant : la description des appareils et des opérations générales de l'analyse quantitative, les méthodes de dosage et de séparation des acides et des bases, l'analyse par les liqueurs titrées, l'analyse organique, l'analyse des gaz, l'analyse des eaux minérales, des cendres, des terres arables, l'exposition du cacul des analyses, à l'usage des Médecins, des Pharmaciens, des Aspirants aux grades universitaires et des Élèves de laboratoire de chimie. 1 vol. grand in-18, avec figures... 7 fr. 50

GERHARDT (C.) ET CHANCEL. — **Précis d'analyse chimique qualitative.** Ouvrage contenant : les opérations et les manipulations générales de l'analyse, la préparation et l'usage des réactifs, les caractères des acides et des bases. — Les essais au chalumeau. — La marche de l'analyse qualitative, la détermination des sels, l'analyse des mélanges gazeux, l'analyse immédiate des matières végétales et animales, la recherche des poisons, l'exposition de l'analyse spectrométrique. 2e édit. 1 vol. grand in-18, avec figures dans le texte.... .... 7 fr. 50

GIRARDIN. — **Leçons de chimie élémentaire appliquée aux arts industriels.** 4e édition entièrement refondue. 2 vol. grand in-8, avec figures et échantillons dans le texte........ 30 fr.

Cet ouvrage, admis à l'Exposition universelle de Londres, section de l'enseignement, a été honoré de la médaille.

Le 1er volume (*Chimie inorganique*) et le 2e volume (*Chimie organique*) sont vendus chacun séparément........ .... 15 fr.

LEFORT (J.). — **Chimie des couleurs** pour la peinture à l'eau et à l'huile, comprenant l'historique, les propriétés physiques et chimiques, la préparation, la falsification, l'action toxique et l'emploi des couleurs anciennes et nouvelles. 1 vol. gr. in-18...................... 4 fr.

LIEBIG (J.). — **Traité de chimie organique;** édit. française, revue et considérablement augmentée par l'auteur, et publiée par Ch. Gerhardt. 3 vol. in-8................................... 25 fr.

MATTEUCCI. — **Leçons sur les phénomènes physiques des corps vivants.** 1 vol. gr. in-18, avec 18 fig.. .... 3 fr. 50

NORMANDY (A.). — **Tableaux d'analyse chimique;** ouvrage présentant toutes les opérations de l'analyse qualitative, accompagné de nombreuses observations pratiques. 1 vol. in-4, avec figures, relié en toile... 25 fr.

PARISEL (L. V.). — **L'Année pharmaceutique,** ou Revue des travaux les plus importants en pharmacie, chimie, histoire naturelle médicale, qui ont paru en 1860. 1 vol. grand in-8........... 3 fr.

Deuxième année, 1861. 1 vol. grand in-8.................... 3 fr.

Troisième année, 1862. 1 vol. grand in-8.................... 3 fr.

PELOUZE et **FREMY.** — **Traité de chimie générale, analytique, industrielle et agricole.** 3e édition, entièrement refondue, avec nombreuses figures dans le texte. Cette troisième édition comprendra six volumes grand in-8 compactes. Les tomes I à III sont consacrés à la *Chimie inorganique*, et les tomes IV à VI à la *Chimie organique*. Les deux parties sont publiées simultanément.

En vente, les tomes I, II, IV, V.

Prix de chaque volume................................... 15 fr.

PERSOZ. — **Traité théorique et pratique de l'impression des tissus.** 4 beaux vol. in-8, avec 165 figures et 429 échantillons d'étoffes, intercalés dans le texte, et accompagnés d'un atlas de 10 planches in-4 gravées en taille-douce, dont 4 sont coloriées. Ouvrage auquel la Société d'encouragement a accordé une médaille de 3,000 fr.
70 fr.

REGNAULT. — **Cours élémentaire de chimie.** 5e édition. 4 vol. grand in-18, avec 2 pl. en taille-douce et 700 figures dans le texte. 20 fr.

ROSE (H.). — **Traité complet de chimie analytique;** édition française originale. 2 volumes grand in-8............. ..... 24 fr.

Le premier volume est consacré à la chimie qualitative, le second à la chimie quantitative. Chacun est vendu séparément. . . . . . . 12 fr.

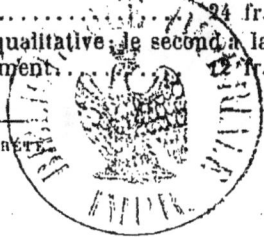

CORBEIL, TYP. ET STÉR. DE CRÈTE.

www.ingramcontent.com/pod-product-compliance
Lightning Source LLC
Chambersburg PA
CBHW070626270326
41926CB00011B/1831